国家出版基金项目
NATIONAL PUBLICATION FOUNDATION

教育部人文社会科学重点研究基地重大项目（06JJD870003）
兰州大学"985工程"敦煌学哲学社会科学创新基地资助
国家社科基金项目（11XZS003）资助
教育部社科规划项目（13YJA770007）资助

欧亚历史文化文库

总策划　张余胜
兰州大学出版社

敦煌占卜文献叙录

丛书主编　余太山

郑炳林　陈于柱　著

图书在版编目（CIP）数据

敦煌占卜文献叙录 ／ 郑炳林,陈于柱著. —兰州：
兰州大学出版社,2013.12
（欧亚历史文化文库/余太山主编）
ISBN 978-7-311-04366-7

Ⅰ.①敦… Ⅱ.①郑… ②陈… Ⅲ.①敦煌学—占卜—
文献—研究 Ⅳ.①K870.6

中国版本图书馆 CIP 数据核字（2014）第 003191 号

总 策 划　张余胜

书　　　名　敦煌占卜文献叙录
丛书主编　余太山
作　　　者　郑炳林　陈于柱　著
出版发行　兰州大学出版社　（地址：兰州市天水南路 222 号　730000）
电　　　话　0931 - 8912613（总编办公室）　　0931 - 8617156（营销中心）
　　　　　　0931 - 8914298（读者服务部）
网　　　址　http://www.onbook.com.cn
电子信箱　press@lzu.edu.cn
印　　　刷　天水新华印刷厂
开　　　本　700 mm × 1000 mm　1/16
印　　　张　21
字　　　数　272 千
版　　　次　2014 年 3 月第 1 版
印　　　次　2014 年 3 月第 1 次印刷
书　　　号　ISBN 978-7-311-04366-7
定　　　价　60.00 元

（图书若有破损、缺页、掉页可随时与本社联系）
淘宝网邮购地址：http://lzup.taobao.com

出版说明

　　随着 20 世纪以来联系地、整体地看待世界和事物的系统科学理念的深入人心，人文社会学科也出现了整合的趋势，熔东北亚、北亚、中亚和中、东欧历史文化研究于一炉的内陆欧亚学于是应运而生。时至今日，内陆欧亚学研究取得的成果已成为人类不可多得的宝贵财富。

　　当下，日益高涨的全球化和区域化呼声，既要求世界范围内的广泛合作，也强调区域内的协调发展。我国作为内陆欧亚的大国之一，加之 20 世纪末欧亚大陆桥再度开通，深入开展内陆欧亚历史文化的研究已是责无旁贷；而为改革开放的深入和中国特色社会主义建设创造有利周边环境的需要，亦使得内陆欧亚历史文化研究的现实意义更为突出和迫切。因此，将针对古代活动于内陆欧亚这一广泛区域的诸民族的历史文化研究成果呈现给广大的读者，不仅是实现当今该地区各国共赢的历史基础，也是这一地区各族人民共同进步与发展的需求。

　　甘肃作为古代西北丝绸之路的必经之地与重要组

成部分,历史上曾经是草原文明与农耕文明交汇的锋面,是多民族历史文化交融的历史舞台,世界几大文明(希腊—罗马文明、阿拉伯—波斯文明、印度文明和中华文明)在此交汇、碰撞,域内多民族文化在此融合。同时,甘肃也是现代欧亚大陆桥的必经之地与重要组成部分,是现代内陆欧亚商贸流通、文化交流的主要通道。

基于上述考虑,甘肃省新闻出版局将这套《欧亚历史文化文库》确定为2009—2012年重点出版项目,依此展开甘版图书的品牌建设,确实是既有眼光,亦有气魄的。

丛书主编余太山先生出于对自己耕耘了大半辈子的学科的热爱与执著,联络、组织这个领域国内外的知名专家和学者,把他们的研究成果呈现给了各位读者,其兢兢业业、如临如履的工作态度,令人感动。谨在此表示我们的谢意。

出版《欧亚历史文化文库》这样一套书,对于我们这样一个立足学术与教育出版的出版社来说,既是机遇,也是挑战。我们本着重点图书重点做的原则,严格于每一个环节和过程,力争不负作者、对得起读者。

我们更希望通过这套丛书的出版,使我们的学术出版在这个领域里与学界的发展相偕相伴,这是我们的理想,是我们的不懈追求。当然,我们最根本的目的,是向读者提交一份出色的答卷。

我们期待着读者的回声。

总 序

　　本文库所称"欧亚"(Eurasia)是指内陆欧亚,这是一个地理概念。其范围大致东起黑龙江、松花江流域,西抵多瑙河、伏尔加河流域,具体而言除中欧和东欧外,主要包括我国东三省、内蒙古自治区、新疆维吾尔自治区,以及蒙古高原、西伯利亚、哈萨克斯坦、乌兹别克斯坦、吉尔吉斯斯坦、土库曼斯坦、塔吉克斯坦、阿富汗斯坦、巴基斯坦和西北印度。其核心地带即所谓欧亚草原(Eurasian Steppes)。

　　内陆欧亚历史文化研究的对象主要是历史上活动于欧亚草原及其周邻地区(我国甘肃、宁夏、青海、西藏,以及小亚、伊朗、阿拉伯、印度、日本、朝鲜乃至西欧、北非等地)的诸民族本身,及其与世界其他地区在经济、政治、文化各方面的交流和交涉。由于内陆欧亚自然地理环境的特殊性,其历史文化呈现出鲜明的特色。

　　内陆欧亚历史文化研究是世界历史文化研究中不可或缺的组成部分,东亚、西亚、南亚以及欧洲、美洲历史文化上的许多疑难问题,都必须通过加强内陆欧亚历史文化的研究,特别是将内陆欧亚历史文化视做一个整

1

体加以研究,才能获得确解。

中国作为内陆欧亚的大国,其历史进程从一开始就和内陆欧亚有千丝万缕的联系。我们只要注意到历代王朝的创建者中有一半以上有内陆欧亚渊源就不难理解这一点了。可以说,今后中国史研究要有大的突破,在很大程度上有待于内陆欧亚史研究的进展。

古代内陆欧亚对于古代中外关系史的发展具有不同寻常的意义。古代中国与位于它东北、西北和北方,乃至西北次大陆的国家和地区的关系,无疑是古代中外关系史最主要的篇章,而只有通过研究内陆欧亚史,才能真正把握之。

内陆欧亚历史文化研究既饶有学术趣味,也是加深睦邻关系,为改革开放和建设有中国特色的社会主义创造有利周边环境的需要,因而亦具有重要的现实政治意义。由此可见,我国深入开展内陆欧亚历史文化的研究责无旁贷。

为了联合全国内陆欧亚学的研究力量,更好地建设和发展内陆欧亚学这一新学科,繁荣社会主义文化,适应打造学术精品的战略要求,在深思熟虑和广泛征求意见后,我们决定编辑出版这套《欧亚历史文化文库》。

本文库所收大别为三类:一,研究专著;二,译著;三,知识性丛书。其中,研究专著旨在收辑有关诸课题的各种研究成果;译著旨在介绍国外学术界高质量的研究专著;知识性丛书收辑有关的通俗读物。不言而喻,这三类著作对于一个学科的发展都是不可或缺的。

构建和发展中国的内陆欧亚学,任重道远。衷心希望全国各族学者共同努力,一起推进内陆欧亚研究的发展。愿本文库有蓬勃的生命力,拥有越来越多的作者和读者。

最后,甘肃省新闻出版局支持这一文库编辑出版,确实需要眼光和魄力,特此致敬、致谢。

余太山

2010 年 6 月 30 日

目 录

4

绪　论

占卜术数曾是中国古代思想文化与社会历史不可或缺的组成部分,在传统中国长期起着或明或隐的重要作用。因此,在近世出土的古文献中,关涉占卜术数的就有三大连贯相继之系统:一是马王堆帛书中的占星、占候及阴阳五行理论著作;二是秦汉简牍日书;三是敦煌遗书中的占卜文献。其中敦煌占卜文献相较于前两者,无论是文本数量,还是书写内容,都表现得更为庞杂与丰富。根据业已公布的敦煌遗书,笔者统计现存占卜文献大约252件左右,分别庋藏于中国国家图书馆、巴黎法国国家图书馆、伦敦英国国家图书馆、圣彼得堡俄罗斯联邦科学院东方学研究所、北京大学图书馆、浙江省博物馆、敦煌市博物馆、上海图书馆、日本杏雨书屋等,涵括了易占、卜法、式占、天文占、宅经、葬书、禄命书、发病书、梦书、相书、婚嫁、鸟占、逆刺占、走失占、杂占、其他等共16个大类,最早的成书于南北朝时期[1],一般多是在唐五代宋初抄写。

关于敦煌占卜文献的特点,黄正建先生曾指出以下几点:(1)敦煌占卜文献与中原流行的占卜典籍往往存在着一致性;(2)敦煌占卜文献中的大部分是民间撰写或民间传抄的,具有民间性;(3)许多占卜文献都是将相关内容杂抄在一起,没有进行有序的整理,有时还把不同占法随意组合;(4)有的占卜文献是敦煌当地文人编撰的,其中某些内容完全根据当地实际情况编写,具有地方性的特点。[2] 除此之外,敦煌占卜文献的总体特点还表现在如下数端:

其一,具有本土与外来的多重特征。

---

〔1〕参见陈于柱《敦煌写本 P.4058V〈大方等大集经宝幢分/廿八宿星相法〉研究》,*Journal of Sino-western Communications*(美国),2010 年第 3 期。

〔2〕参见黄正建《敦煌占卜文书与唐五代占卜研究》,学苑出版社,2001 年,第 198 – 203 页。

敦煌占卜文献大多数传承于中原本土术数文化系统,但仍有一定数量的文献来自于域外,如 S.12194《圣绳子卜法》:"圣绳子卜,此卜是唐三藏贞观……救西国取经,于千……得将来,以示万姓卜□……年月日为某□□取□……□□□勿逐(后缺)",又如 P.T.55《十二因缘占卜书》是在太平兴国四年(979)或其后不久,由敦煌僧人根据天竺释施护译经《十二缘生祥瑞经》译写而成。[1]

其二,兼具俗世与宗教的双重特点。

由于占卜本身所具有的实用性质,因此很容易让人们将其理解为世俗社会的文化产物。敦煌占卜文献也的确有不少是阴阳术士、学郎、官府官员等世俗阶层所抄撰,但由佛教徒、苯教徒、景教徒、摩尼教徒编撰的占卜书在敦煌遗书中同样也蔚为大观。[2] 如 P.3476《卜筮书》为"乾宁三年(896)丙辰润月廿三日□□僧寿写";P.3175《纳音甲子占人性行法》尾题"天福十四年(949)戊申岁十月十六日报恩寺僧愿德写记";P.3398 中的《卜法》《推十二时人命相属法》《推人十二时耳鸣等法》等卜书由"辛戌年四月廿壹日三界寺法律"抄录;S.6169《大唐新定皇帝宅经一卷》为龙兴寺沙门神智所写,并注"廿二日习"。而 P.T.1047《羊骨卜》,I.O.Ch.9.Ⅱ.68《十二钱卜法》,Vol.55.fol.6、Ch.9.Ⅱ.19、P.T.1051、P.T.1046、P.T.1043、I.O.749《骰卜书》等,则为流寓敦煌的吐蕃苯教师所编写。[3]

其三,汉族与胡族多元文化交织其中。

此特点集中体现在敦煌占卜文献的多民族语言上。敦煌占卜文献书写语言,除汉文之外,还包括古藏文、突厥卢尼文以及粟特文,这在其他类型的敦煌遗书中是极为罕见的现象。其中某些胡语占卜书还直接改编自汉文占卜书,如敦煌藏文本《十二钱卜法》(I.O.Ch.9.Ⅱ.68)、《推十二时人命相属法》(P.T.127、I.O.748 / Ch.80.Ⅳ.h)、《人姓归

---

〔1〕参见郑炳林、陈于柱《敦煌古藏文 P.T.55〈解梦书〉研究》,载《兰州学刊》2009 年第 5 期。

〔2〕参见陈于柱《区域社会史视野下的敦煌禄命书研究》,民族出版社,2012 年,第 210 – 261 页。

〔3〕参见陈于柱《唐宋之际敦煌苯教史事考索》,载《宗教学研究》2011 年第 1 期。

属五音经》(P. T. 127)等文本,即根据敦煌汉文本《十二钱卜法》《推十二时人命相属法》《宅经》等占卜书改编而成。

敦煌占卜文献所具有的以上特点,在一定程度上反映了唐宋时期敦煌地区多民族、多宗教文化的社会历史形态,并以其丰富的内容,在诸多领域中具有多维价值与意义,

首先,敦煌占卜文献可以保存并丰富学术界对中国古代尤其是唐宋占卜典籍的认识,填补史志著录之不足。占卜术数文化自秦汉定型以来,其内容与文本升降变化剧烈,《汉书·艺文志》所载,到《隋书·经籍志》已十不存一;《隋书·经籍志》所载,后世百不存一。两《唐书》之《经籍志》与《艺文志》亦然。敦煌文献发现之前,人们所能见到的占卜书多是宋元及其以后的,而敦煌占卜文献主要为唐五代宋初抄录,它的出现极大地弥补了传世文献的不足和中古术数史的缺环。

其次,由于敦煌占卜文献对唐宋时代各种占卜术数多有涵盖,加之内蕴丰富的术数知识,因此不仅可以据此管窥中古中国的术数原貌,并可与早期秦汉《日书》相衔接,以便系统贯连中国古代术数的发展脉络、挖掘汉唐间社会思想变迁。

再则,敦煌占卜文献绝非是术数推算的简单叠加,同时蕴涵着丰富的历史文化信息,特别是敦煌占卜文献所反映出的命运观念、禁忌习俗、鬼神信仰、祭祀厌禳等内容,势必成为学界深入了解敦煌地区民俗信仰、构建晚唐五代宋初敦煌区域社会历史不可或缺的研究资料。

第四,唐宋敦煌是一个多民族聚居区,此种社群状况对敦煌胡汉民众族群历史究竟产生着怎样的影响,是学界长期未能完整回答的难题。多民族语言的敦煌占卜文献在族群历史方面的丰富记述,不仅是回应上述问题的关键资料,而且对学界深入了解唐宋之际敦煌地区汉族与少数民族间的族际关系以及中外文化交流问题也具有重要意义。

学术界对敦煌占卜文献的研究,起步于敦煌学的早期开拓者罗振玉与王国维。1913年罗振玉撰写了《敦煌本星占残卷跋》《敦煌本阴阳书残卷跋》,1916年又完成《唐写本卜筮书跋》,王国维则撰写了《唐写本灵棋残卷跋》。以上虽是题跋性质的,但却发出敦煌占卜文献研究

的第一声。20 世纪 30 年代,王重民先生在研读法国敦煌写本时,撰写了很多四部提要,后编入《敦煌古籍叙录》,对《易三备》《灵棋经》《阴阳书》《白泽精怪图》《星占书》《相书》《七曜星占书》等几件重要的敦煌占卜文书,汇集诸家文字,对文献的内容、篇目及性质做了精审考辨。[1] 40 年代敦煌占卜文献的重要研究者当推陈槃先生,他先后发表了《敦煌唐咸通钞本易三备残卷解题》《孙氏瑞应图、敦煌抄本瑞应图残卷》,对 S.6015、S.6349《易三备》做了校录与考证,多有发明,成为第一篇严格意义上的有关敦煌占卜文献研究的学术论文。1979 年,陈槃先生又发表了《影钞敦煌写本占云气书残卷题解》[2],继续推动敦煌占卜文献研究的开展。此后,马世长先生[3],夏鼐先生[4],何炳郁、何冠彪先生[5],黄正建先生[6],邓文宽、刘乐贤先生[7]等,相继就敦博076V《紫微宫星图、占云气书一卷》展开过程度不同的探讨和研究。1979 年,饶宗颐先生发表《论七曜与十一曜——敦煌开宝七年(974)康遵批命课简介》[8],此文的增订本又于 1982 年刊发[9]。饶宗颐先生考辨 P.4071《十一曜见生图等课文》(拟)所载《聿斯经》出自古代康居都赖水,申说卷中"七曜"与中国本土"七政"的不同,并指出 P.4071 见载域外传入的黄道十二宫在唐末已甚流行,从而对敦煌禄命书 P.4071

〔1〕王重民《巴黎藏敦煌残卷序录》第 2 辑,后编入《敦煌古籍叙录》(1958 年商务印书馆,1979 年中华书局新一版),本文据黄永武新编《敦煌古籍叙录新编》第 9 册,台湾新文丰出版公司印行,1986 年,第 170 页。

〔2〕参见《中央研究院历史语言研究所集刊》第 50 本第 1 分册,1979 年,第 1 – 27 页。

〔3〕参见马世长《敦煌县博物馆藏星图·占云气书残卷》,北京大学中国中古史研究中心编《敦煌吐鲁番文献研究论集》,中华书局,1982 年,第 507 页。

〔4〕参见夏鼐《另一件敦煌星图写本——〈敦煌星图乙本〉》,中国社会科学院考古研究所编《中国古代天文文物论集》,文物出版社,1989 年,第 211 – 222 页。

〔5〕参见何炳郁、何冠彪《敦煌残卷占云气书研究》,台湾艺文印书馆,1985 年,第 44、45 页。

〔6〕参见黄正建《敦煌占卜文书与唐五代占卜研究》,学苑出版社,2001 年,第 51、52 页。

〔7〕参见邓文宽、刘乐贤《敦煌天文气象占写本概述》,载《敦煌吐鲁番研究》第 9 卷,中华书局,2006 年,第 414 页。

〔8〕该文载苏远鸣主编《敦煌学论文集》,巴黎德罗兹书店,1979 年,第 77 – 85 页。参见〔法〕马克·卡林诺斯基(Marc Kalinowski)《法国战后对中国占卜的研究》,载《世界汉学》第 1 期,1998 年,第 113 页。

〔9〕参见饶宗颐《论七曜与十一曜——记敦煌开宝七年(974)康遵批命课》,载饶宗颐《选堂集林·史林》,中华书局(香港),1982 年,第 777 – 793 页。

中的外来因素给予了特别揭示。P.4071 的学术价值在 2002 年陈万成先生的《杜牧与星命》一文中再次得以彰显,论文不仅利用 P.4071 等资料解读杜牧《自撰墓志铭》所透露出的星命观念,而且把 P.4071 记载到的《聿斯经》与十二命宫说进一步溯源于古希腊的星占文化。[1] 此文用力至深,增进了学界对 P.4071 禄命书的了解。

20 世纪 80 年代以来,学术界对敦煌占卜文书投入了更多的关注,其研究呈现多元化的情形。高国藩先生在他的几部有关敦煌民俗学的论著中,介绍研究了宅经、禄命书等部分敦煌占卜文献。[2] 高国藩先生的研究特点是利用敦煌写本禄命书来审视唐代敦煌的命占风俗,但由于缺乏严密的考证,录文错误甚多,故其论断多带臆测性质,不足为信。学界对其已有公允的评价。[3] 近来刘瑞明先生针对高国藩有关P.3779、P.2675V 研究存在的问题提出了异议[4],但论文未能充分参考先前学界对这两件写本所做的研究,故其结论似乎又重新回到被批评者的旧识上。梦书方面,郑炳林、羊萍整理出版了《敦煌本梦书》一书[5],是整理和研究敦煌本梦书的集大成者,不仅给出了当时所知的敦煌梦书的全部录文,对敦煌梦书的研究进行了学术史整理,还围绕梦书研究了一系列与敦煌区域社会历史相关的问题,成为时至目前敦煌本梦书整理和研究水平最高的代表作。此后作者又对敦煌藏文本梦书做了补充探讨[6],进一步完善了此类文献的研究。敦煌本相书方面,

〔1〕参见陈万成《杜牧与星命》,载《唐研究》第 8 卷,北京大学出版社,2002 年,第 61－79 页。

〔2〕参见高国藩《敦煌古俗与民俗流变——中国民俗探微》第 4 章《算命风俗》,河海大学出版社,1989 年,第 199－213 页;《论敦煌唐人九曜算命术》,载《第二届国际唐代学术会议论文集》,台湾文津出版社,1993 年,第 775－804 页;以及《敦煌俗文化学》第 3 章《敦煌九曜算命术与俗文化》,三联书店,1999 年。主要涉及 P.3398、P.3838、P.3779、P.2675V 等写本。

〔3〕黄正建《敦煌占卜文书与唐五代占卜研究》第 1 章中谈道:"高氏的研究入手早、涉及面宽,在推动占卜文书研究方面功不可没。他的研究的特点是将占卜与民俗相联系,所引文书大部分都有录文。缺点是对整个占卜体系了解不够,录文错误较多,由此引发的议论很多并不能成立。"

〔4〕参见刘瑞明《关于〈推九曜行年容厄法〉等敦煌写本研究之异议》,载《敦煌研究》2007 年第 2 期,第 78－85 页。

〔5〕参见郑炳林、羊萍《敦煌本梦书》,甘肃文化出版社,1995 年。

〔6〕参见郑炳林、陈于柱《敦煌古藏文 P.T.55〈解梦书〉研究》,载《兰州学刊》2009 年第 5 期。

郑炳林、王晶波的《敦煌写本相书校录研究》对相书做了全面整理录校。[1] 宅经方面,1996 年台湾云龙出版社出版了赵建雄先生所著《宅经校译》,该书着重对传世本宅经与敦煌写本 P.3865 宅经残卷进行了互校和语译。[2] 陈于柱针对敦煌本宅经发表过一系列研究论文,其成果多汇集于《敦煌写本宅经校录研究》一书[3]。全书分为校录篇和研究篇两部分:校录篇对敦煌本宅经进行了全面辑录,并参对其加以分类、校注,从而为学界提供了一个完整、详尽的敦煌宅经录文和校释;研究篇在从占卜、禁忌、巫术等多个角度对敦煌写本宅经进行全面解构的基础上,着重探讨了唐宋敦煌民间宗教信仰的历史变迁,及其与敦煌归义军政权、胡汉族群、儒佛道之间的多层互动关系,勾勒了唐宋时代敦煌地区多民族、多宗教文化的多元信仰格局。《敦煌写本宅经校录研究》不仅是学术界对敦煌宅经的首次全面辑录校注,也是目前敦煌宅经研究最为系统和深入的学术专著,填补了学术界敦煌占卜文献研究的一项空白。随后,金身佳在陈于柱研究的基础上,对敦煌本宅经和葬书进行了较为全面的整理[4],但突破性的研究似乎不多。敦煌禄命书是敦煌占卜文献的第一大宗,备受学界关注,除早期的研究外,赵贞先生随后在《"九曜行年"略说——以 P.3779 为中心》[5]、《敦煌文书中的"七星人命属法"释证——以 P.2675bis 为中心》[6]两篇文章中,分析了 P.3779、P.2675bis 的命理特点,讨论了佛教文献对敦煌禄命书的渗透情况,角度新颖,不失为当前敦煌禄命书研究方面的力作。陈于柱就此类文献开展了系列研究,先后发表《游走在世俗和神圣之间——唐五代宋初敦煌命算信仰与佛道关系研究》[7]、《游走在巫、医之间——敦煌数术文献所见"天医"考论》[8]、《敦煌写本〈禄命书·推游

---

〔1〕参见郑炳林、王晶波《敦煌写本相书校录研究》,民族出版社,2004 年。

〔2〕参见赵建雄《宅经校译》,台湾云龙出版社,1996 年。

〔3〕参见陈于柱《敦煌写本宅经校录研究》,民族出版社,2007 年。

〔4〕参见金身佳《敦煌写本宅经葬书校注》,民族出版社,2007 年。

〔5〕载《敦煌学辑刊》2005 年第 3 期,第 22 – 35 页。

〔6〕载《敦煌研究》2006 年 2 期,第 72 – 77 页。

〔7〕载《敦煌学辑刊》2007 年第 4 期。

〔8〕载《宁夏社会科学》2008 年第 2 期。

年八卦图（法）〉研究》[1]、《占卜·佛道·族群——敦煌写本禄命书P.3398〈推十二时人命相属法〉研究》[2]、《敦煌藏文本禄命书 P.T.127〈推十二人命相属法〉的再研究》[3]、《从上都到敦煌——敦煌写本禄命书 S.5553〈三元九宫行年〉研究》[4]等，从区域社会史的视角对敦煌汉、藏文禄命书进行了全面整理和研究[5]。这一时期敦煌占卜文献的全面研究，当推 2001 年出版的黄正建《敦煌占卜文书与唐五代占卜研究》一书，该书对敦煌占卜文献开展了极为细致的调查、分类，逐一著录定名，并间加考证，发明极多。黄正建先生的研究代表了目前人们对敦煌占卜文献的最高认识水平，在敦煌术数文献研究史上具有里程碑的意义。

学术界对敦煌藏文占卜文献的研究，开始于 1914 年美籍德国人劳费尔（B. Lauffer）对鸟卜文献 P.T.1045 的研究，他纠正了法国藏学家巴考（J. Bacot）的译文错误，讨论了吐蕃乌鸦占卜的起源问题，试图说明它与印度文化的渊源关系。1957 年英国学者 F.W.托马斯释读了英国伦敦印度事务部图书馆藏敦煌藏文骰卜文献。国内学界对敦煌藏文占卜文献的研究无疑应首推王尧、陈践两位先生[6]，自 20 世纪 80 年代以来，他们对一批敦煌藏文占卜文献的解题和译注，极大地推动了国内学术界在这方面的进展，代表了目前人们对敦煌藏文占卜文献的最高认识水平。1988 年杨士宏先生在国内首次译释了 P.T.1045 乌鸣占书。进入 21 世纪以来，学术界对敦煌藏文占卜文献的研究也进入了一个新阶段。格桑央京先后介绍并释读出多件敦煌藏文本占卜文献（P.T.55、Ch.9.Ⅱ.19、P.T.351）。2006 年罗秉芬、刘英华先生发表《敦煌本十二生肖命相文书藏汉文比较研究》，将 P.T.127 藏文本禄命书予以刊布，并就所关涉的其他问题进行了探讨。近年来的重要成果，还有

---

〔1〕载《天水师范学院学报》2008 年第 6 期。
〔2〕载《敦煌吐鲁番研究》第 11 卷，上海古籍出版社，2009 年。
〔3〕载《中国藏学》2009 年第 1 期。
〔4〕载《兰州大学学报》2009 年第 5 期。
〔5〕参见陈于柱《区域社会史视野下的敦煌禄命书研究》，民族出版社，2012 年。
〔6〕参见王尧、陈践《敦煌吐蕃文书论文集》，四川民族出版社，1988 年。

陈楠教授在提供 P. T. 1045 新的译文基础上,进一步分析了汉藏文化交流的渊源关系。可以说,国内外藏学专家通过近百年的共同努力,取得了以上足以令人称羡的成果,尤其在敦煌藏文占卜文献的释读方面,为敦煌藏文占卜文献的进一步研究奠定了坚实基础。

法国与日本作为敦煌学研究重镇,对敦煌占卜文献的关注同样颇多。20 世纪 80 年代以来,戴仁、茅甘、马克等学者,对敦煌梦书、卜法、宅经、鸟占书等均有所涉猎,其中由马克先生主持的"中古中国的占卜与社会"项目已经完成,其报告书于 2003 年由法国国家图书馆出版,该项目对敦煌占卜文献涉及较多。1992 年日本出版的《讲座敦煌》第 5 卷所收菅原信海先生的《占筮书》一文,首次对敦煌占卜文献加以汇集、分类,在引起人们对敦煌占卜术数文献的关注上发挥了重要作用。[1]

通过以上简略回顾,可以看出敦煌占卜文献的研究经历了两次重要转折点,一是 1992 年菅原信海《占筮书》的发表,该文标志着学术界对敦煌占卜文献的关注从以往即兴式的研究,向归类整理专项研究的学术自觉转变,开始有了从总体上把握敦煌术数文献的尝试。第二次转折标志即是 2001 年黄正建先生的专著《敦煌占卜文书与唐五代占卜研究》,该书的出版使学界对敦煌占卜文献有了更为整体的认识和更为全面的了解,为今后敦煌占卜文献研究的进一步深入奠定了坚实的知识准备。不过就敦煌占卜文献目前的研究状况而言,其形势并不令人满意,既有成果虽可以起到指引门径的重要作用,但总体来讲仍较为薄弱。一方面对敦煌占卜文献的甄别统计仍不够准确详尽,尤其是敦煌少数民族语言占卜文献长期被学术界排斥于敦煌汉文占卜文献之外;另一方面,敦煌占卜文献的研究尽管与敦煌学的开展几乎同步肇始,但在敦煌学研究百年之际的今天来反观,敦煌术数文献由于自身的零碎难解和近现代思维下的"迷信"性质,无论是在文献整理还是在研

---

[1]参见〔日〕菅原信海《占筮书》,载《讲座敦煌》(5)《敦煌汉文文献》,日本大东出版社,1992 年,第 457 – 459 页。

究深度上都已经大大滞后于敦煌学的其他领域。由于受到种种条件制约,有些研究论著中或多或少地存在一些不足,尤其表现在卷名考订错误、抄创时间判断的错误、研究重复等方面。因此,撰写一部搜集详尽、考证精当、充分汲取百年来敦煌占卜文献研究优秀成果的著作以供学术界研究之用,也就成为敦煌学界当下的迫切任务之一。《敦煌占卜文献叙录》的撰写正是在此背景下开展的。由于笔者学力有限,论文中的缺陷不足势必在所难免,恳请学界专家批评指正!

1 易占

　　《易》虽为群经之首,然本为古占筮书,故得以躲过秦焚书之厄。易占即是以《周易》八卦或六十四卦为基础,利用爻辞、象象等以辨吉凶的占术。[1] 有关易占之书的记载,虽不绝于史籍著录[2],但传世者稀见。敦煌遗书中的易占文献共有 12 件,编号分别为 S.6349、S.13117V、S.4863、S.6015、S.12136、P.4924、P.5031、P.2873、P.2482、P.2832、北大 D197、浙敦 131。其中 S.6349 与 P.4924 可以缀合为一件文献。以上 12 件写卷根据其内容形式大致可分为"易三备""易占书甲种""易占书乙种""易占书丙种"等 4 类,涉及《周易》、《易林》、《杂占》、世应、之卦、飞伏、纳甲、月卦等多类古代易学知识,内容丰富而庞杂,是了解研究中古中国及敦煌地区易占术和易学发展实况不可多得的珍贵资料。

1.1 易三备

　　《易三备》或名《周易三备》,是依托孔子师徒所述的占卜书。所谓"三备",盖出自天、地、人三才之说,具体而言,乃为"三备者,经云,上备,天也;中备,筮人中宅舍吉凶也;下备,筮□下盘石湯泉深浅吉凶安葬地也"(S.6349)。《隋书·经籍志》载录《易三备》2 种,分别为 3 卷、1 卷。《旧唐书·经籍志》同《隋书·经籍志》。《新唐书·艺文志》著录《易三备》3 卷,又 3 卷。《宋史·艺文志》载《周易三备》3 卷、《周易

----

　　[1]《北齐书·儒林传》记载权会:"每为人占筮,小大必中。但用爻辞、象象以辨吉凶,易占之属,都不经口。"

　　[2]参见赵益《古典术数文献述论稿》,中华书局,2005 年,第 77 - 81 页。

三备杂机要》。《通志》《崇文总目》著录同《宋史·艺文志》。《三备》之书自明末以来失传[1]。敦煌文献中存四件写本,即 S.6349、P.4924、S.6015、P.5031。

1939 年向达先生《伦敦所藏敦煌卷子经眼目录》率先著录了 S.6349《易三备》[2]。1948 年陈槃先生根据王重民的过录本对 S.6349 进行了深入而系统研究,发表《敦煌唐咸通钞本三备残卷解题》,考订写本抄写年代为咸通五年(864),认为当成书于六朝时期,并附有详尽录文[3]。该文成为此后研究《易三备》的奠基之作。20 世纪 90 年代初,法国学者马克·卡林诺斯基(Marc Kalinowski)《敦煌数占小考》一文,从中国术数史的视角简略地介绍了六件敦煌易占文献[4],其中涉及 S.6349、P.4924、S.6015《易三备》。1992 年日本学者菅原信海在池田温主编的《敦煌汉文文献》中发表《占筮书》,对 S.6349、S.6015 两件《易三备》做了题解[5]。1998 年邓文宽先生在季羡林主编的《敦煌学大辞典》中撰写《易三备》词条,就 S.6349、S.6015、P.4924 三件《易三备》予以解题。2001 年黄正建先生《敦煌占卜文书与唐五代占卜研究》一书对敦煌易占文献进行了详尽整理和研究,不仅搜罗、比定出 P.5031 为一件新的《易三备》残片,而且提出 S.6349 与 P.4924 应为同一件文献的两个残卷[6],用力至深。时至目前,对敦煌本《易三备》开展系统研究的当推张志清、林世田的《S.6349 与 P.4924〈易三备〉写卷缀合研究》[7]与《S.6015〈易三备〉缀合与校录——敦煌本〈易三备〉研究

[1]参见陈槃《敦煌唐咸通钞本易三备残卷解题》,载《历史语言研究所集刊》10 本,1948 年,第 385 页。

[2]参见向达《唐代长安与西域文明》,河北教育出版社,2001 年,第 232 页。

[3]参见陈槃《敦煌唐咸通抄本三备残卷解题》,载《历史语言研究所集刊》10 本,第 381 - 401 页。

[4]参见〔法〕马克(Marc Kalinowski)《敦煌数占小考》,原载《中国古代科学史论·续篇》,京都大学人文科学研究所,1991 年。后收入《法国汉学》第 5 辑,中华书局,2000 年,第 93 页。

[5]参见〔日〕菅原信海《占筮书》,载《讲座敦煌》(5)《敦煌汉文文献》,日本大东出版社,1992 年,第 441 - 461 页。

[6]参见黄正建《敦煌占卜文书与唐五代占卜研究》,学苑出版社,2001 年,第 11 - 13 页。

[7]参见张志清、林世田《S.6349 与 P.4924〈易三备〉写卷缀合研究》,载《文献》2006 年 1 期,第 47 - 54 页。

之一》[1]2 文,作者因曾亲自寓目文献原件,故获得极为重要的第一手信息,就敦煌本《易三备》(S.6349、S.6015、P.4924)的装帧形式、写本概况、文献构成与缀合,均提出了新的见解,从而将敦煌本《易三备》的研究推向了一个新的高度。

S.6349 + P.4924 S.6349,旋风装,共 7 叶,前缺尾全,中间各叶或间有残损,尾题"于时岁次甲申六月丙辰十九日甲戌申时写讫",陈槃先生考订为唐懿宗咸通五年(864),已为学界所认同。P.4924 与本卷 6 叶正面正可缀合。揆其内容,前 2 叶为《易三备》序及中备,包括"筮宅吉凶法",此或是卷中"易中备卷第二"之子内容;后 5 叶为下备(卷中题"周易下备占葬日及地下事"与"下备一卷")及"占候验吉凶法"。张志清、林世田先生考察认为,卷中"易中备卷第二"与"周易下备"是两个不同的抄本拼合而成,其理由充分,值得肯定;亦指出,"占候验吉凶法"非"下备"之一篇目,而为别出一书,仅因内容与《易三备》相似,故录之于后,以备检索。

笔者按,"易中备卷第二"与"周易下备"出自不同底本,已甚明了,无须赘言,但就其行文笔迹来看,两者甚是相近,当为一人所抄。归义军时期敦煌文化事业长期处于典籍匮乏、知识陈旧的窘状之中,经常需"集诸家诸善",对各种知识与文字进行重新编排,以编纂诸书,S.6349 + P.4924《易三备》或正是这一背景下的产物。张志清、林世田先生提出前后字体不一的情况,仍有待核实。另,"占候验吉凶法"非"下备"篇目的观点也需谨慎,因为"占候验吉凶法"不仅在内容上和"下备"相近,而且其方法亦颇趋同,试比较,"占候验吉凶法"言:"内卦得乾,下占地时,上丧引车时,必见黑牛父马黑色黑衣黑字,大吉。""周易下备占葬日及地下事"载:"内卦为亡孝,外卦为葬日,外卦阳,葬日吉,纯阳大吉,世爻俱阳大吉。"两者均讲求于内卦或外卦。因此,不能仅仅因为"占候验吉凶法"抄写于"下备一卷"之后,即草率认为前者非

---

[1]参见张志清、林世田《S.6015〈易三备〉缀合与校录——敦煌本〈易三备〉研究之一》,载《敦煌吐鲁番研究》9 卷,中华书局,2006 年,第 389 - 401 页。

属于后者,而需有待新的出土材料进一步坐实。就《易三备》的占卜方法而言,不管是"中备"还是"下备",主要还是运用了八宫六十四卦世、应的定、动之说,如"纯乾,四月卦,世在上,应在三,世爻定,此地有金,伏尸在西北,老是男鬼。居德(得)此宅,大凶,出贼男","乾,四月卦,世在上,应在三,世爻定,穿地深五尺,得金玉。世爻动,穿地深四尺,得砖石。应爻定,穿地深四尺,得孔穴。应爻动,深八尺,得骨炭,吉"。所谓"世应",系指一别卦内世爻与应爻之间的呼应关系。《京房易传》认为,一卦六爻各有贵贱等级之位,初爻为元士,二爻为大夫,三爻为三公,四爻为诸侯,五爻为天子,上爻为宗庙。每一卦必有一爻为主,一卦之吉凶主要决定于为主之爻。一世卦以初爻为主,二世卦以二爻为主,三世卦以三爻为主,四世卦以四爻为主,五世卦以五爻为主,八纯卦皆以上爻为主。为主之爻称"居世""临世"或"治世"。按照应位之说,每一世爻皆有一应爻相呼应。如初爻元士居世,则与四爻诸侯相应;二爻大夫居世,则与五爻天子相应;三世三公临世,则与上爻宗庙相应;相反,五爻天子治世,则与二爻大夫相应,等等,即为"世应"。就这一角度来讲,敦煌本《易三备》择取《京房易传》之思想,殆是无疑,但在六十四卦的卦序上,却与《京房易传》差异甚大。就八宫卦而言,《京房易传》遵循乾、震、坎、艮、坤、巽、离、兑之序,每宫各有八卦,这一次序主要根据《说卦传》乾坤生六子的思想。[1] 而敦煌本《易三备》(S. 6349 + P. 4924,S. 6015)八宫卦则按照乾、坤、震、巽、坎、离、艮、兑的次序排布,这一顺序尽管同样记载于《说卦传》,但却真切地展示出《易三备》思想内容来源非一的特点,更何况卷中还采用了五行王相、五姓之说。

  S. 6015 由5个残片组成,前后均残,笔迹统一,行文整洁端正;上画卦象,下书卜辞,其内容相当于《易三备》中的"下备"。黄正建先生指出 S. 6015 与 S. 6349 + P. 4924 的不同之处在于:(1)前者每卦之前都有卦象,而后者只是八宫卦有卦象,变卦则没有;(2)前者的行文内容

---

〔1〕参见周立升《两汉易学与道家思想》,上海文化出版社,2001年,第63页。

·欧·亚·历·史·文·化·文·库·

更为简略;(3)前者避讳"世"字,以"身"字代之,后者不避。由此推知,S.6015当抄于唐代,与S.6349+P.4924《易三备》应属于不同的底本[1] 张志清、林世田逐一介绍了S.6015五个残片的卦辞构成,并纠正了学界此前的错误排序,将五个残片缀合、整理出自"遯"卦至"萃"卦的58组卜文[2] 功劳莫大。

P.5031 此编号共有46件碎片,其中第11片所能释读者仅存2行:

(前缺)八月卦,世在四,应在初□(后缺)

(前缺)南有伏尸,大河在下,去卜处(后缺)

黄正建先生最早检出此件文献,提出可能属于《易三备》。笔者按,将此书写与S.6015《易三备》"需"卦相比对,可确定残文当为《易三备》"下备"中的需卦卜文,试比较:

需,八月卦,身在四,应在初。身爻定,深一丈二尺,得谷。爻动,其下四尺,得黄沙土。应爻定,深七尺,得穴。爻动,深五尺,得鼠。孔子云,葬得此地,鬼神安,利生人。南有伏尸,大河在下,有玉。去卜处三百步,南相如西,玉在中,不见,葬得此地,大吉。

因此,P.5031(11)可定名《易三备·下备需卦残卜文》(拟),行文不避"世"字,似为晚唐五代宋初的作品。

S.12136 此件甚残,仅存两残行:"土井,应□□□□子云:有伏尸"。S.6349+P.4924《易三备》"下备"革卦卜文言:"动,其下六尺为井,应爻定……孔子云:葬之,煞师。"S.12136或为《易三备》"下备"革卦之残文。《英藏敦煌文献》定名《残片》,不确。《敦煌占卜文书与唐五代占卜研究》未收录此件。

1.2 易占书(甲种)

P.2832 首尾俱残,文中间有损缺。仅存纯兑与兑宫一世困卦、二

---

[1]参见黄正建《敦煌占卜文书与唐五代占卜研究》,第12页。

[2]参见张志清、林世田《S.6015〈易三备〉缀合与校录——敦煌本〈易三备〉研究之一》,第390—400页。

世萃卦、三世咸等4组卜辞。每组卜辞先引《易经》经文,次引"林曰""杂占曰",最后叙述本卦"之"于其他何卦为吉。以兑宫二世卦"萃"为例:

> 兑二世,萃。易曰,萃,亨。王假有庙,假至有利见大人,亨,利贞。用大牲吉,利有攸往。彖曰,萃,聚也。顺以说,刚中而应,故聚也。王假有庙,致孝享也。利见大人,亨,聚以正也。利用大牲吉,利有攸往,顺天命也。观其所聚,而天下物之情,方以类聚,物以群分。情同而后乃聚,气合而后乃群。象曰:泽上於地,萃。君子以除戎器,戒不虞。聚而无防,则众生心。林曰,萃,六月卦,是建(?)阴之卦,七月合,八月王,□云五月合,四月背,十二月破,一云五月破,正月二月空亡。聚,萃者也,多是男女聚会,亦□众喜悦之事,或爱口舌之事,事在众人为之。六畜病者,求婚者合也。杂占曰兑萃占人相,有时不宜兄弟,少子息寿命不长。占身,吉。占求官,久得。占见大人,吉。占婚,悦,可不成。占年平,宜谷桑田作,薄收。占雨,有雨气。占晴,多阴瞖。占生子,女。占屋宅,吉。占葬,大吉。占出征,吉。占攻城,不得。占出行,吉。占来人,未来。占□财,吉,内财,凶。占逃亡,□。占官事,不成。占祭(系),死罪。占病,不死。占六畜,病,不死。见(占)怪,无凶。之坤、屯、比、同人、豫、蛊、噬嗑、无妄、大畜、坎、离、恒、晋、解、益、夬、姤、升、井、震、艮、归妹、丰、涣、中孚、既济、未济,吉。

黄正建先生怀疑卷中的"林"是《易林》、"杂占"是《周易杂占》,不无道理。传世本《焦氏易林》,全书以一卦演变为六十四卦,六十四卦之变四千零九十六卦,各系繇辞,皆四言韵语,以验吉凶,如萃之坤"新受大喜,福履重职,乐且日富"。P.2832 的行文、构成虽与之相异者较多,但在"之卦"的运用上却极为相似。易占中的"之",乃之卦之意,指本卦所变出之卦,亦称"变卦",如《左传》昭公十二年载"南蒯枚筮之,遇坤之比,曰'黄裳元吉'"。不过 P.2832 直接叙述本卦"之"于某卦为吉,似乎有意省略了中间的卜文,因此不排除 P.2832 或是古代某部《易林》的简略本。

《敦煌遗书总目索引》将该卷定名《残占筮书》，并介绍"背有残日历又为残佛经。后用残祭文数篇补裱"。其背残日历为《唐大顺二年辛亥岁具注历日》[1]，因此，本件写卷的抄写时间当在唐昭宗大顺二年（891）之后。《法藏敦煌西域文献》[2] 19 册命名《周易占筮书》。本书拟名为《易占书》（甲种）。

1.3 易占书（乙种）

易占书乙种大致可包括北大 D197、S.4863、浙敦 131、P.2482V 四件文献，其特点是基本以京房易占理论为主导，以十二月卦与八卦十六变为主要内容，间或旁涉世应、飞伏、纳甲、卦序之说。

北大 D197 正背面抄写，存 8 行，内容如下：

阳月为大，阴月为小。阳日大，阴日小。正月、三、五、七、九、十一月，名为阳月，为大。阴月为小，二月、四月、六月、八月、十月、十二月，名阴月，为小。诸卦得何月？[小]过、蒙、益、渐、泰，是正月卦。震、需、随、晋、解、大壮，是二月卦。豫、讼、蛊、革、夬，是三月卦。旅、师、比、小畜、乾，是四月卦。离、大有、家人、井、咸、姤，是五月卦。鼎、丰、换（涣）、履、遁，是六月卦。恒、节、同人、损、否，是七月卦。兑、巽、萃、大畜、贲、观，是八月卦。归妹、无妄、明夷、困、剥，是九月[卦]。艮、既济、噬嗑、大过、坤，是十月卦。坎、未济、蹇、颐、中孚、复，是十一月卦。屯、谦、暌、升、临，是十二月卦。一世为外戒，二世为内戒，三世为骸骨，四世为棺椁，五世为血脉，八纯为绝命，游魂为肌肉，四世，归魂为冢墓，三世。

以上内容主述十二月之阴阳、六十四卦在十二月中的分配以及八卦十六变说。汉代孟喜所创十二月卦说，除四正卦外，其余六十四卦分配于一年十二个月，每月得五卦，对此《易纬·稽览图》有所排列：

寅（正月）：小过、蒙、益、渐、泰。

---

〔1〕参见邓文宽《敦煌天文历法文献辑校》，江苏古籍出版社，1996 年，第 248、249 页。

〔2〕上海古籍出版社、法国国家图书馆编，上海古籍出版社，2001 年。

卯（二月）：需、随、晋、解、大壮。

辰（三月）：豫、讼、蛊、革、夬。

巳（四月）：旅、师、比、小畜、乾。

午（五月）：大有、家人、井、咸、姤 。

未（六月）：鼎、丰、涣、履、遁。

申（七月）：恒、节、同人、损、否。

酉（八月）：巽、萃、大畜、贲、观。

戌（九月）：归妹、无妄、明夷、困、剥。

亥（十月）：艮、既济、噬嗑、大过、坤。

子（十一月）：未济、蹇、颐、中孚、复。

丑（十二月）：屯、谦、睽、升、临。

坎六、震八、离七、兑九。以上四卦者，四正卦，为四象。每岁十二月，每月五卦，卦六日七分，每期三百六十五日每四分日之一。

北大 D197 写卷与之基本相同，不过震、兑、坎等四正卦却分别配于二、八、十一月，和孟喜十二月卦略有不同，其个中原因有待探究。所谓"一世为外戒，二世为内戒，三世为骸骨，四世为棺椁"等书写，系八卦十六变说，为古代易占之一种，《大唐六典》卷14《太常寺》称易占："凡八纯卦十六变而复，初为一变，次曰二变，三曰三变，四曰四变，五曰五变，六为游魂，七为外戒，八为内戒，九为归魂，十为绝命，十一为血脉，十二为肌肉，十三为体骨，十四为棺椁，十五为冢墓。"[1]《北京大学图书馆藏敦煌文献》将此卷定名为《十二月消息卦》，本书拟名《易占书·孟喜十二月卦与八卦十六变》（乙种）。

S.4863 正面，按照乾、坎、艮、震、巽、离、坤、兑的顺序，依次书写六十四卦，并注明各卦卦月。乾卦之中还标明八宫卦十六变之专称，如"乾，绝命，一世遘（姤），外戒，四月；二世，遁，内戒，五月；三世否，骸骨，七月；四世观，棺椁，八月；五世剥，血脉，九月；四世游魂晋，肌肉，二月；三世归魂大有，冢墓，正月"。笔者按，元代胡一桂《周易启蒙翼传》

〔1〕李隆基撰，李林甫注《大唐六典》，三秦出版社，1991年，第304页。

"外篇"载,京房起月例基于世爻所建之月,故称"世月""世建"或世卦起月例,其规则为"一世卦阴主五月,一阴在午也;阳主十一月,一阳在子也。二世卦阴主六月,二阴在未也;阳主十二月,二阳在丑也。三世卦阴主七月,三阴在申也;阳主正月,三阳在寅也。四世卦阴主八月,四阴在酉也;阳主二月,四阳在卯也。五世卦阴主九月,五阴在戌也;阳主三月,五阳在辰也。八纯上世阴主十月,六阴在亥也;阳主四月,六阳在巳也。游魂四世所主与四世卦同;归魂三世所主与三世卦同"。据此,六十四卦的具体分配如下:

十一月,子,一世卦:复、贲、节、小畜

十二月,丑,二世卦:临、大畜、解、鼎

正月,寅,三世卦/归魂卦:泰、既济、恒、咸/大有、渐、蛊、同人

二月,卯,四世卦/游魂卦:大壮、睽、革、无妄/晋、大过、讼、小过

三月,辰,五世卦:夬、履、井、涣

四月,巳,八纯卦:乾、艮、巽、离

五月,午,一世卦:姤、遁、旅、困

六月,未,二世卦:遁、屯、家人、萃

七月,申,三世卦/归魂卦:否、损、益、未济/随、师、比、归妹

八月,酉,四世卦/游魂卦:观、升、蒙、蹇/明夷、中孚、需、颐

九月,戌,五世卦:剥、丰、噬嗑、谦

十月,亥,八纯卦:坤、震、坎、兑

S.4863除乾、坎外,其他卦月均与京房世卦起月例相同,而乾、坎月卦或许因抄写者笔误导致其不同。[1] 背面为乾卦与遯(姤)卦包括卦画、世应、六亲六神[2]、纳甲、月卦等内容的四个图示,其中乾卦书写三幅。背面卷尾隐约抄写"克官财爻克父母""父母爻克子,兄弟爻克妻女,子爻不见父母,官爻"等文字。关于此卷,《英藏敦煌文献》命名

----

[1]如巽一世卦少(小)畜,其卦月本应为十一月,此卷则写为"十二月"。
[2]六亲,指父母、兄弟、妻财、子孙、官鬼;六神,指青龙、朱雀、勾陈、螣蛇、白虎、玄武。

《阴阳书(?)》《易经八宫卦图及世卦起月例》,笔者拟名为《易占书·京房世卦起月例与八卦十六变等》(乙种)。

浙敦 131 号写本　前为某卦十月卦之结尾,后是坤卦前半,有卦图并标出世应、飞伏、六亲等,如"绝命在十月卦,世在上六,癸酉金为飞"等。世应、飞伏、纳甲,均系京房占筮体例的代表,"世应"在前面《易三备》中已释;"飞伏",皆指对立之卦象和爻象;所谓"纳甲",即将十天干纳入八宫六十四卦,与卦爻相配。京房以此比附人事之吉凶。黄正建先生根据写卷引"郭景纯曰"、不避"世"字等情况,推断其成书时间当在晋以后,其抄写时间应为唐代之后。

P.2482V　该写卷较长,有关易占的书写约 22 行,按照乾、坎、艮、震、巽、离、坤、兑的顺序叙述八卦各个世卦之专称,如"乾,一世天风遘,二世天山遁,三世天山(地)否,四世风地观,五世山地剥,四世游魂火地晋,三世归魂火天大有"。京房将八纯卦按乾坤生六子以及六子分别由乾坤统领以确定八纯卦的次序,即乾、震、坎、艮、坤、巽、离、兑,为八宫卦。每宫各领七卦,七卦的排列以本宫卦为体,以爻变为用,由此形成爻变序列,确定爻变之名。具体为:变动初爻为一世卦,变至二爻为二世卦,变至三爻为三世卦;变至四爻为四世卦;变至五爻为五世卦;五爻变尽,然后反变四爻即游徙复止于四爻位,是为游魂卦;再变下体三爻,使之还复本位,是为归魂卦。[1] P.2482V 在世卦的顺序上与京房八卦基本一致,但仍有两处相异:一是八宫卦的排列顺序不同,二是以"天""地""风"等卦象来说明各世卦之构成。不排除 P.2482V 是京房易占某一变体的可能。正面"阎海员邈真赞并序"的尾题,在文书背面:"于时大晋开运三年十二月丁巳朔三日己未题纪。"因此 P.2482V 的抄写时间应在后晋开运三年(946)或之后不久。P.2482V 文末还写有"节度"二字,笔者推测"八宫卦序"与其后的"推男生宫法"很可能是归义军州学某位阴阳子弟或府衙官员所抄。本书将此卷拟名为《易占书·八宫卦序》(丙种)。

---

〔1〕参见周立升《两汉易学与道家思想》,第 61 页。

S.13117V　此件极残,仅存半个卦象和"位在□"等字。《敦煌占卜文书与唐五代占卜研究》疑此件为易占残卷。

1.4　易占书(丙种)

P.2873　残存 7 行,书写的是参谋安彦存等向某人呈上的有关归妹、坎卦等易占之卜文,其文如下:

（前缺)□君子归妹,婚礼聚会,庶人归妹

（前缺)□娶之义,内妇平安,所为□吉,宜

（前缺)蛇二爻发动,主有口舌及灶君为害。

夫人卜得纯坎,十月卦,君子得坎

（前缺)相染,坎是坑,坎之名运为求财

（前缺)□烦闷之事,此卦先忧后吉。

（前缺)月日 参谋安彦存等呈上。

安彦存是敦煌曹氏归义军政权中的历法家,敦煌文献 P.3403《宋雍熙三年丙戌岁(986)具注历日并序》即为"押衙知节度参谋银青光禄大夫检校国子祭酒兼监察御史安彦存纂",因此 P.2873 当抄写于宋初。残卷的占卜方式似乎是先叙卜得何卦,次叙所属卦月,再叙君子与庶人在此卦义下的不同吉凶宜忌。黄正建先生认为此件文献是安彦存用易占术为某人占卦后上的状。然笔者认为此卷更像是由安彦存等人抄写,然后呈献给他人的某部易占书,而非具体占卜之实例。对于此件,《敦煌遗书总目索引新编》定名《安彦存(历学家)解卜文字》,《法藏敦煌西域文献》19 册定名《安彦存等呈归妹坎卦卜辞》,本书拟名《易占书·敦煌归义军参谋安彦存等呈归妹坎卦卜辞》(丙种)。

2 卜法

卜法类文书是指敦煌遗书中或借用各种卜具,或借助数字推算,常以某某卜法为名的占卜书。这类文献数量较多,且类别庞杂,涉及汉文、藏文、突厥卢尼文,目前至少可分为十二钱卜法、孔子马头卜法、周公孔子占法/占十二时卜法、周公卜法、管公明卜法、九天玄女卜法、灵棋卜法、圣绳子卜、骰子卜、五兆卜法等。

2.1 十二钱卜法

敦煌文献中属于十二钱卜法一类的文本较多,包括了 S. 3724、S. 11415、S. 813、Дx. 09941 + Дx. 9981、S. 5686、S. 1468、I. O. Ch. 9. Ⅱ. 68、P. T. 1055、I. O. 748,共计 9 个卷号,其中有 3 件藏文写本,S. 3724、S. 11415 可缀合成 1 件文书。此类占书的逻辑是以金钱为卜具,用金钱十二枚,掷盘或地,视其正反面之组合成卦,以言吉凶。20 世纪 90 年代,法国学者马克·卡林诺斯基(Marc Kalinowski)对英藏敦煌文献中的 5 件十二钱卜法从总体上做了术数原理的分析。[1] 此后黄正建先生统计了 5 个卷号的十二钱卜法,并逐一著录。[2] 在敦煌藏文本十二钱卜法的公布上,王尧、陈践先生功不可没,先后刊布、释读出 P. T. 1055 与 I. O. Ch. 9. Ⅱ. 68 两件写本[3],极大地推动了敦煌藏文占卜文

---

〔1〕参见〔法〕马克(Marc Kalinowski)《敦煌数占小考》,载《法国汉学》5 辑,中华书局,2000年,第 194、195 页。

〔2〕参见黄正建《敦煌占卜文书与唐五代占卜研究》,学苑出版社,2001 年,第 23、24 页。

〔3〕参见王尧、陈践编著《敦煌吐蕃文书论文集》,四川民族出版社,1988 年,第 92 - 94 页;陈践《敦煌藏文 Ch. 9. Ⅱ. 68 号"金钱神课判词"解读》,载《兰州大学学报》(社会科学版)2007 年 3期,第 1 - 9 页。

献的研究。近年,张福慧、陈于柱对十二钱卜法的汉、藏文本进行了比较分析,就藏文本的底本问题、年代学与成书背景做了探究。[1] 十二钱卜法为唐宋史志目录及传世文献所未见,因此敦煌汉、藏文十二钱卜法对文献学、术数史以及吐蕃民族史研究均具有重要学术价值。以上9个卷号大致可分为《李老君周易十二钱卜法》、《十二钱卜法抄》、《孔子十二金钱卜法》(藏文本)、《十二金钱卜法抄》(藏文本)4大类,其中《十二钱卜法抄》又可分为甲、乙、丙、丁4小类,《十二金钱卜法抄》(藏文本)则包含甲、乙2小类。由此可见,中古时期十二钱卜法版本之多,以及在敦煌地区的流行。

2.1.1 李老君周易十二钱卜法

S.3724 抄于佛经《佛说无量寿宗要经》之后,正背面书写,与佛经笔迹不一,字迹较为稚拙,行文多有错讹。正面存6行;背面起于16行,紧跟"六十甲子纳音性行法"之后。内容主要包括序言与卜文(卦兆)。序言参差不齐地重复抄写了6遍,如"李老君周易十二钱卜法一本。缦为阴,文为阳,阴仰阳覆,老子易卜之法,用钱十二文掷着盘中,看文缦即之(知)吉凶,万不失一。来卜者人捉钱如咒之,曰:为某年某月某日某乙事卜其所,吉时作吉,作相生之卦,凶时言凶,即道凶相克之卦。神钱合利,所乞之卜者,情高任作"。卜文仅存一文十一缦、二文十缦、三文九缦、四文八缦等4组卦兆,如"卦兆:易曰,一文十一缦,坎上离下,水火相克之卦,行人稽留,病者困,祟在北君灶神,囚系者有罪,亡失者远,有人见光,有犬鼠为怪,辞讼未了……行人来,辩讼得利。忌七月五月,犯情(青)龙土公,日忌申午,壬身(妊娠)易(男),宅舍大吉"。卜文中无卦象。S.11415为一残片,正面存7行,为十二钱卜法之书写;背面残存6行,系六十甲子之书写。黄正建先生最早提出S.11415是S.3724所缺的左下角,两者可以缀合。[2] 通过比对,可以发现S.11415正好可与S.3724第1叶卷尾下部拼合,如S.3724序言中的

〔1〕参见张福慧、陈于柱《敦煌古藏文、汉文本〈十二钱卜法〉比较研究》,载《天水师范学院学报》2010年3期,第69-72页。
〔2〕参见黄正建《敦煌占卜文书与唐五代占卜研究》,第23页。

"李老君周易","易"字残存上半部,S.11415 第 3 行的"易十[二]钱卜法一本",其"易"字残存下半部,上下缀合,宛若天成。《敦煌遗书总目索引》《敦煌遗书总目索引新编》均将此件定名《李老君周易十二钱卜法一卷》,黄正建《敦煌占卜文书与唐五代占卜研究》定名为《李老君周易十二钱卜法》,均不确;《英藏敦煌文献》5 卷命名为《李老君周易十二钱卜法一本》,为是。从文字书法来看,此件似为归义军时期的作品。

2.1.2 十二钱卜法抄

S.813 首缺尾全,至少抄写有 4 类占卜术,即卷首前 4 行大概是有关占犬的书写,与 P.2661v 中的《推养犬之法》类似,两者可相互补充;5 至 37 行为十二钱卜法;38 至 44 行为"立成孔子马坐卜占法";最后 3 行为每月一日至十日见月之吉凶。前后笔迹一致,当为一人所书。本件较完整地保存了"六文六曼"至"十二文无曼"的卜文,其前则因卷首残损及上半截残缺而不完整。写卷第 5 行"(前缺)看眉曼即知吉凶,不(后缺)",当是序言,其中"看""曼",《英藏敦煌社会历史文献释录》4 卷释读为"自""兽",误。此句为十二钱卜法书常用语言,如 S.3724"用钱十二文掷着盘中,看文缦即之(知)吉凶"。此件占辞行文特点是以卦名、卦象为起始,借易引出文缦组合,并配以此卦内卦、外卦之象征寓意,然后再详细叙述诉讼、逃亡、出行、兴贩、宅舍、子嗣等日常生活之吉凶,如"否(卦象),易曰十二文无曼,水艮之卦,阴阳相对,大富吉昌,所求如意,诉讼得理,无系者,无罪,逃亡难得,出行大吉,来人在道,兴生有利,宅舍可以久居,规求奴婢,交开称心,宜子孙,一无散失,大吉"。但需要注意的是,内卦、外卦与起始之卦有时并不能完全相配,大概是在传抄过程中逐渐讹误所致。本书将此件拟名为《十二钱卜法抄》(甲种)。

Дх.09941 + Дх.9981 本件由 Дх.09941、Дх.9981 缀合而成,前后均有残损,约存 7 行文字,包括了五文七曼与六文六曼的部分占辞,其卜文是以卦象、卦名为起始,这与 S.813 是相左的,就其残存内容来看,占辞书写和 S.5686 颇为相近,每一占卜事项之均以"卜某事"开始,其录文如下：

 （前缺）

 即被人捉□失财家（下缺）

 凶,卜葬埋,相害。卜行人,不利（下缺）

 （卦象）大过（遯）,易曰,六文六曼,乾艮（下缺）

 道成就,辞讼通达（下缺）

 不厄,祟在上帝大神□（下缺）

 黄色女妇共白色丈夫（下缺）

 葬埋吉。卜行人,平安。忌（下缺）

 （后缺）

此件由王爱和拣出[1],并命名为《周公十二钱卜法》。这样定名主要考虑到 S.1468 序言中谈及"周公",但因 S.1468 标题缺失,所以对此定名仍须慎重。本书拟名为《十二钱卜法抄》（乙种）。黄正建《敦煌占卜文书与唐五代占卜研究》一书未收录此件。

S.5686　前后均缺,册页装,存4页,起"忧未得日"、讫"卜病死",文字中间针对每一占卜事项均用朱笔点勘,说明此件原是经过校勘的本子。此件前8行为三文九曼的占辞,此后存有四文八曼、五文七曼,但五文七曼后半部分占辞缺。卜文抄写工整,每组起始语与 S.1468 基本一致,亦无卦名与卦象,每一占卜事项之前都以"卜某事"开始,主要涉及嫁娶、求官、病者、丧葬、逃亡、移徙、行人等,最后以时日禁忌为结尾。如"易曰,四文八曼,巽艮之卦,土木之神,合相生,忧自除,学道成论,辞讼通达,所求如意,卜官事自散,有人相为开。卜嫁娶,自如,夫妻相生。卜病者,不相宜,祟在家灶君神,口许不赛。卜葬埋,不得哭声出。卜禁者,罪重。卜逃亡者、板（被）人索物者,道难得。卜移从（徙）,人舍吉。卜行人,在路来。忌三月、九月丑未之日,不宜远行及[吊]问病,慎之大吉"。从行文风格来看,此件与 S.1468 极为相近,不过后者更像是前者的缩略本。此件之定名,《敦煌遗书总目索引》《敦

---

 [1]参见王爱和《敦煌占卜文书研究》,兰州大学 2003 年博士研究生学位论文,第 52 页。

煌遗书总目索引新编》《英藏敦煌文献》9卷均题为《占卜书》,不确;黄正建《敦煌占卜文书与唐五代占卜研究》命名为《李老君周易十二钱卜法》。本书暂拟名为《十二钱卜法抄》(丙种)。抄写时间当为晚唐五代宋初的归义军时期。

S.1468　前后均残缺,写卷中间亦有部分残缺。写卷整体存有两种占法,前部分为《发病书》,从56行起为十二钱卜法,存序言及具体占卜之方法,其序言称"十二文,睹其卦文缦吉凶,□□失一。昔周公辅成王,管蔡臣言,欲隐身□避,用钱十二文决吉凶,定狐疑……占病、鬼祟、辞讼、系狱、嫁娶、逃亡□□为事",并介绍具体占卜之方法。可知本件将十二钱卜法托于周公。此件相继抄有一文十一曼、五文七曼、六文六曼之卜文,无卦象,其行文结构与 S.3724 + S.11415《李老君周易十二钱卜法一本》相近,但语言风格与占辞却相异甚多,特别是文曼之"文",此件即称作"仰",占辞内容更为丰富,黄正建先生观察到此件最大的特点是每卦都有"占病"的内容,如"易曰,五文仰七文曼,震兑之卦,克儿学道不成,辞讼不通,所求难得,若欲求官反自来殃,嫁娶三年夫妻必亡,有忧怪。占病□□□□葬之鬼,系者罪重,逃亡即被捉得,失物□□□□□色婢良,移徙、葬埋相害,远行人不利,恐有病疾。月忌二月、八月。忌(日)日(忌)子、丑、午、卯、酉日慎之"。或许正因此件文书有关注疾病之内容,故能够与写卷前部《发病书》相连抄。此件之定名,《敦煌遗书总目索引》《敦煌遗书总目索引新编》《英藏敦煌文献》3卷均定名为《阴阳书》,不确;黄正建《敦煌占卜文书与唐五代占卜研究》《英藏敦煌社会历史文献释录》第7卷均命名为《李老君周易十二钱卜法》。笔者按,此件序言与《李老君周易十二钱卜法一本》不同,结构亦相异,卜文抄写不连贯,脱二文十曼、三文九曼、四文八曼占辞,因此尚不能确定此件为《李老君周易十二钱卜法》,本书暂拟名为《十二钱卜法抄》(丁种)。此件抄写时代不详。

2.1.3　孔子十二金钱卜法(藏文本)

I.O.Ch.9.Ⅱ.68　收藏于英国伦敦大英图书馆印度事务部,陈践教授最早对此件做过释录与解题。[1] 此件首尾完整,共 49 行,卷首有序言:"天之初,神子贡子(孔子),将道与众多经典汇集定夺,圣神国王李三郎(李隆基)于坐骑上久思后定下卦辞。此卦于未来牢固,于当今灵验,卦具为:焚香献供,松儿石、玛瑙一对,雕翎箭一支、青稞一升,额有白点山羊不可缺少,卦具齐全最为灵验。"与汉文本依托于李老君、《周易》或周公的说法不同,此件依托于孔子与李三郎。卷尾称"孔子制定十二金钱神课判词"。此件保存了从一文十一曼至十二曼的共 13 组占辞,而汉文本最多只能凑出 12 组,这说明当时完整的《十二钱卜法》应该有包括"无文十二曼"在内的共 13 组占辞,其文献学价值由此得以凸显。13 组占辞,从行文程式来看,其风格与 S.5686 最为接近,多以"卜某事"为每一占卜事项之起始,如"六枚铜钱文(余为曼),此为水金卦。卜问家宅占、子息占、寿元占皆吉。卜问怨敌占,无敌。若关入狱能脱身。争讼能胜,官司能清。病人能愈。某事能成。此乃昴宿之卦,诸星围绕之卦,此卦皆吉"。但在占文内容方面,此件与汉文本则有着明显的差异。张福慧、陈于柱认为此件文书是在吐蕃统治时期根据汉文本《十二钱卜法》改编而成,具有强烈的苯教色彩。[2] 陈践教授将此件定名为《金钱卜》,本书根据文书卷尾所书,暂拟名为《孔子十二金钱卜法》。

2.1.4　十二金钱卜法(藏文本)

P.T.1055　收藏于法国巴黎图书馆,早在 20 世纪 80 年代即由王尧、陈践刊布和释读。[3] 此件前后均残缺,存四文八曼至十一文一曼共 8 组占辞以及三文九曼占辞的后半部分。文书的占卜程式、语言风格与 I.O.Ch.9.Ⅱ.68 基本一致,但占辞内容却略有不同,似乎有意删减了某些书写,如 I.O.Ch.9.Ⅱ.68"六枚铜钱文(余为曼)"中"昴宿之卦"的说法,在此件中就没有体现。此件很可能是 I.O.Ch.9.Ⅱ.68 的缩略本,抄写年代不详,本书定名为《十二金钱卜法抄》(藏文本甲种)。

---

〔1〕参见陈践《敦煌藏文 Ch.9.Ⅱ.68 号"金钱神课判词"解读》,第 1-9 页。

〔2〕参见张福慧、陈于柱《敦煌古藏文、汉文本〈十二钱卜法〉比较研究》,第 69-72 页。

〔3〕参见王尧、陈践编著《敦煌吐蕃文书论文集》,第 92-94 页。

I.O.748　房继荣《英藏古藏文占卜文献述要》一文介绍此件:"分为两部分,长96厘米,宽26厘米,分别有藏文53行、28行,各用草体和楷体书写;内容不完整且开头有破损,有少许录文,从其内容来看,似为'十二铜钱卜法';其右是按不同年代所做的占卜,从龙年开始,至猪年结束。"[1]然 I.O.748 图版尚未刊布,此件具体情况尚有待详考。本书暂将此件定名为《十二金钱卜法抄》(藏文本乙种)。

黄正建《敦煌占卜文书与唐五代占卜研究》一书未收录以上三件藏文本。

2.2　孔子马头卜法

孔子马头卜法,系借孔子之名,利用九枚算子以及每枚算子上的9个刻数与相应占辞,对日常生活中不同事项进行吉凶预测的一种卜术,与今天常见的灵签用法相似。敦煌遗书中记载此类卜法的文献有7个卷号,其中有4个卷号可缀合为1件文书,因此有4件,即 S.2578、S.9501V + S.9502V + S.11419V + S.13002V、S.1339、S.813,可分为《孔子马头卜法一部》《孔子马头卜法》《立成孔子马坐卜占法》3 类。荣新江先生最早认识到 S.9501V + S.9502V + S.11419V + S.13002V 为一件写本[2];饶宗颐先生整体分析了 S.813 的书写情况[3];马克(Marc Kalinowski)《敦煌数占小考》一文仅介绍了上述的 5 个卷号[4];黄正建敏锐地观察到孔子马头卜法的流行似乎与敦煌当地儒学的盛行有关。[5] 近年《英藏敦煌社会历史文献》4 卷和 5 卷释录了 S.813、S.1339两件文书。古代公私书目及传世文献均未见载《孔子马头卜法》这一专书,史籍中仅提到隋人临孝恭曾著《孔子马头易卜书一卷》,

---

〔1〕房继荣《英藏古藏文占卜文献述要》,载《甘肃高师学报》2007 年第 3 期。
〔2〕参见荣新江《英国图书馆藏敦煌汉文非佛教文献残卷目录》,台湾新文丰出版公司,1994年,第 134 页。
〔3〕参见饶宗颐《敦煌本〈立成孔子马坐卜占法〉跋》,载《敦煌学辑刊》1999 年 1 期,第 1 页。
〔4〕参见〔法〕马克(Marc Kalinowski)《敦煌数占小考》,载《法国汉学》5 辑,第 197 页。
〔5〕参见黄正建《敦煌占卜文书与唐五代占卜研究》,第 27 页。

敦煌遗书中三个版本的《孔子马头卜法》可补中古传世文献之不足。

2.2.1 孔子马头卜法一部

S.2578 首尾完整,分别抄有两部分内容,前 11 行为第一部分,《英藏敦煌文献》4 卷定名《某年十一月十九日押衙薛九安谢张索二都头状》;第二部分即此件,从 12 行开始,起"孔子马头卜法一部",讫"九来",文字中间时做点勘,与前一部分笔迹不一,两件当为不同书手抄写,此件有首题及序言:"孔子马头卜法一部,廿七条。昔者孔子回行逐急,看疑决事,立马,马上坐临其头上卜事,故曰马头卜。用算子九枚,从一克至九克。九算用一竹同(筒)管成(盛)之,两头留节,开一小孔。临卜时定心咒愿,合□□出者,看克,依文书决之,万不失一。"王爱和《敦煌占卜文书研究》将"廿"释作"计"、"回"释作"四"、"立"释作"坐",均误。[1] 文书序言很清楚地介绍了此件的题名、孔子马头卜法的由来以及孔子马头卜法的具体操作手法。具体之卜文,一如序言所说,存有 27 组,依次为:占己身及家口平不,占失物及六畜奴婢等得不,占捉贼得不,占雨有无,占求神吉不,占觅人求□不,占讨叛得不,占兴生有不,占宅吉凶,占病人差不,占行归吉不,占官事口舌成不,占借债得不,占鱼猎得不,占葬后吉凶,占任(妊)身(娠)是男女,占昏(婚)后夫妻吉不,占求妇得不,占行人何日来,占被贼抄将吉凶,占买卖吉凶,占一切怪吉凶,占两手把勿(物),占唤客来不,占言讼,占收田不,占贼来不。所占事项几乎涵盖了社会生活的方方面面。每组占辞的行文程式基本一致,以占卜事项为起始,按照一算到九算的顺序逐一说明其吉凶,如"占己身及家口平不:一算平安大吉;二算亦大吉;三算身平安,忧小口;四算身吉,男厄;五算身吉,妻凶;六算平安大吉;七算平安,有信;八算平安;九算大吉"。行文中的"算"字从"占昏(婚)后夫妻吉不"事项开始不再使用,当是书手有意省文。文书第一部分《某年十一月十九日押衙薛九安谢张索两都头状》谈及的是押衙薛九安为让其子薛员通避免到南山地区戍守,而向张、索两都头求情的一份状文。南山

---

〔1〕参见王爱和《敦煌占卜文书研究》,兰州大学 2003 年博士研究生学位论文,第 103 页。

是 10 世纪敦煌南部的游牧部族,时常劫掠沙州,威胁归义军东界,抄掠人口,从金山汉国到曹议金执政期间,归义军政权对南山发动数次战争。因此状文当成书于这一段时间,那么抄于其后的《孔子马头卜法一部》应在同时或此后不久,很可能就属于 10 世纪的作品。《隋书》卷78《临孝恭传》记载传主曾著"《孔子马头易卜书》1 卷,并行于世",黄正建先生怀疑流行于敦煌本《孔子马头卜法》的始作者就是隋代临孝恭。[1] 这种可能性是存在的,不过,S.2578 题"孔子马头卜法一部",此外敦煌文献中还有 S.813《立成孔子马坐卜占法》,且序言不同,故可能在隋之前此类卜法就已经流行了,临孝恭撰《孔子马头易卜书》1 卷可能只是当时之一种。

2.2.2　孔子马头卜法

　　S.9501V + S.9502V + S.11419V + S.13002V《孔子马头卜法》　荣新江先生最早提出此件由 4 个残片缀合,功不可没。[2] 文书正面抄《下女夫词》,背面即此件,首题"孔子马头卜法",这一题款与卷首之间留有一段空白;此后为序言:"凡阴阳卜筮,易道为宗,文义甚多,犹如江海,非圣不裁,岂凡能决?所以孔子造此卜法立成,用算子九枚,枚别有卦,长三寸,竹橦(筒)盛之,密盖两头,一头开一小孔,容一算子出入,缘身时行所,有疑逐意决之,事无不中,不许再看。孔子回行,马上坐,定心启愿,如卜不得乱心,有疑事者,立马便上,故曰孔子马头卜。侨于后世,凡卜之时,定心启愿,必获有验。"余欣《神道人心——唐宋之际敦煌民生宗教社会史研究》一书将"再看"释作"弃著"、"立马"之"马"释作"写"、"侨"释作"偏"[3],均误。S.11419V 为 S.9501V + S.9502V尾部上半截,首句"其六合雨不雨"顺接于 S.9501V + S.9502V"卜乞雨得否"之"五然雨不多"之后,第二行"卜求神得"接于 S.9501V + S.9502V"福否"之上,第三行"六准上,七准上,八不得,九得"之

　　〔1〕参见黄正建《敦煌占卜文书与唐五代占卜研究》,第 27 页。
　　〔2〕参见荣新江《英国图书馆藏敦煌汉文非佛教文献残卷目录》,第 134 页。
　　〔3〕参见余欣《神道人心——唐宋之际敦煌民生宗教社会史研究》,中华书局,2006 年,第 262页。

"得"字右下部残,S.9501V + S.9502V 倒数第五行"得"字左上部残,两者拼合,严丝无缝;依次推至第六行"卜讨叛、失麦捉得否,一即得",以下接 S.9501V + S.9502V 倒数第二行"二准上"。S.13002V 则拼接于 S.9501V + S.9502V 卷尾下半截,S.9501V + S.9502V 倒数第二行书"三捉得□合自来","来"字右下部残,S.13002V 第一行首部即为"来"的右下笔画,而"三捉得□"之"□",从 S.9501V + S.9502V 来看,当是"之"字。参考 S.1399、S.13002V 最后两行残文当是"卜兴生得利否""卜见住宅可居住否"两项占辞。因此,缀合后的 S.9501V + S.9502V + S.11419V + S.13002V《孔子马头卜法》残存"卜己身及家口平安否""卜失物六畜趁逐得否""卜捉贼得否及伤人否""卜乞雨得否""卜求神得福否""卜觅人求事得否""卜讨叛失麦捉得否""卜兴生得利否""卜见住宅可居住否"等 9 项占辞。卜文以双行小注的形式书写。荣新江《英国图书馆藏敦煌汉文非佛教文献残卷目录》一书将"卜失物六畜趁逐得否"之"物"字脱;将"卜求神得福否"之"神"字释作"福"、"卜讨叛、失麦捉得否"之"叛"字释作"饭",均误。此件与 S.2578《孔子马头卜法一部》无论是题款、序言,还是卜文占辞,相异甚多,两者应出自不同底本。

　　S.1339　文书背面书《少老问答诗》,此件为正面,首残而尾全,起"得否"、讫"九有道理论得"。正背面笔迹不一,当为不同书手抄写。存有"卜求神得福否""卜觅人求事得否""卜讨叛失麦捉得否""卜兴生得利否""卜见住宅可居住否""卜怀身(娠)女人生男女否""卜患差否""卜欲行及出在外欲归安稳否""卜遭官口舌成事否""卜征索债负得否""卜猎得虫否""卜葬处后宜子孙富贵否""[卜]婚姻后夫妻相宜否""卜小求妇人得否""卜行人何时日来""卜被贼抄将为死为在""卜买卖六畜同财经纪和合否""卜鸟鼠作怪门舍及鸣好否""卜两手中勿(物)是何颜色""卜唤客得否""卜诉讼理钱财奴婢得否""卜田蚕收获得否""卜远人好否在死""卜论利(理)奴婢得否"24 项占辞。其书写模式及卜文与 S.9501V + S.9502V + S.11419V + S.13002V 基本相同,唯在某些占辞上略有差异,因此本件当属《孔子马头卜法》又一抄本。

不过需要注意的是,S.2578《孔子马头卜法一部》有"廿七条",即 27 项占辞,而如果将此件与 S.9501V + S.9502V + S.11419V + S.13002V 综合起来看,《孔子马头卜法》则书写有 28 项占辞,这进一步说明《孔子马头卜法》与《孔子马头卜法一部》的版本来源不同。

2.2.3　立成孔子马坐卜占法

S.813　卷轴的整体情况已在前述《十二钱卜法》中介绍,此件为文书第三部分,存 6 行,首全而尾缺,首题"立成孔子马坐卜占法",此后为序言:"凡此上经,差得吉者,不从重问,重问不验。大急事只问一卦即止。惜孔子马头上坐,咒曰:神卜零(灵)零(灵),知死知生、知败知成、知吉知凶、知行知住,某厶某事吉之与凶,唯卦所从,卜者须清(吉)洁,端心定意,事无无中。所用算子有九枚,枚别有刻数。咒讫,总把之,令人课抽一算,若得二刻,得;得三刻及九刻,来。随算依经判之,立即可验。"饶宗颐先生针对此件序言的录文有误。[1] 序言文义虽与 S.2578《孔子马头卜法一部》相近,但却仍有不同,因此,此件当是又一版本的《孔子马头卜法》。此件无具体卜文占辞。《英藏敦煌社会历史文献释录》4 卷将文书最后 3 行文字视为《立成孔子马坐卜占法》之内容,误。

2.3　周公孔子占法／占十二时卜法

P.2574《周公孔子占法》　此件首尾完整,首题"周公孔子占法",占文分为两部分,一是由十二月与十二时(寅时至丑时)交叉构成的时间坐标,在此坐标中用一、二、三分别加以表示十二月与十二时的对应点,如:

	正月	二月	三月	四月	五月	六月	七月	八月
寅时	三	一	二	三	一	二	三	一
	九月	十月	十一月	十二月				

---

〔1〕参见饶宗颐《敦煌本〈立成孔子马坐卜占法〉跋》,载《敦煌学辑刊》1999 年 1 期,第 1 页。

寅时　二　　三　　一　　　二

占文第二部分逐次叙述一、二、三各个对应点的占辞,如:

> 凡时下得一,占家口,忧患不死;占远行人,平安未至;占官事,不吉;占问口舌,死;占奸恶善,吉;占盗贼,未至;占失财,以去不得;占所求,不得;占天雨,无;占杖,竖;占市卖,不合;占病者,不吉。

整体看来,《周公孔子占法》具有方便、快捷的特点。

P.2859《周公孔子占法》　写卷由多纸粘连而成,现已断开,双面书写,卷首为佛经,此后相继抄写五兆卜法、逆刺占。此件在逆刺占之后,"周公孔子占法"写于上述坐标右上端。其后占文与 P.2574 基本一致。写卷卷尾朱笔书写"州学阴阳子弟吕弁均本,是一一寻勘了也",尾题"天复肆载(904)岁在甲子浃钟润三月十二日吕弁均书写也"。整件文书当是归义军州学学生的习作。

北新 0836(BD14636)《周公孔子占法》　关于北新 0836 写卷的整体情况,黄正建先生曾做过详细介绍和录文[1],提出 P.2859 与此件属于同一底本,由归义军时期敦煌历法大家翟奉达在天复二载抄写,其《周公孔子占法》与 P.2574、P.2859 的结构内容基本一致。其需要注意的是,除 P.2574 外,《周公孔子占法》在 P.2859、北新 0836 中均与逆刺占文合抄在一起,这一现象比较特殊。

S.5614《占十二时卜法》　"周公孔子占法",又名"占十二时卜法",S.5614 在"摩酰首罗卜""周公八天出行择日吉凶法"之间存有此项占文。S.5614 的整体结构与前三件接近,但一方面卜法名称作"占十二时卜法",另一方面在卜辞行文上也比较特殊,即是以占卜事项为纲,分别叙述一、二、三下的吉凶情况,如"占贼有无:一无贼,二贼不在,三贼见在"。

---

〔1〕参见黄正建《国家图书馆藏敦煌写本〈逆刺占〉札记》,载樊锦诗、荣新江、林世田主编《敦煌文献·考古·艺术综合研究——纪念向达先生诞辰 110 周年国际学术研讨会论文集》,中华书局,2011 年,第 514-534 页。

2.4　周公卜法

散0678　敦煌遗书中的《周公卜法》主要包括散0678、P.3398-2,马克《敦煌数占小考》曾研究过《周公卜法》的占卜规则。散0678图版见《贞松堂藏西陲秘籍丛残》,首缺尾全,尾题"周公卜法一卷",由序言、卜辞、咒语三部分组成。序言主要介绍此卜法的主要功能及方法,与《十二钱卜法》序言相似,称:

> 凡卜经求买卖、婚姻、嫁娶、远行、看人、田蚕、疾病□□□争讼吉凶,但请志心启况(咒)卜之,万不失一。其卜法用竽子卅四 □茎分作三分□,上斜中竖下斜,后乃四四除之,余者成卦。审看下卦歌颂,次定吉凶。

卜辞包括了周公卦、孔子卦、屈原卦、赤松卦、桀纣卦、越王卦、子推卦、太公卦、兑卦、坤卦、离卦、乾卦、巽卦、坎卦、震卦、艮卦,共十六组卜辞。每组卜辞由卦名、卦画、卦辞构成,如巽卦:"凤飞高台,众鸟集之,求是(事)得达,嫁娶相宜,经求得利,百事无疑,病者自差,行人即归,此卦大吉。"

十六卦之后,散0678存有3行咒语及配合咒语使用的符,咒语言:

> 咒曰:六甲六乙,魔注速出,六癸六丁,知如(汝)姓名,破射注气,魍魉夭灵,速收汝精□□□刑,如若不去,吾将神力字名,六丁身长万丈,双目日晶,手持铁索,捕捉夭精,钳拔噉食汝刑。速出速出,不得停流,急急如律令。

P.3398-2　P.3398-2卜辞与散0678基本一致,两者当出自同一底本,然前者无咒语与符。

2.5　管公明卜法

P.4778+P.3868《管公明卜法》　黄正建先生最早提出此件由两件文书组成,即P.4778、P.3868。文书为册页装,第一叶题"管公明卜

33

法",叶背及卷尾书若干关于佛教的杂写,这些杂写与卜文占辞笔迹不一,应是抄写在"管公明卜法"成书之后。第二叶首题"管公明卜要决经一卷",可见在当时"管公明卜法"又名"管公明卜要决经"。此件的结构构成与《周公卜法》极为相似,只不过没有散 0678 末尾处的咒语和符,但占卜方式基本一致,同时 P.4778 + P.3868《管公明卜法》亦具有比较强烈的佛教色彩,这一点可从序言中看出:

> 笨出天门,易出九宫,乘驾六龙,占相决疑,有事自卜。用笨子卅四枚,从上四四除之,尽即成卜。凡为卜者,清净礼拜管公明,专心念卜,又称七佛名字。若卜得一吉,更卜后卦恶,可使。若卜三卦,二卦好,一卦恶,用。如两卦恶,一卦好,不可用。凡卜唯须念七佛名字,管公明为后贤,吴仲占吉凶观完事。

从序言来看,P.4778 + P.3868《管公明卜法》似是在原书基础上的再加工,将管公明排在了七佛名之后。

此件卜辞同样有十六卦,尾题"翟员外寻过"。"翟员外"应是归义军历法大家翟奉达。所以此件文书的抄写时间实在归义军时期。

Дx.02375V《管公明卜法》(拟) 此件首尾均残,双面书写,正面是有关五行王相的理论说辞,背面即此件,仅存一组卜辞,《敦煌占卜文书与唐五代占卜研究》业已指出与 P.4778 + P.3868《管公明卜法》的最后一组卜辞相一致。

2.6 九天玄女卜法

P.3803《九天玄女卜法》(拟) 此件首缺尾全,由五组卜辞与"咏黄道决""推六合法""龙母决"等占卜知识构成。五组卜辞的构成与《周公卜法》《管公明卜法》最大区别在于前者的卦画仅有竖、横两层,而非后者之三层的组合。黄正建先生研究认为此件卜法与《南村辍耕录》所载"九天玄女课"性质一致,故将其定名《九天玄女卜法》。本书从之。

Дx.00946《九天玄女卜法》(拟) 此件仅存两纸,存有老君、飞鸿、太皓、天后、大(?)象、阴神、悬崖、鹏鸟、烦云,共九组卦名及吉凶说明,无具体卜辞。似是 P.3803《九天玄女卜法》的一个简略本。《敦煌占卜文书与唐五代占卜研究》仅介绍了此件的八组卦名。

2.7　灵棋卜法

顾名思义,所谓"灵棋卜"就是用"棋子"作为占卜工具进行的卜算。文渊阁《四库全书》收有《灵棋经》,介绍过该占法的卜具及应用情况:"用霹雳木,或梓木、枣木、檀香木为棋子十二枚,形圆,周尺一寸二分,厚三分。四书上字,四书中字,四书下字。甲子日旋棋子,甲戌日书字,甲申日刻字,甲午日填朱,甲辰日入柜,甲寅日致祭,六戊日不宜占卜。"敦煌遗书中存有多件同类写本,包括 P.3782、S.557、P.4048、P.4984V、S.9766。黄正建先生最早将以上写卷比定为《灵棋卜法》。

P.3782、S.557　P.3782、S.557 属于一卷之裂。P.3782 原由多纸粘连而成,现已散开,单面书写,首缺尾全,所存卦象有:"上　中中下下下下""上　中中中　下""上　中中　下""上　中中中　下下""上　中中中中　下下下""上　中中中中　下下""上　中中中中　下下下"〔1〕"上　中中中中　下下下下""上　中中中中　下";"上上　中中　下下下下""上上　中中中　下""上上　中中中　下下""上上　中中中　下下下""上上　中中中　下下下下""上上　中中中　中　下""上上　中中中中　下下""上上　中中中中　下下下""上上　中中中中　下下下下";"上上上　中中中　下下下""上上上　中中　下下下""上上上　中中　下下下下""上上上　中中中　下下下下""上上上　中中中　下下""上上上　中中中中　下下""上上上　中中中中　下下下""上上上　中中中中　下下下下";"上上上上　中　下下下下""上上上上　中中　下""上上上上　中中　下下""上上上上　中中　下下

---

〔1〕疑此组卜辞卦象误书。

下""上上上上　中中　下下下下""上上上上　中中中　下""上上上上　中中中　下下""上上上上　中中中　下下下""上上上上　中中中　下下下下""上上上上　中中中中　下""上上上上　中中中中　下下""上上上上　中中中中　下下下""上上上上　中中中中　下下下下";"上上上　中中中中""上上上上　中""上上上上　中中""上上上上　中中中""上上上上　中中中中";"中中中　下下""中中中　下下下""中中中　下下下下""中中中　下""中中中中　下""中中中　下下""上(中)上(中)上(中)上(中)　下下下""中中中中　下下下下";"上上上　下下""上上上　下下下""上上上　下下下下""上上上上　下""上上上上　下下""上上上上　下下下""上上上上　下下下下";"中中中""中中中中""下""下下""下下下""下下下下"。尾题"灵棋卜法一卷　殿下锡本　已前都计百廿四卦壬申年写了。范梧记"[1]。可知此件《灵棋卜法一卷》原有124卦。《敦煌占卜文书与唐五代占卜研究》认为"壬申年"是唐德宗贞元八年(792)。《灵棋卜法》的卜辞构成较为复杂，先说某卦之意象，再言注文，最后引颜渊之语，如"中中中　下下下"："凤凰衔书，集我庭隅，福为我至，祸为我除。注曰福德方至矣。颜渊曰，当无妄之也，犹能刚御之，故当吉也。乃有吉祥之应，祸消福生，凤者，赤灵之□珠者，宝珧之贵珍者也。故言吉。"

　　S.557前后均残，《敦煌占卜文书与唐五代占卜研究》提出此件与P.3782属于同一写卷，可从。此件仅存"上　下下下下""上上　下""上上　下下""上上　下下下""上上　下下下下""上上上　下"，笔者疑此件当接于P.3782"上上上上　中中中中　下下下下"之后、"上上上　中中中中"之前。

　　P.4048《灵棋卜法》(拟)　此件册子装，存序言及前两卦。序言曰：

　　　　（前缺）

――――――――――

[1]《敦煌占卜文书与唐五代占卜研究》将"梧"释作"捂"。

公又用此法客于淮南,自示秘密,莫有传者。晋太康中襄城道人法味,有老翁着皮衣,以竹筒盛此书,以受法味,遂传于世。其卜法用棊子十二枚,各方一寸,书上中下字,各四枚,每卜占之时,皆须清净烧香,安坐少时,然后执棊而咒之曰:卜兆臣某乙,谨因四孟诸神四仲诸神四季诸神十二辰官,上启天地、父母、太上老君、日月五星、北斗七星、四时五行、六甲阴阳、廿八宿,岁得明堂,某乙心有所疑,请为决之。吉当言吉,凶即言凶,得失是非,请形于兆,心中所疑,但但(且)言之。

仅存的前两卦,除用"—丨—"来表示上中下外,还配有相应卦名,即"昇腾""渐泰"。

P.4984V《灵棋卜法》(拟)　此件首尾均缺,正面为书仪,此件抄于背面,《敦煌占卜文书与唐五代占卜研究》释读出六组卦辞,其结构组成与 P.4048《灵棋卜法》基本一致。

S.9766《灵棋卜法》(拟)　此件为一残片,首尾均残,双面抄写,仅存两组卦辞。从 IDP(国际敦煌项目)公布的图版来看,纸张材质较粗,疑为吐蕃管辖敦煌时期的作品。

2.8　圣绳子卜

S.12194《圣绳子卜》　此件为一残片,但保存有标题"圣绳子卜",较为珍贵。现存 6 行文字:

圣绳子卜

此卜是唐三藏贞观□□□□□敕西国取经,于千□□□□□得将来,以示万姓卜□□□□□□年月日为某□□取□□□□□□□□□勿逐(后缺)

这一卜法在敦煌遗书中目前仅发现 S.12194 一件,从其标题来看,该卜法的卜具很可能是某类绳子。

2.9　骰子卜

骰子卜是古代敦煌西域较为流行的一种利用骰子进行占卜的方

法,敦煌文献中的骰卜文书涉及汉文、藏文、突厥卢尼文等3种语言文字,一般以骰子作为卦具,在骰子四面刻写1至4的骰点或数字,占卜时扔3次,得出3组数字,有时也用圆圈来表示具体数字,然后排列出111、222、214等局/卦,每局/卦后面附对应的吉凶占辞。敦煌本骰卜书除画写骰点外,其所存局/卦无有超出65组者。《敦煌占卜文书与唐五代占卜研究》由于未能注意到敦煌遗书中藏文、古突厥卢尼文骰子卜占书的存在,故仅介绍了S.5614《摩酰首罗卜》,并将其列入"杂卜法"的类别之中,有失完整性。

S.5614《**摩酰首罗卜**》 此件抄写于"占西秦日晕弟卅九之后",由序言和卜辞构成。序言称:"此名摩酰首罗卜,释梵四天王,诸神共集,政看之时,面西坐,称名弟子某甲,至心发愿,具说上事。由3掷头投子三遍,然后补(卜)局,若得好,一卦便休,卜得凶局,许看三局。信者看之,不信者必不须看。如人审细,万不失一。此是随求,千金莫传。"卜辞存有:111(梵王局)、222(大圣天局)、333(五道大神局)等,共65局。卜辞与卦名带有强烈的佛教色彩。该卜法名称的得来,大概是因最后一句卜辞而冠之,即"三一二:此名摩酰首罗局,思求定卦,卜别大云,是阿修罗局,其王拥护,汝之所愿,即得,一切衣食,起于汝己,汝身无人敢欺,大吉"。

Or.8212 英国国家图书馆编号Or.8212(旧编号Ch.0033)的古突厥卢尼文写本,为斯坦因于敦煌藏经洞所获。该卷原名"Irq bitig",学界目前普遍定名为《占卜书》。《占卜书》自1912年以来备受国际学界注目[1],1993年张铁山先生等对该卷做了译释。据学者介绍,《占卜书》为册子装,共58叶,由29张纸对折逐叶粘成,高约13.6厘米,宽约8厘米,尾部用朱笔书写。该书由65卦占文组成,每卦描述一种情况,然后以"此为吉"或"此为凶"来占卜。每卦前有一行小圆圈,分为3组,每组由1到4个圆圈组成。关于《占卜书》的成书时间,国内学界

---

〔1〕相关介绍参见张铁山、赵永红《古代突厥文〈占卜书〉译释》,载《喀什师院学报》(哲学社会科学版)1993年第2期,第31页。

推测应在回鹘西迁之后，即公元 840 年以后，大致推断在公元 9—10 世纪。法国学者路易·巴赞先生从历法角度将其断定为公历 930 年 3 月 17 日[1]。《占卜书》究竟属于哪种卜术，目前尚存争论，杨富学先生认为此卷属于一种解梦书[2]。此后倪宏鸣先生继续此说[3]。笔者认为当为骰卜占书。突厥卢尼文《占卜书》在形制上和敦煌汉、藏文骰卜占书具有一致性，而在后者中很少见到有关占梦或解梦的内容。因此 Or. 8212《占卜书》并非是一部解梦书，而是属于骰卜占书一类。

敦煌藏文本骰卜书数量较多，学界目前业已公布和研究了六件文书，即：

P. T. 1043　此件首缺尾全，骰子的组成用内外双层或单层圆圈表示，存有 27 组卜辞，包括：233、142、132、131、143、141、121、333、311、322、332、323、313、321、344、314、343、324、431、312、342、242、241、341、334、224、414。根据王尧的《法藏敦煌藏文文献解题目录》，英国学者托马斯 1954 年在柏林出版的《西藏东北部古代民间文学》(英文版)曾研究过此件文书[4]，然其中文版《东北藏古代民间文学》所公布的释文，却并不能够与 P. T. 1043 图版相贴合[5]。在此情形下，日本学者山口瑞风《占卜书手引》成为目前所知最早确定此件文书为骰卜书的论文[6]。

中国学界在敦煌藏文骰卜文书研究领域贡献极大，王尧、陈践两位学者对此类文本进行了持续的研究，这些成果目前主要汇辑在《敦煌吐蕃文献选辑》(文化卷)一书中。该书全面介绍、释录了 IOL Tib J 738、P. T. 1051、IOL Tib J 740、P. T. 1046 四件文书，为学界提供了极佳

〔1〕参见路易·巴赞著，耿昇译《突厥历法研究》，中华书局，1998 年，第 316、317 页。
〔2〕参见杨富学《西域敦煌宗教论稿》，甘肃文化出版社，1998 年，第 64－68 页。
〔3〕参见倪宏鸣《古回鹘文献〈占卜书〉及其内涵》，载《民族文学研究》2005 年第 2 期，第 123－126 页。
〔4〕参见王尧《法藏敦煌藏文文献解题目录》，民族出版社，1999 年，第 136 页。
〔5〕参见 F. W. 托马斯著，李有义、王青山译《东北藏古代民间文学》，四川民族出版社，1986 年，第 122－146 页。
〔6〕参见《讲座敦煌》(6)《敦煌胡语文献》，日本大东出版社，1985 年，第 535 页。

的研究录文。[1] 近期陈践先生释录了 IOL Tib J 749,此件文书与其他骰卜书不同,是以龙、狮、马、牛来代替骰点数字,比较特殊。[2]

2.10 五兆卜法

对敦煌五兆卜法文献的系统研究最早始于法国学者马克先生,他在《敦煌数占小考》一文中利用 P.2859 等 13 个写卷对五兆卜法的演卦方法、占卦方法做了介绍。黄正建先生在《敦煌占卜文书与唐五代占卜研究》一书中对敦煌文书中的 P.2859 等 14 个卷号的五兆卜法文献的情况逐件进行了介绍,并对不同文书之间的关系及大体内容、定名问题进行了说明。同时还指出五兆卜法是唐代的"占卜正术"之一。后来黄正建先生又增补了 Дx.11762 等几件五兆文书,并对文书的定名及内容做了介绍。[3] 王爱和在其博士论文《敦煌占卜文书研究》中首次对敦煌本五兆卜法文献进行了录文,对相关文书进行了缀合,向我们展现了更多的五兆卜法文献,将敦煌五兆卜法文献的整理研究又向前推进了一步。同时还对五兆卜法的演卦方法进行了新的研究,使得五兆卜法的演卦方法更加接近实际。刘永明先生在《敦煌占卜与道教初探——以 P.2859 文书为核心》一文中以 P.2859 为中心专门对五兆卜法文献中所体现出的道教特征进行了讨论。而关于敦煌五兆卜法文献目前最全面的整理和研究,当推王祥伟先生的《敦煌五兆卜法文献校录研究》[4],本书即主要参考了他的研究成果。

2.10.1 五兆经法要决

P.2905《五兆经法要决抄》 此件为册子装,前 3 叶为婚嫁占,有标题"推择日法第八";后 17 叶即是此件,首全而尾缺,首题"五兆经法

---

〔1〕参见郑炳林、黄维忠主编,陈践编《敦煌吐蕃文献选辑》(文化卷),民族出版社,2011 年,第 43 – 110 页。

〔2〕参见陈践《IOL Tib J 749 号占卜文书解读》,载《中国藏学》2012 年第 1 期。

〔3〕参见张弓主编《敦煌典籍与唐五代历史文化》(下卷),中国社会科学出版社,2006 年,第 856 – 858 页。

〔4〕参见王祥伟《敦煌五兆卜法文献校录研究》,民族出版社,2011 年。

要决第卅三",文中有朱笔书段落符号。所存内容包括序言、木兆局、火兆局、土兆局及金兆局前部分。序言主要介绍了五兆占卜时所需的仪式与占卜方法:

> 凡人回来卜事,不着(祝)神灵不降。凡人出门问师,必不得空手。古语云:诳师欺父,何得美哉?凡欲卜卦,先须焚香,至心启请,咒云:"谨请四孟、四仲、四季诸神,上启日月五星、廿八宿、六甲阴阳、太上元主、四时、五行,沉(审)滞豫,请为决之。"又咒曰:"著筮(之)得(德)圆如神,卦[之]得(德)之(方)所(以)妨(知),神已(以)知来,智已(以)知(藏)往,吉凶言之,变通万象,吉凶俱告,勿逐人情。吉则卦兆相生,凶则空亡剥落。"凡学兆之法,用算子卅六,先以两手停擘,然后五五除之,各觅本位,五行金、木、水、火、土为定:初下东方甲乙木,次下南方丙丁火,次下中央戊己土,次下西方庚辛金,次下北方壬癸水。五兆卜数,一曰水,二曰火,三曰木,四曰金,五曰土也。

每一组兆局又分别由每兆之六亲、每兆之吉凶及五行王相、每兆在五乡中见何支(五支)、每兆各支之吉凶等四部分内容构成,以木兆为例:

> 木兆:丙丁火,木之子;壬癸水,木之父母;戊己土,木之妻财;庚辛金,木之官鬼;甲乙木,且本乡,兄弟。☰☰
>
> 木,七月受气于申,八月胎于酉,九月成刑(形)于戌,十月生于亥,十一月长于子,十二月冠带于丑,正月临官,二月王,三月沐浴,四月病,五月死,六月入墓。
>
> 卜得木兆:先看兄弟甲乙木乡中见何支来应。若见木,相刑,有气慎口舌、斗诤;无气忧行,慎之大吉。病者青龙色为害。若见火,火是木之子,子来扶身,所作皆成,大吉。若见土,土是木之妻财,财来入鬼乡中,王相妻财,囚是死财,亦吉。若见金,金是木之官鬼,鬼来入兆乡,法注诤讼,王相为官,休废注疾病,平平。若见水,水是木之父母,被抑,多有稽留,不可远行,忧凶。次看丙丁火乡中见何支。若见火,火是丙丁之子,子在家中不动,吉。若见土,

·欧·亚·历·史·文·化·文·库·

子被扶,财来入子乡,得财,注妻有娠,合生男,大吉。若见金,鬼变成财,不求自来,得财之卦,大吉。若见木,身受疾病,被抑;若行,在路中,失落来迟;卜病者,兄弟鬼为之;卜子不行。若见水,官鬼入乡,作者不吉。次看戊己土乡中见何支来应。若见土,财,不惊、不动、吉庆之妻事,卜人财难得。若见金,官动不忧,恐失财,解祭之即吉。若见水,父母化为财,及得父母之力,遣财大吉。若见木,身克财,注散财,卜财亦难得。若见火,财被抑,不得,小人忧财;卜病,灶君所作。次看庚辛金鬼乡中见何支。若见金,鬼不动、不惊、不恐,大吉。若见水,父母克官鬼,官事解散,求官吉。若见木,官事散,卜行者,吉,自外平平。若见火,官鬼被抑,忧官,病疾无咎也。若见土,官鬼被抑,亦入鬼乡,忽转失财,与人忧妻,慎之,吉。次看壬癸水父母乡中见何支。若见水,父母,不惊、不恐,安稳,吉。若见火,火是木之子,子自刑,灶神为怪,忧子病,凶。若见金,父母被抑,忧官、内疾之卦。若见土,财变作土,失财遭罪。若见木,父母被抑,注忧外不忧内,想忧愁行,休废不动,慎解即吉,不慎解即凶。

　　假令戊己日卜得木兆,名曰剥落,君子得之吉,小人得之凶,啼哭鞭丈(杖)之卦。木兆火支,上光曜天,父豪子贵,车马辵进,仕官迁,钱财如山,家中炽盛,田蚕万陪(倍)千硕,大吉。木兆土支,妻财向主,婚姻和合,□似相许,所求必得,吉。木兆木支,两木堂堂,震动雷鸣,但闻其声,不见其刑,吉。木兆金支,将鬼自随,求官不得,遭官厄难,忧愁疾苦,怕惧长悲,不吉。木兆水支,其身被抑,求事不成,徒劳功力,行者迟归,所作不得成,法忧远游,凶。火兆局:丙丁火,是兄弟;戊己土乡,火之子;庚辛金乡,火之[妻]财;壬癸水乡,火之官鬼;甲乙木乡,火之父母。

整个占卜逻辑主要以五兆、支、乡、六亲等观念与环节为支撑,对此马克、王爱和、王祥伟均有分析和说明,但似乎仍未彻底厘清整个五兆卜法的逻辑体系。

关于此件,《敦煌遗书总目索引》《敦煌遗书总目索引新编》均定名为《五兆卜法要决第三十三》,《法藏敦煌文献》19 册、黄正建《敦煌占卜文书与唐五代站不研究》定名为《五兆卜法要诀第卅三》,王祥伟《敦煌五兆卜法文献校录研究》定名为《五兆经法要决残卷》。笔者按,此件在整个卷中题曰"五兆经法要决第卅三",而前面为"推择日法第八",可窥此件似乎原为某部书的一篇,而该卷则是对不同书籍中的篇章进行汇编,但并没重新编排,仅是汇总而已,尚不知后面内容是否完整,故本书将此件定名为《五兆经法要决抄》。

从此件为册子装来看,当为晚唐五代宋初抄本。

2.10.2 五兆要决略

P.2859《五兆要决略一卷》 由 14 纸组成,正背面书写,其中第一纸、第二纸的正面、第三纸的背面抄写佛经,卷中相继抄写《五兆要决略一卷》《逆刺占一卷》,尾题"天复四载(904)岁在甲子浃钟润三月十二日吕弁均书写也",此前有朱笔书写"州学阴阳子弟吕弁均本,是——细寻勘了也"。卷中有朱笔段落符号与标题符号。《五兆要决略一卷》即此件,篇幅较长,首缺尾全,尾题"五兆要决略一卷",其下有朱笔书写"已前了,亦是弁均写"。全卷笔迹基本一致,因此整个卷子当是天复四载由归义军阴阳子弟吕弁均所抄写。王祥伟《敦煌五兆卜法文献校录研究》根据 S.6054 + S.6167(1) + S.6167(2)之《五兆第四·杂占下第二》的相关情况,提出此件基本包含了五兆卜法的全部内容,主要由五兆经法、五兆决法、杂占三部分组成。但在本件文书中,有关杂占的内容似乎被统摄在了"五兆决法"之下,并未独立成篇,所以不排除五兆杂占相关书写亦属于"五兆决法"的可能。从这一认识出发,笔者认为此件至少包括了五兆经法、五兆决法两部分内容,前部分与 P.2905《五兆经法要诀抄》基本一致,完整记录了木兆、火兆、土兆、金兆、水兆等五兆的卜辞;后部分书写较杂,主要有:占六神色、刑象所在、六神死害法、卜病在何处、卜病何鬼神所作、卜病差困日、卜病、卜何作怪、卜求财渔猎、卜宅、卜市易、卜种田、推大煞法、推劫煞法、推煞阴法、推驿马法、卜妇人怀妊欲知男女法、卜失奴婢牛马、占五兆入何方、卜妇法、卜行人去否、卜行人何日还支、田宅欲吉否、射覆藏物法、推天医法、五行变色法、卜遭官事早晚得出法、候四时准则占吉凶法、占杂怪法、占求官法、占行人早晚回法、占奴婢六畜逃亡失走得否、占手中物虚、卜杖倚、卜形状颜色法、占空亡、算子卜之法、卜失物、卜病痛处、卜田主舍、卜失物占贼老小男女形状往来何方、推六害法、推大小煞及丘墓丧门吊客所在法、推关篇法、卜居宅法、卜宅内一年平安之法、占行人占盗贼藏法、五合法、卜行人还否、卜行人在远身病死法、卜行人何日至、卜盗贼捕亡法、卜盗人形状颜色法、占失财物色法、占忧官法、田主法、射覆藏法、卜墓田法、卜求官法、占求官法、推相刑法等。此件文书很可能是对《五兆经法要诀抄》与《五兆决法》的重新整合与编排,并以《五兆要决略一卷》为题名。

P.2614 + 北大 D241 + 散 0677《五兆要决略残卷》(拟)　此件由 3 个卷号拼接而成,即 P.2614 + 北大 D241 + 散 0677。P.2614 前后均残,所存内容亦包括《五兆经法要诀抄》与《五兆决法》的部分书写,与 P.2859 基本相近。但其区别亦甚明显,一是部分书写顺序不同,王祥伟《敦煌五兆卜法文献校录研究》提出 P.2614"六神游法"之前的内容在 P.2859 中却被置于"六神游法"之后;二是具体文字略有差异,如 P.2859 中的"占怪"言:"腾蛇为怪梦。腾蛇入火乡,见光明、孔器物怪",同样部分 P.2614 为"占怪法:腾蛇入火,主光明、孔器物怪",说明 P.2614 与 P.2859 当出自不同的底本。

北大 D241 图版公布于《北京大学藏敦煌文献》第 2 册中,册中定名为《卜卦书》。该卷仅存 11 行,并且每行均有残缺,所存内容涉及"卜求妇法"和"占行人还否"等。散 0677 系罗振玉原藏,为一残片,共存 5 残行,其图版最早公布于《贞松堂藏西陲秘籍丛残》中,拟名为《占书残页》,后以罗振玉编纂《敦煌石室遗书百廿种》之名收录于黄永武主编《敦煌丛刊初编》第 7 册(台湾新文丰出版公司,1985 年)第 375 页,又被收录于《罗雪堂先生全集》第 3 编第 9 册(台湾大通书局,1986 年)第 3311 页。黄永武编《敦煌遗书最新目录》(台湾新文丰出版公司,1986 年)将该件文书编号为散 0677,拟名为《残占书》。散 0677 所存内容与"占行人何日还""占行人在远吉凶生死"和"占田宅吉凶"等有关,这些内容在 P.2859 和 P.2614 中均有,特别是与 P.2859 比较,除在个别文字上有所差异外,内容基本一致。但是,两者在内容的顺序安排上并不一致,如在 P.2859 和 P.2614 中,"占行人在远吉凶生死"在"卜行人何日还"之前,并且这两部分内容之间还有其他内容,并没有紧接在一起,而散 0677 中"卜行人何日还"却在"占行人在远吉凶生死"之前,且两者之间并无任何内容。

经过比照,以上 3 个卷号应出自同一人之手,其中北大 D241 的 11 行文字与 P.2614 中 212 至 222 行可以拼接,王爱和《敦煌占卜文书研究》、王祥伟《敦煌五兆卜法文献校录研究》均进行过缀合释录。但是王爱和是以自然分段的形式来录文的,我们按照行号来录文时存在将两件文书的各行分别对应拼接的问题。由于文书残损较多,特别是 P.2614 中第 216 和 221 行字迹基本上已经被损,这给拼接带来了一定的困难。从内容来判断,北大 D241 的前 10 行分别与 P.2614 的第 212 至221 行为同一行应无疑议,第 11 行应分属于第 221 行末与 222 行开头。散 0677 字迹不但与北大 D241 和 P.2614 相同,而且经过对内容的核定后发现,散 0677 中 5 残行与北大 D241 的内容亦能前后衔接,前者所存5 行内容均与"行人"有关,而后者最后一行亦为占行人内容。同时,散0677 中 5 残又分别与 P.2614 中的第 223 至 227 行为同行文字。这说明,3 件文书本来为同件文书。王祥伟将此件定名为《五兆要决略残卷》,可从。

关于此件抄写时间问题,王爱和推测该卷抄录于唐太宗之前。王爱和在其博士论文《敦煌占卜文书研究》中,根据文书中不避唐太宗"民"讳、引用《龟经》和用词"古雅"而推测该卷抄录于唐太宗之前,该卷或该卷所据母本源于龟卜或《隋书·经籍志》中的《龟卜五兆动摇决》。五兆卜法产生于唐代以前,且与龟卜有着密切联系,但据五兆文献中引用了《龟经》的内容而推测其与具体某龟卜书具有渊源关系似乎证据不足。同时,敦煌文书中的避讳相对宽松,即便是同朝写本,有时避讳,有时亦不避讳。[1] 也就是说,抄写者在抄写过程中不一定非避唐讳不可,故据该件文书中不避唐太宗"民"讳而推测该卷抄录于唐太宗之前的说法亦稍欠说服力。王祥伟虽不同意这一看法,但亦未能提出新的判断。笔者按,P.2614 背面书写内容较多,包括多通祭文,其中"甲辰年四月廿九日社官翟英玉等祭苏氏文"之"甲辰年",已被学界考订为吐蕃管辖敦煌时期的 824 年。[2] 这些祭文当是在文书正面文字抄录之后,利用其背面另行抄写的,因此,此件文书正面文字的抄写时间不应晚于 824 年,为吐蕃管辖敦煌时期的可能性较大。

P.3452、S.8574　P.3452 和 S.8574 均首尾残缺,全文在竹丝栏内书写。P.3452 所存内容有 3 张残片,S.8574 仅存 1 张残片。从 S.8574 的彩色图版来看,该卷前面边缘非常整齐,只是边缘残留有一小部分纸片,上面留有字迹,这说明该卷很可能是被人为地专门剪裁开来而使其前一部分遗失。P.3452 和 S.8574 在体例及内容表述上完全一致,但与其他同类文书如 P.2859、P.2905 等有别而显得较为独特,主要体现在如下方面:

首先,P.3452 和 S.8574 将内容分条书写,不同内容另行书写,从 S.8574 的彩色图版来看,每一部分内容前均画一红色圆点以示区别。而 P.2859 和 P.2905 中一般不分段书写,仅用分段符号"┐"表示另一层意思。

其次,P.3452 和 S.8574 将其他文卷中普遍的"先看某某乡中见何支来应"仅用六亲——兄(兄弟)、父(父母)、官(官鬼)、妻(妻财)、子(子孙)来表示,而且每字亦均用朱笔书写。并且将每乡下每支的表述法由其他文卷的"若见某支"简化为"兄弟某""父某""官某""子某""财某"等。

最后,P.3452 和 S.8574 在内容的顺序安排上不同于 P.2859 和 P.2905,前者将每兆下卜得该兆的吉凶情况及每兆五支的四字韵文置

〔1〕参见窦怀永、许建平《敦煌写本的避讳特点及其对传统写本抄写时代判定的参考价值》,载《敦煌研究》2004 年第 4 期。
〔2〕参见宁可、郝春文《敦煌社邑文书辑校》,江苏古籍出版社,1997 年,第 684 页。

于每兆局的最前面,然后是每兆下五乡的内容,而 P.2859 和 P.2905 的排列顺序恰好相反。

P.3452 和 S.8574 除了在体例及内容表述上完全一致外,两者的内容亦正好前后衔接。P.3452 所存内容为木兆和火兆局下内容,并且基本完整,按照敦煌五兆卜法文献的体例习惯来看,五兆局一般是以五行相生顺序来排列,而且是按照木—火—土—金—水的顺序。这样,P.3452 后面应该就是土兆局下内容,而 S.8574 正好为土兆局内容,只是开头残缺一些文字。从保存内容来看,S.8574 开头土兆局下所缺内容并不多,这样的话,两者在内容上正好前后衔接。再从书写笔迹来看,P.3452 和 S.8574 的字体亦相同。故两件文书应为同件文书,而且内容前后相接。

P.3452 在《法藏敦煌西域文献》第 24 册中被定名为《卜筮书》,S.8574 在《英藏敦煌文献》第 12 册中被定名为《失名五兆卜法》,虽然 P.3452 + S.8574 所存内容与 P.2859、P.2905 相应部分意思基本一致,但在表述上显得更为简约。P.2859 名为《五兆要决略》,P.2905 名为《五兆经法要决》,故 P.3452 + S.8574 要么是根据这些相关文献改编的,要么是依据其他不同的底本抄写的,这些底本又不知其名,故这里将其拟名为《五兆卜法残卷》。

P.3646 P.3646 图版公布于《敦煌宝藏》第 129 册和《法藏敦煌西域文献》第 26 册,全文在竹丝栏内书写,书法较好,首残尾全,残存 212 行,卷尾书有"五兆要决略一卷",当为该卷题名,故《敦煌宝藏》和《法藏敦煌西域文献》中均将其定名为《五兆要决略一卷》。该卷与 P.2859 同题名为《五兆要决略》,说明《五兆要决略》是在当时敦煌地区流通的一种五兆卜法书籍。

从内容、体例等方面来看,该卷与 P.2859 完全一致,甚至在某些错字、缺文、衍文方面亦是出奇地一致。如两者在"凡卜得金兆水支金支"一句中均有衍文"金支"两字;在"三水池疾病"中"池"均为"注"之误;在"卜人有子否"中均有"庚占兆身刑祸法,占行达否,占盗贼亡法,占忧官法,卜病状法,金属午,煞阴、月厌、月刑俱在午,故夫死"一段文字，"占兆身刑祸法，占行达否，占盗贼亡法，占忧官法，卜病状法"明显是衍文，这样的例子还有很多，不再一一列举。又从敦煌五兆卜法文献的内容来看，杂占部分往往设置比较随意，似乎没有固定的体例格式，P.3646 及 P.2859 中对应部分基本均属于杂占内容，两者的顺序安排却完全一致，这一切均表明 P.3646 和 P.2859 是据同一底本抄录而来的。

　　P.3896　P.3896 在竹丝栏内书写，书法较好，《敦煌宝藏》第 131 册和《法藏敦煌西域文献》第 29 册均定名为《卜筮书》。该件前后残缺，仅残存 38 行，分段时用符号"┐"，每段下每层内容前又标示符号"〇"。所存开头部分为"木兆下壬癸水父母乡"之内容，后一部分为"火兆下火乡、木乡和金乡"的一部分内容。王爱和认为卷中内容属"五兆卜法中的木兆局"，似不全面，木兆局应仅是其中一部分。检视 P.3896 的内容，该卷在某些细节上存在与 P.2905、P.2859 等不同的地方。如 P.2905、P.2859 等中往往在每兆中首先注明五行寄生十二宫的内容，但 P.3896 却没有；P.3896 在木兆中说明了十干之间的"亲疏"，即"甲为兄，乙为姊，乙为弟妹，丙为长男，丁为长女、中男，戊为妻孙，己为妻财，庚为祖父、官鬼，辛为祖母、盗贼，壬为父，癸为母"，这在 P.2859 等其他卷号中是没有的；P.3896 中卜得木兆时的总结性语句如"卜得木兆，家有患脚之鬼，无脚。木是主足腰，亦主社神。两木有青龙……"等，在其他敦煌五兆卜书中亦无。当然，作为五兆卜法文献，该卷在占卜方法、占卜术语等方面与其他五兆卜法文书基本相同，特别是此件火兆局之下各乡顺序与 P.2859、P.2905 均一致，不是按照五行相生顺序而是按照火—木—土—金—水的顺序来排列的，而从 P.2905、P.2859 内容来看，其他各兆局之下各乡则又应是按照五行相生顺序来排列的。3 件文书共有这一特点，应该不是偶然所致，可能最初来自同一底本，只是在后来的传抄过程当中发生了变化。这说明 P.3896 与 P.2905、P.2859 等均是同类文书，故这里暂且将其拟名为《五兆要决略残卷》。

　　P.3992　P.3992 残破至甚，正面后半部分紧接着抄写有藏文文献,推测本件应抄写于吐蕃占领敦煌时期或之后。其内容大体上为五兆卜法中的占求官法、卜行人法和卜病法等杂占部分。《敦煌宝藏》第132册中将其定名为《星占书残卷》,《法藏敦煌西域文献》第30册定名为《星占书》。就所存内容而言,我们在其他敦煌五兆卜法文献中难以找到与该件相同的语句,推测该件内容是据不同的底本抄录的,故此处暂且拟名为《五兆卜法残卷》。

P.3992V 该件文书抄录于P.3992背面,抄写时间当与P.3992相当。《敦煌宝藏》第132册将其定名为《星占书残卷》,《法藏敦煌西域文献》第30册定名为《星占书》。该卷首尾残缺,但所存内容与P.2859和P.2614中相应部分极为一致,故我们将其拟名为《五兆要决略残卷》。黄正建先生在《敦煌占卜文书与唐五代占卜研究》[1]中将该件文书与P.3992视为同件文书,但《敦煌五兆卜法文献校录研究》认为从内容和字体等方面均不能确定该卷与P.3992为同一件文书。

S.6054 + S.6167(1) + S.6167(2)《**五兆要决略残卷**》(拟)
S.6054和S.6167(1)、S.6167(2)图版均公布于《敦煌宝藏》第45册和《英藏敦煌文献》第10册中,其中S.6167(1)与S.6167(2)在《敦煌宝藏》和《英藏敦煌文献》中统一编号为S.6167。从S.6167的原貌来看,该件文书分为两部分,前一部分为主体内容,后一部分为独立的一碎片而仅残存11行,与前面主体内容相距数行,故这里将两部分分编为S.6167(1)、S.6167(2)。S.6167(1)与S.6167(2)均在竹丝栏内书写,书法较好,从字迹来看,应为同件文书,但两者在行文上又似乎不同,再加上两者相隔数行,故无法直接缀合。S.6054亦在竹丝栏内书写,残存10行,分别与S.6167(1)中前10行为同一行内容,王爱和在其博士论文《敦煌占卜文书研究》中已经对其进行了缀合。

S.6054 + S.6167(1) + S.6167(2)前间隔一行即为关于"人神在日"的数行内容,并且该卷文书的第一句话"夫死后,应生遗腹子代父位"明显是承接他处内容而来,说明此前内容应存于其他地方,造成这

―――――――――――
[1]学苑出版社,2001年。

种状况的原因可能是该卷内容的抄写者在抄完此前内容时纸张用完，转而将后面的内容抄写于此处，或者是将"人神在日"内容误抄于该五兆卜法文献之中。参考 P.2859 和 P.3646 等卷子的内容可知，S.6054 + S.6167（1）+ S.6167（2）为杂占中的一部分，其中在"卜渔猎法"后注明为"五兆第四·杂占下第二"，该部分前的内容亦是诸如"卜求官法""卜行人法"等，即应为"五兆第三·杂占下第一"。实际上，S.6054 + S.6167（1）+ S.6167（2）基本上包含了五兆卜法中杂占部分的全部内容。

就所存内容来说，该卷相关部分内容比 P.2859 和 P.3646 更为整齐全面，故可补后者之缺。如在"卜行人法"中，S.6167（1）有"卜望行人在东西法"，而 P.2859 和 P.3646 则无。又 S.6167（2）所存内容为卜宅兆部分，虽然所存不多，但由于在其他同类五兆卜法文献中关于此方面的内容非常零星稀少，故其为我们提供了五兆卜法中卜宅兆的重要内容，提供了更多五兆卜法的占卜方法。同时，该卷在体例上亦较 P.2859 和 P.3646 完备，如 P.2859 中"卜行人法""卜求官法"和"卜病法"的内容前后重复，杂乱出现，而 S.6054 + S.6167（1）+ S.6167（2）则较为系统合理。当然该卷在体例上亦存在不完善的地方，如将"卜病法"内容插入到"卜忧官法"内容之间而将后者内容割裂开来。

此外，在 S.6167 背面还单独抄写有五行中金木水火四行十二气的内容，即"金正月受气，二月胎，三月成刑（形），四月生，五月沐浴，六月冠带，七月临官，八月王，九月休，十月病，十一月死，十二月墓。木七月受气，八月胎，九月成刑（形），十月生，十一月沐浴，十二月冠带，正月临官，二月王，三月休，四月病，五月死，六月入墓。水四月受气，五月胎，六月成刑（形），七月生，八月沐浴，九月冠带，十月临官，十一月王，十二月休，正月病，二月死，三月墓。火十月受气，十一月胎，十二月成刑（形），正月生，二月沐浴，三月冠带，四月临官，五月王，六月休，七月病，八月死，九月墓"，该内容纯属五行理论。尽管在五兆卜法中常常应用该理论，但是考虑到将其单独列于一纸且与具体的五兆卜法没有联系在一起，不将其归入五兆卜法文献似更为妥当。

该卷在《英藏敦煌文献》第 10 册中定名为《失名五兆卜法》，黄正建先生认为是《五兆要决略》，王爱和在《敦煌占卜文书研究》中依据卷中内容与 P.2859 中"五兆决法"的内容一致而将其拟名为《五兆决法》。但是，P.2859 明确定名是《五兆要决略》，《五兆决法》仅是其中的一部分内容而已。又 S.6054 + S.6167（1）+ S.6167（2）虽然与 P.2859 中的《五兆决法》一致，但很明显，该件内容仅是保留下来的其中一部分，前后其他内容俱付之阙如，实际上该件本来面目应属《五兆要决略》，故将其拟名为《五兆要决略残卷》。

S.8516DV《五兆要决略残卷》（拟）　首尾俱残，所存仅 8 行文字，内容为推大煞法、推小煞法、推劫煞法、推月劫煞法、推丧门法。如果仅从神煞的角度来理解，我们似乎很难将其直接认为是五兆卜法的内容，因为在其他术数门类中亦应用这些神煞。但是就所存内容来说，除大煞、小煞的内容顺序与 P.2859 相反外，其他内容无论是在顺序上还是在文字上均与 P.2859 一致，再联系到该件文书前后残缺的情况，推测该件文书所存内容本应为某五兆卜法文献中的一部分。《英藏敦煌文献》第 12 册中将该件定名为《占书》，王爱和依据该件与 P.2859 中对应部分一致而定名为《五兆要决略》，我们这里亦暂将其拟名为《五兆要决略残卷》。

S.11362A《五兆要决略残卷》（拟）　首尾俱残，仅残存 27 行，文中往往用一较为粗短的墨色横杠作为分段符号。卷中所存主要为六神行法、占求官法、推天德法以及推天煞、地煞、天医法等内容，这些内容亦存于 P.2859、P.3646 和 P.2614 等卷中。但是该卷在一些细节上与他卷有所不同：一是在表示六神所在时间的地支旁均注明月份，如"朱雀巳、午、未，左行十二辰"，在巳、午、未旁分别注出正、二、三月，但在 P.2859、P.3646、P.2614 中无；二是介绍推天煞、地煞、天医、丧门、吊客的位置与他卷有别，天煞、地煞、天医的内容在 P.2859 中置于求官法之前，丧门、吊客的内容置于求官法之后，而在 S.11362A 中推天煞、地煞、天医、丧门、吊客的内容被置于一起。

S.11362A 在《英藏敦煌文献》第 13 册中定名为《失名五兆卜法》，

黄正建先生在《敦煌占卜文书与唐五代占卜研究》[1]中推测其可能与《五兆要决略》有关,王爱和先生亦在其博士论文《敦煌占卜文书研究》中认为该卷内容、结构与 P.2859 一致而定名为《五兆要决略》。虽然该卷在一些细节上与他卷有别,但内容基本一致,特别是其中的占求官法和推天德法,无论是内容还是语言表述,均与 P.2859、P.3646 完全一致,故我们暂且依据已有定名而将其拟名为《五兆要决略残卷》。

S.11362B《五兆卜法残卷》(拟) 首尾俱残,仅存 33 行,全文在竹丝栏内书写。S.11362B 残存内容为五兆卜法开头金兆局和水兆局中两部分,其每兆局下在五乡内容之前均先说明该兆之五行的六亲,六亲的五行顺序均是按照木、火、土、金、水相生顺序来排列的,而在 P.2859 和 P.2905 中,五乡内容之前述及每兆之六亲时似乎没有固定的顺序,甚至有些兆局下还无此说明。该件在述及六亲时要比 P.2859 和 P.2905 更加详细具体,同时还指出了六亲与刑煞所并时的吉凶情况,如水兆下"甲乙木,水之子,甲长子,乙为少子。与刑煞并,凶;不并,无所苦。丙丁火为妻妾,丙为中女,丁为奴婢。与刑煞并,凶;不并,无咎"。此外,该件在具体述及每兆下每乡以及每乡下每支时似乎并不按照五行相生的顺序进行,这亦与 P.2859 和 P.2905 不同,而且内容要比 P.2859 和 P.2905 简略。这一切均说明该卷与 P.2859 和 P.2905 不是抄于同一底本,故这里暂将其拟名为《五兆卜法残卷》。

Дх.02375《五兆卜法残卷》(拟) 《俄藏敦煌文献》第 9 册定名为《五行王相囚死休》。原卷首尾俱残,所存仅数行文字,而且残破至甚。从残存内容来看,主要是关于三合法、五行颜色法和关籥所在法等,这些内容均见于 P.2859 中,但与 P.2859《五兆要决略》在体例上并不一致,因为这些内容在 P.2859 中不是将它们直接安排在一起的。并且该件似乎只是讲解理论,没有通过例子来进行解释。如在说"关籥"时,P.2859、S.6167(1)、P.2614 等均有例解,其中 P.2859 云:"假令正月甲子旬中得木兆,木属丑,丑与关并,己土属巳,巳与籥并。他皆放此。"

---

[1]学苑出版社,2001 年。

而 Дx.02375 无此例解。这说明,Дx.02375 与 P.2859 等不是据同一底本抄录而来的,但是内容无疑应与五兆类有关,故暂拟名为《五兆卜法残卷》。

Дx.02375 图版中拼接有误,对此王爱和已有发现,并且指出错误之处是将起首之"寅午戌,火……"所在行置后,同时在录文中进行了调整,但是调整后的录文又误将第 7 和第 8 行中的"关篇"部分内容置于最末。实际上,文书原貌应是第 8 行与第 1 行为同行,第 9 行与第 2 行为同行,而且该部分内容在 P.2859、S.6167(1)和 P.2614 中有相应内容。

Дx.05181《五兆要决略残卷》(拟)　　Дx.05181 图版公布于《俄藏敦煌文献》第 12 册中,册中没有命名,仅残存 3 行数十字,为水兆水乡中部分内容。王爱和在其博士论文《敦煌占卜文书研究》中以该卷文书所保存的文字在同类文书中检索不到对应内容,且据所存内容无法判断其究竟属于"五兆经法"还是"五兆决法"而将其拟名为《五兆要决略》。其实,该卷中文字在 P.3896《五兆要决略残卷》中大多能找到对应文字,如 P.3896"火兆"下云:"卜得火兆身。先看丙丁火乡中见何支。若见水,水是火之官鬼,鬼来克身。若王相,忧官;休废,忧财及病。没忧己(?)。若身生鬼,病虽来克,身亦然,□□□□返自伤。若身王鬼王,此人必卜吉官。"与 Дx.05181 比较,两者内容基本一致,只是该部分内容于 P.3896 中在"火兆局"下,而 Дx.05181 所残存内容按五行理论及五兆卜法文献的内容来判断,当属水兆下水乡见土支内容无疑,故这里暂将其拟名为《五兆要决略残卷》。

Дx.10720《五兆要决略残卷》(拟)　　首尾均残,共存有 15 行。该件所存内容为射覆藏物法、占卖买生口法、占求财法、占天医法、占五行颜色法、占五行色变法、五行生成数、干支数、阴阳五音等,这些内容在排列顺序上与 P.2859 完全一致。但两者在语言的表述上有区别。如在"占五行颜色法"中,当占得木兆时,Дx.10720 云"木,王色青",而 P.2859 云"王木青";在五行生成数的表述上,Дx.10720 云"金生四、成数九",而 P.2859 云"金数四,成数九"等。但是这种语言表述上的差异并不影响两者在内容上的一致性,故这里将其拟名为《五兆要决略残卷》。

Дх.11859 + Дх.11799R + Дх.11925R + Дх.11762 + Дх.11961《**五兆要决略残卷**》(拟)　Дх.11859 和 Дх.11799R 图版均公布于《俄藏敦煌文献》第 15 册中,在竹丝栏内书写。Дх.11859 所存内容为依据卜得之兆与所值游神等相结合来占测事物及其吉凶。Дх.11799R 残存内容为火兆、土兆、金兆与六神并时所主之物,内容残缺甚剧,但就所存文字来说,与 P.2859、P.2614 基本吻合。Дх.11925R 图版公布于《俄藏敦煌文献》第 16 册中,册中定名为《星命占书》,全文在竹丝栏内书写,此前无人对其进行过释录。该件文书内容在 P.2859 和 P.2614 中有对应部分,除了有个别字、词上的差异外,内容完全一致。Дх.11762 图版公布于《俄藏敦煌文献》第 15 册中,在竹丝栏内书写,首尾俱残,所存内容亦是残缺不堪,并且图版中字迹既小又密,非常模糊。据 P.2859 与 P.2614 可知,该卷残存内容为"卜门户在何处""看屋破落法"与"六神死亡处"部分,"卜门户在何处"内容与 P.2859、P.2614 完全一致,"看屋破落法"的内容亦基本一致,仅在个别文字方面有所出入。Дх.11961 图版公布于《俄藏敦煌文献》第 16 册中,全文在竹丝栏内书写,文书上部边缘基本完好,但下部残缺较多,所存内容为与六神有关的占行人、占怪、占盗窃事以及干德、相冲、六合等,与 P.2859 中对应内容一致。从图版来看,此 5 件文书内容均在竹丝栏内书写,且字迹相同,应为出自一人之手。更有意思的是,将此 5 件文书按照 Дх.11859 →Дх.11799R→Дх.11925R→Дх.11762→Дх.11961 的顺序拼接后,如果不计个别字词的差异,不管是内容还是顺序,均与 P.2859 中的对应部分完全一致,故 5 件应为同件文书无疑。同时,由于 Дх.11859 + Дх.11799R + Дх.11925R + Дх.11762 + Дх.11961 拼接后其内容与 P.2859 基本一致,故将其拟名为《五兆要决略残卷》。

Дх.11961V + Дх.11762V + Дх.11925V + Дх.11799V + Дх.11859V 《**五兆要决略残卷**》(拟)　Дх.11961V 图版公布于《俄藏敦煌文献》第 16 册中,首尾俱残,文书上部边缘基本完好,但下部残缺较多。该卷所存内容为卜病、推天医、占怪、推五行色法等，内容与 P.2859 中对应部分基本一致。Дх.11762V 图版公布于《俄藏敦煌文献》第 15 册中，首尾俱残，所存内容为推五行色法和天煞、地煞、天医所在法，但该内容亦是残缺不堪。Дх.11925V 图版公布于《俄藏敦煌文献》第 16 册中，所存内容为推五行色法和推天煞、地煞、天医法，以前无人对其进行过释录。Дх.11799V 图版公布于《俄藏敦煌文献》第 15 册中，残存内容为占病及支兆相生相克等五兆卜法的基本理论，该内容在 P.2859 中可以找到相应部分，若忽略个别文字上的差异，该卷内容与 P.2859 中对应部分完全一致，但在其他敦煌五兆卜法文献中没有保存下来该部分内容。Дх.11859V 图版亦公布于《俄藏敦煌文献》第 15 册中，所存内容为六神游法及六神所主之事物，该部分内容又见于 P.2859 和 P.2614 之中，在 P.2859 中标题为《五兆决法》，在 P.2614 中则没有特别说明。此外，在"推游神法"部分行文上，该件与 P.2614 完全一致，而该件的六神所主之事物部分内容要比 P.2859 和 P.2614 简略。

以上 Дх.11961V、Дх.11762V、Дх.11925V、Дх.11799V、Дх.11859V 五件文书分别与其他 Дх.11961、Дх.11762、Дх.11925R、Дх.11799R、Дх.11859 五件同时公布，因而有时被误认为是同件文书。如对于 Дх.11859V 与 Дх.11859 两件文书之间的关系，王爱和在其博士论文《敦煌占卜文书研究》中认为："根据对二残片卷式、内容、字迹对照，两者属同件文书，以两者保存的内容在同类文书中检索、比较，除首行'相兆为□□□□□，胎兆'外，其余内容都在 P.2614 中找到了相应文字，并且证明该二残片在内容上正好前后相接。但是，由于两者均为残片的缘故，所以不能拼合。"并且在录文时将两件置于一起同时释录。但实际上两者并不是同件文书，两者的字迹亦不相同。

从图版字迹来看，Дх.11961V、Дх.11762V、Дх.11925V、Дх.11799V、Дх.11859V 五件文书字迹相同，字体较为拙劣，应为出自一人之手。而且有一个共同特点，就是每件文书在遇有分段或表示书写另外一层意思时，总是用一较为粗短的墨色横杠作为分段符号，这与其他五兆卜法文书中用"┓"和"●"作为分段符号或者不用分段符号

的做法迥然有别。更有意思的是,将此五件文书按照 Дx. 11859V→
Дx. 11799V→Дx. 11925V→Дx. 11762V→Дx. 11961V 的顺序拼接后,如
果不计个别字词的差异外,内容与 P. 2859 中的对应部分完全一致,故
五件应为同件文书无疑。同时,由于 Дx. 11961V + Дx. 11762V +
Дx. 11925V + Дx. 11799V + Дx. 11859V 的内容与 P. 2859 一致,故我们
将其拟名为《五兆要决略残卷》。

3 式法

　　式是中国古代最重要的占卜工具之一,曾长期运用在军事、相宅、逆刺、禄命等各类占法之中。围绕式的运用,形成了太一、雷公、六壬等多种式法,其中六壬式的使用较广,现已发现刻写六壬十二神的式盘主要包括:西汉末的象牙式(故宫博物院藏)、漆木式(甘肃武威磨咀子M62 出土)、东汉初的漆木式(朝鲜乐浪遗址王盱墓出土)、六朝晚期的铜式(上海博物馆藏)。[1] 见于文献者有《论衡·难岁篇》、隋萧吉《五行大义》所引《玄女[式]经》《大唐六典》《梦溪笔谈》等。此十二神是判断某种占法是否使用式法的重要依据,《五行大义》引《玄女[式]经》:"六壬所使十二神者,神后主子,水神;大吉主丑,土神;功曹主寅,木神;大[冲]主卯,木神;天刚主辰,土神;太一主巳,火神;胜先主午,火神;小吉主未,土神;传送主申,金神;从魁主酉,金神;河魁主戌,土神;[征明]主亥,水神。"[2]《大唐六典》称:"凡用式之法:周礼太史抱天时,太师同车,郑司农云,抱式以知天时也。今其局,以枫木为天、枣心为地,刻十二辰,下布十二辰,以加占为常,以月将加卜时,视日辰阴阳,以立四课,一曰日之阳,二曰日之阴,三曰辰之阳,四曰辰之阴,四课之中,察其五行,取相克者,三传为用。"[3]敦煌占卜文献中最集中反映式法的主要包括 P.3322、P.3064V、Дх.02827、P.2610、P.3794、P.3803。中国古代式法资料留存至今者不多,敦煌遗书中的式占文书成为研究中古时期式占文化不可多得的珍贵资料。

　　P.3322《式法》(拟)　　首尾均缺,正背面抄写。《敦煌占卜文书与

---

〔1〕参见李零《中国方术考》,东方出版社,2001 年,第 90 – 109 页。

〔2〕萧吉著,钱杭点校《五行大义》卷 5,上海书店出版社,2001 年,第 121 页。

〔3〕李隆基撰,李林甫注《大唐六典》卷 14,三秦出版社,1991 年,第 304 页。

·欧·亚·历·史·文·化·文·库·

唐五代占卜研究》指出此件抄于背面,结束于正面。此看法似可从。背面前数行为释门文范,此后相继书写"推病生死法""推男女行年年立法""占遗物可得不""占见鸟明(鸣)""推厄年""占鬼祟""占病轻重"等。尾题"庚辰年(860)正月十七日学生张大庆书记之也"。文书最后有 5 行杂写。可见 P.3322《式法》是当时学郎的习作。张大庆为归义军时期的历法大家,曾任职参谋。咸通八年张议潮入朝不归,张淮深主政归义军。《张淮深变文》记载张淮深准备讨伐西桐回鹘时:"参谋张大庆越班启曰:金□□□,兵不妄动,季秋西行,兵家所忌。"张淮深回答:"但持金以□□相。"五行王相是阴阳数术的重要内容,广泛运用于古代中国各类占卜方术之中。按阴阳五行理论,春三月旺于东方,夏三月旺于南方,秋三月旺于西方,冬三月旺于北方,为尊崇天时,在月令思维下,要忌于其方修造、出行等。《张淮深变文》中张大庆之所以反对"季秋西行",当是依据于这种冲旺的禁忌观,只不过是将避旺的观念融于军事领域罢了,也就是文中所说的"兵家所忌"。但张淮深为确保讨伐西桐回鹘的顺利进行,更是巧妙地利用巫术原理来论证这次军事行动的可行性。参谋张大庆提出"兵家所忌"之建议,应与他学生时期曾学习包括式法在内的占卜术数知识有关。此件中的各个占法,主要运用的即是六壬十二神,如"占妇人产男女:以传送加妇人本命,阳神加行年为男,阴神是女";"占岁中厄:以征明甲本命,视行年上得何神,见功曹,忧。见长吏,愿未得。见魁罡,忧死亡,恶人谋己。传送,衰病,亦云身吉"。

　　P.3794《式法》(拟)　此件抄于"风云气候第四"之前,标题"推六煞所宜法",并无对六煞一一说明,仅介绍了"天罡为时煞,太□为恶煞",要求"凡此六煞,兵家所慎"。其后有占贼来否、军行为人围等占法。如:

　　　　卒闻有贼来否,欲知虚实,以月将加闻位,时太一临四季,敌来。加孟仲,贼不来。卒闻有贼来,以月将加时视斗所临,临孟,无贼。临仲,贼来半道。临季,垂至。又以神后加闻信时,若魁罡加四孟,虚。加仲,有闻不来。加季,如闻。

具有比较明确的军事占卜性质。《敦煌占卜文书与唐五代占卜研究》提出此件文书可补传世本《太白阴经》之脱文。

P.2610《式法》(拟)　　该号文书中保存了"推孤虚法""推旬孤虚法""推日孤虚法""推时孤虚法""推亭亭白奸法"。具体有:

推孤虚法:以征明临太岁,天魁为孤,太冲、天罡为虚也。

推旬孤虚法:以登明加六甲辰,亦天魁、从魁为孤,太冲、天罡为虚。

推日孤虚法:常以登明加日辰,从天魁为孤,太冲、天罡为虚。

推时孤虚法:令时后二辰为孤,捉击必胜。

推亭亭白奸法:亭亭者,天之兵也,白奸者,贼之气也。故背亭亭以伏白奸。

《敦煌占卜文书与唐五代占卜研究》认为"推孤虚法"与"推亭亭白奸法"当属遁甲式之范畴。

P.3803《咏黑道黄道决等》(拟)　　此件《灵棋经》之后,即抄写"咏黄道决、咏黄道决歌"以及"六合法""龙母决"等占卜知识,其中"咏黄道决、咏黄道决歌"载:

合神用加月建时,酉下青龙卯下离。神后所言朱雀位,胜先玄武得无疑。征明本自天形黑,传送勾陈恨勿欺。此个六神为黑道,犯之殃祸不轻微。

魁下明堂对玉堂,小吉金柜对金匮。功曹本言为大德,太一天牢是吉昌。此之相配为黄道,万般凶祸不为殃。凡欲出军并嫁娶或为修造或迁移,但承黄道皆福利,不避将军及岁支。

有关黄道黑道十二神的完整记载,较早见于唐代李筌《太白阴经》卷9"遁甲"中的"推恩建黄道法",其言:"凡天罡下为建,建为青龙,黄道次神。太乙即为除,除为明堂。黄道次神。胜光即为满,满为天刑。黑道次神。小吉即为平,平为朱雀,黑道次神。传送为定,定为金匮,黄道次神。从魁为执,执为天德,黄道次神。河魁为破,破为白虎,黑道次神。征明为危,危为玉堂,黄道次神。神后为成,成为天牢,黑道次神。大吉为收,收为玄武,黑道次神。功曹为开,开为司命,黄道次神。太冲为闭,闭为勾陈,黑道次神。"所以 P.3803《咏黑道黄道决等》亦属于遁甲式。

P.3064V《式法》(拟)　此件正面为一北斗七星禳病符,背面绘一正方形图式,该图式十二地支相继抄写"伤门,杀胎妇,火血""利道吉"等。"伤门"为古代术数"八门"之一,宋《武经总要》:"凡地有八,开门,万事通达利,以将兵远出显赫兵;休门,选练军旅和合众情;生门,阳气盛宜贡献上书兴兵举众;伤门,主伤杀血凶,惟宜弋猎;杜门,不可出行唯宜诛凶讨逆;景门,宜上书贡献;死门宜射猎祭祀;惊门出入不安唯宜擒奸捕盗。"《敦煌占卜文书与唐五代占卜研究》认为此件属于遁甲式的范畴。

Дx.02827《式法》(拟)　此件首尾均缺,甚残,存 23 行文字。释文如下:

(前缺)

(上缺)神尚(下缺)

(上缺)得癸,万军不能视(下缺)

(上缺)直要述甲乙之日,夜半甲子乙庚之日(下缺)

(上缺)之日,夜半戊子丁壬之日,夜半庚子(下缺)

(上缺)夜半壬子口以次行口读六甲法,竟六甲

(上缺)时下得甲,为客始时,下得乙,为客庄时,下得(下缺)

(上缺)盛生时,下得丁,为客养生时,下得戊,为客尽生时(下缺)

(上缺)主人始生时,下得庚,为主人庄生时,下得辛(下缺)

(上缺)主人盛生时,下得壬,为主人口生时,下得癸,为主人尽(下缺)

(上缺)生诸时下得主人可以(下缺)

(上缺)大功增官益土天神佑(下缺)

(上缺)求天一所在要术。四孟之日,夜半(下缺)

(上缺)日口口口口在一宫,四季之日夜半(下缺)

(上缺)者口口至九,复从一始。天一在一(下缺)

（上缺）二宫为天内星在，三宫为天冲星在（下缺）

（上缺）五宫为天禽星在，六宫为天心星在，七宫为天（下缺）

星在，八宫为天任星在，九宫为天央星，秘天辅者，皆大

吉，伤敌得将。起于神皆自如。

（上缺）下得九天三奇六仪，求吉凶术，诣天一□在宫为

休门，前一宫为生门，后一宫为开门，常出此三门（下缺）

（上缺）方皆大吉，得来敬。

（上缺）时奇七八九甲己夜半，天逢直符时下得甲子，数得（下

缺）

（后缺）

　　释文所述占法多与式法有关，如"三奇六仪"即为遁甲之说。《俄
藏敦煌文献》定名为《星命占术》，不确。此件有关式法的书写较为复
杂，在其他敦煌遗书中未见，《敦煌占卜文书与唐五代占卜研究》据此
件内容认为其年代应较晚，而笔者怀疑此件文书未必是出自敦煌藏经
洞。

4 天文占

　　所谓天文占,主要是指根据天文、星象、气候等相关现象开展的占卜术数。敦煌遗书中涉及此类占法的文献主要有 P.2536V、S.2669 V、敦博 076 背、S.3326、羽 42 背、P.3288、S.2729V、Дx.01366V、P.2610、P.2632、P.2941、S.5614 、P.3794、P.2811、P.3589、P.3571V 等,其中 S.2729V、Дx.01366V 可缀合成一件,大致可分为乙巳占、占云气书及西秦五州占与太史杂占历、风云气候、星占、日食月食占等类别。古代史籍著录的天文占著作很多,但保存至今的却很少,因此敦煌文献中的天文占资料具有极高的学术价值。

4.1 乙巳占

　　P.2536V　P.2536 正面为抄于"龙朔三年三月十九日"的《春秋谷梁经传》,背面即此件,首缺尾全,存 28 行,起"月在",讫尾题"同光二年甲申岁",知此件抄写于公元 924 年。此件中间有篇目名《月食在中外官占第十八》,此前为有关月食在某宿的占辞,多可对应于传世本《乙巳占》之"月蚀五星及列宿中外官占第十四"中的"月蚀列宿";《月食在中外官占第十八》的篇名在《乙巳占》之"月蚀五星及列宿中外官占第十四"中称作《月犯蚀占》。P.2536V 与传世本的占辞多相近,然并不完全相同,其篇目序号及名称亦有差别。黄正建《敦煌占卜文书与唐五代占卜研究》认为这些不同之处,也正是《乙巳占》传播过程中篇章合并的具体痕迹与证明。《敦煌宝藏》《法藏敦煌西域文献》将此件定名为《星占书》,均不确。

　　S.2669 V　S.2669 正面为《沙州大乘圣光等寺尼籍》,背面首尾均缺,所存内容由两部分组成,第一部分即此件,包括"□象占第二""军胜气象占第三"等篇目;第二部分为《四弘誓愿》。正面及背面两部分的笔迹各异,非一人所书。此件即背面第一部分,起"发者皆天子之气",讫"挥挥指敌",与传世本《乙巳占》相比对,卷首第一行残文属"帝王气象占";"□象占第二",即是传世本《乙巳占》之"将军气象占第五十四";"军胜气象占第三",则相当于传世本《乙巳占》之"军胜气象占第五十五",但并未抄写完整,仅至"军上气如埃尘粉沸"如何如何。而此件的篇目序号则表明,早期《乙巳占》很可能是按照"帝王气象占第一""将军气象占第二""军胜气象占第三"的顺序依次编排的。《英藏敦煌文献》将此件定名为《失名占书(帝王气象占第一、将军气象占第二、军胜气象占第三)》,不确,本书定名为《乙巳占摘抄》。从书法风格来看,此件当写于晚唐五代宋初的归义军时期。

4.2　占云气书

敦博076V　首尾均残,正面为《地志》残卷,背面主要包括"紫微宫星图"和"占云气书一卷",系同一人书绘。紫微宫星图部分已残缺,由两个同心圆组成,方位为左西右东上南下北,用黑红两色绘制,黑色代表甘德星,红色代表石申、巫咸两家星。"占云气书一卷"存"观云章"和"占气章",解说如何通过候望云气来占算行军守战的吉凶,写卷彩色绘制云气图形,其下写相应占辞,但并不完整。关于写卷背面的创制与抄写时间,马世长先生认为:"占云气书的抄写,大约在五代。星图和占云气书为同一人所写,故星图的抄写时代,亦当在五代。而本卷星图和占云气书所据底本,大约是晚唐时期辑录的。因而本卷星图和占云气书的内容的时代,应比本卷抄写时代为早。"[1]何炳郁、何冠彪先生虽然同意马氏对敦博076V抄写时代的判定,但认为本卷的创制

---

[1] 马世长《敦煌县博物馆藏星图·占云气书残卷》,载北京大学中国中古史研究中心编《敦煌吐鲁番文献研究论集》,中华书局,1982年,507页。

时间要在晚唐之前,推测其成书的上限不会早于六朝。[1] 自 1950 年向达先生在《西征小记》中对此卷首次介绍以来,陈槃先生[2],马世长先生,夏鼐先生[3],安居香山先生[4],何炳郁、何冠彪先生,黄正建先生[5],邓文宽、刘乐贤先生[6]等,相继就敦博 076V《紫微宫星图、占云气书一卷》展开过程度不同的释录和研究。

S.3326 首缺尾全,中间亦有残损,卷中"民"字缺笔。所存内容由三部分组成:气象占、全天星图、电神像及题记。[7] 相对于敦博 076V"占云气书一卷"而言,学界对此卷文书的关注不够多。气象占存25 组图文,其中前 8 组存气象图、文字则残缺,后 17 组图文则较为完整。每组以上图下文的形式构成,占文依图展开,其内容书写与敦博 076V 不同,如:"凡人山行,见有白气如刀刃之状,其下必有兵器,求之必得也。复见吕不韦。"尾题:"古(右)已上合气象有册八条。臣曾考有验,故录之也。未曾占考,不敢辄备入此卷,臣不揆庸冥,见敢缉愚情,缀而录之,具如前件,滥陈阶庭,弥加战越。死罪死罪,谨言。"可知,此件气象占原有 48 组(条)图文,这些占辞主要通过某人的考占而被"缀而录之"。黄正建《敦煌占卜文书与唐五代占卜研究》观察到此件行文多以占气为主,故认为《英藏敦煌文献》定名《云气杂占》不确。本书定名为《气象占法抄》。

羽 42V 《敦煌秘笈》刊布于日本杏雨书屋藏敦煌写卷中,编号"羽 42"残卷的背面,《李氏鉴藏敦煌写本目录》原题《天文占》[8],《敦

〔1〕参见何炳郁、何冠彪《敦煌残卷占云气书研究》,台湾艺文印书馆,1985 年,第 44、45 页。

〔2〕参见陈槃《影抄敦煌写本〈占云气书〉残卷解题》,载《中央研究院历史语言研究所集刊》第 50 本第 1 分册,1979 年,第 1 – 27 页。

〔3〕参见夏鼐《另一件敦煌星图写本——〈敦煌星图乙本〉》,载中国社会科学院考古研究所编《中国古代天文文物论集》,文物出版社,1989 年,第 211 – 222 页。

〔4〕参见安居香山《敦煌写本云气书残卷考》,载《牧尾良海博士诵寿记念论集》,日本国书刊行会,1984 年,第 503 – 517 页。

〔5〕参见黄正建《敦煌占卜文书与唐五代占卜研究》,学苑出版社,2001 年,第 51、52 页。

〔6〕参见邓文宽、刘乐贤《敦煌天文气象占写本概述》,载《敦煌吐鲁番研究》第 9 卷,中华书局,2006 年,第 414 页。

〔7〕参见邓文宽、刘乐贤《敦煌天文气象占写本概述》,第 414 页。

〔8〕商务印书馆编《敦煌遗书总目索引》,中华书局,1983 年,第 318 页。

煌秘笈》正确定名为《云气占》。文书首尾均残缺,正面为不知名药方,背面起"如牛状碌硌"、讫"□月求之",正背面文字不同。背面相继书写"有云气如蛇者""有云如槌者""有云如羽""有云似烟""云气时时如雾如尘""有云气如人百千""云如其蛟龙""云来黑色如舢舫之形""云如人相撮而行""云气赤黄四塞无缺""云气如日月赤气绕之""云黄如日""云如缺其下""云白色如一匹布竟天""云气若彗而见尽""云气如狗四五相聚""云气如三匹布""独有黑云极天""独有赤云如狗""云气委积""白黑之气""赤黑之气"等多组占辞,行文中常以朱笔句读,某些占辞有双行夹注。对云气的描述及占辞内容与敦博076V"占云气书一卷"虽偶有相近,但无论是内容编排还是占辞书写,两者并不完全一致,尤其此件是有文无图,似乎属于某部《占云气书》的摘抄本。此件文书的年代待考。本书将此件定名为《云气占法摘抄》。

4.3 西秦五州占、太史杂占历等

敦煌本《西秦五州占》最早被王重民先生注意[1],此后刘永明先生先生[2],茅甘(Carole Morgan)女士[3],黄正建先生[4],赵贞先生[5],邓文宽、刘乐贤先生[6],相继从不同角度对其予以探讨。目前可以认定,《西秦五州占》是一种专以占卜预测西秦五州——敦煌、酒泉、晋昌、张掖、武威的吉凶为主要目的的天文星占文献。刘永明先生认为此占书

[1] 参见王重民《金山国坠事零拾》,原刊《北平图书馆馆刊》第9卷第6期,收入氏著《敦煌遗书论文集》,中华书局,1984年,第91—95页。
[2] 参见刘永明《S.2729背"悬象占"与蕃占时期的敦煌道教》,载《敦煌学辑刊》1997年第1期;博士后出站报告《唐五代宋初敦煌道教的世俗化研究》之《吐蕃时期的敦煌道教——S.2729V〈悬象占〉、〈太史杂占历〉为核心》,兰州大学2006年,第64—74页。
[3] 参见〔法〕茅甘(Carole Morgan)《西北边疆的动荡》,载《远东亚洲丛刊》第11卷"纪念法国远东学院创立一百周年敦煌学新研"专号,2000年。本文参考余欣《法国敦煌学的新进展——〈远东亚洲丛刊〉"敦煌学新研"专号评介》,载《敦煌学辑刊》2001年第1期,第109、110页。
[4] 参见黄正建《敦煌占卜文书与唐五代占卜研究》,第41—49页。
[5] 参见赵贞《敦煌遗书中的唐代星占著作:〈西秦五州占〉》,载《文献》2004年第1期,第55—67页。
[6] 参见邓文宽、刘乐贤《敦煌天文气象占写本概述》,第416—420页。

当属河西地方术士的作品。

P.3288《西秦五州占、太史杂占历等》(拟) 此件文书篇幅较长,首全尾缺,背面有藏文书写及"乾宁三年丙辰岁正月归义军节度押衙兼某杂写"等。所存内容可分为两部分:

第一部分首题"玄象西秦五州占第廿二",其下有"天镜"二字,《隋书·经籍志》曾载有"《天镜》二卷",笔者怀疑,"玄象西秦五州占第廿二或有部分内容源自《天镜》等书。该部分首先根据岁星、荧惑、镇星、太白、辰星等五星的天象情况,推占西秦五州(张掖、酒泉、晋昌、武威、敦煌)的军政与社会情状,并提出用本州符禳镇的建议。其下依次有正月占城气法,即按照十二地支日占云气对军事胜负的影响;日暝西秦,如"寅日暝者,注水灌酒泉,南蕃攻围,蝗虫食粟,春孟月人民相煞,自立刘氏为主";占月斗法,如"丑日斗者,四郡粟麦贵,有外兵来至我邑,城人流亡;九月下旬,女(必)有血流之像,大将须慎之";占日食法,如"巳日食,敦煌,注七月外国兵,内人与外人通应者,细作人危城破";悬象占日耳法,主要按照十二月顺序,依次记述日耳对五州的影响,如"八月耳,注酒泉易主,君臣相煞,不出一年内。大将须用忠直、去佞邪,吉利";西秦占日晕法,如"二月晕,晋昌、敦煌,注臣称其君,下人谋上,且得成事,以为一闠人民为乐,三年乃定";占色气法,如"四月虹开日,酒泉、晋昌君谋其忠臣,春三月城人自乱,不相归顺,粟贵,人民相食,二千石,用贤良之言,大吉。旬。"这里每组卜辞后的"旬"字,似乎是指天象发生之日至出现征应的期限为一旬,占月光不明法,如"正月不明,注武威、张掖兵起,期一年",最后为配合以上所使用的五星符。

第二部分内容在S.2729V中被称作"太史杂占历",相继包括:太史杂占动静善恶吉凶决,并"看月地动及配当方分所当声来去",此法将六十甲子分为十二组,按照类似"闻悦不悦,闻忧不忧,闻善有善,闻动不动,闻兵不行,闻贼方来,闻警有警,闻声有声"的叙述模式进行占卜;占风雨善恶及看时节动静急难法;占地动法;占日蚀、日色等;太史所占十二时善恶吉凶法;十二月当雨不雨吉凶占;太公占候雨法;十二月生气法;十二时相刑相合法(六合法)、十德合法、十德所在法、六情来物之意占法、五行用情法、天狱所在法；墓煞法、休废法、六丙法等；以式法占风占军等，即用"青龙、逢星、明堂、太阴、天门、地户、天狱、天庭、天牢、天藏"，六壬十二月将，"大吉、互、但、分、争、辱、煞、反"等概念来占风、占出军安营等；推天煞日法；占岁善恶法；嫁娶占法。

文书中各项内容，除最后的"嫁娶占法"外，其性质基本一致，《敦煌占卜文书与唐五代占卜研究》认为此件是将许多内容杂抄在一起，形成一种类似汇编或集录性质的占卜实用书，提出文书似可分为两大部分，一部分属于"玄（悬）象占""西秦占"，另一部分属于"太史杂占历"，前者的地方色彩、时代色彩都很浓，后者则可能流传于广大地域，此卷的前一部分可能编（或者在前人著作的基础上编）于唐玄宗天宝年间，全卷的抄写年代当在此之后。关于《西秦五州占》的成书时间与背景等问题，邓文宽、刘乐贤则认为：

> 《玄象西秦五州占》的占文，似乎可以看出是在西秦五州面临异族入侵的情况下编写的。例如，占文中常提到有"外国兵"来攻城或侵扰（P.2632R、P.2941R、P.3288R、S.2729V、S.5614），有"南蕃"（P.2632R、P.3288R、S.2729V、S.5614）或"外藩"（P.2941R、S.2729V、S.5614）入侵。众所周知，安史之乱爆发（755）以前，唐朝在敦煌一带的统治是比较稳固的。像《玄象西秦五州占》所反映的情况，似乎不大可能发生在安史之乱以前的河西地区。因此，我们怀疑《玄象西秦五州占》是在安史之乱后吐蕃侵占河西地区的前后编写。也就是说，《玄象西秦五州占》的编成大致不出公元755年至800年之间。

同时，他们对《太史杂占历》与《西秦五州占》合抄的原因也做了深入剖析：

> 它们（《太史杂占历》）为什么总是与《玄象西秦五州占》合抄在一起呢？对于这一问题，写本中也透露了一点线索，三件写本（S.2729、P.3288、P.2610）都有关于"四宫占候"法的记载，而P.2610在"四宫占候"法的后面多抄了如下句子"管内五州杂占天镜并风云气候，但依此图，善恶必应，万无不克"。我们怀疑，这里

的"管内五州",很可能就是指"西秦五州"。由此看来,三件写本中与《玄象西秦五州占》合抄的上述占文,可能仍主要是为西秦五州使用。[1]

既有研究说明包括"太史所占十二时善恶吉凶法"在内的《太史杂占历》与《西秦五州占》,因两者功能、对象的一致性,故在当时的实际应用中大多是汇编为一体的。所以《太史杂占历》亦是以西北尤其是以河西地区社会为主要关注的对象。

Дх.01366V + S.2729V《西秦五州占、太史杂占历等》(拟)

S.2729V与Дх.01366V实际系出一件,彼此可直接缀合。《俄藏敦煌文献》将Дх.01366V定名为"立像西秦五州占第廿二"[2],不确,"立"当是"玄"之俗写。《敦煌占卜文书与唐五代占卜研究》《敦煌天文气象占写本概述》均未认识到两个残卷实是一卷之裂,而分别加以介绍。缀合后的文书正面为"辰年三月五日筭使论悉诺啰按谟勘牌历"[3]、"毛诗音",需要强调的是,据笔者在英国国家图书馆对原件的考察,该件文书实际是由两层纸张叠加而成,其中"辰年三月五日筭使论悉诺啰按谟勘牌历"在下,"毛诗音"在上,前者应是作为裱修的衬纸而被加以利用的。所以其背面书写应原是抄写在"辰年三月五日筭使论悉诺啰按谟勘牌曆"的背面。背面即此件,首缺尾全,起"自立张氏为王",讫尾题"大蕃国庚辰年五月廿三日沙州□"。残卷所存内容构成与P.3288基本一致,第一部分包括了日暝西秦的部分残文;占月斗法[4];占日食法;悬象占西秦日耳法第廿七;西秦日晕占第廿九;占色气法;占月光不明法第廿三;五星符。第二部分首题"太史杂占历",其下依次记录太史所占天下动静善恶吉凶决;占风雨善恶及看时节动静急难法;

〔1〕参见邓文宽、刘乐贤《敦煌天文气象占写本概述》,第416–420页。

〔2〕参见《俄藏敦煌文献》第8册,上海古籍出版社、俄罗斯科学出版社东方文学部,1997年,第120页。

〔3〕《敦煌遗书总目索引新编》定名"论悉诺啰□谨勘牌历",不确,原件卷首实题作"辰年三月五日筭使论悉诺啰按谟勘牌历"。

〔4〕《敦煌占卜文书与唐五代占卜研究》将该部分书写拟名"占日斗法",大概是主要依照十二地支日叙述吉凶的缘故,而同样内容在P.3288中题作"占月斗法"。

占地动法;占日蚀、日色等;太史所占十二时善恶吉凶法;太公占候雨法;十二月生气法;出军大忌日法;十二时相刑相合法(六合法)、六钩之所听法、十德合法、十德所在法、六情来物之意、五行用情之法,按照卷中所言,这几则占法的功能主要是"凡诸用兵,依合形、冲、钩,以知情之所在,审查岁月日时之所在,兼其王相休废,内死亡德无情,常依与形以告人,皆知祥瑞风之意,解鸟兽之语,知鬼神之情事,无不克";天狱所在法、墓煞法、休废法、六丙法;以式法占风占军等;嫁娶占法、夫妻相法。《敦煌占卜文书与唐五代占卜研究》提出卷中标题序号并不相互衔接,可知该卷是从不同著作中抄汇而成,而 P.3288 已无标题序号,亦删去了后半部分"太史杂占历"的标题。这些现象表明至少在"大蕃国庚辰年"即公元 800 年编纂 S.2729V 时即已对原书的篇目做了摘选。

P.2610《**太史杂占历一卷**》 此件首尾均缺,由多纸粘连而成,篇幅较长,双面书写,常有用朱笔做段落符号。相继抄写:占地动法;占日蚀、日色等;太史所占十二辰善恶吉凶法,其后有"太史杂占历一卷"的标题。接着书写:十二月当雨不雨吉凶占;太公占候雨法十日准则法;占候十二月十二月生气法;推十二辰相刑相合法、六钩之所听法、推十干合法、十德所在法、六情来物之意占法、五行用情法、推天狱所在法;暮(墓)煞法、休废法、六丙法等;以式法占风占军等,即用"青龙、逢星、明堂、太阴、天门、地户、天狱、天庭、天牢、天藏"、六壬十二月将、"大吉、互、但、分、争、辱、煞、反"等概念来占风、占出军安营等;推天煞日法等。之后又抄有:推孤虚法、推旬孤虚法、推日孤虚法、推亭亭白奸法,此四则占法主要属于式法之范畴。正面最后抄写候风法。背面逐次书写:推十二月将逆占来意法、占日卜法、占坐卜向法、占坐卜法、占时来卜;五音候风法;推动土及修造三五吉日;推女子妇人述秘法;地镜中,主要包括了地灾二、云雷风火三、蛇虫九、龙鱼十、人物十一、邑等目录名,以及天灾占第一、地灾第二、云雷风火占第三、山占第四、水占第五。以下残缺。

综合来看,P.2610 虽抄录的内容较多,且涉及占法指向亦不统一,如其中的"推动土及修造三五吉日""推女子妇人述秘法"等即多不属于天文星占之类,但前后笔迹一致,当是一人所书。而各项内容时有抄写在不同纸张上,然后再粘连在一起的情况则表明,P.2610很可能是当时某人关于多种占法的汇编。此件正面内容与P.3288、S.2729V基本一致,但有些篇目名称仍存在差异。卷中将"丙"字写作"景",推测此件文书底本的创制时间很可能在唐代。

P.2632《手决一卷》 P.2632首缺尾全,由多纸粘连而成,正背面书写,背面为《宅经》,正面即此件。正面始"大将须坚守",迄尾题"咸通十三年八月廿五日于晋昌郡写记"。尾题之前有书名"手决一卷"。另需要强调的是正面尾部倒书"大唐中兴三藏圣教序"等文字6行,显然此卷子本是书写"大唐中兴三藏圣教序",然未抄完,此件及背面《宅经》当书写于"大唐中兴三藏圣教序"之后,利用后者空白处进行抄写的。所存内容主要包括:正月占城气法、占十二日暝法、占日斗十二月十二日同占法、西秦日食占、悬象占日食耳法第廿七、日晕占、占色气法(拟)、占光不明廿三、五星禳镇符、占日月旁气法、占风法等篇目,除占日月旁气法、占风法两则外,其他内容均与P.3288、S.2729v《西秦五州占、太史杂占历等》(拟)所存内容基本一致,只不过在篇目名称及书写上略有差异而已,如"占日斗十二月十二日同占法""西秦日食占""悬象占日食耳法第廿七""日晕占",在P.3288中则分别称"占月斗法""占日食法""占日耳法""西秦占日晕法"。此外彼此占辞编排又略有不同,如P.3288的"占色气法"云"四月虹开日,酒泉、晋昌君谋其忠臣",此件则作"旬,四月开,酒泉、晋昌君谋其忠臣"。另外,"太史所占十二时善恶吉凶法"已从占文中消失,"将佛似祆""蕃浑遍川""蕃贼寂然"等影射吐蕃占领之际敦煌地区汉、蕃、浑、胡等族群对立的卜辞也未见踪迹。所以此件卷中各篇目内容的编排看似随意,但实则仍有不少调整,并冠以《手决一卷》的新名称。至于此件中的"日月旁气法"与"占风法",黄正建先生认为很可能是在李淳风《乙巳占》基础上编写的,并由此推知此件的成书时间要晚于《乙巳占》。[1] 此说可从。

P.2941《西秦五州占》(拟) P.2941首尾均缺,背面相继抄"如意轮陀罗尼咒一本"及一行藏文,正面即此件。正面存27行,所存内容包括了部分"占月斗法"及"西秦日食"的篇目与相关书写,均属P.3288之《西秦五州占》的范畴。

S.5614《日暝占第卅六等》(拟) S.5614册子装,首尾均全,存有日暝占、摩酰首罗卜、占十二时卜法、占周公八天出行吉凶法等多种占法及"五藏论一卷"。此件存"日暝占第卅六""占西秦日斗法第卅七""占日食吉凶法第卅八""占西秦日晕第卅九",共四则篇目内容。与P.3288、S.2729V + Дх.01366v相比较,内容书写基本相同,然标题名称及序号则相差较多,此件的篇目名称及序号更为完整和连贯,但就文书整体来看,因与其他占法及医药文书合抄在一起,同样不够完整。

4.4　风云气候

P.3794《风云气候第四等》(拟) 此件首尾均缺,起"从未击巳",迄"犹中霜□□□",仅存"推六煞所宜法""风云气候第四""灾祥变异第五"等篇目,在"风云气候第四""灾祥变异第五"中均有朱笔点勘。"推六煞所宜法"似是"风云气候第四"前一篇目中的一部分,强调"凡此六煞,兵家所慎"。"风云气候第四"试图凸显"出军征战善用兵者,必当问候风所从来,以知客主胜负"。"灾祥变异第五"认为"夫军行斗占必有怪祥,以表胜败,皆宜明占吉凶,以知成否之应"。综合来看,三则篇目都是有关兵家征战的占法,或为中古某部兵书之残文。

4.5　星占

P.2811《五星占等》(拟) 写卷首尾完整,中间有残缺,正面及背面前部即此件,但正背面内容并不能直接相互衔接,背面后部抄有侯昌

---

[1]参见黄正建《敦煌占卜文书与唐五代占卜研究》,47页。

业《直谏表》。所存内容可分为:(1)五星占,主要存镇星、太白、辰星三组卜辞,主要根据五星的运行情况来占断军国吉凶,如"太白星者,一名长庚,一名启明,西方金之精,白虎之德,其性也威而弩,其事主煞甲兵也,主铜铁之微(徵),其时也,仲秋,其卦乾兑,其色白如明大其星,失行或南入火,败亡。北入水者,失行入坎位,名曰反生,必有屠城者,辰星与太白并出相望,可有三尺,必战,两军将斗"。(2)流星占,主要以流星与北斗的位置关系进行占卜,如"流星贯北斗行,不出一年大臣受诛"。(3)气色占,此部分残损较多,似乎是根据气的颜色及位置变化开展占卜,如"赤气入斗,兵起"。(4)九风占。提出九风之观念,包括治国之风、衰国之风、弱国之风、乖国之风、乱国之风、荒国之风、叛国之风、危国之风、亡国之风,借以"察九风以定国之"。《敦煌天文气象占写本概述》根据卷中"匈奴入界"之语,疑原著可能是汉代作品。笔者进一步认为,有关九风的言说最早源自汉荀悦《申鉴》卷1《政体》,所以此件作品的成书时间当在东汉末期之后。

P.3589《日月五星经纬出入瞻吉凶要决等》(拟) P.3589首尾均缺,背面为《相书》,正面即此件。此件所存内容由三部分组成:(1)第一部分书写,《敦煌天文气象占写本概述》研究认为当是《玄象诗》残文。(2)许七曜利害吉凶征应瞻。仅引《李郃传》事例。(3)日月五星经纬出入瞻吉凶要决。题"太史令陈卓传",其下叙述日色、日食等天文现象时的各种预兆,并附相应的征应事例。《敦煌天文气象占写本概述》认为历代书目所著录的陈卓著作均无此篇,盖为陈卓佚作。

4.6　日食月食占

P.3571V《占日月食等》(拟) 此件首尾及写卷上下两端均缺,正面《敦煌遗书总目索引新编》命名《真言要决》,背面即此件,正背面笔迹不同。此件相继抄有占梦、天文星占两类内容,后者包括了占日食、占日色及占气象等,如"污北食,婆罗门厄。……若纯青色,河涧水多损佛堂祅庙,并向食处方弱……□行者,天下及乱,不尊国王、像、法、师等。……白月一日梵天王引黑月十六日准前 "。占辞具有两大特点：一是鲜明的佛教色彩，二是具有印度文化的特征，因白月、黑月之说为古代印度历法之概念。不过值得注意的是，占辞不仅关注佛堂，而且亦关注异教袄庙，这与前述"太史所占十二时善恶吉凶法"对"将佛似袄"的嘲讽，无疑构成了鲜明的比照。笔者认为此件应属归义军时期的抄本。

5　宅经

　　"宅经"是指一定历史时期以相宅择吉为主旨的占卜文献之概称，或直接冠以"宅经"的特定占卜书。根据业已公布的敦煌遗书，宅经类文献共有 21 件，这就是：P. 2615a，P. 2615b，P. 2630v，P. 2632v，P. 2962V，P. 2964，P. 3281Vb，P. 3492a，P. 3507，P. 3594，P. 3602V，P. 3865，P. 4522Va，P. 4667Va，S. 4534V，S. 6169，Дх. 00476 + 05937 + 06058，Дх. 01396 + 01404 + 01407，Дх. 01396 + 01404 + 01407V，Дх. 05448，P. T. 127，其中 P. T. 127 为藏文写本。这些敦煌写本宅经，根据其内容形式，大致可分为 7 类。

　　学术界对敦煌本宅经的研究起步较晚，法国学者茅甘（Garole Morgan）在 1984 年巴黎出版的《敦煌学论文集》第 3 卷中发表了《敦煌写本中的"五姓堪舆"法》一文，根据包括宅经残卷在内的敦煌遗书，指出在唐代曾经存在一个以五姓著称的堪舆宗派。其研究涉及何谓五姓、有关五姓堪舆宗的史料、五姓姓氏的分类以及五姓分类的用途等方面，1993 年中华书局出版的《法国学者敦煌学论文选萃》收入了茅甘的此篇论文。[1] 通过敦煌写本宅经来审视中国古代的建筑民俗，可以说是民俗研究的一个新视角。国内率先进行这种尝试的是高国藩先生，1989 年相继出版的《敦煌民俗学》[2]、《敦煌古俗与民俗流变》两书[3]，着重研究了 P. 3865、P. 3492、P. 3594 与 P. 4522V 四件宅经残卷。他认为 P. 3865 宅经写卷阐述了敦煌唐人的建筑理论，是古代敦煌建筑

---

〔1〕〔法〕茅甘《敦煌写本中的"五姓堪舆法"》，〔法〕谢和耐等著，耿昇译《法国学者敦煌学论文选萃》，中华书局，1993 年，第 249 - 255 页。

〔2〕高国藩《敦煌民俗学》，上海文艺出版社，1989 年，第 412 - 413 页。

〔3〕高国藩《敦煌古俗与民俗流变》，河海大学出版社，1989 年，第 492 - 506 页。

风俗的总纲。P.3492《诸杂推五姓阴阳等宅图经》体现了向阳、避潮湿、居高、以非生产用地建房等建筑原则。P.3594中的"用石镇宅法"与P.4522V《宅经·推镇宅法第十》则反映了时人用石镇宅的建筑风俗和对石头的崇拜。在1993年出版的《敦煌巫术与巫术流变》一书中,高氏又从"巫文化"的角度,对P.3594和P.4522V两件宅经残卷进行了新的探讨,认为P.3594中的"用石镇宅法"属于"埋石巫术"的范畴;P.4522Va《宅经·推镇宅法第十》则属于"石粉巫术"。[1] 不过,高国藩先生对敦煌写本宅经的诸多诠释,仍值得商榷。随后,日本学者菅原信海著《占筮书》一文,将P.2615、P.3492、P.3507、P.2632V、P.2962V、P.3865、P.3281V、S.4534V等敦煌写本宅经写卷作为占筮书的一类,分别对之进行了介绍和比较。[2] 1995年宫崎顺子在《东方宗教》上发表了《敦煌文书〈宅经〉初探》一文。[3] 1996年台湾云龙出版社出版了赵建雄先生所著《宅经校译》,该书着重对传世本宅经与敦煌写本P.3865宅经残卷进行了互校和语译。[4] 对宅经残卷进行全面统计和分类定名有助于学界从整体上对此类文献的认识和把握,时至目前,进行这一有益工作的是黄正建先生。而在此之前,黄正建先生所著《唐代衣食住行研究》一书,首先从社会生活史的角度探讨了敦煌写本宅经残卷,认为敦煌写本宅经在指导理论上虽然运用了阴阳五行八卦的学说,在总体上还显得比较粗疏简陋。从内容上,作者对宅经中所提出的观点进行了叙述,如占宅中的阴阳观;宅有"五实五虚"的原则;在相宅、建宅、住宅、镇宅中所要使用的各种实用方法等。针对宅经写卷中的"初入宅法",作者认为从中可以窥见隋唐五代人是如何迁居入门的。根据宅经要求时人"家藏(《宅经》)一本,用诫子孙,密之宝之",作者推知占宅在当时是一种比较普遍的社会现象。书中还列举了宅经中的辟邪趋吉之法,如"用石镇宅法"等,作者认为这些都反映了当时

---

〔1〕高国藩《敦煌巫术与巫术流变》,河海大学出版社,1993年,第84－92页。

〔2〕〔日〕菅原信海《占筮书》,载《讲座敦煌》(5)《敦煌汉文文献》,日本大东出版社,1992年,第448－449页。

〔3〕〔日〕宫崎顺子《敦煌文书〈宅经〉初探》,载《东方宗教》1995年,第41－70页。

〔4〕赵建雄《宅经校译》,台湾云龙出版社,1996年。

人们对幸福生活的积极追求和建筑住宅中的审美要求。[1] 此后,随着《俄藏敦煌文献》的陆续出版,黄正建《关于 17 件俄藏敦煌占卜文书的定名问题》一文对其中宅经类残卷进行了识别和更具体的归类定名。其中第 6 册 Дх. 00476 + 05937 + 06058 由三个号组成,原命名为《宅经》,除第一号存疑外,后两号似为一件文书,在五姓宅图的画法与各姓移徙吉凶的注明上,都和 P. 2615 a《诸杂推五姓阴阳等宅图经》相似,所述内容分别是"商姓移徙法"和"宫姓移徙法",因此作者将此件文书拟名为《五姓宅经》。同时正确指出《俄藏敦煌文献》编者应将第二号中"向亥地"的一张残片放在"向戌地"之后,而不应放在文书开头。第 8 册 Дх. 01396 + 01404 + 01407 文书原定名《宅经》(附阴宅图),与 P. 3865 宅经和传世本宅经相比较,不仅在基本理论上是一样的,而且文书中的"阴宅图"与传世本宅经中的"阴宅图"也相似,所以作者根据传世本的定名将此件文书拟名为《黄帝宅经》。Дх. 01396 + 01404 + 01407V,原定名《阴阳书》,但从内容上看似是按五姓来叙述移徙的吉凶,作者将此件文书归入到"五姓宅经"类。[2] 在此基础上,根据现已公布的敦煌文书,黄正建先生在 2001 年出版的《敦煌占卜文书与唐五代占卜研究》一书中,认为敦煌占卜文书中的宅经类写本统计有 19 件,通过对其内容的叙述分析和相互比较,大致分为三类:五姓宅经类、其他宅经类、杂类。[3] 黄正建先生对敦煌本宅经的统计和分类定名,增进了学术界对此类文献的认识,为今后开展进一步的研究提供了方便。敦煌藏文本 P. T. 127《人姓归属五音经》最早由高田时雄先生释读刊布,但未能确定其性质和来源。[4] 陈于柱通过与汉文本宅经的比较研究,认为 P. T. 127《人姓归属五音经》是根据汉文本宅经改编而成的一部有关姓氏分类的占卜典籍,这一发现为解决归义军时代吐蕃

〔1〕黄正建《唐代衣食住行研究》,首都师范大学出版社,1998 年,第 148 - 151 页。
〔2〕黄正建《关于 17 件俄藏敦煌占卜文书的定名问题》,载《敦煌研究》2000 年第 4 期。
〔3〕黄正建《敦煌占卜文书与唐五代占卜研究》,学苑出版社,2001 年,第 72 - 81 页。
〔4〕参见高田时雄著,钟翀等译《敦煌·民族·语言》,中华书局 2005 年,第 352 - 353 页。

移民曾普遍采用汉族姓氏提供了有力的证据。[1]

5.1 五姓阴阳宅经

这一类宅经主要包括 P.2615a、P.2632V、P.3492、P.3507、P.4667Va。

P.2615a 前残,《敦煌遗书总目索引新编》有说明:"每纸两面抄,粘其一端为册页装。"[2]菅原信海先生、《敦煌学大辞典》以及黄正建先生对写卷内容都曾做过介绍。其中以黄氏较详:"总有 400 行左右。卷子的前半与 P.3492 号文书完全相同,后半则有'推相土色轻重法'、'阡陌法'、'推泉源水出处及山宅庄舍吉凶法'等,并引有《阴阳宅书》、《皇帝宅经》、《三元宅经》。然后是一系列的宅图,包括有'角姓'一幅、'徵姓'二幅、'宫姓'一幅、'商姓'一幅、'羽姓'二幅,每姓下各有本姓的姓氏、地形、迁徙法等,又有'五姓阴阳宅图'。随后有开门、建灶、置井法;有镇宅、推土公伏龙、诸杂忌法等,内容十分庞杂。"[3]通阅全卷,不仅内容十分庞杂,而且在条目编排上也显得较为凌乱。不过从整体来看,依然具有比较突出的特点。

首先,有关五姓、阴阳的相宅内容在本件宅经中所占比例最大。写卷开头部分就对如何数宅、推地形做有详细的规定。数宅是五姓相宅的重要步骤之一;推地形也是在五姓分类下对地形地势的划分并推演吉凶。五姓宅图、五姓分类下宅内设施的规划以及围绕五姓建宅的各种时日禁忌则构成了写卷后半部分的主要内容。写卷中有关阴阳宅法的占辞同样也较为突出,阴阳宅福德刑祸四方、里中阴阳宅的界定等内容在写卷开头部分与五姓宅法混抄在一起。位于"皇帝推风后不整宅图"和五姓宅图之间的阴阳宅吉凶图式及相关占辞也占据了写卷很大

---

〔1〕参见陈于柱《P.T.127〈人姓归属五音经〉与归义军时期敦煌吐蕃移民社会史研究》,载《民族研究》2011 年第 5 期。

〔2〕敦煌研究院编《敦煌遗书总目索引新编》,中华书局,2000 年,246 页。

〔3〕黄正建《敦煌占卜文书与唐五代占卜研究》,第 73 页。

一部分篇幅。此外,P.2615a后面部分还抄有"五姓阴阳宅图同看用之"的图文和对阴阳的若干解释。

其次,除五姓、阴阳宅法外,写卷还集合了其他的一些相宅书,这在菅原信海、黄正建诸位先生的论述中已有介绍,在此就不再赘述。不过需要说明的是,这些宅法就各自而言,与本卷中的五姓、阴阳相比,无论是在内容还是在所占篇幅方面都要逊于后者。

再有,从行文来看,全卷给人一种力图对诸种相宅书进行整合的感觉,如其中的"卜安宅要决"就是"依诸家图抄说之";而且,P.2615a很显然对《阴阳宅书》《皇帝宅经》《三元宅经》等相宅书也只是引用了它们其中的某一部分内容。

通观 P.2615a,全卷试图着重突出五姓、阴阳宅法,并综合有其他的相宅书,具有明显合集特点和整合趋势,这或许就是菅原信海先生为什么将 P.2615a 定名为"新集推五姓阴阳等宅图经"的原因。

P.3492　现存 65 行,其内容与 P.2615a 前部分基本相同,并有题款:"诸杂推五姓阴阳等宅图经"。从 P.3492 来看,P.2615a 应是《诸杂推五姓阴阳等宅图经》一个比较完整的抄本。另外,通过上述对 P.2615a内容构成的分析,也可证明这一定名的正确性。我们知道,部分敦煌写卷经常被冠以"诸杂"二字,如《诸杂谢贺语》(P.2652Vb)、《诸杂略得要抄子》(P.2661V)等,郝春文先生曾就"诸杂斋文"做过解释:"斋文在敦煌遗书中有的是独立成篇,但更多的是由数篇、十几篇乃至数十篇组成合集。"[1]P.2615a 就是由多种相宅书综合而成,具有合集的性质,所以符合"诸杂"二字的含义;加之,全卷又是以五姓、阴阳宅法为主体并兼及其他宅经,因此 P.2615a 从内容构成上也是与其定名"诸杂推五姓阴阳等宅图经"相符的。

P.3507　P.3507 抄于淳化四年(993)癸巳岁具注历日简本卷端,仅存 16 行,现存内容与 P.2615a 前部分基本相同。

P.2632V　前后均残,黄正建先生介绍道:"P.2632V 存徵姓、宫

---

〔1〕季羡林《敦煌学大辞典》,上海辞书出版社,1998 年,第 458 页。

姓、商姓、羽姓的宅图,与 P.2615 相同,后面图示的阴阳宅的福德刑祸,与 P.2615 亦同。"[1]诚如黄氏所言,P.2632V 同样主要以五姓宅和阴阳宅的图式占辞为主,不过从其内容排布来看,两者略有不同,即 P.2632V 把五姓宅图放在了阴阳宅图式之前,而 P.2615a 在此方面是与之相左的。这一现象的存在充分说明了阴阳宅与五姓宅及其各自宅法彼此是相对独立的,因而才能在位置上互换。此外,P.2615a 五姓宅图中的五姓移徙法在 P.2632v 中没有见到。

P.4667Va 抄于藏文文件背面,写卷第 1 至 7 行似为葬书或历日方面内容,其余主要是"镇宅法第六""石镇法第七"等镇宅禳灾之法。行文至第 35 行处题有"阴阳五姓宅图经一卷",其后则不见与五姓宅或阴阳宅有关的规定。不过,从题款来看,后面未写的内容应主要围绕阴阳宅和五姓宅展开,这一特征与前面 P.2615a 等是一致的,而且,从卷数上来看,P.4667Va 与 P.2615a 也都为一卷。所以双方可以归为一类。

总之,上述 5 件宅经写卷都是以五姓、阴阳宅法为主体内容,P.2615a 等还兼收其他相宅书,因此将它们归为"五姓阴阳宅经"类,P.2615a、P.3492、P.3507 可以定名为《诸杂推五姓阴阳等宅图经》,P.4667Va 为《阴阳五姓宅图经一卷》,P.2632V 则可能是它们中的一种。

《敦煌学大辞典》认为 P.2615a"其中提到'太常卿博士吕才推'云云,知是唐以后作品"[2]。从 P.2615a 为册页装来看,该写卷应为晚唐五代归义军时期的作品。另外我们看到,P.2615a 第一行记录了写卷的抄者即"子弟董文员写记通览",从董文员称"子弟"来看,他很可能是归义军时期州学或州阴阳学的生徒。李正宇先生曾指出,伎术院建立以后,原州学中的阴阳学可能在天复四年以后不久被并入其中;伎术院的成立,大概在天复四年至八年之间。[3] 而有关伎术院的资料显示,伎术院的学生不再称"子弟"。如,P.3716V《新集书仪一卷》题记:

---

[1]黄正建《敦煌占卜文书与唐五代占卜研究》,第 73 页。
[2]季羡林《敦煌学大辞典》,上海辞书出版社,1998 年,第 624 页。
[3]参见李正宇《唐宋时代的敦煌学校》,载《敦煌研究》1986 年 1 期。

"天成五年（930）庚寅岁五月十五日敦煌伎术院礼生张儒通写"，P.2718《茶酒论一卷并序》卷末题记："开宝三年壬申岁（按所记干支应为开宝五年，即972年）正月十四日知（伎）术院弟子阎海真自手书记"。董文员如果是州阴阳学的生徒，那么，P.2615a《诸杂推五姓阴阳等宅图经》就应抄写于天复四年或八年之前的张氏归义军初期，是当时州学或州阴阳学教学的遗物。

P.2632V　正面有咸通十三年（872）《手决一卷》，所以高国藩先生与《敦煌学大辞典》均认为该卷抄写于唐末。[1]

P.3492，《敦煌学大辞典》认为："本卷末有《光启四年戊申岁具注历日》一段，知为唐末抄本。"[2]

P.3507中与宅经连抄的是"淳化四年（993）具注历日简本"，尽管字体大小不一，但从笔迹行文来看，似乎与宅经为同一人所书，因此P.3507中的宅经内容，亦应抄于宋初淳化四年左右。

P.4667Va抄写在藏文写本背面，与书有"咸通六年（865）七月五日"的《益算经》连着倒抄在一起，在抄写时间上也可能是在咸通六年前后。

如果以上判断无误的话，那么可以看出，这种具有合集性质的《诸杂推五姓阴阳等宅图经》《阴阳五姓宅图经》大致创撰于张氏归义军时期，并在晚唐宋初间传抄，尽管其中的五姓、阴阳等宅法起源甚早。

5.2　五姓宅经

上面《诸杂推五姓阴阳等宅图经》虽然在内容构成上是以五姓、阴阳宅法为主体，但文中并未写明这些内容是来自以五姓、阴阳为基本分类方式的何种宅经。所以，我们依据写卷所体现出的主要分类特点，将P.2962V、Дх.00476 + 05937 + 06058、Дх.01396 + 01404 + 01407V 三件

〔1〕参见高国藩《敦煌民俗资料导论》，载《敦煌学导论丛刊》（8），台湾新文丰出版公司，1996年，第143页；季羡林《敦煌学大辞典》，上海辞书出版社，1998年，第624页。

〔2〕季羡林《敦煌学大辞典》，第625页。

主要以五姓为主体内容的写卷归为"五姓宅经"类。

P.2962V 《敦煌遗书总目索引》《敦煌遗书总目索引新编》均将其定名为"星占书";《敦煌遗书最新目录》则命名为《宅经》。该卷现存角姓人宅图、角姓家宅图和徵姓人宅图三幅图式以及相关占辞。P.2962V 图式中的占辞与 P.2615a、P.2632V 基本相同,但在内容构成上不如前两者完整。从 P.2615a 来看,一般完整的五姓宅图主要是由角宅图、徵宅图、宫宅图、商宅图、羽宅图(还包括相应的文字)五个相对独立的部分组成,而每一部分至少包含有以下几方面内容:五姓人宅图、作舍法、五姓分类下的姓氏、五姓家宅图、五姓宅所适合的地形以及五姓移徙走向法等。在 P.2962V 中不见五姓包含的姓氏、五姓移徙法两项内容。从行文来看,书写也不严谨,人宅图与家宅图在图式中并不加以注明。黄正建先生认为此件写卷是《诸杂推五姓阴阳等宅图经》的一部分[1],但就现存内容而言,并没见有阴阳宅法综合于其中,因此我们将其归为"五姓宅经"。

Дx.00476+05937+06058 黄正建先生曾做详细介绍:"文书由三号组成。第一号存 13 残行,如有'何以知人家贫[苦]'、'何以知人家宜子[孙]'等。下半皆残。孟列夫《俄藏敦煌汉文写卷叙录》将其归入'佛家经典类'。此 13 行应该不是佛教经典,但也不能确认是《宅经》,存疑。第二号为 2 残片,存 9 残行,依十二支叙移徙的吉凶,如'移向子地害财物及长子,[凶]'、'向午地大富贵、宜六畜,吉'等。《俄藏敦煌文献》的编者错将'向亥地'的一张残片放在文书开头,是放错了,应放在最后,即在'向戌地'之后。第三号存 9 残行,并一残图。开头亦有'向寅地克败财物及六畜,凶'、'向辰地大富贵、食口卅,[吉]'等,最后有'宫姓图'字样。按这后二号似为一件文书,并似与'五姓宅经'相关。"[2]并指出该卷后两号的内容分别是"商姓移徙法"和"宫姓移徙法"。

---

〔1〕黄正建《敦煌占卜文书与唐五代占卜研究》,第 73 页。
〔2〕黄正建《敦煌占卜文书与唐五代占卜研究》,第 75 页。

诚如黄氏所言,Дх.00476＋05937＋06058 后两号的内容分别应是"宫姓移徙法"和"商姓移徙法";至于后面的残图,我们看到其基本框架与 P.2615a、P.2632V、P.2962V 中的五姓宅图相同,其中还保存着部分地支对应的神煞,即:辰——勾陈、巳——司命、午——青龙、申——明堂。如果参照一下 P.2615a 等宅经中的五姓宅图,就会发现这些地支、神煞及其对应关系,与角姓家宅图和商姓家宅图中黄、黑两道十二神的排列是一致的。因为残图是置于"商姓移徙法"下面,所以我们认为该图应是残损的"商姓家宅图"。

Дх.01396＋01404＋01407V 《俄藏敦煌文献》定名为"阴阳书";黄正建先生对此亦有详述:"由三号组成,存 33 行左右,内容似是依五姓顺序叙述移徙的宜忌。首是'商'姓的后半,然后是'羽'姓的前半,比较全。比如羽姓,先分单姓、复姓叙'羽'姓中含有哪些姓,然后说'羽姓移忌太岁在辰巳丑未,煞子孙,凶'等,然后叙十二月移徙的宜忌,并以五行生克的理论说明之,如'十月十一月移,子孙兴盛。何以知?十月十一月子亥水,羽往归之,□子孙兴盛'。然后依十二支叙移徙的吉凶,如'巳移至(?)青龙下,出公侯剌使二千石,乡党富贵'等。"[1]总之,此件写本主要规定的是五姓分类下的姓氏(仅存羽姓)以及移徙的吉凶宜忌,这些规定与 P.2615a 等中五姓宅图的内容构成是一致的。不过彼此间还是略有差别,主要体现在:第一,P.2615a、P.2632V 五姓宅图中五姓分类下的姓氏并没有注明单姓、复姓。第二,五姓宅图中五姓移徙的宜忌分空间和时间分别论述,这一点 Дх.01396＋01404＋01407V 是与之相同的,但 Дх.01396＋01404＋01407V 在叙十二月移徙宜忌时还用五行生克理论加以解释,这在 P.2615a、P.2632V 五姓宅图中则不见;又,在空间移徙方面,P.2615a、P.2632V 五姓宅图并不注明起始方位,目的方位则直接以十二地支来表示。Дх.01396＋01404＋01407V 则是以十二地支作为起始方位,而用六壬十二将作为目的方位,像其中的"青龙""天后""太常"等。这是值得我们注意的

---

〔1〕黄正建《敦煌占卜文书与唐五代占卜研究》,第76页。

地方。

以上 4 件宅经写卷的内容大部分集中在五姓宅图、五姓移徙法、五姓分类下的姓氏等方面,而这些方面以及所体现的关注点在完整的五姓宅图中均可见到,其内容无不是以五姓为基本分类方式的,所以,我们将它们归入"五姓宅经"类,并拟名为《五姓宅经》。

P. 2962V 正面为"张议潮变文",又,宅经中行文不避"虎"字,所以 P. 2962V 大致抄写于晚唐五代归义军时期。Дx. 01396 + 01404 + 01407V,黄正建先生认为:"此件文书抄写时代晚于正面,例如'白虎'不写作'白兽',又有'乡党富贵'、'亥移至大吉下,出明经大儒为国所征,拜侍中将军'等不见于唐人的语言。故此《宅经》虽属'五姓宅经'类,但年代应该比较晚。"[1]以五姓为基本分类方式的相宅著述早在东汉就已出现,即王充《论衡》中所提到的"图宅术",用五姓命名的宅经则始见于两《唐书》著录中的《五姓宅经》。不过,从《论衡》对"图宅术"的议论中尚未看到五姓姓氏分类矛盾性的迹象,而这一问题在唐初业已出现,在敦煌本宅经中还可以见到类似现象,所以我们认为《五姓宅经》在创制时间上虽起于东汉,但敦煌本《五姓宅经》可能抄自唐时的《五姓宅经》。

5.3　阴阳宅经

这类宅经主要有 P. 3865、Дx. 01396 + 01404 + 01407 两件。

P. 3865　首尾不全,赵建雄先生曾指出 P. 3865 与传世本、旧题黄帝撰《宅经》上卷基本相同[2];黄正建先生进而研究认为"传世本《宅

---

〔1〕黄正建《敦煌占卜文书与唐五代占卜研究》,第 76 页。

〔2〕参见赵建雄《宅经校译》,台湾云龙出版社,1996 年,第 11 页。关于传世本的存世情况,赵建雄先生有详述:"现今《宅经》流传较早的刻本是为明刻本。现在所知明刻本中,其中题为《黄帝宅经》者,有《正统道藏》本(正统十五年)与《夷门广牍》卷五十六所收周履靖校正本(万历二十五年);题为《宅经》者,则有《津逮秘书》汲古阁本(崇祯三年)与《祗洹馆丛刻》本等所收之明刻本。清代的本子包括《说郛》宛委山堂本(顺治三年)所收之《宅经》、《古今图书集成》所收之《黄帝宅经》、文渊阁本《四库全书》中所收之《宅经》及《学津讨原》所收之《宅经》(嘉庆十年)。"

经》内容比文书多,文字也互有异同"[1]。揆其原卷,此件大致包括三部分内容,第一部分叙述占宅的重要性,并列有当时流行的诸种宅经目录。第二部分除了规定阴阳二宅宅内的阴阳界定外,还论述了移徙往来的吉凶宜忌。如"若三度入阳入阴,为之无魂,四入为之四(无)魄,魂魄既犯,即家破逃散,子孙绝嗣也。若一阴一阳往来,即合天道,自然吉昌之象也",在双行夹注中还云"设要重往即须逐道住四十五日或七十二日,后往之无咎"。第三部分内容前有小标题"凡修宅次地(第)法",这部分主要是关于福德刑祸和阴阳宅修治顺序问题。如"先修刑祸,后修福德吉。修阳宅从亥起功顺转,修阴宅从巳起功顺转,终而复初。刑祸方用一百功,即福德方用二百功以上吉",并提出"若见此图者,自然悟会"。而这三部分即为《古今图书集成》本宅经中的"叙""总论"与"凡修宅次第法"。

Дx.01396+01404+01407 首尾均残,黄正建先生有介绍:"存26残行,并一幅'阴宅图'。"[2]就现存内容而言除"阴宅图"外,大部分是关于福德刑祸对移徙往来的吉凶影响,以及天道、人道、岁德、月德所在与上述移徙的关系。

如果我们把Дx.01396+01404+01407与P.3865的占辞内容做一比较的话,不难发现,两者无论是在关注点上还是在占辞方面都近乎无异。

首先,移徙的吉凶宜忌在两件写卷中都有所涉及,占辞也几乎相同,如Дx.01396+01404+01407记"某月日须……向南徙为阴,复南徙西为……复向北徙,亦为并入形(刑)祸……初富后贫,三者诸更入形(刑)祸为……为无魄,致有死罔(亡)大凶",通过与P.3865相关占辞对比可知,这段内容实际是论述在移徙中因重阴重阳而导致四次进入刑祸之地的危害,完整的占辞在P.2615a可以见到,即"重入阴阳,不利于人,大凶。二入刑祸,为无魂,初富后贫。三入者为重入刑祸,为无魂

〔1〕黄正建《敦煌占卜文书与唐五代占卜研究》,第78页。
〔2〕黄正建《敦煌占卜文书与唐五代占卜研究》,第79页。

者,为无福德。四入刑祸为无魂(魄),致有死亡大凶"。

其次,双方都强调天道对移徙的重要意义,Дx.01396＋01404＋01407记有"(前缺)阴宅九十日,然后依天道入阳宅吉""四十五日□得,然后依天道入阴宅"等,P.3865亦记有"若一阴一阳往来即合天道"以及"设要重往即须逐道住四十五日或七十二日,后往之无咎"。

再有,尽管P.3865中没见到相关的阴宅阳宅图式,但我们认为在完整的写卷中应当具有,理由如下:第一,传世本、旧题黄帝撰《宅经》中就包括阴宅阳宅图式和解说词。赵建雄先生在《宅经校译》中指出:"大体而言,由体例及征引文献方式来看,显见包括《叙》、《总论》与《凡修宅次第法》三篇之上卷可能为一书,而包括《阳宅图说》与《阴宅图说》二篇之下卷或许为另一书,或者是前者的注疏或图解。"[1]我们趋向于《阳宅图说》与《阴宅图说》是上卷图解之说,其原因就是要说的第二点。第二,在P.3865和传世本"凡修宅次地(第)法"中均提到"若见此图者,自然悟会",而这句话显然是针对前面阴阳宅修治问题而说的,那么其中的"图"自然指的是阴宅图和阳宅图。所以,P.3865后面所缺的内容中是应当包括阴阳宅图的,进一步说,传世本宅经中的阴阳宅图式就是P.3865所缺的。Дx.01396＋01404＋01407中的阴宅图则与传世《宅经》中的阴宅图几乎一样,除图式画法相同外,方位上的神煞、宅神、命坐之人也大体一致。

所以,无论是从占辞、关注点还是图式来看,我们有理由相信P.3865和Дx.01396＋01404＋01407可能源于同一底本,加之两件写卷都是围绕阴阳宅展开,并以阴阳为基本分类方式,所以我们将两件写卷列为"阴阳宅经"类。

黄正建先生曾根据传世本《宅经》将P.3865定名为《黄帝宅经》。关于传世本《宅经》定名问题早有异论,赵建雄先生引周中孚《郑堂读书记》所言:"旧题黄帝撰,《四库全书》著录。按:《旧唐书》载《五姓宅经》二卷,《宋志》载《相宅经》一卷、《宅体经》一卷,俱不著撰人。惟

─────────

〔1〕赵建雄《宅经校译》,第17页。

《通志》载《五姓宅经》一卷,云萧吉撰。而是书第二条首称《黄帝二宅经》及《地典》以下宅经二十九种,并有《文王》《孔子》《淮南子》《李淳风》《吕才》等各宅经在内,则作是书时,本不伪托黄帝所撰。……后人第据此条首句而题之,而不知其违背也。"〔1〕又,在 P.2615a 中可以找到诸多与 P.3865、传世本《宅经》类似的占辞,除上文所述之外,还包括:P.3865 云"刑祸方用一百功,即福德方用二百功以上吉",P.2615a 的对应占辞为"若先治刑祸,即福德上倍功治,以报之无咎吉";P.3865 云"宅以形势为骨体,以泉水为血脉,以土地为皮肉,以草木为毛发,以屋舍为衣服,以门户为冠带",P.2615a 中亦有"地以名山为之辅佑,右(又)为之骨,以为脉,草木为毛,土为其皮";传世本《宅经》"凡修宅次第法"所云"凡欲修造动治,须避四王神,亦名帝车、帝辂、帝舍。假如春三月,东方为青帝,木王,寅为车、卯为辂、辰为舍,即是正月、二月、三月不得东户";P.2615a 也记道"孟者,帝之车。仲者,帝之路。季者,帝之舍。假令寅为帝车,座向及修治害父母。三月辰为帝舍,犯之害子孙。二月卯为帝路,犯之害母"。这些占辞在 P.2615a 中并没有说明取自《黄帝宅经》。虽然 P.2615a 曾引有题《皇帝宅经》者,但经黄正建先生考察认为:"《皇帝宅经》是以皇帝与地典的问答为主要内容的。"〔2〕而有关地典的内容在 P.3865、传世本宅经则不见。所以,根据 P.2615a 所题"诸杂推五姓阴阳等宅图经",以及 P.3865、Дx.01396+01404+01407 的内容分类特点,我们将 P.3865、Дx.01396+01404+01407 拟名为《阴阳宅经》。传世本所提《黄帝二宅经》者,在 P.3865 中写作《皇帝二宅经》,我们认为也许是敦煌时人在特定历史条件下对"黄帝"的一种习惯写法,或从中原传抄进敦煌时就已误笔而导致。但有一点可以明确的是,《黄帝二宅经》应同样是以阴阳为基本分类方式,但在形式或关注点上与 P.3865、Дx.01396+01404+01407 可能略有不同的另一种阴阳类宅经。正像《宋志》著录中的《阴阳二宅

---

〔1〕转引自赵建雄《宅经校译》,第135页。
〔2〕黄正建《敦煌占卜文书与唐五代占卜研究》,第77页。

歌》《阴阳二宅图经》等著述一样,虽名称不同,但在基本分类方式上却是一致的。

Дх.01396 + 01404 + 01407 的抄写时间问题,黄正建先生研究指出:"文书中避'丙',如'三月、九月、五月,德在景、空在景壬',又避'虎',写'白虎'为'白兽'。可知本件文书抄于唐代甚至可能是撰于唐代的著作。"[1]《敦煌学大辞典》认为 P.3865"书名中有'吕才宅经'和'李淳风宅经',知此卷成于唐中叶或稍后"[2]。

从《太平御览》所引南朝梁《春秋内事》中关于如何入阴阳宅的一段佚文来看,至迟在南朝,人居住宅在相宅术中就已有了明确的阳宅阴宅之分,"阴阳宅经"的创制也应大致在这一时期。

5.4 八宅经

P.2615b 现存 45 行,首全而尾残,题作"八宅经一卷",与 P.2615a《诸杂推五姓阴阳等宅图经》连抄,从行文笔迹来看,两者为同一人,即"子弟董文员"所书。黄正建先生认为该卷或与 P.3865 提到当时流行诸家宅经中的《八卦宅经》有某种联系,并对其内容做有介绍:"从此卷文书的内容看,也与八卦有关。例如先讲某年生人属某宫,如'丑寅生人属艮宫'之类;然后讲某宫之人造宅的宜忌,如'戌亥生人属乾,作巽宅不出三年四年害长女小女、作离宅六年九年害中女'等等,最后讲各宫作宅法,如'震宫人作宅法:先往兑离上便出,皈来入震,即下阴一爻,次立西舍,后立北舍,为离宅,次立东方,后立南,断手,即是震家生气'。"[3]

通过对敦煌本"八宅经"的内容分析,我们看到,"八宅经"所体现的是一种以八卦为基本分类方式的相宅术,即把人的生年、住宅以及住宅的行年均归入到八卦系统之中,构成以八经卦命名的八种命宫和八

---

〔1〕黄正建《敦煌占卜文书与唐五代占卜研究》,第 79 页。

〔2〕《敦煌学大辞典》,第 624 页。

〔3〕黄正建《敦煌占卜文书与唐五代占卜研究》,第 77 页。

种住宅,但八卦宅本身仅做方位指示而用;各命宫人做八卦宅中的哪些为吉、哪些为凶,主要是以各八卦宅之八卦相对于命宫八卦在爻变上的专称而定,这些专称所具有的吉凶征示功能则来源于命宫八卦与八卦宅之八卦在五行上的相生同体或相克相制的关系。

关于"八宅经一卷"的抄写时间,根据对 P.2615a"诸杂推五姓阴阳等宅图经"的判断,亦应大致在张氏归义军初期。卷中运用了许多禄命知识,如"生气""祸害""绝命""五鬼""天医"等均是游年八卦中的术语。从隋萧吉《五行大义》来看,似乎隋时的游年八卦中还尚未出现"五鬼""天医"等专称,《五行大义》中只提到:"游年所至之卦,因三变之,一变为祸害,再变为绝命,三变为生气。生气则吉,祸害、绝命则凶。吉则可就其方,凶则宜避其所。"[1]而"五鬼""天医"等名称直到晚唐五代的敦煌禄命类文书中才多次见到。所以,《八宅经》的创制不会早于隋,应大致在隋唐之际。我们把这种以八卦为基本分类方式的宅经列为一类,即"八宅经"类;P.2615b,则依据其题款定名为《八宅经》。《宋志》中记有《黄帝八宅经》1卷、《淮南王见机八宅经》1卷、《八宅》2卷,P.2615b 可能是它们中的一种。

5.5　宅经一卷

S.4534V　《敦煌遗书总目索引新编》做有说明:"此卷两面书写,而纸很薄,两面透字,因而难辨认者多。"[2]该卷分为两半,前半首题"宅经一卷",其下残有若干子目,包括"□□安置法第一""□宅舍所用法第四""宅神伏龙所在第五""宅所见以知法第七""治宅谢厌解法第八""宅□神异处法第十"等,但不见相关占辞。后半内容较多,注明宅法的有"诸家起楼法"和"宅中置处所法"。诸家目录将后半拟名"阴阳书",我们认为不妥,因为首先从内容上看后半卷显然是诸种宅法的组合;其次,察其行文笔迹,与前半卷为同一人所书。所以,后半内容可能

〔1〕〔隋〕萧吉著,钱杭点校《五行大义》卷5,上海书店出版社,2001年,第143页。
〔2〕敦煌研究院编《敦煌遗书总目索引新编》,中华书局,2000年,第141页。

是"宅经一卷"包含的其他宅法及占辞。S.4534V中诸条目占辞大多不见于其他宅经,又,从题款和宅法中尚看不出该卷是以何种分类方式为主,所以我们据其题款将之单独列为一类,即"宅经一卷"。

5.6　大唐新定皇帝宅经

S.6169　S.6169《大唐新定皇帝宅经一卷》附于佛经之后,但只有题款无正文。题款前面相同笔迹写有"大唐兵部　法安　吉宅　从此入南　龙兴寺沙门神智并写阴阳"诸字,可见这是当时敦煌龙兴寺僧人的杂写。不过,通过此杂写而得知当时还有称为《大唐新定皇帝宅经》的一类宅经。黄正建先生针对该卷指出:"《皇帝宅经》的内容我们已经不知道了。在前引 P.2615 号文书中引了一点儿,例如说:'《皇帝宅经》云:……皇帝问地曹(典?):何为青龙白虎……? 地曹(典?)曰:左有南流水为青龙,右有南行大道为白虎'等等,可知《皇帝宅经》是以皇帝与地典(此处之所以定为地典而不是定为地曹,是因为当时的诸家宅经中有《地典宅经》)的问答为主要内容的。"[1]

果如黄氏所言的话,那么此类宅经的创制应较早。卷中所提"青龙""白虎""朱雀""玄武"四象或四灵来源于我国古天文学,即把天上二十八个星座(二十八宿)分成四组,每组都以动物神命名,称之为"四象"或"四灵""四兽"。除表示方位之外,以四象表示或象征不同的地形地貌较早见于三国,《三国志·魏书》记:"[管]辂随军西行,过毌丘俭墓下,倚树哀吟,精神不乐。人问其故,辂曰:'林木虽茂,无形可久;碑诔虽美,无后可守。玄武藏头,苍龙无足,白虎衔尸,朱雀悲哭,四危以备,法当灭族。不过二载,其应至矣。'卒如其言。"[2]关于地典,笔者孤陋寡闻,现仅见于《汉书·艺文志》,其记有《地典》6 篇,并将之归入阴阳类,《艺文志》云:"阴阳者,顺时而发,推刑德,随斗击,因五胜,假

---

［1］黄正建《敦煌占卜文书与唐五代占卜研究》,第 77 页。
［2］《三国志》卷 29。

鬼神而为助者也。"[1]另据葛兆光先生介绍,银雀山出土汉简中就已有《地典》,并认为:"是黄帝之学……大约它们的成书年代都要早于入葬时代,那么秦汉之前就已经有了这一类关于具体知识与技术的黄帝书。"[2]既然地典与黄帝之学有关,那么敦煌本宅经为何用"皇帝"而非"黄帝"? 这是值得我们思考的问题之一。不过,可以确定的是,《皇帝宅经》的创制可能在汉晋间,《大唐新定皇帝宅经一卷》则应是唐时对原有《皇帝宅经》的重新审定。因为未见其全文,尚不知此类宅经的基本分类方式,所以我们只能像前面一样以名取类,即《大唐新定皇帝宅经》。

5.7　一般类宅经

　　P. 2630V、P. 2964、P. 3281Vb、P. 3594、P. 3602V、P. 4522Va、Дх. 05448、P. T. 127 这 7 件写卷与上面 6 类相比,不仅卷中不见题款,而且全卷也没有比较明显的分类特点。有的是比较独立的宅法,而有的则可能出于备急之需,是诸种宅法的混抄。这种混抄有异于第一类合集性质的宅经写卷,因为后者试图着重突出五姓、阴阳宅法,并综合有其他的相宅书,具有明显的整合趋势。所以我们将这些既不见题款又没有明显分类特点的宅经写卷归到一类,即"一般类宅经"。

　　P. 2630V　黄正建先生认为:"原定名为《星占书》,是不对的。查其照片,虽甚残并字迹不清,但内容大致有:1. 讲地形,如说'所谓还丘之地者,四方高而后下,□数宜□,出二千石,□后食□五十人';2. 叙太岁以下神之出游;3. 述禳法,如'舍东北角种□三根□□太阴以避□□';4. 列某神某时在某等。大致都应是《宅经》的内容。"[3]

　　该卷在地形方面除设有"还丘之地"外,还提有"龙尾地""天庭之地""水咸之地""诸危之地""天仓之地"等,其中一些与 P. 2615a 中的

〔1〕《汉书》卷30。

〔2〕葛兆光《中国思想史》第 1 卷,复旦大学出版社,2001 年,第 113 页。

〔3〕黄正建《敦煌占卜文书与唐五代占卜研究》,第 79 页。

地形命名基本相同,如 P. 2615a 中"占伤败法"提到"龙尾勾子孙偷,龙尾坑(沉)子孙兵作行",其中"龙尾"可能就是 P. 2630V 中的"龙尾地"。黄氏所言 P. 2630V"述禳法",在写卷中称作"树木法",大约规定的是宅内外各方位上宜植何种树,其规定与 P. 2615a 中"卜种树法"也比较相近,P. 2630V 记"舍东南角九尺种桃一……舍西北角种榆一根",P. 2615a 亦有"桃木者百木之恶,种舍前百鬼不入舍。榆木者百木之少府,种之于舍后,令人得财"。P. 2615a"卜种树法"中没有见到对种树时日选择的规定,而 P. 2630V"树木法"则提到"树木法,避月煞日"。清《协纪辨方书》卷 6"义例四"条引《广圣历》曰:"月杀者,月内之杀神也。其日忌停宾客、兴穿掘、营种植、纳群畜。"[1]从而证实了 P. 2630V 的说法。所以,P. 2630V 将有助于我们对古代植树择吉的进一步认识。

P. 2964 《敦煌遗书总目索引》《敦煌遗书总目索引新编》均将其定名为《残星占书》;《敦煌遗书最新目录》命名为《星占书》。黄正建先生做有介绍:"P. 2964 有六张图,每两个月一张,在每张图上按十二地支画有青龙、白虎、司命、勾陈的位置,然后有文字说'凡四邻造作及自家泥垒'犯了青龙如何如何,犯了玄武如何如何,最后是触犯后'转为福法'。文字之后又有一张图,图分九格,正中坐一人,四方各有一个骑马的人。正中写有'土公位常在中庭',四方则写土公何日出游,比如南方写'□亥、戊戌、□酉、丙申、乙未、甲午,此六日南游'。图下有十行字,大致讲土公出游日的宜忌。"[2]

需要对黄氏做补充的是,每张图中的神煞并非仅青龙、白虎、司命、勾陈四个,而是有十二个,以"二、八月"图为例,它们分别是青龙、明堂、天刑、朱雀、金匮、大德、白虎、玉堂、天牢、玄武、司命、勾陈。这十二神是黄黑二道之神,清《协纪辨方书》卷 7"义例五"条引《神枢经》曰:"青龙、明堂、金匮、天德、玉堂、司命,皆月内天黄道之神也。所值之日

---

〔1〕转引自李零主编《中国方术概观》(选择卷上),人民中国出版社,1993 年,第 229 页。
〔2〕黄正建《敦煌占卜文书与唐五代占卜研究》,第 80 页。

皆宜兴众务,不避太岁、将军、月刑,一切凶恶自然避之。天刑、朱雀、白虎、天牢、玄武、勾陈者,月中黑道也。所理之方、所值之日皆不可兴土工、营屋舍、移徙、远行、嫁娶、出军。"[1]其中"天德"在 P. 2964 称作"大德"。图后的文字即是围绕上述图式而展开的,其文先讲泥垒黄道神所理之方位时,一般比较吉利;随后讲当犯触黑道神时如何进行解救。这些图文结合起来就是该卷第一行所说的"凡四邻造作及自家泥垒犯触转为福法"。

随后关于土公的图文,很可能就是 P. 2615a《诸杂推五姓阴阳等宅图经》中"土公移法"之完整表述,P. 2615a 记:"春在灶,夏在门,秋在井,冬在宅。土公日游出,甲子北游,庚午还。戊申(寅)日东游,甲申日还。甲午日南游,庚子还。土公本位常在中庭。"P. 2964 除记载有与之相近内容外,还附有图式以说明土公出入的宜忌,这相对于 P. 2615a 中的"土公移法"来说,显然更为详尽和具体。

所以,P. 2964 主要记述的是"凡四邻造作及自家泥垒犯触转为福法"和"土公移法",《敦煌遗书总目索引》等定名为"残星占书"或"星占书"是为不确。这两种宅法对于研究住宅的犯触厌解和土公禁忌等禁忌观有着重要的参考价值。

P. 3281Vb 无题款和撰人,《敦煌遗书总目索引》《敦煌遗书总目索引新编》均将其定名为《宅经》;《敦煌遗书最新目录》命名为《宅厅梁屋法》。通观全卷可以看到,该卷是由诸种宅法混抄而成,主要包括:"宅厅梁屋法""凡人家作牛羊屋法""扬州刺史安羊法""五姓安置场地法""初入宅法""占宅冈势法""占伤败""五姓移徙法""五姓同忌法"等;此外还记有阴阳宅如何出入以及如何镇宅等内容。其中"五姓安置场地法""占宅冈势法""占伤败""五姓移徙法""五姓同忌法"与P. 2615a《诸杂推五姓阴阳等宅图经》中的记载基本相同。其余则在其他宅经文献中少有记载,如卷中记"凡阴宅,随五姓便利,南向出五重,东向出三重门大吉。阳宅法,向南出二重,东出四重门,阳合阴",则不

---

[1]转引自李零主编《中国方术概观》(选择卷上),第 252 页。

见于有关阴阳宅的宅经文献。这对古代阴阳相宅术的研究具有重要的补充作用。

关于P.3281Vb，郑炳林先生认为："就其抄写文字形式来说，与（同卷）《周公解梦书》相近，疑出一人之手。"[1]并详细论证出《周公解梦书》是归义军节度使张议潮在任或稍后时期的作品。那么P.3281Vb也应是抄于这一时间，即大中五年（851）到咸通八年（867）左右。

P.3594 《敦煌遗书总目索引》《敦煌遗书总目索引新编》《敦煌遗书最新目录》均做说明，《敦煌遗书总目索引新编》记："中有子目：推五姓墓月法、用石镇宅法、推伏龙法。又，内有'从开元十二年甲子入下元'语，则应为晚唐著作。"并定名为《阴阳书残卷》。[2] 此外，该卷还记有"推太岁游图法""推五姓祭祀修造月日法"等。这些子目及占辞在其他宅经文献中大部分都可见到，如"推五姓墓月法"是P.2615a与P.3281Vb所载"五姓同忌法"中的一部分；"推伏龙法"则是P.2615a"伏龙法"中的一种；"用石镇宅法"，黄正建先生指出其"第一句与前述P.4667《阴阳五姓宅图经》中'镇宅法第六'中的一句大致相同，可见二者应属同一性质"[3]。所以此件写卷在性质上应属于宅经，与P.3281Vb相类似，也是对各种宅法的混抄。

P.4522Va P.4522Va仅存题为"推镇宅法第十"的子目和相关占辞。此镇宅法似乎对不同相宅术分类下的住宅都有效，如卷中所言："凡人家虚耗，钱财失，家口不健，官职不迁，准九宫八宅及五姓宅阴阳等宅同用之，并得吉庆。"在P.4522Va"推镇宅法第十"两边还绘有若干幅头像画稿，穿插绘画于其中。从头像所戴幞头来看，具有明显的晚唐风格。又，写本行文不避"虎"字，因此P.4522Va大致为晚唐之抄本。

黄正建先生将P.3281Vb、P.3594、P.4522Va均归入到"五姓宅经"类，但通过上面对这些写卷的内容介绍，可以看出，三件写卷中没有一

〔1〕郑炳林、羊萍《敦煌本梦书》，甘肃文化出版社，1995年，第240页。
〔2〕敦煌研究院编《敦煌遗书总目索引新编》，第288页。
〔3〕黄正建《敦煌占卜文书与唐五代占卜研究》，第74页。

件是以五姓为主体分类方式的,特别是 P.3281Vb、P.3594,基本上是由各种宅法混抄而成;P.4522Va 的镇宅法除了适用于"五姓宅"外,对"阴阳宅""八宅"也同样适用,如果将其归入"五姓宅经"类,那对文中的其他两宅又做何解释呢? 所以,我们认为黄氏对上述三件写卷的归类不正确。

P.3602V 黄正建先生做有详述:"极不清楚,有图。一张图上画有灶、堂、伏龙等,并似有'宅内伏龙法'字样,又有'正月一日灶前六十日''六月十一日在东北二十日'等,可能讲的是伏龙何日在何处。另一张图也是一张九格图,正中画一人盘腿而坐,其他八格无画。其中四方各有'某日游''某日还'字样,比如南方写'甲午日南游'。此外东北格中写'右土公犯之家母凶'。与 P.2964 相比,出游日相同,因此这张图应该也是准备画'土公出游图'的,但没画完,或画时省略了许多。从'伏龙''土公'看,怀疑 P.3602V 也与《宅经》有某种关系。"[1]

土公、伏龙是古代中国居住禁忌中的两个神煞,《潜夫论·巫列》中讲道:"天地山川、社稷五祀、百辟卿士有功于民者,天子诸侯,所命祀也。若乃巫觋之谓独语,小人之所望畏,土公、飞尸、咎魅、北君、衔聚、当路、直符七神,及民间缮治微蔑小禁,本非天王所当惮也。"[2]伏龙在敦煌写本镇宅文和建宅文中屡屡提及,如 S.8682《押衙存庆镇宅文》云"后触玄武,左忤青龙,右秽白虎,或犯伏龙、土府";S.12609"建宅文"中亦记:"五土地神、青龙、白虎、朱雀、玄武、六神、土尉、伏龙,一切鬼魅皆悉隐藏远,不敢为害。"我们在敦煌本宅经中多次见有土公、伏龙的条目占辞,如 P.2615a 就专设有"推宅内土公伏龙飞廉地囊日法",其具体规定与 P.3602V 非常相近。所以,P.3602V 有关伏龙、土公的内容是应属宅经范畴的,只不过与前面"神龟推违失法""孟遇禄命一部"混抄在一起。

Дx.05448 现存 8 行,前后均残缺。与背面内容不同,其内容涉及

---

〔1〕黄正建《敦煌占卜文书与唐五代占卜研究》,第 80 页。
〔2〕王符《潜夫论》,见《诸子集成》,浙江古籍出版社,1999 年,第 1444 页。

住宅东西南北的长度与宽度、开门法、置井安灶的吉利方位等。其中的
"置井同在巳上吉,安灶同在乙丙",基本概念与 P.2615a 的部分内容
相近。如 P.2615a 的"开井图"中说"宅内可食之井皆在巳吉",又有
"五姓置井合阴阳同在巳",谈到如何安灶时有"安灶同在乙辰之间",
两者在性质上相近。因此 Дx.05448 亦属宅经类文献。

P. T. 127《人姓归属五音经》 法藏敦煌藏文写卷 P. T. 127,主要
由占卜卜辞与吐蕃医方等内容构成。学术界对其医学价值研究较早且
极为深入,对卷中占卜术数内容的关注则始于麦克唐纳夫人的早期探
讨[1],此后山口瑞凤[2]、王尧[3]、高田时雄诸位学者相继有介绍和说
明,其中尤以高田氏为详:"这一写本全体的构成说明如下。第〔Ⅰ〕部
分:表面 ll. 1 - 77 为 1 年按月份记载吉凶的占书。第〔Ⅱ〕部分:接下
来的 ll. 78 - 184 为被称作《火灸疗法》的医学文献。第〔Ⅲ〕部分:背面
的 ll. 1 - 9 为干支表。第〔Ⅳ〕部分:ll. 10 - 14 为五行的配合表。这一
段文字简短,且与下文提到的五姓文书密切相关…… 第〔Ⅴ〕部分:ll.
15 - 28 即下文所要讨论的《人姓五音归属经》。第〔Ⅵ〕部分:继此之后
的 ll. 29 - 77,仍为与最初文书相似的占书。"[4]所谓按月份记载吉凶
的占书,通过罗秉芬、刘英华以及笔者的研究[5],已确认是根据汉文本
禄命书改编而成的《推十二时人命相属法》。因此,P. T. 127 正背面分
别抄写的是《推十二时人命相属法》、《火灸疗法》、干支表、五行表和
《人姓归属五音经》。《人姓归属五音经》,时至目前仅高田时雄于 20
世纪 90 年代和 21 世纪初做过释录和研究,此后长期未能引起学界足

〔1〕See Macdonald,"Une Lecture des P. T. 1286,1287,1038,1047 et 1290". In *Etudes Tibétaines*,
Adrien Maisonneuve Publishers,1971,p.284. 中文论著参见〔法〕A. 麦克唐纳著,耿昇译《敦煌吐蕃
历史文书考释》,青海人民出版社,2010 年,第 156、157 页。

〔2〕参见山口瑞凤主编《讲座敦煌》(6)《敦煌胡语文献》,日本大东出版社,1985 年,第 539、
540 页。

〔3〕参见王尧主编《法藏敦煌藏文文献解题目录》,民族出版社,1999 年,第 25、26 页。

〔4〕〔日〕高田时雄著,钟翀等译《敦煌·民族·语言》,中华书局,2005 年,第 352 - 353 页。

〔5〕参见罗秉芬、刘英华《敦煌本十二生肖命相文书藏汉文比较研究——透过十二生肖命相
文书看汉藏文化的交融》,载《安多研究》第 2 辑,民族出版社,2006 年,第 1 - 27 页;陈于柱《敦煌
藏文本禄命书 P. T. 127〈推十二时人命相属法〉的再研究》,载《中国藏学》2009 年第 1 期。

够关注。《人姓归属五音经》，其实是高田先生对 P. T. 127 背面第 15 –
28 行相关书写的一种简称，其汉译文如下：

　　人之姓氏归属于五音之中的经。宫姓在土行，氾，范，□，阎，
任，严，刘，郑，宋，□，孙，□，牛，游，宫，□，曲，□，牢，仇，舍，□，
□，□，□，□等等，属土行。

　　商姓在金行，张，王，梁，唐，阳，索，常，贺，荆，□，左，□，姚，
杜，康，□，桑，□，□，令狐，庆，蒋，石，安，卢，□，□，郝，藉，□，傅，
罗，仕，向，□，马，雷，□，□，扈，□，□，□，□等姓属金行。

　　角姓在木行，龙，翟，朱，窦，□，侯，□，孔，原，赵，巢，曹，乐，
周，□，姚，左，牛，屈，□，沙，□等姓属角。

　　羽（徵?）姓在火行，李，史，陈，田，郭，郑，贾，□，申，宁，段，
□，伊，儿，□，薛，□，□，□，□等姓属火行。

　　羽姓在水行，□，鲁，□，马，孟，贾，□，黄，□，平，□，武，温，
胡，□，苏，□，表，□，□，□等姓是水行。[1]

　　所谓"人之姓氏归属于五音之中的经"，主要叙述各类姓氏的五音
（宫、商、角、徵、羽）归属，此类书写在中国古代术数文化中被习称为
"五姓"。敦煌占卜文献涉及五姓姓氏的主要有葬书和宅经，就前者而
言，P. 3647《葬书》（拟）残存有羽音所包括的姓氏及相关说明：

　　武，许，吕，傅一云商，余，郎，马，于，韦，仵，褚，吴，卫，郭，臣，
虞，邬，扈，袁一云商，辅，俱，固，温一云宫，蒲，步，祖一云商，云一
云商、一云徵，睦一云商，骨一云商，霍一云角，母定五姓。右前五
姓，皆依五音韵之，或胡改窦之姓，音虽各别，皆为商用者，为上代
是复姓，属商。或因继嗣他宗，亦取本姓为用，但复姓皆从商姓为
定，仍任本姓所属用之。[2]

　　敦煌藏文本《人姓归属五音经》的羽姓与 P. 3647《葬书》（拟）相比
较，虽有个别姓氏相同，但在数量及顺序上，两者相差甚巨，表明《人姓

〔1〕〔日〕高田时雄著，钟翀等译《敦煌·民族·语言》，第 339 – 341 页。
〔2〕录文图版参见《法藏敦煌西域文献》第 26 册，上海古籍出版社 2002 年，第 214 页。

归属五音经》并非来自《葬书》系统。关涉五姓姓氏的敦煌写本宅经主要有 P. 2615a、P. 2632V、Дх. 01396 + 01404 + 01407V，其中 P. 2615a 保存内容最为完整。高田时雄先生曾敏锐地指出，藏文本《人姓归属五音经》商姓起始部分"张，王，梁，唐，阳，索，常"与角姓起始部分"龙，翟，朱，窦"，以及徵姓起始部分"李，史，陈，田"均与 P. 2615a 一致，进而认为藏文本《人姓归属五音经》与 P. 2615a《宅经》有较近的关系。笔者对此甚是认同。可以进一步补充证明的是，P. 2615a《宅经》有些姓氏重复出现在五姓之中的现象同样也表现于藏文本中，而且其顺序亦有相近之处。如 P. 2615a 角姓下的"姚，左"，又在商姓中以先"左"后"姚"的方式出现，《人姓归属五音经》与之完全相同；P. 2615a 徵姓下的"贾"，重复出现于羽姓中，《人姓归属五音经》也亦然。由此可认定，藏文本《人姓归属五音经》应当属于《宅经》所载五姓的一个缩略本。

6 葬书

与"宅经"相对应,"葬书"主要是指与丧葬择吉有关的占卜术数书。敦煌遗书中的葬书类文献包括 P.2534、S.12456、S.10639、P.2831、P.2550、P.4930、S.2263、S.3877、P.3647、Ф279、上图 017(812388)、P.3028、S.5645,其中 S.12456 与 S.10639、P.2831 与 P.2550 均系一卷之裂。黄正建《敦煌占卜文书与唐五代占卜研究》最早对敦煌本葬书进行了全盘考察,金身佳《敦煌写本宅经葬书校注》是目前比较完整释录敦煌本葬书的著作。

P.2534《阴阳书·葬事》 此件首缺尾全,中间亦有部分残缺,存"冬择日第十一""立成法第十二""灭门大祸日立成法第十三",尾题"阴阳书卷第十三 葬事"。《旧唐书》记载唐太宗曾认为当时的《阴阳书》"穿凿既甚",故命吕才等人予以刊正,勒成 53 卷。《阴阳书》未有传世本,P.2534《阴阳书·葬事》应是这一珍贵典籍的内容之一,学术价值甚高。所存的三则篇目中,"冬择日第十一"主要介绍各月中的金鸡鸣玉狗吠日,以求"次日葬及殡埋神灵安宁"。金鸡鸣玉狗吠日包括鸣吠日、鸣吠对日,按照《协纪辨方书》的说法,分别为每月之中的庚午、壬申、癸酉、壬午、甲申、乙酉、庚寅、丙申、丁酉、壬寅、丙午、己酉、庚申、辛酉,以及丙寅、丁卯、丙子、辛卯、甲午、庚子、癸卯、壬子、甲寅、乙卯。不过《协纪辨方书》对丧葬活动之所以选择鸣吠日、鸣吠对日的缘由却已发生了误解,这主要表现在两个方面:一是《协纪辨方书》认为选择鸣吠日进行丧事活动,必会产生"上下相呼,而亡灵安稳"之效应。其中"上下相呼"实应为"上下不相呼"或"上下不呼",P.2534《阴阳书·葬事》对此有明确记载,如:

> 壬寅日,金,定,地下壬申,金鸡鸣玉狗吠,上下不呼。此日葬

及殡埋,神灵安宁,宜子孙富贵,大吉昌。起殡、发故、斩草、起土,大吉。角徵二姓用之凶。

丙午日,水,成,地下丙辰。金鸡鸣玉狗吠,上下不呼。此日葬及殡埋,神灵安宁,子孙富贵,起殡、发故、斩草、起土,大吉,宫徵二姓用之凶。

辛酉日,木,开,地下辛丑。金鸡鸣玉狗吠,上下不呼。此日葬及殡埋,神灵安宁,宜子孙,福隆后嗣。起殡、发故、斩草、起土、除服,吉。宫商二姓用之凶。

《重校正地理新书》也明确提到"旧说金鸡鸣玉犬吠,上下不相呼"。大概古代葬书在宋明之际的传播过程中,原本"上下不相呼"中的"不"字逐渐被脱漏了,以致形成《协纪辨方书》中"上下相呼"的误说。由此可见 P.2534《阴阳书·葬事》的学术价值。

二是《协纪辨方书》将"上下不相呼"的双方对象理解为"地上之金鸡呼地下之玉犬",此乃又一误解。所谓上下是指人间与阴间,不相呼的动作发出者实为阴间亡者和人间生者。《重校正地理新书·三甲子图》将六十甲子分为"天上甲子""人中甲子""地下甲子"[1],鸣吠日即是人中甲子,而 P.2534《阴阳书·葬事》中各鸣吠日对应的"地下壬申"等则为地下甲子,因此"上下不相呼"中的"上下"意为阴阳两界[2]。

P.2534《阴阳书·葬事》"立成法第十二""灭门大祸日立成法第十三",则主要介绍丧葬之时间禁忌,即"凡葬及殡埋斩草日值灭门日者,妨害深重,不可用。若值大祸日者,被劫盗。日音与姓相克害"。由 P.2534 可知,丧葬择吉当是唐代《阴阳书》的书写构成之一。

S.12456 + S.10639《**葬书目录**》(拟)　此件由 S.12456C、S.12456B、S.10639 多个残片组成。《敦煌占卜文书与唐五代占卜研究》

〔1〕王洙撰,毕履道、张谦增补《重校正地理新书》,见《续修四库全书》第 1054 册,上海古籍出版社,2002 年,第 75 页。

〔2〕参见陈于柱《武威西夏二号墓彩绘木板画中"金鸡"、"玉犬"新考——兼论敦煌写本〈葬书〉》,载《敦煌学辑刊》2011 年第 3 期。

业已将这些残片拼合排列,但《敦煌写本宅经葬书校注》并未充分吸收这一认识,仍将 S.10639 与 S.12456C、S.12456B 分别释录[1]。拼合后的 S.12456 + S.10639 前后均残,保存了某部《葬书》"卅二"至"五十八"的目录。如:论六对伤败等法第卅二、论龟甲取吉穴法第卅四、论步阡陌取吉穴法卅五、论六甲八卦冢法卅七、论六甲立成图法卅八、论白埋权殡法第卌、论三灵六等法卌一、论斩草仪法第卌三、论斩草祭图法卌四、论棺下六尺法卌六篇、论鹿项长短法卌七、论墓为期沟渐土法卌九、论坟高卑等法五十一、论开故动尸法五十五、论立铭请幡法五十八。此件关于某部葬书的目录,为了解中古葬书的篇目组成,提供了极为重要的信息。《敦煌写本宅经葬书校注》将此件定名作《阴阳书》,理由不够充分。

P.2831 + ? + P.2550《阴阳家墓入地深浅法五姓同用卅五家书第卅七》 此件由 P.2831、P.2550 构成,《敦煌占卜文书与唐五代占卜研究》最早指出两件残片是一卷之裂,《敦煌写本宅经葬书校注》同样未能参考这一观点。前者首尾均缺,在"六甲冢图第十八"之前有多段文字,叙述以四方、步、建除为方向和距离下多个神祇的位置所在,其中多强调的是麒麟、章光、凤凰、玉堂。此四者为古代丧葬择吉中的神祇,编撰于宋金间的《重校正地理新书》引《冢记》云:"麒麟为守狗,使我知人来。凤凰为鸣鸡,使我知天时。章光为奴婢,给使我钱财。玉堂为庐宅、仓廪及高堂。四神皆备,魂魄宁。"[2]此后的"六甲冢图第十八"包括了甲子冢图、甲戌冢图、甲午冢图、甲辰冢图,并穿插记录"师坐法""推玄尸法"。"六甲冢图第十八"之后是"□[八]卦冢图第十九",仅存"乾冢图"。P.2550 文字笔迹与 P.2831 一致,起"震冢图""艮冢图",《敦煌写本宅经葬书校注》释作"甲午冢图""甲辰冢图",均误,"震冢图""艮冢图"实是 P.2831"□[八]卦冢图第十九"之后两图。无论是"六甲冢图第十八",还是"□[八]卦冢图第十九",各自图文均展

---

〔1〕参见金身佳《敦煌写本宅经葬书校注》,民族出版社,第 207 页。

〔2〕王洙撰,毕履道、张谦增补《重校正地理新书》,第 98 页。

示的是关于辒车出行路线问题,这些图式及言说与《重校正地理新书》之"四祈曲路立成图法"较为接近,或即是 P.3647《推权殡法等》(拟)所载"师公回车曲路法"。又,在两图之后 P.2550 抄有"十二祇法第廿""入地深浅法第廿一""造冢取土法第廿二""造冢明镜法第廿三",多为丧葬之宜忌,部分内容的主旨与敦煌本《易三备》相近。此件尾题"阴阳冢墓入地深浅法五姓同用册五家书第卅七"。《敦煌占卜文书与唐五代占卜研究》据卷中"丙"写作"景",认为此件可能作于或抄于唐代。

P.4930《造冢墓取土及墓内尊卑法等》(拟) 首尾均缺,存约 20 行,释文如下:

> 己前入地深浅三(下缺)
>
> 入地一尺戊为黄龙,二尺己;三(下缺)
>
> 五尺壬为玉堂,六尺癸;七(下缺)
>
> 为凤皇(凰),一丈下,还从戊起(下缺)
>
> 余并凶。唯王者得用戊,是黄龙也。
>
> 又一法:入地一尺为建,二尺为除,三尺为满,四尺为平,五尺
> [为]
>
> 定,六尺为执,七尺为破,八尺为危,九尺为成,一丈为收,一丈
> 一
>
> 尺为开,一丈二尺为闭,周而复始,满、平、定、成、收、开,吉。
> 余并凶。
>
> 造冢墓取土及墓内尊卑法第
> 凡五姓墓,六对八将,虽以远占,然于十二辰,各有男女、
> 内外、九族之位,若欲取土为冢坟,及门、阙,皆不得卅步
> 内,取土即伤其命坐人,六对八将及命坐位在第六卷。
> 又勿犯本姓墓辰上土,大凶。
> 角墓未,商墓丑,宫羽墓辰,徵墓戌,不得就院内,
> 取土,宜于院外平治取之,不得独深,犯之名为无势,大凶。
> 诸命位上不可犯之,取土深三尺,然其沟域长堑非所

忌,俱不得作深坑。若欲取土于卅步外,随岁、月德及空,

吉地。　　　　宫姓取土宜丙庚丁未申酉地吉,

宫姓造冢绝手于亥;商姓取土宜壬亥辰戌子地吉,

(上缺)绝手于申;▢▢▢宜丙壬亥子午地吉

(上缺)地吉

(下缺)

　　此件所存内容有二,一是"入地深浅法",二是"造冢墓取土及墓内尊卑法"。从卷中言及"六对八将及命坐位在第六卷"来看,此件原书的规模应在 6 卷以上。其占法多利用建除、六对八将、五姓等术数知识。

　　S.2263《葬录》　正背双面书写,前后均缺,正面释文如下:

(前缺)

土,若欲改(下缺)

卑次第,违之,凶。其置▢(下缺)

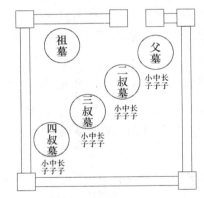

　　若欲取土于卅步外,随岁月德及空吉地,宫姓取土,宜丙庚丁未申酉地吉。宫

姓造冢,绝手于亥。商姓取土,宜壬亥辰戌子地吉。商姓造冢,绝手于申。角姓

取土,宜丙壬亥子午地吉。角姓造冢,绝手于寅。徵姓取土,宜甲寅卯丑未地吉。

徵姓造冢,绝手于巳。羽姓取土,宜甲庚寅卯申酉地吉。羽姓

造冢,绝手于亥。

五姓续葬依本墓尊卑便利,即葬不得重斩草,作新冢大凶,何以没前

冢旧定不宜更置,若墓田窘隘吉地,尽更逐便利,造新冢者得置

铁券斩草。置墓山道门起坟碑兽等法:凡墓田置山门,皆当午地

开为上。地轴者,鬼神之道路。南方阳为上,故午地吉。取姓便利开山门者,鬼神不得道

路,不利生人凶。大墓山门,长四步半,高一丈三尺,下门七尺,上阔四尺阙堆高

九尺。次墓山门高一丈,下阔六尺,上阔四尺,阙堆高七尺。下墓山门高七尺,

下阔五尺,上阔三尺,角堆高五尺。起坟高下法:帝王起坟高一百二十尺,

亲王三公高七尺十法七星,公侯卿相刺吏(史)高五十尺法五方。东西南北各九步放(仿)九州。

高卅五尺合玉堂,高卅三尺合章光。东西南北各八步放(仿)八风。令长高一丈九尺合凤凰,

一丈七尺合麒麟,一丈五尺合玉堂,遮(庶)人高一丈三尺合章光,九尺合凤凰。置人

兽法,石碑去门十步,石羊去碑七步,石柱去石羊七步,石人去柱七步,

自余诸兽依十二辰位消息置之,其墓田亩数大小步数安之。椁大小法:

五品以上高八尺,盖长一丈二尺,身长一丈,阔六尺,六品以下高七尺,盖长一

(后缺)

此件内容与 P.4930《造冢墓取土及墓内尊卑法等》(拟)较为接

近，包括了取土深浅法，并强调"五姓续葬依本墓尊卑便利"，文书中的图式或许正是"尊卑法"的展示。笔者怀疑该图即是《重校正地理新书》所载"昭穆葬图"。古代墓葬讲求墓地葬位的左右次序。《周礼·春官·冢人》："先王之葬居中，以昭穆为左右。"郑玄注："先王造茔者，昭居左，穆居右，夹处东西。"明方孝孺《孝友庵记》："见伯鱼、子思之冢，昭穆序葬，而子孙咸衬其则。"S.2263 的图式意图完全符合昭穆之说。故《敦煌写本宅经葬书校注》称此图为"祖墓图"，不够严谨。此件图后还记录了"置墓山道门起坟碑兽等法""起坟高下法""置人兽法""椁大小法"。这些占法与《永乐大典》引"大汉原陵秘葬经"极为接近，是研究中古时期丧葬礼俗的绝佳资料。《敦煌占卜文书与唐五代占卜研究》认为此件可能作于唐代。

文书背面首全尾缺，第 15 行题"葬录卷上并序归义军节度押衙兼参谋守州学博仕将仕郎张忠贤集"，《敦煌占卜文书与唐五代占卜研究》《敦煌写本宅经葬书校注》均将"张忠贤"释作"张思贤"，误。此前之序言，荣新江先生最早予以释录，主要有：

> 夫论阴阳之道，由（犹）如江海，非圣不裁（载）。时遇乱世，根浅性□，俗化所易，王教风移，其君欲与贪狼为政，其臣欲与□□求尊，人心变改，邪魅得便，政法不从，非道为美。得事者不师轨，□求同类，擅作异谋，货赂求名，破灭真宗，离害能德。能德既无，咨行非法。非法既盛，邪道日兴。但忠贤生居所陋，长在危时，学业微浅，不遇明师，年至从心，命如悬丝。……今集诸家诸善，删除淫秽，亦有往年层学，昔岁不问。所录，多取汉丞相方朔之要言，所阙者与事理如唱之七十二条，勒成一部，上中下为三卷，事无不尽，理无不穷，后诸达解者，但依□用，得真无假。于时大唐乾宁三年五月　日下记[1]

此件部分书写出现多次，且行文间多有修订。考虑此件抄于

---

〔1〕录文自荣新江《归义军史研究——唐宋时代敦煌历史考索》，上海古籍出版社，1996 年，第 208 页。

S.2263背面,很可能是对正面文字形成的概述和序言,换句话说,正面文字应就是"勒成一部,上中下为三卷"的《葬录》,而该书完成后,又由张承奉执掌归义时的历法家张忠贤在背面撰写序言。所以 S.2263 的定名应以《葬录》为确。卷中序言具有极高的社会史价值,是晚唐五代敦煌书籍编纂历史的真实写照。

S.3877《山岗占图、墓内尊卑法等》(拟)　此件正背面书写,抄写内容甚杂,涉及丧葬占法的主要有两类图式,一是正背面均绘制的山岗占图,线描出不同的山岗形势,并在图中书写各种占辞,如"葬得此地,富贵不绝""抱子岗""出两千石""令长""雄龙山岗""出方伯"。背面所绘,则是与 S.2263《葬录》相同的"墓内尊卑法"。此件同时还抄写了"乾宁四年(897)正月廿九日平康乡百姓张义全卖舍契""天复九年(909)洪润乡百姓安力子卖地契""下女夫词"等。笔者认为此件的抄写时间应在天复九年左右。

P.3647《推权殡法等》(拟)　此件首缺尾全,内容较为庞杂,存有:

(1)五姓与丧葬之关系(拟)。文书中保留了除敦煌本宅经之外另一较为集中记录五姓姓氏的书写,残存有羽音所包括的姓氏及相关说明:"武,许,吕,傅一云商,余,郎,马,于,韦,仵,褚,吴,卫,郭,臣,虞,邹,扈,袁一云商,辅,俱,固,温一云宫,蒲,步,祖一云商,云一云商、一云徵,睦一云商,骨一云商,霍一云角,母定五姓。右前五姓,皆依五音韵之,或胡改窦之姓,音虽各别,皆为商用者,为上代是复姓,属商。或因继嗣他宗,亦取本姓为用,但复姓皆从商姓为定,仍任本姓所属用之。"[1]这段书写为了解中古时期五姓姓氏的构成及划分原则提供了重要的讯息。其下依次叙述五姓丧葬宜忌,如:"角姓木行,未大墓,丑,小墓,葬其地,绝世,大凶。绝世在西方,五刑在四季,重阴在东方,宜葬壬、癸、子、亥,出公卿。丙、丁、巳、午,出令长。"

(2)推权殡法第二。强调"先定五姓:宫商角徵羽",然后"次定丧主年命""次择吉日""次择时""次择却灭门大祸日"等。可见"推权殡

〔1〕录文图版参见《法藏敦煌西域文献》第 26 册,上海古籍出版社,2002 年,第 214 页。

法"是以定五姓为前提的丧葬择时之说。

（3）十二时当体自妨忌。分别叙述在各个时间段中死亡之人,对其他年龄段生人的妨害。如"假令八月巳时死,巳妨巳亥生人。……又一法:子时死者,合妨寅申生人"。文书对这一问题的多种占法,源自中国古代的疾病传播观念,生者认为接触患者或死者的居住环境、灵枢都会导致疾病的传播与感染[1],睡虎地秦简《日书》乙种的"病"篇即已记载:"凡酉、午、巳、寅,以问病者,必代病。"[2]中古医学同样遵循此说,《诸病源候论》言:"死注,人有病注死者,人至其家,染病与死者相似,遂至于死,复易傍人。……丧注,人有临尸丧,体虚者则受其气,停经络腑藏。若触见丧枢,便即动,则心腹刺痛,乃至变吐。"[3]

（4）推丧庭。

（5）门陌出入法。

（6）入地深浅法。

（7）推月建法。

（8）推地囊日。

（9）推地矩日。

（10）清鸟厌法。

（11）师坐法。

（12）推地镜法。

（13）师公回车曲路法。

（14）师送丧从行立之法。

整件文书,除"推权殡法第二"外,其余均无明确篇目序号,不排除是当时各种丧葬占法与禁忌的汇编。其中多则占法亦见于《重校正地理新书》。

Φ279《葬经》（拟）　此件首缺尾全,存 13 行。《敦煌占卜文书与

---

〔1〕参见陈昊《汉唐间墓葬文书中的注病书写》,载《唐研究》第 12 卷,北京大学出版社,2006年,第 290 页。

〔2〕李零《中国方术概观》（选择卷）,人民中国出版社,1993 年,第 69 页。

〔3〕巢元方撰,丁光迪主编《诸病源候论校注》,人民卫生出版社,1991 年,第 707 页。

唐五代占卜研究》《敦煌写本宅经葬书校注》均有释录。然《敦煌写本宅经葬书校注》将"Ф279"书作"Дx. 279"，误。此件相继记录了某人"今月廿七日夜亥时死"、合妨某人、何时入棺殡殓吉、殡埋的出行路线等内容。《敦煌占卜文书与唐五代占卜研究》提出此件似是对某人死后丧事宜忌的解释，也可能是《葬经》中对某种原理的举例。笔者比较倾向于后者。

上图 017（812388）《葬经》 此件图版见于《上海图书馆藏敦煌吐鲁番文献》第一册[1]，首尾完整，前后笔迹一致，第 2、3 行下端有部分残缺，图版虽是黑白，但仍可看出行文中有分段符号。所存内容包括殡葬合"金鸡、玉狗"、造冢入地深浅、斩草法、殡葬祭礼等，从文中两处言及"右据（？）葬经"，可知此件文书当依据某部《葬经》抄写。文中亦有类似 Ф279 之具体日期，如"准姓宜用今月廿五日"，据此，Ф279 当定名《葬经》为宜。《敦煌占卜文书与唐五代占卜研究》《敦煌写本宅经葬书校注》均未收录此件文书。上图 017（812388）《葬经》释文如下：

> 准姓宜用今月廿五日。
> 右捡前件日，合金鸡、玉狗（下缺）
> 呼木奴歌（？）木婢　次日殡葬（下缺）
> 灵安，宜子孙，大吉。
> 右此日宜用巳后午前，合南方或北方，
> 合有赤云、黑云来临圹上，或有飞鸟并
> 形人□文书，或有人驱黑牛见。后出三公，
> 封刺史，大吉利。其时便斩草、破地，吉。
> 亦便于坑取碳骨，吉。
> 去冢东南廿七步，合得庚寅，合本姓功曹，
> 于其地庭尸至日入时将入于堂子
> 之内，硌祭使塞门，大吉。

---

〔1〕图版参见上海图书馆、上海古籍出版社编《上海图书馆藏敦煌吐鲁番文献》（1），上海古籍出版社，1999 年，第 128、129 页。

造冢,须入地三尺,合得满,又亦合得

丙,丙为凤凰,往人安乐,生人吉庆,大吉。

造冢,宜于西北六十步外,平高取之

者吉,不得冣深坑,吉。

斩草,法合着芦苇长一尺二寸,用

五色丝缠之讫,然后起功,吉。

右据(?)葬经,堂子合高三尺,亦得满,

又得丙,合亡人吉庆,生人世世安乐。

堂子之内,宜着五谷各升,及钱财

画纸,不限多少,并五色绢、七宝,各

少多,兼衣服等,并着依堂子之内,吉。

右据(?)葬经,祭礼,取碳骨之时,祭

庭着处取之时祭,入了并衣勿五等

杂□五声并入了讫。祭,然后□□

《隋书·艺术传》载萧吉曾上表云:"去月十六日,皇后山陵西北,鸡未鸣前有黑云方圆五六百步,从地属天,东南又有旌旗车马,帐幕布满七八里,并有人往来,检校部伍甚整日出乃灭。同见者十余人。谨案葬书云:气王与姓相生大吉,今黑气当冬,王与姓相生是大吉利,子孙无疆之候也。"据其本传,萧吉曾撰《葬经》6卷,《艺术传》中吉所按《葬书》,或即其《葬经》,而吉所言之殡葬之征候,与上图017(812388)《葬经》相近,故不排除此件《葬经》即源自萧吉撰《葬经》的可能。

P.3028《当体自妨忌》(拟)　此件首缺尾全,所存内容主要是有关不同时段死者对现实生活影响之诸种占法,包括了十二地支日、建除日、六甲旬日、四季日、月三十日、廿八宿日等,最后为"推六十甲子煞精形状"。行文中常用朱笔点勘。此件内容其性质当与P.3647《推权殡法等》(拟)之"十二时当体自妨忌"相同,并扩大到建除、六甲旬、四季、廿八宿日等不同的纪日体系,同样以占卜亡者对生者之妨害为主旨,如"冬,甲乙日死丧凶,东家吉,西家先火,南家死亡,北家疾病也",集中体现了中古社会对于死亡引发"尸注"的恐慌和避疫措施。在古人的思想观念中,人亡之后会因冢讼等种种原因注害生人,所以古代许多买地券或镇墓文,都纷纷强调人鬼隔绝、人鬼分离,否则就必定发生注害等危险。如《东汉光和五年(182)蒲阴县刘公砖地券》称:"生死异路,不得相妨。死人归蒿里戊己。地上地下,不得前□。"[1]《隋大业六年(610)临湘县陶智洪买地陶券》强调:"生恋皇天,死居地泉。生死异域,勿延山川。"[2]《敦煌占卜文书与唐五代占卜研究》将此件单独列为"占死丧"一类,笔者认为归入《葬书》更妥。根据文书背面《吐蕃时期官营牧羊算会历状》来判断,此件的抄写时间当在吐蕃管辖敦煌时期或其之前。

S.5645《司马头陀地脉诀》 册子装,前面有"小乘论"等佛事文献,此件首尾完整,首题"司马头陀地脉诀",所存内容对住宅、墓葬均有涉及,其占法主要利用五音、八卦、四门(天门、地户、人门、鬼门)、十二地支并综合山川地势的走向,对墓葬、居宅的选择吉凶加以言说。如:"五音男女之坐位,总在乾坤。此地若无,徒劳别有,五音大小之墓,首向贵在平长,撅冢亦在平宽,日照欲得显阳。遥望又如幽隐地,如藤树根吐枝多,形势若是,即当荣花自发。"文书最后又载有"寺观图记":

> 寺观图记。天门高住,福德之名僧。坤巽相扶,主富贵之极。卯长肥厚,主贱,口舌生。丑申相逆,无有横口舌。申酉肥,窃盗不敢来寝(侵)。未地势宽,的(得)出高僧之位。人山破,子门外远,主贱口舌逃亡。丑未位悬,主僧尼之□病。大门若下,主常住无粮食。坤申位悬,常逢劫贼。巽门若下,主僧命难存。辰戌位悬,即僧道失目。午未风上,僧尼之相憎,心不相扶,事空虚。坤申贮水,长发纳为妻。已亥交流,僧尼自相染污,或狂酒在路勒他女人,或捉撮面伤,累于官府。亥子位下,尼与俗人交通。

敦煌佛寺建造常借助占卜,P.2555《大蕃敕尚书尚乞律心儿》记载

---

[1] 张传玺《中国历代契约汇编考释》,北京大学出版社,1995年,第54页。
[2] 张传玺《中国历代契约汇编考释》,第248页。

·欧·亚·历·史·文·化·文·库·

尚乞律心儿"黄金布地,白璧邀工,进直道以事君,倾真心而向佛。爰乃卜宅敦煌古郡,州城内建圣光寺一所"。S. 5645《司马头陀地脉诀》之"寺观图记"证实了中古佛寺建造中对占卜的运用以及具体之占法。而司马头陀确擅长利用地形地势进行择地,《敕修百丈清规》即载:"先是有异人司马头陀者,为择葬地曰:傍连三峰未穷其妙,法王居之天下师表。而世以为信然云。"《敦煌占卜文书与唐五代占卜研究》考证司马头陀为唐宣宗时人。敦煌遗书中如此大篇幅记录利用地形地势为择地占法的,仅此一件。

7 禄命书

　　《隋书·经籍志》最早著录禄命类占卜书,包括《黄帝斗历》1 卷、《孝经元辰决》9 卷、《孝经元辰》2 卷、《元辰五罗算》1 卷、《孝经元辰》4 卷、《杂元辰禄命》2 卷和《涁河禄命》3 卷,以及梁有隋亡的《五行元辰厄会》13 卷、《孝经元辰会》9 卷、《孝经元辰决》1 卷、《五行禄命厄会》10 卷。禄命之书在中国古代不仅流衍久远,而且称谓不一,有称《禄命书》《禄命决》者,也有诸如《发命书》《推元辰厄命》等等不冠以“禄命”字样的命占之书。[1] 所以,“禄命书”有广义与狭义的不同解释,狭义上讲,为冠之“禄命”的特定占卜书;从广义而言,应是历史时期一般占文献的概称。[2] 敦煌遗书中属于广义禄命书的资料较为庞杂,笔者统计有 38 件,卷号分别为 P. 3602V,P. 2856,P. 3896P,P. 3066,S. 6215,P. 2830,Дх. 02800、03183,S. 5772,P. 2842V,P. 4740,S. 5553,P. 2482,P. 3175,S. 3724,S. 6258,P. 2675V,P. 2675bis,P. 3398 – 2,P. 4058V (3),P. T. 127,I. O. 748 ／ Ch. 80. Ⅳ. h,P. 3081,P. 3779,P. 3838,

---

　　[1]姚振宗《隋书经籍志考证》认为除《杂元辰禄命》《涁河禄命》外,《隋志》著录的《孝经元辰决》《孝经元辰》《元辰本属经》《推元辰厄会》《元辰事》《元辰救生削死法》《推元辰要秘次序》《元辰章用》《杂元辰要秘立成》《元辰立成谱》亦属禄命书。载《二十五史补编》,中华书局,1955年,第 5590 – 5632 页。此外,笔者认为《隋志》中的《易八卦禄斗内图》1 卷、梁有隋亡《周易斗中八卦绝命图》1 卷和《周易斗中八卦推游年图》1 卷,也属禄命书。《旧唐书·经籍志》载有《孝经元辰》2 卷、《推元辰厄命》1 卷、《禄命书》20 卷、《禄命书》2 卷。《新唐书·艺文志》著录有《推元辰厄命》1 卷、《杂元辰禄命》2 卷、《涁河禄命》2 卷、《禄命书》20 卷、《禄命书》2 卷、《福禄论》3 卷、《四民福禄论》3 卷、《黄帝斗历》1 卷、《王叔政推太岁行年吉凶厄》、《禄命人元经》3 卷、《杨龙光推计禄命厄运诗》1 卷、《都利聿斯经》2 卷、《聿斯四门经》1 卷等。参见黄正建《敦煌占卜文书与唐五代占卜研究》,学苑出版社,2001 年,第 132 – 134 页。
　　[2]黄正建先生对“禄命文献”做过较为中肯的界定:“举凡以人之生年(或月或日)来推算人之富贵贫贱、寿夭病厄的,无论是用五行八卦,还是用七曜九宫,均属此类。定义比较宽。”见《敦煌占卜文书与唐五代占卜研究》,第 107 页。

·欧·亚·历·史·文·化·文·库·

S. 4279，S. 5666，P. 4071，P. 4058V（1、2），S. 6157，S. 6164，S. 10526，S. 9814B，Дx. 05651，Ф362A，S. 612V，P. 3081V，S. 4282，S. 6333，其中包括两件藏文本写卷，另有两件可缀合为一个写本。

　　学术界对敦煌禄命书的研究，起步于1937年王重民先生在《巴黎敦煌残卷叙录》中对法藏 P. 3081 写本的研究，他汇集诸家文字，对此件文书的内容、篇目及性质做了精审考辨。[1] 敦煌禄命书再次为学术界注意，则是 20 世纪 70 年代末以后的事。1979 年，饶宗颐先生发表《论七曜与十一曜——敦煌开宝七年（974）康遵批命课简介》[2]，此文的增订本又于 1982 年刊发[3]。饶宗颐先生考辨 P. 4071《十一曜见生图等课文》（拟）所载《聿斯经》出自古代康居都赖水，申说卷中"七曜"与中国本土"七政"的不同，并指出 P. 4071 见载域外传入的黄道十二宫在唐末已甚流行，从而对敦煌禄命书 P. 4071 中的外来因素给予了特别揭示。P. 4071 的学术价值在 2002 年陈万成先生的《杜牧与星命》一文中再次得以彰显，论文不仅利用 P. 4071 等资料解读杜牧《自撰墓志铭》所透露出的星命观念，而且把 P. 4071 记载到的《聿斯经》与十二命宫说进一步溯源于古希腊的星占文化。[4] 此文用力至深，增进了学界对 P. 4071 禄命书的了解。1991 年，江晓原先生的《天学真原》一书，利用敦煌禄命书考察了古代中西天文学的交流与传播情况，主要涉及 P. 3779、P. 3081 等卷号，并结合日本学者薮内清的观点，提出此类文献具有浓烈的西方生辰星占学色彩。[5] 次年日本出版的《讲座敦煌》第 5 卷所收菅原信海先生的《占筮书》一文，其中第十二类《运命占》也即禄

---

〔1〕王重民《巴黎藏敦煌残卷序录》第 2 辑，后编入《敦煌古籍叙录》（1958 年商务印书馆，1979 年中华书局新一版），本文据王重民《敦煌古籍叙录》，中华书局 2010 年（第三版），177 – 178 页。

〔2〕该文载苏远鸣主编《敦煌学论文集》，巴黎德罗兹书店，1979 年，第 77 – 85 页。参见〔法〕马克（Marc Kalinowski）《法国战后对中国占卜的研究》，载《世界汉学》第 1 期，1998 年，第 113 页。

〔3〕参见饶宗颐《论七曜与十一曜——记敦煌开宝七年（974）康遵批命课》，载饶宗颐《选堂集林·史林》，中华书局（香港）1982 年，第 777 – 793 页。

〔4〕参见陈万成《杜牧与星命》，载《唐研究》第 8 卷，北京大学出版社 2002 年，第 61 – 79 页。

〔5〕参见江晓原《天学真原》，辽宁教育出版社 1991 年，第 340 – 353 页。

命类共搜集介绍了 10 件写本[1],不过有 2 件已被证实与禄命书基本无涉[2]。进入新世纪以来,学术界对敦煌禄命书的研究也迈入了一个新阶段。2001 年,黄正建先生的大作《敦煌占卜文书与唐五代占卜研究》,不仅扩充了敦煌禄命书的统计数量(33 件),而且在区分"有外来文化因素的星命术"和"传统的推命术"两大类的基础上,对每件写本逐一加以著录、定名,间加考证,比较了敦煌禄命书与正史著录的异同,叙述了唐五代禄命术的实际应用情况,进以点明敦煌禄命书对于中古术数史和占卜文化研究所具有的重要意义[3],发明极多。赵贞先生随后在《"九曜行年"略说——以 P. 3779 为中心》[4]、《敦煌文书中的"七星人命属法"释证——以 P. 2675bis 为中心》[5]两篇文章中,分析了 P. 3779、P. 2675bis 的命理特点,讨论了佛教文献对敦煌禄命书的渗透情况,角度新颖,不失为当前敦煌禄命书研究方面的力作。这一时期的重要成果,还有罗秉芬、刘英华先生发表的《敦煌本十二生肖命相文书藏汉文比较研究》[6],将 P. T. 127 藏文本禄命书予以刊布和汉文试译,极大地扩展了学界对敦煌藏文本术数文献的整体认识。近年来,陈于柱从区域社会史的视角对敦煌汉、藏文禄命书进行了全面解读[7]。

　　黄正建先生将敦煌禄命书共分为两类:星命术类禄命书、禄命术

　　[1]参见菅原信海《占筮书》,载《讲座敦煌》(5)《敦煌汉文文献》,日本大东出版社,1992 年,第 457 – 459 页。
　　[2]参见黄正建《敦煌禄命类文书述略》,第 240 页。
　　[3]参见黄正建《敦煌占卜文书与唐五代占卜研究》,第 107 – 136 页。
　　[4]载《敦煌学辑刊》2005 年第 3 期,第 22 – 35 页。
　　[5]载《敦煌研究》2006 年 2 期,第 72 – 77 页。
　　[6]载《安多研究》第 2 辑,民族出版社,2006 年,第 1 – 27 页。
　　[7]分别参见《游走在世俗和神圣之间——唐五代宋初敦煌命算信仰与佛道关系研究》,载《敦煌学辑刊》2007 年第 4 期;《游走在巫、医之间——敦煌数术文献所见"天医"考论》,载《宁夏社会科学》2008 年第 2 期;《敦煌写本〈禄命书·推游年八卦图(法)〉研究》,载《天水师范学院学报》2008 年第 6 期;《占卜·佛道·族群——敦煌写本禄命书 P. 3398〈推十二时人命相属法〉研究》,载《敦煌吐鲁番研究》第 11 卷,上海古籍出版社 2009 年;《敦煌藏文本禄命书 P. T. 127〈推十二时人命相属法〉的再研究》,载《中国藏学》2009 年第 1 期;《从上都到敦煌——敦煌写本禄命书 S. 5553〈三元九宫行年〉研究》,载《兰州大学学报》2009 年第 5 期;《敦煌写本 P. 4058V〈大方等大集经宝幢分/廿八宿星相法〉研究》,载《中西文化交流学报》(美国)第 2 卷第 2 期,2010 年。

类文书。[1] 随后法国学者马克·卡林诺斯基(Marc Kalinowski)将敦煌术数文献共分为 10 组,在第 3 组"选择行年"(Hemerology and horoscopy)中相继分立(1)六十甲子历;(2)纳音法;(3)六壬法;(4)人属法:①十二属相法,②十二禽兽法;(5)九方色生宫法:①九方色法,②生宫法,③易卦世应图;(6)年命法:①甲子行年法,②八卦游年法,③九天宫法,④三元九宫法;(7)曜占:①七曜法,②九曜法,③十一曜法[2],较为细致。文献分类与研究者的知识背景及对文献的认识理解有密切联系,学术视角和标准不同,得出的分类结果自然也不一致。就以上学人工作来看,黄正建先生的分类是以敦煌禄命书是否有星占特点(如是否关涉星座、宫宿等)为界标,但星命术类中的 P.2842《推人九天宫法》所言九天宫或九天,其实并不是实际的天文星体,总的来说其分类略显宽泛。马克先生似乎是把禄命书划入"选择行年"这一大类,故在其研究中会出现《六十甲子历》《九方色法》《六壬法》《易卦世应图》与禄命书同处一个类别的现象,而前四者和禄命书显然不完全属于同一性质与指向的术数文献。笔者在前人基础上,主要依据敦煌诸件禄命书共分为 14 类:孟遇禄命书、行年类、游年八卦类、九天/天宫类、九宫类、纳音类、七星类、十二属相类、十二禽兽类、七曜类、九曜类、十一曜类、廿八宿、一般类。需要说明的是,有些写本时常包括几种不同类型的禄命书写,在研究中会视具体情况做相应技术性调整(或分开归类或列入主体书写所属类别或划入一般类之中)。

7.1 孟遇禄命书

P.3602V 首尾均缺,依次书有《神龟推走失法》《孟遇禄命一

---

〔1〕参见黄正建《敦煌占卜文书与唐五代占卜研究》,学苑出版社,2001 年,第 108 – 132 页。

〔2〕参见马克(Marc Kalinowski)"The Interaction between Popular Religion and *shushu culture in the Dunhuang Manuscripts*",刘增贵主编《法制与礼俗——中央研究院第三届国际汉学会议论文集历史组》,台湾史语所,2002 年,第 243 – 284 页。但遗憾的是,马克先生文中未能说明各类所含括的对应卷号。

部》,以及"土府""伏龙""土公"等宅经类图文,彼此笔迹相同,为一人所写。P. 3602V 的禄命书写仅有 4 行:

凡男忌祸害,不得吊死问病,

女忌绝命,不得吊死[问]病,

生气地,求觅财物吉,

孟遇禄命一部。

P. 3602V《孟遇禄命一部》是敦煌遗书中目前所知唯一明确标明为禄命书的写卷[1],就仅存内容而言主要以游年八卦为推命之法。《孟遇禄命一部》是否还存有其他内容尚不得而知。

7.2 行年(年立)类

主要包括 P. 2856、P. 3896P、P. 3066、S. 6215。

行年又名年立,"游年凡有三[名],而为二别。三名者,一游年,二行年,三年立。游年之名,皆以运动不住为义,以其随岁行游,不定一所也。年立即是行年,立者是住立为义,以其今年立于北辰也。就人而论,常行不息,故谓曰行;就岁而论,今之一岁,年住于此,故谓之立。二别者,游年从八卦而数,年立从六甲而行"[2],意指游年八卦与六甲俱可标示人之年命行年所在,这应是我们在敦煌禄命书中经常见到男女行年与八卦游年相叠合的原因。以上 4 件写本又可分为两小类:

(1) P. 2856、P. 3896P、P. 3066,是以记述人的行年寿算之数及相应禁忌为主体。

P. 2856 黄正建《敦煌占卜文书与唐五代占卜研究》介绍:"本件文书甚长,总名应是《发病书》(详'事项占'类),但首尾各录了一段与推禄命有关的文字,故单独列出。第一段首残尾似全……存 21 行左

---

[1]此外, P. 4667 背面记有:"咸通六年(865)七月五日,付庆庆《冢图经》一卷、《破葬决》一卷、《明堂》一卷、《神决》一卷、《备神符本》一卷。含含《禄命》付了,《宅经》一卷在高师,文书目录在《式决》背。"但不尚知其《禄命》书的具体内容。

[2]萧吉著,钱行点校《五行大义》,上海书店出版社,2001 年,第 142 页。

右。以年岁为纲,分上中下三栏,始自 16 岁,终于 78 岁。……第二段存 12 行,依十二支叙人'厄'与'受命'。"[1]笔者按,本件内容丰富,且有尾题,具有较高的学术研究价值;写卷虽题《发病书》,但诚如黄正建先生所判断的那样,其中仍有推禄命的内容,这是中古时期各类占卜术间相互交叉、资源共享的必然结果,《五行大义》卷 5"论诸人·论人游年年立"明确说明:"游年……此并候病之法,非通常用。"意为游年禄命知识亦可运用在发病术中。而行年命算说的确曾属于古代禄命书范畴,题"大兴善寺翻经院灌顶阿阇梨述"的《北斗七星护摩秘要仪轨》记"是以《禄命书》云:世有司命神每至庚申日,上向天帝陈说众人之罪恶,重罪者则撤算,轻罪者则去纪,算书纪告即主命己者也"[2]有效地证实了这一点。除黄正建先生认定的两段外,笔者认为卷中"推年立法"亦可划入禄命之范畴,因为 S. P6《乾符四年(877)具注历日·推男女小运行年灾厄法》与 Дx. 02800、03183 + S. 5772《推人游年八卦图/法、行年命算法、十二支行年》同样载有类似内容,只不过后者比前者稍有简略罢了,这或许与 P. 2856 是以占病为主有关。此外,黄正建先生推断 P. 3896P 可能是 P. 2856 的卷首,两者可拼合。笔者反复比对后,认为这种可能性不大,一则 P. 2856 的行年命算书写是以一行三栏的形式展开,而 P. 3896P 则是一行两栏;二则 P. 2856 残首为 16 岁,P. 3896P 残尾已至 22 岁,明显不相顺连。因此 P. 2856 与 P. 3896P 应是各自独立的两件写本。黄正建先生将 P. 2856 拟名《推男女年立算厄法、推十二支生人受命法》,本文拟名为《推人行年命算法、推年立法等》。

P. 3896P　首尾均缺,字迹较为模糊,约存 2 岁至 22 岁间的男女行年命算数及禁忌、灾厄,其行文结构模式与 P. 2856 极为相近,所不同者在于本卷为一行分上、下两栏。《法藏敦煌西域文献》将其定名为《占卜书》,黄正建《敦煌占卜文书与唐五代占卜研究》拟名为《推男女年立

〔1〕黄正建《敦煌占卜文书与唐五代占卜研究》,第 124、125 页。
〔2〕《大正新修大藏经》第 21 册,第 425 页。

算厄法》,本书拟作《推人行年命算法》。

P.3066 首尾均缺,由3残片组成,约存23至25、30至31、54至61等年龄的占文;其行文同样是以年岁六甲为纲、别分男女,主述其行年命算及禁忌。然与P.2856、P.3896P等不同之处在于,每组占文末尾还标明各年岁对应的八卦游年和卦符(游年卦始终是以男性年龄为对应),且对行年禁忌的规定更为详细。《敦煌遗书总目索引新编》《法藏敦煌西域文献》将其定名为《推人游年八卦图》,黄正建《敦煌占卜文书与唐五代占卜研究》拟名为《推男女年立算厄法》,本文拟作《推人行年命算法、游年八卦图/法》。

除P.2856、P.3896P、P.3066外,S.5772亦属于行年命算书写,但因可与Дx.02800、03183相缀合,故放在后面予以介绍。

S.6215 此卷首尾均缺,存50至53岁男女行年灾厄之说,一行分上下两栏叙述。然其行文较为特殊,即与P.2856、P.3066、P.3896P等相比较,虽仍是以年岁为纲,但却将"男""女"二字省略,而不厌其烦地将同一年岁在两栏中重复说明(前男后女);同时不再言说各年岁之命算,着重强调行年六甲的五行属性及时空灾厄。《敦煌遗书总目索引新编》将此卷拟名为《命书》,较为精准;《英藏敦煌文献》定名为《失名葬书》,当误;本书遵依黄正建《敦煌占卜文书与唐五代占卜研究》的定名,即《推男女行年灾厄法》(拟)。

7.3 游年八卦类

敦煌禄命书中涉及游年八卦的较多,主要有7件,编号分别为P.2830,P.2842V,P.3066,P.3602V,S.5772,S.6164,Дx.02800、03183,其中S.5772与Дx.02800、03183可缀合。P.2830首写"推人游年八卦图"、P.3602尾题"孟遇禄命一部",其余均无相应题写。由于日本中古医书《医心方》所引《发命书》对同类内容亦称之"八卦法",为方便行文,故将敦煌禄命书中的游年八卦统一称作《推人游年八卦图/法》。敦煌本《推人游年八卦图/法》大致有三种类型:一类是全文专述人之

·欧·亚·历·史·文·化·文·库·

游年吉凶(P.2830);一类是和其他禄命书写相组合,《推人游年八卦图/法》在 P.2842V,P.3066,Дx.02800、03183 + S.5772,S.6164 中即分别与《推人九天宫法》、行年命算书写、《推男女三生五鬼法》等粘糅在一起,S.6164 甚至以后天八卦图的形式对其内容加以表述,而该图很可能就是 P.2830 所谓的"推人游年八卦图";还有一类就是将八卦省略,直接叙述游年宜忌,如 P.3602V。另外,从 P.3602V 称作《孟遇禄命一部》来看,游年八卦书写自身似乎并不是一部独立的禄命著作,很可能是当时各种禄命书里的某一篇章或组成,其应用较为广泛。本文将 P.2830,Дx.02800、03183 + S.5772 归为游年八卦类,P.2842V,P.3066,S.6164 则根据具体情况分别放置在其他类别中介绍。

P.2830 首全而尾残,残存离、坤、兑、乾、坎等五卦,每卦之下依次列述游年卦之五行;对应年岁;游年、祸害、绝命、生气各自所在,及相应的时空宜忌。黄正建《敦煌占卜文书与唐五代占卜研究》对此卷做有介绍,然认为游年年岁之间以八为差[1],当误。

Дx.02800、03183 首尾均缺,残存兑(仅存后半部分)、乾、坎、艮、震(后半残)等五卦占文,每卦之下依次列述游年卦之五行、时空禁忌;对应年岁;简述游年、祸害、绝命、生气各自所在;详述游年、祸害等各自所主之六亲、名称由来及吉凶情况。与 P.2830 行文模式不尽相同,而与 S.5772 前半段一致。关于 S.5772,黄正建《敦煌占卜文书与唐五代占卜研究》介绍:"首尾残。前为一张表格(文书第二张的左半应接在第一张表格的左上,右半则粘反了),后残存文字 11 行。内容有三:1. 画为表,在'五行'的左、右、下写六十甲子(上部也应有)及其算数和灾祸。……2. 画为表,上、左、右写五行(下可能也有),中写行年在十二地支时的宜忌。……3. 推人游年八卦。前残,较完整的只有最后一卦的'巽'。"[2]作者并在 Дx.02800、03183 的介绍中敏锐地观察到 Дx.02800、03183 与 S.5772"二件文书的字体、行文也很像,或有可能是一

〔1〕黄正建《敦煌占卜文书与唐五代占卜研究》,第 121 页。
〔2〕黄正建《敦煌占卜文书与唐五代占卜研究》,第 122 页。

件文书。待考"。笔者按,S.5772由两大残片构成,《英藏敦煌文献》所粘第一张残片,实应倒过来为正视之方位,这就是黄正建先生提出其右半则粘反了的意思;当第一张残片的位置摆正之后,不难看出,第二张残片应为摆正后的第一张残片的右边位置,从而形成前为震(前半残)、巽等游年八卦书写,后为表文的正确排列顺序。该表上、右方较完整,下、左方均残,表中央除书写十二地支行年的宜忌外,还言说命算之事;在中央四方书有五行,并在五行之后依次列述六十甲子的命算数和禁忌,需要注意的是,五行与六十甲子的排列并非无序的,实系按照六十甲子纳音彼此分别对应,这在S.6157《六十甲子推人年命法等》(拟)有着明确体现。在有关命算数和禁忌的书写上,也异于P.2856、P.3066、P.3896P等由年岁、男女之年立、各年龄的命算数、禁忌以及行年灾厄的构成顺序,而是直接简述六十甲子之下的命算情况,年岁等则略,尽管如此,笔者据某一甲子下书写多个命算数的情况来看,如"戊申,算三,牢狱。算三,病。算二"等,认为其行文或许仍蕴有男女之别的本意,只不过将之简略罢了。可以说该表是推人行年命算法的又一种表述形式。笔者依照黄正建先生的思路将Дx.02800、03183与S.5772加以比对,认为两者的确应属同一件文书,可相互缀合,其理由如下:其一,两者不仅字体笔画、行文走势基本相近,而且在游年八卦书的构成形式、内容书写上也是完全一致。其二,Дx.02800、03183卷尾所残部位与S.5772卷首所残部位基本可以拼接、顺连,Дx.02800、03183卷尾所残为震卦游年,其下部残;S.5772卷首所残,根据游年八卦的排列规律推断,恰是震卦游年,其上部残;Дx.02800、03183在"震,木,忌二月不可东行"行下书有对应之年岁,从廿二之下残,依据游年八卦年岁排布,其下当是卅、卅八、卌七、五十等,S.5772卷首下部残文仍依稀可见有"□七、五"字样,无疑是"卌七""五十"两词,这与Дx.02800、03183所残卅、卅八之后即可顺连;可顺连者亦有年岁之后的祸害、绝命等所在,Дx.02800、03183在震卦游年之下的双行小字中,除述年岁外,还罗列有"祸害在坤,绝命在兑",其下残,而S.5772卷首第二行下部同样小字写有"生气在离,天医",如若将"祸害在坤,绝命在兑"与

"生气在离,天医"相连,不难看出,其与 Дх.02800、03183 在坎卦游年中所言"祸害在兑,绝命在坤,生气在巽,天(后残缺)"的描述顺序是完全一致的。因此 Дх.02800Дх.03183 与 S.5772 属同一件文书是无疑的。《俄藏敦煌文献》将 Дх.02800、03183 定名为《医卜书》,《敦煌遗书总目索引新编》将 S.5772 定名为《占卜书》,本文依据以上分析,将之定名为《推人游年八卦图/法、行年命算法、十二支行年》(拟)。

7.4　九天/天宫类

《推人九天宫法》或称《推九天行年灾厄法》,在敦煌遗书中保存有四件写本,包括 P.2842V、S.3724V、P.4740、P.3779。其中 P.2842V 题作"推人九天宫法"、S.3724V 题作"推九天行年灾厄法"、P.4740 无题写、P.3779 总题"推九曜行年容(灾)厄法"。为方便分类,将 P.2842V、P.4740 归为九天/天宫类;S.3724V、P.3779 则分别在六十甲子纳音类、九曜类禄命书中介绍。

P.2842V　正面为道教文献《太上玄一真人锭光说无量妙神通转神入定妙经》,文书背面前残而尾全。黄正建《敦煌占卜文书与唐五代占卜研究》介绍:"前3行是'月煞'之类,然后是主要部分的'推人九天宫法',最后几行是'推天道''月德''五行'等基础知识。推人九天宫法,画有九个圆形图,图的中间各写九天宫的宫名,分别是:赤虚宫、游盛宫、飞柱宫、通光宫、云贾宫、温土宫、微精宫、太仓宫和太清宫。各宫名的周围写游年数,以九为差……每宫之下,以四字韵的形式写有行年至本宫的运命……在九天宫之间,又插有'游年八卦'的内容。"[1]笔者按,P.2842V《推人九天宫法》能够与游年八卦相叠合,本身即可说明《推人九天宫法/九天行年灾厄法》在时人眼中的禄命书性质。敦煌遗书中的推人九天宫法诸种书写虽规则一致,但形式各异,尚无完全相同者,这无疑反映出此类禄命术及其信仰流行之广泛。P.2842V 是九

---

〔1〕黄正建《敦煌占卜文书与唐五代占卜研究》,第110、111页。

天宫法诸种书写中最为完整者,背面与正面笔记不同,行文不避唐讳"丙"字,故本卷大致为晚唐五代之际所抄写。黄正建先生将本件定名为《推人九天宫法》,本文拟作《推人九天宫法、推游年八卦图/法等》。

P. 4740　此件写卷首尾均缺,存约 16 行,黄正建《敦煌占卜文书与唐五代占卜研究》:"先讲各天宫的行年,以九为差;再讲月日的吉凶;最后是各宫的占辞。九宫中残存赤虚、游盛、飞住三宫。……拿此件文书与 P. 2842V 相比,九天宫的名称、顺序、行年都是相同的(不过彼处的'飞柱',此处作'飞住')。同一宫的占辞虽不同,但其吉凶的趋势是一致的。……因此两者应是性质相同的命书。有一点不同的是,此处有关于'三生五鬼'的占断,而'三生五鬼'属中国传统的推禄命术……可见此件文书混杂了几种不同的推命方法,应是稍晚一些的东西。"[1]的确,如果相对于 P. 2842V 图文并茂、行文完整的特点以及 S. 3724V、P. 3779《推九天行年灾厄法》占辞简约的特点而言,此卷则体现着命理构成的复杂化,在行年年岁与占辞之间加入了男女三生五鬼所在、男女利月利日等内容,这是其他三件写本所不具备的。黄正建先生将此件定名为《推人九天宫行年灾厄法》(拟),本文拟作《推人九天宫法》。

7.5　九宫类

古代术家常以九宫八卦,即离、艮、兑、乾、坤、坎、震、巽八卦之宫加上中央构成的九宫,来占卜吉凶。九宫术不仅起源早而且在古代中国长期盛行不辍。敦煌禄命书中以九宫为命理的主要有 S. 5553《三元九宫行年》、P. 2482V《推男女生宫法》、S. 6164《推人游年八卦图/法、推男女三生五鬼法、推人本生元宫法等》、P. 3838《推九曜行年法、推九宫行年法》。诸件或以九宫神煞为主(S. 5553),或以推导男女出生命宫为主(P. 2482V),或以探寻男女三生五鬼所在为主(S. 6164),或借九宫框

---

〔1〕黄正建《敦煌占卜文书与唐五代占卜研究》,第 111、112 页。

架实阐易占禄命(P.3838),形式与内容丰富而多样。其中S.6164《推人游年八卦图/法、推男女三生五鬼法、推人本生元宫法等》、P.3838《推九曜行年法、推九宫行年法》因与其他禄命书写相混抄,故将其放置于其他相应类别之中予以介绍。

S.5553 《三元九宫行年》在敦煌文书中仅存S.5553这一号,但其中的主要神煞"三生五鬼"则分融于P.4740《推人九天宫法》(拟)、S.6164《推人游年八卦图/法、推男女三生五鬼法、推人本生元宫法等》(拟),可见以"三生五鬼"为核心的九宫行年禄命术在敦煌地区比较流行。S.5553为册页装,黄正建在《敦煌占卜文书与唐五代占卜研究》中介绍较详:"首尾缺,存5页,页6—7行。卷首画一圆,中写'三元九宫行年',周写九宫内容:一吉、二宜、三生、四煞、五鬼、六害、七伤、八难(缺第九宫即'九厄')。下面先写男女起岁的方法,然后以'上都新制歌诀'的形式将行年至一宫直至九宫的吉凶写出……然后是'推疾病灾运歌'……最后是'大五鬼游年方位'。'三元九宫行年'是一种比较中国式的推禄命术,起源较早。本卷中说'先鬼谷先生'行此法不免假托,但至迟在魏晋时代就已有了。……从本卷文书看到,此时占卜多采用'歌诀'形式,并且这种'歌诀'有的来自'上都',可见此类推禄命术不仅是在敦煌地方同时也是在长安流行的占卜术。"[1]关于其定名,《敦煌遗书总目索引新编》将卷子前面的咒语和"三元九宫行年"分开,定之为《佛经》《三元九宫行年命书》。《英藏敦煌文献》在命书的定名上与《敦煌遗书总目索引新编》一致,但对前面咒语名曰《洒净仪轨(镇宅咒)》。笔者按,诸家对此卷前段咒语定名均误,此咒语为密教《大佛顶尊胜出字心咒》之一,此咒名称除S.5553外,目前仅见于敦煌密教文献P.2104V。《大佛顶尊胜出字心咒》与《三元九宫行年》相连抄,可推知此卷似为归义军时期敦煌寺院某位僧人所抄写,或有以密教咒语改造此禄命书的动机。

P.2482V 正面依次书写"唐故河西归义军节度内亲从都头守常

---

〔1〕黄正建《敦煌占卜文书与唐五代占卜研究》,第120、121页。

乐县令银青光禄大夫检校国子祭酒兼御史大夫上柱国阴府君墓志铭并序""晋故河西应管内外诸司马步军都指挥使银青光禄大夫检校工部尚书兼御史大夫上柱国豫章郡罗府君邈真赞并序""晋故归义军节度左班首都头知节院军使银青光禄大夫检校左散骑常侍兼御史大夫上柱国太原郡阎府君邈真赞并序""晋故归义军应管内衙前都押衙银青光禄大夫检校左散骑常侍兼御史大夫上柱国南阳张府君邈真赞并序""晋故归义军节度内亲从都头兼左厢马步军都知兵马使银青光禄大夫检校国子祭酒兼御史大夫上柱国济北氾府君图真赞并序";文书背面相继抄有"常乐副使田员宗启""大晋天福八年九月十五日题记""京房八宫卦次""推男生宫法"。[1] 黄正建先生对 P.2482 V 有所介绍:"从内容看,似属于九宫推命术。其中兴元甲子是唐德宗兴元元年(784)、会昌甲子时是唐武宗会昌四年(844)、天祐甲子是唐昭宗天祐元年(904)。这三甲子分别是上元甲子、中元甲子和下元甲子,叫'三元甲子'。三元甲子共 180 年,周而复始。其中的'一四七'等是九宫术。从年代来看,本件文书当写于唐昭宗天祐元年以后。"[2]笔者按,"推男生宫法"与"京房八宫卦次"相连抄,笔迹相同,为一人所写。据郑炳林《敦煌碑铭赞辑释》介绍,正面"阎海员邈真赞并序"的尾题在文书背面:"于时大晋开运三年十二月丁巳朔三日己未题纪。"[3]因此 P.2482 V "推男生宫法"的抄写时间可推至后晋开运三年(946)或之后不久。P.2482 V "推男生宫法"文末还写有"节度"两字,笔者推测"京房八宫卦次"与"推男生宫法"很可能是归义军州学某位阴阳子弟或府衙官员所抄,其目的为学习,抑或将此禄命知识编注到当地历日。另据文意,有关生宫的推定规则是包括男女两性的,其"推男生宫法"当脱"女"字,因此本书将之定名为《推男女生宫法》。

---

〔1〕以上定名参见《法藏敦煌西域文献》第 14 卷,上海古籍出版社,2001 年,第 249 – 256 页。

〔2〕黄正建《敦煌占卜文书与唐五代占卜研究》,第 119 页。

〔3〕郑炳林《敦煌碑铭赞辑释》,甘肃教育出版社,1992 年,第 496 页。

7.6　纳音类

　　《大唐六典》卷 14 介绍禄命之义第四为"纳音"，《旧唐书·方伎传》载武则天朝太史令尚献甫"长安二年，献甫奏曰：'臣本命纳音在金，今荧惑犯五诸侯、太史之位。荧，火也，能克金，是臣将死之征。'则天曰：'朕为卿禳之。'遽转献甫为水衡都尉，谓曰：'水能生金，今又去太史之位，卿无忧矣。'其秋，献甫卒，则天甚嗟异惜之。"纳音系配六十甲子于五音之法，其说至少在战国时代已经形成，并被广泛运用[1]。敦煌文献中的纳音书写极为丰富[2]，其中属于禄命书性质的主要为"纳音甲子占人性行法"或"六十甲子纳音性行法"，包括 P. 3175、S. 3724、S. 6258 三件。

　　P. 3175　存 29 行，前 6 行为六十甲子纳音，第 7 行题"纳音甲子占人姓行法"，第 8 至 29 行为对应占文，尾题"天福十四年戊申岁十月十六日报恩寺僧愿德写记耳"。黄正建先生对此件写本做有介绍[3]。

　　S. 3724　正面书《大乘无量寿经》，尾部残。《敦煌遗书总目索引》针对背面定名为《李老君周易十二钱卜法一卷》（卜法共两种，不尽相同）、《阴阳书拟》（残存甲子五行歌诀[?]，六十甲子纳音性行法等）。《英藏敦煌文献》将背面定名为《六十甲子纳音·六十甲子纳音性行法·李老君周易十二钱卜法一本·郎君须立身诗》。《敦煌遗书总目索引新编》定名为《六十甲子纳音、李老君周易十二钱卜法·六十甲子纳音》。黄正建先生对此件写本做有介绍[4] 笔者按，S. 3724 从正面尾部起至背面书写内容较为繁杂，依次抄有《李老君周易十二钱卜法》、《六十甲子纳音》、《六十甲子纳音性行法》、《李老君周易十二钱

　　〔1〕参见刘乐贤《五行三合局与纳音说——读饶宗颐先生〈秦简中的五行说与纳音说〉》，载《江汉考古》1992 年第 1 期，第 89 - 91 页。
　　〔2〕除黄正建先生业已统计的汉文本之外，北京藏医院刘英华先生与中央民族大学陈践教授于 2011 年 7 月同时准确释读出 P. T. 127 第 1 至 9 行为藏文本的六十甲子纳音，这一发现极为重要。参见刘英华《浅谈敦煌藏汉文文书中的纳音五行》（未刊文）。
　　〔3〕参见黄正建《敦煌占卜文书与唐五代占卜研究》，第 128、129 页。
　　〔4〕参见黄正建《敦煌占卜文书与唐五代占卜研究》，第 129 页。

卜法》(连续重复书写五次,但均不完整)、《六十甲子纳音》、《李老君周易十二钱卜法》(较前面更为完整)、《郎君须立身诗》、《推九天行年灾厄法》等,彼此时有交错抄写,笔迹行文较为稚拙,很可能是敦煌某寺院学生的习作,从中可以看出当时敦煌寺学在教授知识时,经常是术数与文学等多种知识并举,寺学学生学习的卜术也较为多样。其中《六十甲子纳音性行法》《推九天行年灾厄法》均属禄命书;《纳音性行法》和 P. 3175 基本一致,两者当抄于同一底本。本书将 S. 3724 拟名为《六十甲子纳音性行法、推九天行年灾厄法》。

S. 6258 《敦煌遗书总目索引》与《敦煌遗书总目索引新编》将 S. 6258 拟名《阴阳书》,前者认为"据十二干支推断人事吉凶,以及五谷丰歉"。《英藏敦煌文献》定名为《六十甲子推吉凶法》。黄正建《敦煌占卜文书与唐五代占卜研究》:"残存 24 行,内容为二部分。前面 7 行为'种粟良日'、'种麦良日'等,似是农家用的吉凶书。此后的 17 行为'纳音甲子占人性行法'……此段文书虽无标题,但从内容看,与前述'纳音甲子占人性行法'很相似。特别是文中多了一些'人性亦如之'之类的内容,推命的色彩就更浓了。"[1]笔者按,此件残卷抄写内容较杂,就现存书写来看,至少包括了以下诸类:第一,发盗,似根据十二时来推盗者的相貌、位置、姓氏等;第二,治除田治荒田良日;第三,种麦良日;第四,种黍良日;第五,种稻良日;第六,种麻良日;第七,六十甲子纳音性行法。其中纳音性行书写虽与 P. 3175、S. 3724 在吉凶指向方面基本相近,但其卜辞行文却和后者颇多相异,说明晚唐五代敦煌地区流行的纳音性行法至少存在两个或两个以上的版本。本书将 S. 6258 拟名为《六十甲子纳音性行法》。

7.7　七星类

七星指北斗七星,敦煌遗书中有题作《七星人命属法》者,用七星

---

〔1〕黄正建《敦煌占卜文书与唐五代占卜研究》,第 129 页。

系人生时命禄。《七星人命属法》在敦煌遗书中目前有 P.2675V、P.2675bis 两件；另 P.3398 及藏文本 P.T.127、I.O.748（此为瓦雷·普散编号，斯坦因原编号 Ch.80.Ⅳ.h）《推十二时人命相属法》对《七星人命属法》部分内容亦有所叠合。

P.2675　正面为《新集备急灸经一卷》，正背两面笔迹不同，非一人所书。《敦煌遗书总目索引》《法藏敦煌西域文献》俱将 P.2675V 定名为《阴阳书残卷》。马继兴等辑校《敦煌医药文献辑校》认为此卷的内容"据本书小序所记应系'略述诸家灸法，用济不愚，兼及年、月、日等人神并诸家杂忌'之文"[1] 黄正建先生指出卷中《七星人命属法》应系禄命书。[2] 赵贞先生对《七星人命属法》做有研究，并认为俄藏敦煌文书 Дх.08977、Дх.09259 亦属《七星人命属法》。[3] 笔者按，《七星人命属法》及类似书写实为古代宗教、医学、术数所普遍应用，并有明确题曰《禄命书》者；P.2675V、P.2675bis 中的"五厄"、针灸禁忌等同样具有医学、术数择吉的多重用途与特性，故 P.2675V 虽尾题"衙前通引并通事舍人范子盈，阴阳氾景询二人写记"，但在古代"医、卜合流"的历史氛围中，包括《七星人命属法》在内的 P.2675V、P.2675bis 两件写本很可能为古代医疗与占卜共用；而 Дх.08977、Дх.09259 两件写本实系当时流行的疑伪经《佛说七千神符益算经》之残本，非属《七星人命属法》之列。

P.2675bis　此卷前残，背面为《曹议金状》，赵贞先生据曹议金在状中之官衔，推测 P.2675bis 抄写于咸通二年至后唐长兴二年（861—931）之间。[4]

---

〔1〕马继兴、王淑民、陶广正、樊正伦辑校《敦煌医药文献辑校》，江苏古籍出版社，1998 年，第 514 页。

〔2〕参见黄正建《敦煌占卜文书与唐五代占卜研究》，第 108、109 页。

〔3〕参见赵贞《敦煌文书中的"七星人命属法"释证——以 P.2675bis 为中心》，载《敦煌研究》2006 年 2 期，第 75 页。

〔4〕参见赵贞《敦煌占卜文书残卷零拾》，载《敦煌吐鲁番研究》第 8 卷，中华书局，2005 年，第 214 页；《敦煌文书中的"七星人命属法"释证——以 P.2675bis 为中心》，第 72 页。

7.8 十二属相类

以十二属相推人禄命的占卜书在敦煌遗书中目前有汉文本 P.3398 - 2、P.4058V（3）、S.6157 三件，古藏文本 P.T.127、I.O.741／Ch.80.Ⅳ、I.O.748／Ch.80.Ⅳ.h 三件，共计六件写本。其中以 P.3398 - 2、P.T.127 为完整。因 S.6157 的十二属相书写与其他禄命占文相连抄，故对其另行介绍。此外 S.P6《乾符四年（877）具注历日》见载"十二属相灾厄法"与以上写卷内容相似，但形式更为简略。

　　P.3398 - 2　关于此件写卷，《敦煌遗书总目索引新编》定名为《占卜书残卷》，《法藏敦煌西域文献》定名为《推十二时人命相属法》，黄正建《敦煌占卜文书与唐五代占卜研究》："册页装，前为'卜法'，后为'推人十二时耳鸣等法'。本段写'推十二时人命相属法'，首尾全，存10页半约93行，叙从'子'至'亥'生人的属相和命运。'午'以前比较简单，'未'以后较复杂。……此法后半段使用了'七星'，与 P.2675v《七星人命属法》比较，例如'未'生人，也是属于'武曲星'，也是'日食大豆'，但数量不同。而且《七星人命属法》将'未'之前的如'丑、寅、卯、辰、午'也和七星相连，此卷则否。又，此法后半段还使用了佛教的转生理论，提到的国家有女（安？）国、摩伽国、天陀罗国、叶？波国、波提国，因而有明显的外来痕迹（包括'一生不得向西北方大小便'等，似也不是中国传统语言）。"[1]对于此卷构成特点、创制背景与信仰群体等问题的具体研究，参见陈于柱《区域社会史视野下的敦煌禄命书研究》第4章。

　　P.4058V（3）　此件首尾均残，首题"推十二相属法"，以十二支所属生肖为目，其下绘写各生肖图像与对应占文，起于"子生鼠相人"，"卯生兔相人"之后残，行文结构与 P.3398《推十二时人命相属法》"子"至"午"的占文相近。黄正建《敦煌占卜文书与唐五代占卜研究》

---

〔1〕黄正建《敦煌占卜文书与唐五代占卜研究》，第109、110页。

未收录此件写本。

P. T. 127　法藏敦煌古藏文写卷,主要由占卜卜辞与藏医针灸方所构成,学术界对其医学价值的研究较早并极为深入。对卷中占卜术数内容的关注始于麦克唐纳夫人的早期研究[1],随后山口瑞凤[2]、王尧[3]、高田时雄诸位先生相继有介绍说明。[4] 2006 年,罗秉芬、刘英华两先生将 P. T. 127 正面第 1 至 77 行古藏文十二生肖命占文书加以试译释录,并与敦煌汉文本 P. 3398《推十二时人命相属法》进行比较[5],扩展了学界对敦煌藏文术数文献的认识。从释文来看,此段占文并非麦克唐纳夫人所认为的以一年十二月份叙述吉凶的占书,而是按照十二生肖为序、列述十二年中各年生人的禄命福祸,当根据汉文本 P. 3398《推十二时人命相属法》改编而成,故在定名上仍以 P. 3398 为本。黄正建《敦煌占卜文书与唐五代占卜研究》对藏文本 P. T. 127《推十二时人命相属法》未予收录。

I. O. 741 / Ch. 80. Ⅳ、I. O. 748 / Ch. 80. Ⅳ. h　均为印度事务部图书馆藏斯坦因敦煌藏文写卷。

比利时藏学家瓦雷·普散(Louis de la Vallee Poussin)1962 年出版的 *Catalogue of the Tibetan Manuscripts from Tun-huang in the India Office Library*,首次介绍了以上两件藏文写卷。此介绍成为近年 IDP(国际敦煌项目)英藏敦煌文献针对这两件文本说明的基础。就 I. O. 741 而言,根据 IDP 中的说明,I. O. 741 包括了 Ch. 80. Ⅳ 和 Ch. 80. Ⅳ. g,卷轴装,长 135 厘米,宽 26 厘米,其正面为 76 行汉文,背面为 78 行藏文,用楷体书写,破损。但由牛宏教授从英国带来的此卷照片来看,似乎与瓦雷·普散的介绍并不完全符合,照片显示,此卷前后均缺,卷子左侧

---

〔1〕Macdonald, "Une Lecture des P. T. 1286, 1287, 1038, 1047 et 1290". In *Etudes Tibétaines*. Paris: Adrien Maisonneuve, 1971, p. 284.

〔2〕参见山口瑞凤主编《讲座敦煌》(6)《敦煌胡语文献》,日本大东出版社,1985 年,第 539、540 页。

〔3〕参见王尧主编《法藏敦煌藏文文献解题目录》,民族出版社,1999 年,第 25、26 页。

〔4〕高田时雄著,钟翀等译《敦煌·民族·语言》,中华书局,2005 年,第 352 - 353 页。

〔5〕参见罗秉芬、刘英华《敦煌本十二生肖命相文书藏汉文比较研究——透过十二生肖命相文书看汉藏文化的交融》,载《安多研究》第 2 辑,民族出版社,2006 年,第 1 - 27 页。

亦不完整,仅存 16 行。2011 年 8—9 月,陈践教授对该卷残文进行了首次释读,笔者有幸受邀参与该卷的研读,通过反复比勘,我们一致认定 I.O.741 / Ch.80.Ⅳ是与 P.T.127《推十二时人命相属法》同类的藏文本禄命书,残卷存有牛、虎、兔三组卜文。

继瓦雷·普散之后,1971 年法国学者 A.麦克唐纳《伯希和敦煌藏文写本第 1286、1287、1038、1047 和 1029 号注释,兼论松赞干布王族宗教中政治神话的形成和使用》一文,首次对 P.T.127 及 I.O.748 / Ch.80.Ⅳ.h 做出介绍。[1] 根据介绍可知,印度事务部图书馆藏斯坦因敦煌写卷第 748 号与伯希和敦煌藏文写卷第 127 号内容相近,同属《推十二时人命相属法》,I.O.748 仅存辰(龙属相)到亥(猪属相)占文。根据 IDP 英藏敦煌文献介绍,卷首残缺,分为两部分,长 96 厘米,宽 26 厘米,分别有藏文 53 行、28 行,并对写卷 45 行开始的内容做了拉丁转写:

> phag gyi lo la btsas pa'//skar ma shin mun dbang//byang phyogs kyi rgyal po hig de tse'i bu la bab ste//tshe snga ma la/khyi sha kog gyi myi las//lha chos ma thub/snog pa'i phyir/deng sang phag gyi lo la bab ste//srog ni/'gyo'i the'i shan shin 'dug pa'i 'og na 'o//zhag cig la khre khal phyad dbang//gos dang/zan dang/sman ni/nag po dang/'phrod//khong drang la/ log pa myi byed/nyi shu bdun dang/sum cu rtsa gnyis dang/sum cu rtsa dgu dang/bzhi bcu rtsa drug la eg che//der ma shi na/brgyad cu rtsa gnyis thub bo//mthar bu bdun phan thogs so//lo myi mthun ba ni/phag dang /sbrul myi mthun//zla ba ngan ba ni dbyar sla ra ba dang /dgun sla ra ba la /nad pa dang/shi sar 'gror myi rung/bu(?) yag gyi yi ge rdzogs s + ho/

经陈践教授和笔者的释读比定,此段正属于 P.T.127《推十二时人命相属法》中亥(猪)部分的占辞。由于 I.O.741 / Ch.80.Ⅳ存牛、虎、

---

〔1〕参见 A.麦克唐纳著,耿昇译、王尧校《敦煌吐蕃历史文书考释》,青海人民出版社出版,1991 年,第 123、124 页。

兔三组卜文恰好可与 I.O.748 / Ch.80.Ⅳ.h 龙部分在占辞顺序上可衔接,故笔者推测 I.O.741 / Ch.80.Ⅳ 与 I.O.748 / Ch.80.Ⅳ.h 很可能同出一卷,两者或许能够拼接缀合。但遗憾的是 I.O.748 写卷图版至今尚未刊布,这一认识的落实只好有待来日了。

黄正建《敦煌占卜文书与唐五代占卜研究》对藏文本《推十二时人命相属法》均未予收录。

7.9 十二禽兽类

敦煌文献中还保存了 3 件以十二禽兽占卜禄命的写本,卷号分别为 P.4881、P.5024B、S.612V。十二禽兽有别于十二生肖,具体系指:凤凰、白鹤、麒麟、鸿鸟、鹄鸡、燕子、獐鹿、鸽鸟、孔雀、鸠鸽、朱雀、鹰鸟。其占卜禄命的逻辑特点,是将十二禽兽按照特定顺序置于十二地支纪年的每年十二月之下,形成十二禽兽纪月的结构,然后依次叙述在每个禽兽即每个月下出生之人的命运穷通。

S.612V 3 件中,较完整者,当推 S.612V[1],S.612V 第 38 行处明确标题"推十二禽兽法",39 至 51 行则是十二禽兽与十二周期年每月的固定组合。52 至 71 行,分上下两栏书写,共 12 组卜辞,上下各 6 组,其通读顺序为先上栏、后下栏,逐个描述各禽兽下出生人的性情、富贵、官运、子嗣、婚姻等情况,如"凤凰下生,男即孝,女合慈心,多居禄位,奴婢不少,大富贵吉"。

P.4881 此卷首尾均缺,仅存 6 行文字,写卷下半截亦缺,起"病不死"、讫"命属麒麟"。在第 3 行"命属白鹤下生者"上面彩绘一飞禽,大概就是时人心目中白鹤的形状。第 6 行存"命属麒麟"四字,据此可知此件十二禽兽的书写顺序是与 S.612V 相一致的。两者区别主要表现在两处,一是卜辞不同,本件所关注的十二禽兽下生人之寿命、灾厄、得子力等内容,为 S.612V 所无;二是本件完整写卷上应绘制有十二禽

---

〔1〕S.612V 因与其他禄命书写合抄,故写卷整体情况将在后文介绍。

兽的图像,而 S.612V 亦无。不过,从 S.612V 两栏卜文上面留有空白来看,应是为绘制禽兽图像而留下的,只不过不知何种原因而未能完成,P.4881 可补其缺。本件写卷,《敦煌遗书总目索引》《敦煌学大辞典》《敦煌遗书总目索引新编》定名为《瑞应图》,《法藏敦煌西域文献》第 33 卷定名为《星占书》,均误,当定名《推十二禽兽法》,只不过与 S.612V《推十二禽兽法》属于两个不同的版本。

P.5024B 本件前后均缺,仅存的三行文字中前两行上下截与第三行下截亦残缺。该件第三行书:"鹰鸟 十二月 正月 二月 三月 四月 五月 六月(后缺)",其内容正是 S.612V 十二禽兽与十二周期年每月的固定组合之一,即鹰鸟对应的月份;前两行当是鸠鸽与朱雀及其对应月。针对本件,《敦煌遗书总目索引》定名为《历日》,误,《敦煌遗书总目索引新编》比较谨慎,仅介绍为"残片",《法藏敦煌西域文献》第 34 卷正确定名为《推十二禽兽法》。

马克先生最早提出以上三件为《推十二禽兽法》,并准确定性为占卜文本,功不可没,但未能认识到《推十二禽兽法》当属禄命书的范畴。黄正建《敦煌占卜文书与唐五代占卜研究》对 P.4881、P.5024B 均未予收录。

7.10 七曜类

七曜系指日、月及水、金、火、土、木五大行星,共七天体,虽与中国古代传统天文学中的"七政"所指相同,但却是一种由异域输入的天学,主要来源于印度,同时亦具有中亚色彩。天文史学界一般认为,以七曜为基础的七曜术,自本质而言为西方的生辰星占学(Horoscope astrology),以印度天学为媒介,随佛教东来,隋唐时代逐渐盛行于中土。敦煌文献见载七曜主要使用于铺注历日或占卜择吉,两者时有交叉;但严格来讲,除 P.4071《十一曜见生图等课文》(拟)外,敦煌文书中其他七曜术的运用与古代西方星命术仍有规则上的显著不同。[1] 七曜术所涉事项甚广,禄命则是其中之一,仅从唐代佛教天文著作《文殊师利菩萨及诸仙所说吉凶时日善恶宿曜经》(以下简称《宿曜经》)、《七曜攘灾决》等即可看出。敦煌文献中关涉七曜禄命的主要是 P.3081《七曜日生禄福刑推》;同时 P.2693《七曜历日》、S.1396《七曜历日》(拟)也有部分涉及,但因已属《七曜历日》占书,故不再划入禄命书范畴,不过相关内容可作为对 P.3081 的补充。

P.3081 前后均残,正背面都有书写,最早关注 P.3081《七曜日生福禄刑推》的是王重民先生,早在 1937 年就对 P.3081 做了极其重要的解说:"此卷首尾残缺,无书题,存者八十九行。有子目七:曰七曜日忌不堪用等,曰七曜日得病望,曰七曜日失脱逃走禁等事,曰七曜日生福禄刑推,曰七曜日发兵动马法,曰七曜日占出行及上官,曰七曜占五月五日值。每类依康居语所译七曜日名,系吉凶休咎于其下,盖周而复始。持于敦煌所出《七曜历日》(伯二六九三)相校,知为同类之著述,而详密则过焉。此卷分类编次,每事以七日为周,则检一事而七日具备;《七曜历日》以日统事,揭一日则吉凶毕见,其书虽异,其事则一也。考印度七曜之说,输入我国甚早,而康居曜名,说者谓摩尼教徒实首创译,但《唐律》已有:'诸玄象器物,《七曜历》、《太乙》、《雷公式》,私家不得有,违者徒三年'之文(唐律疏议本卷九),则永徽之前,《七曜历》流传已广,唯曾否采用康居曜名,文献不足征矣。常衮禁藏天文图谶制所举有《七曜历》(全唐文卷 410),咸通六年日本僧人宗叡将去书目中,亦有《七曜历》一卷,其书当即唐律所禁者,其内容当同于敦煌本七曜历日,则不难以直觉逆知也。此种星占书,无《七曜历日》之名,而有《七曜历日》之实,意者殆为《七曜历日》之前身?然此《七曜历日》,与历书之关系极微,特星占之假名耳。唐末五代时,敦煌使用历日,日曜

_____

〔1〕江晓原先生指出严格意义的生辰星占(Horoscope astrology),是指专据个人出生时刻各种天象来推测其一生的穷通祸福,参见氏著《天学真原》,辽宁教育出版社,1991 年,第 216 页。笔者补充认为,生辰星占还应包括对人生行年与天体变化之间联系的关注,当是一种动态的占卜方式。

日均以朱书'密'字注之,则为此种七曜星占书进一步之普遍的使用;亦犹道家人神之说,传播即广,始被采用于历日耳。"[1]黄正建《敦煌占卜文书与唐五代占卜研究》明确将 P.3081《七曜日生福禄刑推》列入敦煌禄命书范畴,并做了简要介绍。[2] 笔者按,P.3081 正背面均属占卜书写,笔迹相近,为一人抄写;背面虽也以推算禄命为主,但与正面的七曜术不同。P.3081 正面,《敦煌遗书总目索引新编》《法藏敦煌西域文献》定名为《七曜日吉凶推法》,《七曜日生福禄刑推》抄写在《七曜日吉凶推法》中的 43 至 63 行,内容较为完整。笔者认为包括《七曜日生福禄刑推》在内的 P.3081《七曜日吉凶推法》,其底本主要是改编自 8 世纪后期的佛教文献《宿曜经》或《七曜攘灾决》,具有明显的佛教的色彩,对于学界了解七曜术在中古中国的传播情况具有重要价值。

7.11　九曜类

九曜又名九执,即在日月五星之上再加罗睺、计都两个假想天体,合为九曜。敦煌九曜类禄命书主要包括有四件,编号分别为:P.3779、P.3838、S.4279、S.5666。

其中前两件以九曜为纲、以九岁为间隔周期,主述人之行年吉凶;后两件属于九曜星命信仰实践下的禄命厌禳书写,不过与镇宅、镇墓等不同的是,此类书写是以画形供养和祭祀为主。此外,S.P.10《唐中和二年(八八二)剑南西川成都府樊赏家印本历日》、S.0612《宋太平兴国三年戊寅岁(九七八)应天具注历日》两件敦煌历日也分别记载有《推男女九曜星图》《九曜歌咏法》,因属注历所用,故不列入禄命书,但却是敦煌九曜类禄命书研究的重要补充与参考。

P.3779　前全而尾缺,约存 41 行,首题"推九曜行年容厄法"

---

〔1〕原文汇入王重民《巴黎藏敦煌残卷序录》第 2 辑,后编入《敦煌古籍叙录》(1958 年商务印书馆,1979 年中华书局新一版),本文据黄永武新编《敦煌古籍叙录新编》第 9 册,台湾新文丰出版公司印行,1986 年,第 170 页。

〔2〕参见黄正建《敦煌占卜文书与唐五代占卜研究》,第 116、117 页。

("容",据文义,当作"灾");背面为"请乾元寺主戒胜状等杂写""徒众转贴"。此件写本曾引起学界广泛关注,高国藩先生[1]、黄正建先生[2]、马克先生[3]、赵贞先生[4]、刘瑞明先生[5],分别对其做有程度不同的录文与研究,其中以黄正建先生和赵贞先生的考量最为精详。黄正建《敦煌占卜文书与唐五代占卜研究》将此件定名为《推九曜行年灾厄法、推九天宫行年灾厄法》(拟),本书考虑到 P.3779 主要依据《梵天火罗九曜》改编而成,而《梵天火罗九曜》是以九曜行年为主兼糅九天行年书写,故将 P.3779 定名为《推九曜行年容(灾)厄法》。

　　P.3838　前缺,册子装,第 10 行题"推九曜行年法了",是知 10 行以前为"推九曜行年法"。第 11 行题"推九宫行年法",以下诸文盖是其具体书写,但"推九宫行年法"记述极不严谨,首先是九宫与八卦的匹配并不规范,其次在年岁排列规则上也比较混乱,反映出抄写人对相关术数知识并不娴熟。卷中九宫旁间或杂写"社司转贴"或"南无量""如来"等,是以推知本卷至少记载了"推九曜行年法"和"推九宫行年法"两种禄命书写,很可能属于敦煌某寺院学僧或学郎的习作,时间当在归义军时期。《敦煌遗书总目索引》说明"仅存推九宫行年法,小册子,第一页有彩图",实将"推九曜行年法"疏漏或将两者视为一体,不确。黄正建对此卷做有详细介绍。[6] 赵贞研究了卷中的"推九曜行年法"[7],然把上栏第一行年岁比勘为"太阳"(日星),误,实为九曜之一

　　〔1〕参见氏文《论敦煌唐人九曜算命术》,载《第二届国际唐代学术会议论文集》,台湾文津出版社,1993 年,第 775 – 804 页;又收入邓文宽、马德主编《中国敦煌学百年文库》(科技卷),甘肃文化出版社,1999 年,第 220 – 235 页。

　　〔2〕参见氏著《敦煌占卜文书与唐五代占卜研究》,学苑出版社,2001 年,第 112 – 114 页。

　　〔3〕参见 Marc Kalinowski, *Divination et sociétédans la Chine médiévale. Etudedes manuscripts de Dunhuang de La Bibliothèque nationale de France et du British Museum*(〔法〕马克主编《中国中世时期的占卜与社会——法国国家图书馆与大英图书馆所藏敦煌写本研究》,巴黎,2003 年,第 239、268 页)。

　　〔4〕参见氏文《"九曜行年"略说——以 P.3779 为中心》,载《敦煌学辑刊》2005 年第 3 期,第 22 – 35 页。

　　〔5〕参见氏文《关于〈推九曜行年容厄法〉等敦煌写本研究之异议》,载《敦煌研究》2007 年第 2 期,第 78 – 85 页。

　　〔6〕参见氏著《敦煌占卜文书与唐五代占卜研究》,第 114 – 116 页。

　　〔7〕参见氏文《"九曜行年"略说——以 P.3779 为中心》,第 29 页。

"计都星"占文;另,赵文对卷首中栏所绘两则人物画像未能甄别,两图应分别是太阴(月神)、木星神像。刘永明先生对此卷"推九宫行年法"亦有所关注[1],认为与 P.2842V《推人九天宫法》相同,不确。黄正建《敦煌占卜文书与唐五代占卜研究》将 P.3838 定名为《P.3838 推九曜行年法、推九宫行年法》,本书同。

　　S.4279　《敦煌遗书总目索引·斯坦因劫经录》最早关注此件文书,将其定名为《曜猴(睺)罗供养像(?)》,并做说明:"佛像残存下半身,下有文四行,曰:未生男,年可三十七,愚至曜罗睺,请来降下,烧香□□□足□此身。"《敦煌宝藏》定名从之。《英藏敦煌文献》定名为《岁星禳灾符》。《敦煌遗书总目索引新编》定名为《白画头像及发愿文》,亦有说明和录文"残头像下有文四行:未生男,年可三十七,愚至□□星,请来降下,烧香□□□足□此身(下缺)"。王卡先生首先正确指出此件与 S.5666 画像均为罗睺星神,认为是"唐宋间道士禳解灾星醮仪所用图像",拟名《罗睺星君禳解神像咒诀》,同时提出 S.4279、S.5666 可彼此缀合,系曹氏归义军时期抄写[2]。此后赵贞先生再次确认了 S.4279、S.5666 画像是罗睺星神[3] 笔者按,S.4279、S.5666 都是以图上绘神像、图下记述祭拜者祷愿辞为结构形式。《梵天火罗九曜》与 P.3779《推九曜行年灾厄法》要求信仰人行年如遇恶曜,应在深室或暗处"画形供养",以禳厌厄运。S.4279、S.5666 所述年龄与罗睺星神直年相符,当是这一信仰实践的产物。两件写本所绘图像均为罗睺星神,其形象在《梵天火罗九曜》中有具体刻画,可与敦煌写本比对,并描述"罗睺带珠宝,并日月计都着锦绣衣"。敦煌 P.3995《炽盛光佛图》上方两像同样分别有罗睺、计都。Ch.1vi.0033《北方神星·计都星像护符》绘有水星神、计都星神神像,神像旁和图下有祷愿文,风格和 S.4279、S.5666 相似。王卡先生认为 S.4279 和 S.5666 可缀合,并强调其

---

〔1〕参见氏著《唐五代宋初敦煌道教的世俗化研究》,兰州大学博士后研究工作报告,2006年,第14页。

〔2〕参见王卡《敦煌道教文献研究——综述·目录·索引》,中国社会科学出版社,2004年,第154页。

〔3〕参见氏文《"九曜行年"略说——以 P.3779 为中心》,第31页。

道教背景的观点,证据不足。黄正建《敦煌占卜文书与唐五代占卜研究》未收录 S.4279、S.5666。笔者将两者俱拟名为《罗睺星神供养文》。

S.5666 《敦煌遗书总目索引·斯坦因劫经录》将此件文书拟名为《道家驱鬼符》,并做录文与说明:"急急如律令,强百鬼远离,善神加力,并不病者能行,日日消散,岁岁日日,愿神星欢喜,其人福至,星神放过,赦罪德□,念年恰至罗猴(?)星神者,命属卯生,女人年六十四岁者。说明:有半身神像,貌狞猛。"《敦煌宝藏》定名从之。《英藏敦煌文献》定名为《岁星禳灾符》。《敦煌遗书总目索引新编》定名为《道家驱鬼符》(拟),认为:"此件上半截为力士样半身像,下半截为发愿文。发愿文为竖行从左往右书写,当年刘铭恕录文时未加注意,致使意义不明,今重录如下:卯生女人年六十四岁者,今年恰至罗彼星神者,命属星神,放过赦罪,助德念愿,星神欢喜,其人福至,病者能行,日日消散,岁岁昌强,百鬼远离,善神加力,并不逢恶。急急如律令。月朝月半烧香启告莫绝者自如。"笔者按,具体定名已如 S.4279 中的说明,《敦煌遗书总目索引新编》录文中"今年恰至罗彼星神者"之"彼",当作"睺";"助德念愿"之"助德",当为"德助";"星神欢喜"之"星神",当为"神星"。

7.12 十一曜类

十一曜即是七曜再加上罗睺、计都、月孛、紫气。以十一曜推人命禄,目前敦煌遗书中仅见 P.4071 一件。

P.4071 《敦煌遗书总目索引》将此件定名为《星占书残本》。饶宗颐先生最早对该件写本做专题研究,从天文学史角度考察了卷中十一曜、《聿斯经》、黄道十二宫之原委[1]。姜伯勤先生继而探讨了 P.4071 与中古波斯星占书《班达希申》(*Bundahishn*)的近似性[2] 严敦

---

〔1〕参见氏文《论七曜与十一曜——记敦煌开宝七年(974)康遵批命课》,载《选堂集林》,中华书局(香港),1982 年,第 777 – 781 页。

〔2〕参见氏著《敦煌吐鲁番文书与丝绸之路》,文物出版社,1994 年,第 59 – 63 页。

杰先生就写本整体构成介绍甚详:"星占书。P. 4071。前残,书名及作者不详。符天十一曜即太阴、太阳、木星、火星、土星、金星、水星、罗睺、计都、月孛、紫气十一个天体。本卷有其各自在黄道十二宫的位置及其分野。卷中黄道十二宫是双女宫、天秤宫、宝瓶宫、摩羯宫、巨蟹宫、狮子宫、人马宫、白羊宫、天牛宫、天蝎宫、阴阳宫、双鱼宫,与传本略异。主要内容有以下各项:(1)首题'符天十一曜见生庚寅[年]丙戌月己巳日,房日兔,申时生,得太阴星见生三方,主金火月'。此'房日兔'指二十八宿值日,据卷末'开宝七年十二月十一日灵州大都督府白衣术士人康遵课'题记,知此庚寅至迟为长兴元年(930),丙戌月为九月,己巳日为九月九日。(2)昼夜时刻数:昼刻四十八,夜刻申时酉前,得太阴星在命宫夜五十二,'申时酉前'为酉时,无误。(3)十一曜命宫度法,如:太阴在翼,照双女宫,楚分,荆州分野。太阳在角八度,照天秤宫,郑分,兖州分野。(4)推五星行度宫宿善恶,内引《聿斯经》,为辑本所无者二则。(5)十一曜见生图(图未见著录)。又引有《五星经》。全卷有手指图多幅,末有人头图一。"[1]黄正建先生在此基础上进一步强调本件写本反映了唐宋过渡时期禄命术的实况,着重凸现其术数史上的意义,并将此件写本拟名为《十一曜见生图等课文》[2],本文遵循此定名。陈万成先生《杜牧与星命》一文,在利用 P. 4071 等资料解读杜牧《自撰墓志铭》星命说的同时,把目光投向域外,将 P. 4071 中的《聿斯经》与十二命宫说进一步溯源于古希腊的星占文化,追溯出"欧人之说一则可经印度东传,二则可经波斯及伊斯兰文化圈而辗转播扬于中土"的传播路径[3],用力至深。华澜(Alain Arrault)先生对 P. 4071 首行的时间认定与严敦杰先生一致,并比对出公历的具体时间。[4] 笔者按,诚如陈万成先生总结的那样,P. 4071 整体文句佶屈难解,句韵若有

---

〔1〕严敦杰撰"推符天十一曜星命法"条,载季羡林主编《敦煌学大辞典》,上海辞书出版社,1998 年,第 624 页。

〔2〕参见氏著《敦煌占卜文书与唐五代占卜研究》,第 117－118 页。

〔3〕参见氏文《杜牧与星命》,载《唐研究》第 8 卷,北京大学出版社,2002 年,第 61－79 页。

〔4〕参见氏文《简论中国古代历日中的廿八宿注历——以敦煌具注历日为中心》,载《敦煌吐鲁番研究》第 7 卷,2004 年,第 413 页。

若无,略显粗制滥造。需加注意的是,写本实际出现了两个时间,一是首行"庚寅丙戌月己巳日房日兔申时,生得太阴星",华澜先生认为是术士康遵为某人算命时此人的出生时间,公历为 930 年 10 月 3 日,且恰好是一个星期天;另一个时间是 33 行以下"十一曜见生图"占文中的"命宫日,氐房宿中生者,是天蝎宫""身宫日,身宫者,亦名天牛宫",黄正建先生认为该占文是对某人命运的占课。两位学者的观点如若不误,则说明 P.4071 至少记录了两则运用十一曜星命术为不同求卜者推命择吉的案例。因为前者是"生得太阴星",而太阴星在 P.4071 第 7 行中称"太阴在翌(翼),照双女宫",既不是天蝎宫,也不是天牛宫,也就是说两者的命宫或身宫并不一致;而就第一个时间与禄命案例来看,似乎是有始无终、不见具体的吉凶卜辞。此外,从康遵号称"灵州大都督府白衣术士人"来看,如果仅靠如此粗劣的卜文,料想是很难厮混于王朝重镇灵州大都督府中的。因此笔者推测,P.4071 很可能不是康遵撰写的原本,而是转抄本,在转抄誊写过程中脱文夺字,以致成为我们现在所见的样子。

7.13 廿八宿类

敦煌遗书中以廿八宿系人生时、推占命运的目前仅见 P.4058V。

P.4058V 此卷前残尾全,正面为《春秋经传集解》,由两片文书缀合(P.4058＋2499)。对其背面,《敦煌遗书总目索引·伯希和劫经录》、黄永武主编《敦煌遗书最新目录》俱题为《残星占书》;《敦煌遗书总目索引新编》定名为《大方等大集经宝幢分》;《法藏敦煌西域文献》第 14 卷、第 31 卷分别定为《大方等大集经卷第二十、二十八宿纪日》和《大方等大集经宝幢分第九三昧神足品第四、二十八宿计日》;黄正建《敦煌占卜文书与唐五代占卜研究》介绍了此件写本[1]。笔者按,P.4058 背(1、2)与《大正藏》载录的北凉天竺三藏昙无谶译《大方等大集

---

〔1〕参见黄正建《敦煌占卜文书与唐五代占卜研究》,第 116 页。

经》卷20《宝幢分第九三昧神足品第四》相比较，内容上虽近似，但其行文书写仍有较大差异，如文书未将佛经誊录完整，《大方等大集经》并无"二十八宿纪日"，以及书写者刻意在各星宿旁注明该宿在一月中的对应之日等等，因此 P.4058 背（1、2）书写者更多追求的是对《大方等大集经宝幢分》有关各星宿属人命运以及对应之日的了解。另，《大唐六典》明确提到："凡禄命之义六：一曰禄、二曰命、三曰驿马、四曰纳音、五曰涩河、六曰月之宿也。"所谓"月之宿"，即指根据人在某月中出生之星宿日以推算运程的一种禄命术，P.4058 背（1、2）与此义贴合；此外 P.4058 背（1、2）同类内容又出现于约成书于南北朝的《产经》之中，而《产经》所载又多与中古禄命书互有重叠。据此我们认为 P.4058 背（1、2）应属禄命书，其定名则参照引有《产经》同类内容的日本医书《医心方》，拟作《大方等大集经宝幢分/廿八宿星相法》。

7.14　一般类

所谓一般类，主要指由多种禄命书写相混抄[1]，或虽无明确题款但具有突出命理特征的诸件文本，这一类主要包括 S.6157、S.6164、S.10526、S.9814B、Дх.05651、Φ362A、S.612V、P.3081V、S.4282、S.6333。

S.6157　前后均残，《敦煌遗书总目索引》将其拟名为《命书》，《英藏敦煌文献》定名为《推命书（六十甲子推人年命法等）》，黄正建《敦煌占卜文书与唐五代占卜研究》对此件文书做有详细介绍[2]。笔者按，S.6157主要残存六十甲子推人年命法、数行年法、推人禄合法、驿马合法、推十二相属法、推相生图等内容，其中推人禄合法与驿马合法、推十二相属法与推相生图，分别上下而列。从残卷有称"推相生图八"，可知本卷很可能是一部至少包括了 8 个子目的禄命书，不过各子目所含内容较为简短，似属禄命基础知识的性质，或是某部禄命书的简编

---

〔1〕有时也与其他类型卜术相杂。
〔2〕参见黄正建《敦煌占卜文书与唐五代占卜研究》，第126页。

本。黄正建先生将 S.6157 定名为《六十甲子推人年命法等》(拟),本文从之。

S.6164 首尾均残,行文极为工整。《敦煌遗书总目索引》《敦煌遗书总目索引新编》定名为《命书》。黄正建《敦煌占卜文书与唐五代占卜研究》介绍:"存一图并 27 行。大致有以下一些内容。(1)一残行,有'男讳祸害,女讳绝命'字样。(2)一图,中写九宫数,四周为八卦、五行、五色等,然后以某人游年为例推算……(3)八句诗,前三句为'元甲子兑宫起(七)、中元甲子坎宫起(一)、下元甲子巽宫起(四)'。(4)推男子三生五鬼法,共三行……推女子三生五鬼法,亦三行……(5)推人本生元宫法。7 行,大致是推算生年的上中下三元,以及知道本元后如何推算。(6)九州名称,以及十二州与十二地支的分野。……总之,本卷文书使用的三元九宫术,包括游年八卦等,都是中国传统的推禄命术。"[1]笔者按,此件包括了多种禄命书写,概括而言主要有游年八卦、推男女三生五鬼以及分野说等,很可能是某部禄命书中的若干章节。P.2830《推人游年八卦图/法》卷首题"推人游年八卦图"而未见具体图式,S.6164 中的图或就是 P.2830 所指。卷中的男女三生五鬼法,可补充 S.5553《三元九宫行年》、P.2482V《推男女生宫法》、P.4740《推人九天宫法》(拟)有关三生五鬼的记载。写本行文不避唐讳,似为晚唐五代抄本。黄正建先生将 S.6164 定名为《推男子三生五鬼法等》,本书拟作《推人游年八卦图/法、推男女三生五鬼法、推人本生元宫法等》。

S.10526 前后均残,仅存两行文字,似是利用六十甲子纳音性行法来推算丁酉生男、癸丑生人等命禄情况。本书将其拟名为《禄命书残片》(甲)。

S.9814B 前后均残,依次抄有社司转贴、推人禄命等内容,社司转贴与禄命书写笔迹不同,非一人所抄。社司转贴中提到"大云寺",当是晚唐五代敦煌地区的大云寺。同卷另一残片写"□生男"。其禄

---

[1]黄正建《敦煌占卜文书与唐五代占卜研究》,第 119、120 页。

命书写与 S. 10526 颇为相似，黄正建《敦煌占卜文书与唐五代占卜研究》认为此件与 S. 10526 可能为同一文书，可备一说。本书将其拟名为《禄命书残片》（乙）。

Дx. 05651 首尾均残，写本下部亦损缺，存 6 行文字；背面抄兴、啸等字，似敦煌学生郎的习字作品[1]。Дx. 05651 主要记述命值背禄、空亡、破禄等人的未来吉凶命运，当属禄命书。此件写本最早由王爱和博士揭出[2]，并拟名《四柱推命书》，但这一定名无确切根据。本书拟名为《禄命书残片》（丙）。黄正建《敦煌占卜文书与唐五代占卜研究》未收录此件。

Ф362A 首尾俱残，存 10 行文字，前抄有"卯月、辰"等，似某方位图，《俄藏敦煌文献》第 5 卷定名为《星占流年》。[3] 黄正建《敦煌占卜文书与唐五代占卜研究》做有录文，分析认为："此件文书比较特殊，因为它使用了后世算命常用的概念如'大运'……这件文书的年代较晚，应该是宋以后的文书。在敦煌文书中使用此种算命术的，恐怕仅此一件。"[4]推测："此件文书也可能是黑城出土文献。因为我们知道在'Ф'编号的敦煌文献中确混入了黑城出土的汉文文献。"笔者按，的确如黄正建先生所言，此件写本行文卜辞多不见于其他敦煌占卜文书之中，占文似是占卜某人的大运之吉凶，所谓大运，《三命通会·论小运》解释"夫大运司十年之休咎，小运掌一岁之灾祥"，P. 4071《十一曜见生图等课文》（拟）多处提及"大运"，如"五十，天运行年至人马宫，及大运在卯，小运亦于卯上，其年注大灾""五十四，天运行年至白羊宫，土星入身宫，注福德自如，凡财帛亦滞，多饶闷遁，恐有患厄，缘大运至辰上"。从写本称"今大运见居甲午金，今详此运"来看，此篇卜文可能作于某一甲午年，运用了纳音（如甲午金）、空亡等术语，惜写卷残损较多，不能确知具体使用何种禄命术。黄正建先生将此件写本拟名为

---

〔1〕参见《俄藏敦煌文献》第 12 卷，上海古籍出版社，2000 年，第 207 页。
〔2〕参见王爱和《敦煌占卜文书研究》，兰州大学 2003 年博士学位论文，第 330 页。
〔3〕参见《俄藏敦煌文献》第 5 卷，上海古籍出版社，1994 年，第 316 页。
〔4〕黄正建《敦煌占卜文书与唐五代占卜研究》，第 132 页。

《论流运书》,本书从之。

S.612V　正面为《大宋太平兴国三年(978)应天具注历日》,题"大宋国王文坦请司天台官本勘定大本历日"。该历日中保存了诸种禄命书写,如"推小运知男女灾厄吉凶法""九曜歌诀法""六十相属宫宿法",可与敦煌其他禄命书写相互参照。背面内容极杂,黄正建《敦煌占卜文书与唐五代占卜研究》对其做有详细介绍[1]。概括而言主要包括(1)推五音建除法,(2)推修造月、日法,(3)推十二禽兽法,(4)推胞胎月法,(5)十干法,(6)辨父母兄弟妻财子孙法,(7)六害法,(8)五子元正建法(出现两次),(9)推禄法,(10)推驿马法,(11)五行相生、相克法,(12)十二支相冲法,(13)十二支相合法,(14)六合法,(15)三刑法,(16)天道例、岁德例、月德例、月空例、天恩吉日、母仓吉日、天赦吉日、飞廉恶煞等等。其中关涉禄命术的主要为:

(1)推五音建除法。该法主要以十二建除系人出生时间,进以推算命禄。

(3)推十二禽兽法。此法是以出生年、月为坐标,查询出对应禽兽,每一禽兽则有相应的禄命卜辞以供咨询。

就笔者目前管见,以上两类禄命书写尚未见于传世文献[2],可以丰富对中古禄命术的认识。

(4)推胞胎月法。敦煌本《佛说八阳神咒经》强调"欲结婚亲,莫问水火相克,胎胞相厌,年纪不同,唯看禄命书",说明包括胎胞相厌的婚娶择吉也被吸收到了禄命书中。

(9)推禄法,(10)推驿马法。《大唐六典》卷14:"凡禄命之义六:一曰禄、二曰命、三曰驿马、四曰纳音、五曰涩河、六曰月之宿也。"因此(9)、(10)两项也属于禄命基础知识。

本书遵循黄正建先生对S.612V的定名,即《推五音建除法、推十二禽兽法等》(拟)。

〔1〕参见黄正建《敦煌占卜文书与唐五代占卜研究》,第127、128页。
〔2〕《四库术数类丛书》收有《演禽通纂》,但与S.612V所述占文不同。

P.3081V　正面抄有七曜日忌不堪用等、七曜日得病望、七曜日失脱逃走禁等事、七曜日生福禄刑推、七曜日发兵动马法、七曜日占出行及上官、七曜占五月五日值等七曜占法;背面约存66行。正背面笔迹一致,为一人所写。《敦煌遗书总目索引》认为P.3081V属星占书,《敦煌遗书总目索引新编》《法藏敦煌西域文献》第21卷定名为《推人占法九种》,黄正建《敦煌占卜文书与唐五代占卜研究》将其归入占病类文书[1]。笔者按,P.3081V逐次抄有推人八卦游载所至厄法、推人得病轻重法、推人元辰法、推病法、推人三丘五墓、推六煞、推月煞厌煞所在法等。以上内容虽比较多地关涉占卜疾病,但一则古代禄命术、占病术经常享用共同的技术与术数知识,时有交叉;二则其中的游年、元辰等书写为古代禄命书的重要内容,特别是后者,《隋书·经籍志》曾著录《杂元辰禄命》,《旧唐书·经籍志》《新唐书·艺文志》载有《推元辰厄命》,隋萧吉《五行大义》也多次引述《孔子元辰经》,但以上禄命书均散佚,包括P.3081V在内的敦煌本元辰书写[2],应是目前所知最早的。因此本书仍将P.3081V归入禄命书范畴,并将其拟名为《推人八卦游载所至厄法、推人得病轻重法、推人元辰法等》。

S.4282　前后均残,首行题"婚嫁图",22行处题"推十七宫吉凶图"。《敦煌遗书总目索引》《敦煌遗书总目索引新编》定名为《婚嫁图》,并说明"是为阴阳家论男女婚姻文"。《英藏敦煌文献》定名为《婚嫁图、推十七宫吉凶图》,此从之。黄正建先生对此件写本做有详细介绍,认为:"标题虽列推十七宫吉凶,但何谓十七宫,从残存的文书并不知道。推十七宫云云应属推禄命性质,文书占辞中也有乙岁生如何的话,但由于不明十七宫为何,终究无法最后断定其性质(从其中有对夫妇的占辞看,也许属于占婚姻嫁娶的占卜书)。"[3]笔者按,写卷整体的确主要以推占夫妻相合与否为主旨,不过古代禄命术时常关涉男

---

〔1〕参见黄正建《敦煌占卜文书与唐五代占卜研究》,第144、145页。

〔2〕元辰法亦见于P.3322《式法》。

〔3〕《敦煌占卜文书与唐五代占卜研究》,第130页。

女婚姻、夫妇关系[1],此外,卷中的勾交(绞)、六害等也是古代禄命书的重要组成,因此本书姑且仍将其列入禄命书范畴。

　　S.6333　前后均残,前两行写"肃州防戍都状上,右盖缘防戍有限,遂(下缺)"[2],其后为"天勾大禁""六凶冲"的图文,这两项在 S.4282 中似统称为"推十七宫吉凶图",可与 S.4282 相互补充。黄正建《敦煌占卜文书与唐五代占卜研究》对此件写本做有介绍。张议潮率众起事后收复肃州,并设防戍都,以加强肃州军事防御,敦煌遗书中保存有 S.389《肃州防戍都状》、S.2589《中和四年十一月一日肃州防戍都营田索汉君等状》等。据李军博士研究,S.6333《肃州防戍都状》应是中和四年(884)龙家并入肃州后,因归义军设于肃州的防戍都不能控制局势,而向归义军节度使所上的状文。[3]《肃州防戍都状》与后面的天勾大禁图等,笔迹较为相似,但在状文中抄录占卜书显然不太合理,因此笔者怀疑该卷很有可能是原状文的摹本,为敦煌官学或寺学学生的习作;S.6333天勾大禁图等内容当抄写于中和四年之后。本书将 S.6333 拟名为《天勾大禁图等》。

---

〔1〕P.2905《推择日法第八》末段称"吕才云,右件婚礼、年命、择月日等,同一也",表明占婚与禄命在技术上时有交叉。另 P.2551v 载"开元十八年十八日,钊元谋男大子,悉先可取(娶)阴智周女□边为新妇,自娶以来,为年命相克不和,可令(后缺)",即是将婚后夫妻不和睦归咎于年命之过。此条材料最早由谭蝉雪先生揭出,参见氏著《敦煌婚姻文化》,甘肃人民出版社,1993年,第89页。

〔2〕唐耕耦、陆宏基编《敦煌社会经济文献真迹释录》第4辑,全国图书馆文献缩微复制中心,1990年,第490页。

〔3〕参见李军《晚唐中央政府对河陇地区的经营》,兰州大学2008年博士研究生学位论文,第117页。

8 发病书

　　敦煌《发病书》是指敦煌遗书中对年、月、日、时各时间段下得病者的病状、病因、治疗、禁忌、痊愈等情况进行占卜的一类特殊术数书。黄正建《敦煌占卜文书与唐五代占卜研究》最早对此类文书进行统计、著录、分类。2002 年黄正建先生发表《关于〈俄藏敦煌文献〉第 11 至 17 册中占卜文书的缀合与定名等问题》一文,对敦煌《发病书》的数量再次予以补充和说明。[1] 刘永明先生独辟蹊径,曾利用敦煌本《发病书》研究了敦煌道教的医疗术问题[2],视角较为新颖。随着日本杏雨书屋敦煌文献的公布,其中亦有发病书残卷,而业已刊布的俄藏敦煌文献中,仍存有未曾为学界所注意到的发病书。因此,笔者统计的敦煌《发病书》计有 P. 2856,S. 6346V,羽 015V,P. 2978V,P. 4732V,P. 3402V,Дх. 00506、05924,P. 3556V,S. 6196,S. 6216,Дх. 01258、01259、01289、02977、03162、03165、03929 + Дх. 6761,S. 1468,Дх. 04253,其中有多件实为一卷之裂开,或可以直接缀合。

　　P. 2856《发病书》　此件首缺尾全,由多纸粘连而成,为敦煌本《发病书》各件写卷中最为完整者,尾题"咸通三年(862)壬午岁五月写发病书记"。卷中各句起首部位常有朱笔点勘,存有:

　　(1)推人行年命算法(拟)。由年岁、男女之年立、各年龄的命算数、禁忌以及行年灾厄等事项构成;十六岁之前残缺,行文至七十八岁。如,"年五十八,男至癸亥,算,兵,土。女[至]乙亥,算尽,柱厄,溷。年

　　〔1〕参见黄正建《关于〈俄藏敦煌文献〉第 11 至 17 册中占卜文书的缀合与定名等问题》,载《敦煌研究》2002 年第 2 期。

　　〔2〕参见刘永明《敦煌道教的世俗化之路——敦煌〈发病书〉研究》,载《敦煌学辑刊》2006 年第 1 期。

五十九,男至甲子,算口口。女至甲戌,算始生,土。年六十,男立乙丑,算有二,溺。女立癸酉,算有二,土"。

(2)推年立法。以十二地支为序,对各行年中的禁忌、规避措施、疾病状况、病因等情况加以占卜。如,"年立子,忌十一月五月,带此府(符)大吉。年立子黑色人衰,十一月口夜半时,五月午时,若其日时得病,十死一生,非其日时,不死。病者唯苦头痛,谈吐逆食不可下,胸胁疼痛,恍惚有时。祟在君、土公、丈人、司命、星死鬼,旦以大神食不净,病从南北因酒食中得,不死,子者,神后,天长女,主生人命,故知不死。病者忌五月十一月子午日",每组占文之前附有所提之"符"。

(3)推得病日法。如,"子日病者,不死者,神后,南斗之子,男轻女重,主生人命,故知不死。病者为人色黑,头痛,热,来去有时,脚沉重,五藏不通,心腹胀满,呕吐。祟在死鬼从外来,得之在舍,星(腥)死鬼、女子鬼。身疮盘,亦不产妇污秽。宅中有黄色男子从外东南来,惊动宅神。鬼字伯扶,亦名何伯,共害死鬼,去舍九十步。许怀神屋中。柏半火人遣送,辰日小差,午日大差,酉日忌",其"日"以地支为序,占卜病者症状、病因病源、应对措施、康复周期等。与(2)"推年立法"不同的是,其应对措施使用的是代厄人形,而非符。

(4)卜初得病日鬼法。强调"卜男女初得病日鬼名是谁,若患状相当者,即作此鬼形,并书符厌之。并吞及着门户上,皆大吉。书符法,用朱沙闭气作之"。同样是按照十二地支的顺序,在各个"符"下,占卜各日得病者的吉凶。如,"子日病者,鬼名天贼,四头一足而行,吐舌。使人四支(肢)不举,五脏不流,水肿大腹,半身不随(遂),令人暴死。以其形厌之,即吉",看来,"卜初得病日鬼法"重点在于占卜致病鬼祟之"名""形",以求"以其形厌之"。

(5)推得病时法。主要占卜十二时得病之情况。如,"食时辰病者,从鬼(魁)病,何以言之,从魁住(主)人收病者不死。祟在丈人、庭中土公、使君,收鬼史(使)人魂魄欲送太山,未去。宜使艮上师解,五日小降,七日大愈",此则占法将病因归结于六壬十二神,这是不同于前者的地方。《敦煌占卜文书与唐五代占卜研究》认为该占法以十二

146

地支为序,不确,实是将"食时"等十二时与十二地支交互使用。

（6）推十二祇得病法。此则占法以十二建除为序占卜疾病。如"建日病者犯东方土公、丈人,索食,祀不了。有龙蛇为怪,家亲所为,解之大吉。七日差"。《敦煌占卜文书与唐五代占卜研究》将"推十二祇得病法"之"祇"释作"祇",误。

（7）推四方神头胁日得病法。

朱雀日,一日、八日、十六日、廿三日,病者司命为害,犯北君、外神、祖父母所作,谢之吉。

白虎头日,二日、九日、十七日、廿四日,病者不死,丈人所为,解之日降,七日大愈。

白虎胁日,三日、十日、十八日、廿五日,病者不死,丈人将他外鬼为祟,解,五日差。

白虎足日,四日、十一日、十九日、廿六日、卅日,病者、兄弟鬼所作,急解之吉。青龙头日,五日、十二日、廿日、廿七日,病者不死,无后鬼所[作],急解之,八日差。

青龙头日,五日、十二日、廿日、廿七日,病者不死,无后鬼所[作],急解之,八日差。

青龙胁日,六日、十三日、廿一日、廿八日,病者不死,丈人时（将）地狱死鬼来,来欲得食,解之吉,八日差。

青龙足日,七日、十四日、廿二日、廿七（九）日,病者连流肿而脚寒热,祟在客死鬼,解之吉。

所谓"四方神头胁日",是指朱雀日、白虎头日、白虎胁日、白虎足日、玄武日、青龙头日、青龙胁日、青龙足日等八组。从文意来看,P.2856《发病书》在"白虎足日"与"青龙头日"之间当脱一句占辞,所脱之占辞应是有关"玄武日"的。

（8）推五子日病法。该占法比较特殊,即以十二地支为序,每个地支与五个天干相配,构成五组干支,从而组成六十甲子日,前六个地支之上有"符",其后均缺绘。所以此则占法意在言说六十甲子日的得病情况。如,"子日病者,以索系头,欲送太山,未去,吞此符。甲子日病

147

者,至庚午差。星(腥)死鬼所作,求之吉。丙子日病,至庚辰差,[一]云庚申差,兵死鬼作。五道吉。戊子[日]病,庚寅差,一云甲午差。庚子病,至丙午日差,无后鬼所作,解之吉。壬子日病者,至己未差,客死鬼作,水解之吉"。

(9)推十干病法。按照甲乙日、丙丁日、戊己日、庚辛日、壬癸日为序占卜病者吉凶。如,"甲乙日病者青色凶,非其色吉,戊己日小重,庚辛日小差。头宜西首吉",其卜辞与 P.3556V《推十干》、S.P6《乾符四年(877)具注历日》所载"推十干得病日法"略有差异,P.3556V 言:

> 甲乙日病者,鬼姓起名天保,令人头疼,以十青纸身,呼名求之吉。丙丁日病者,鬼姓田名良,令人吐逆,以赤纸身,呼名求之差。戊己日病者,鬼姓冯名□言,令人恍惚,以黄纸身,呼名求之差。庚辛日病者,鬼姓名□□,令人心痛,以白纸身,呼名求之吉。壬癸日病者,鬼姓田名□□,令人狂,以黑纸身,呼名求之差。

S.P6 曰:"甲乙病者,鬼起天宝东来,呼名,青纸解送即差,甲乙鬼形(后绘一鬼)。……戊己日病,鬼名冯有言,书名黄纸钱财,送之便差,戊己日鬼形。"

(10)此件最后一部分无标题,《敦煌占卜文书与唐五代占卜研究》拟作"推十二支生人受命法"。占法之前言"游年所在立得病,产乳、官事官难,向其卦呼其神名,即殃祸自消",故推知此则占法或为"游年所在立得病法"。

S.6346V + ? + 羽 015V + ? + P.2978V《发病书》 此件由 3 个卷号组成。《敦煌秘笈》影印册刊布在日本杏雨书屋藏敦煌写卷中,编号"羽15"的残卷,《李氏鉴藏敦煌写本目录》原题《毛诗(三纸)》[1],这一定名其实主要针对残卷正面内容而言;残卷背面,《敦煌秘笈》拟名为《占病书》。刘永明先生 2010 年利用在日访学之际,着重从道教史视角初步考察了羽 15 的背面内容。[2] P.2978 背,《敦煌遗书总目索

---

〔1〕商务印书馆编《敦煌遗书总目索引》,中华书局,1983 年,第 318 页。
〔2〕刘永明《日本杏雨书屋藏敦煌道教及相关文献研读札记》,载《敦煌学辑刊》2010 年 3 期,第 75－76 页。

引》《敦煌遗书总目索引新编》定名为《星占书残文》,《法藏敦煌西域文献》定名为《占书》,均不确[1];《敦煌宝藏》命名《占病书》[2];黄正建拟名《推年立法》[3]。较之 P.2856《发病书》,此件与其中《推年立法》同类,故当属《发病书》中的《推年立法》部分。P.2978 首尾均缺,背面存 70 行,起"满□气□"、讫"何以知",以十二地支为序,依次书写各个"年立"中的禁忌、得病者的死亡概率、病者的疾病症状、病因、应对措施等,写卷保存了卯、辰、巳、午、未、申六组,"年立酉"后部残缺,卯之前的"年立寅"前部残缺。而羽 015 背正是 P.2978 背卷首所断裂的残片之一,即"年立子"与"年立丑"两组占辞。两者相较,除笔迹相同外,内容与书写模式亦完全一致。例如,作为每组起始的禁忌部分,P.2978 背在"年立"之后先述五色之人苦,次说需加禁忌的月、日、时以及日常行为;羽 015 背同样以此程式展开书写,尤其是"年立在丑,青色人苦"之类言语,敦煌文献中唯有羽 015 与 P.2978 普遍使用"某色人苦"的说辞,其他或言"青色人衰"(P.2856),或言"黑色人凶"(P.3402V)。S.6346 背,《敦煌遗书总目索引》《敦煌遗书总目索引新编》《英藏敦煌文献》分别对其定名为《阴阳书》《占卜书》《推吉凶书》,均不确[4];黄正建拟名为《推得病时法等》。此件首尾均缺,背面存 62 行,起"日汙吉"、讫"□解之",主要记述了十二时、十二建除、四方神(朱雀、白虎、青龙、玄武)头胁日等三个时间段中的得病情况,内容书写大致可分别对应 P.2856《发病书》中的"推得病时法""推十二祇得病法""推四方神头胁日得病法"三个篇目。该件与羽 015、P.2978 正、

---

〔1〕商务印书馆编《敦煌遗书总目索引》,第 277 页。敦煌研究院编《敦煌遗书总目索引新编》,中华书局,2000 年,第 263 页。上海古籍出版社、法国国家图书馆编《法藏敦煌西域文献》,上海古籍出版社,2002 年,第 20 卷,第 305 - 307 页。

〔2〕黄永武主编《敦煌宝藏》,台湾新文丰出版公司,1985 年,第 503 页。

〔3〕黄正建《敦煌占卜文书与唐五代占卜研究》,学苑出版社 2001 年,第 216 页。

〔4〕商务印书馆编《敦煌遗书总目索引》,第 240 页。敦煌研究院编《敦煌遗书总目索引新编》,第 197 页。中国社会科学院历史研究所、中国敦煌吐鲁番学会敦煌古文献编辑委员会、英国国家图书馆、伦敦大学亚非学院合编《英藏敦煌文献》,四川人民出版社,1994 年,第 11 卷,第 22 - 24 页。

背面的笔迹均完全相同,相对于正面《毛诗》[1],三者背面都是自正面卷尾处开抄,且与正面书写保持同一方向。

综合以上,羽 015 与 P.2978、S.6346 虽然不能直接缀合,但同属一卷殆无疑义,其背面《发病书》残卷的排列顺序为 S.6346 背→羽 015 背→P.2978 背,只不过彼此间略有缺损。其背面定名当拟以《发病书·推得病时法、推十二祇得病法、推四方神头胁日得病法、推年立法等》为是。

P.4732V + P.3402V《推十干病法、推得病时法、推十二祇得病法、推五行日得病法》(拟) 此件由 P.4732V、P.3402V 两个卷号直接缀合而成,这一发现最早由许建平《敦煌经籍叙录》提出[2]。缀合后的文书,P.4732 为 P.3402 前部所缺,首缺尾全,无明确篇目标题。目前存有:

(1)推十干病法(拟)。如:

戊己日病,□时病者,黄色者凶,非其时、色不死。祟在□人将客死鬼所作,□□□□酒食上得之。病者若心腹满、吐逆、短气、咽喉痛、□□病当见血,户门次来病之。取水去头九寸安之,宜黄衣,东首卧。

(2)推得病时法(拟)。如:

卯时病者,男差女剧,天刚病之,赤色者凶,祟在东方治门户、发灶,又人祷,不葬鬼、四道逢悟为之。病者胸胁、心腹胀满痛,来去有时,土公。病者,不三日五日汗吉。在(再)有外绝后鬼不赛,急解谢之吉。

(3)推十二祇得病法(拟)。如,"建日病者,头痛,心腹下利,烦满惊恐,祟在灶君,犯北方行年土,害死鬼、女子鬼所作,四道解之吉",与 P.2856《发病书》的"推十二祇得病法"并不完全相同。

(4)推五行日得病法(拟)。此组占辞为 P.2856《发病书》所无,主

---

〔1〕《英藏敦煌文献》第 11 卷标注《毛诗》为反面,恐有误。
〔2〕参见许建平《敦煌经籍序录》,中华书局,2006 年,第 358 页。

要以金木水火土五行作为日期之标志。如，"金日病者，男凶女吉，是白虎，故知男凶女吉。以火着病人头边吉"，并在占辞之上绘有两副"符"。

（5）推十二月得病法（拟）。此组占辞为 P.2856《发病书》所无，重点叙说十二月致病之鬼祟的所来方向。如，"正月病者，鬼从南来"，其目的是要"右此十二月病者，知鬼来处，捉排栓，依方啄入地，厌之吉"。

（6）推年立法（拟）。此组占辞与 P.2856《发病书》之"推年立法"虽同样是以"年立"为纲，然占辞不同，且仅书"年立子"一组占辞，即"年立子，黑色人凶，忌五月十一月，忌子午时，忌子日时。以此日及时不得正南正北行，凶。勿得到丧家吊死问病。得病者十死一生，何以知之，建破临其年，故知十死一生。非其时日月，不死"。

《敦煌占卜文书与唐五代占卜研究》未注意到两个卷号的缀合情况。

Дx.00506 + Дx.05924**《推得病日法》** 黄正建先生最早提出 Дx.00506、Дx.05924 两个卷号可以直接缀合，并定名为"推得病日法"[1]。缀合后的此件，首尾均缺，存 16 行文字，其内容与 P.2856《发病书》之"推得病日法"相近。释文如下：

（前缺）

鬼字小光，在午地，去舍九十步□□（下缺）

□□日小除，戌日大差，生死忌丑日。巳日病者□（下缺）

蹉跌，所病见血。祟在养鬼、灶君不去，虚耗（下缺）

字叔□□阿贵，在舍东寅地，去舍七十步，以米人伐送之酉日

□□□□

差，生死忌丑日寅日。午日病者小困，午者胜光，天上都尉，信教清严，故

知小困不死。其病人赤色，头嗔（项）疆（僵）直，咽喉痛，四支

---

〔1〕参见黄正建《关于〈俄藏敦煌文献〉第 11 至 17 册中占卜文书的缀合与定名等问题》，载《敦煌研究》2002 年第 2 期。

（肢）不举,食饮不下,乍寒

生热,起卧不安。祟在灶君、丈人、土公、断后鬼,依正舍南门上与人为

祟。病人狂言恍惚,自视冥冥。鬼字伯□也,去舍七十步,又去七步。以

香火蒲人伐送之。戌日小除,□日大差。未日病者小厄,未者天

上憍女,主知人命,故知不死。其患者寒热、腰背痛、心中恍惚、狂言、

大小便难、令人吐逆、好食生冷。祟在水神、司命、丈人、土公,遣腥死

鬼。男差女重,鬼字何光名公神,在辰地,吉（去）舍五十步,以糠米人

香火伐送。亥未日小除,丑日大差。忌卯日。申日病者不死,申者传送,天

之簿,主生人明,故知不死。病人头痛寒热乍来乍去,身体主疮,见血,

手足烦疼□□□在北君、丈人,遣客死鬼、断后鬼为祟。

（上缺）步。以□□人伐送及香火□□送之。

（后缺）

P.3556V《推十干》 此件正背面抄有多则墓志铭,其中有"清泰三年（936）正月廿一日归义军节度留后转经舍施疏""显德六年（959）押衙曹保昇牒"。所以此件文书的抄写时间应在 10 世纪的曹氏归义军时期,或即显德六年此后不久。文书明确表明其书写为《推十干》,P.2856《发病书》作"推十干病法"、S.P6《乾符四年（877）具注历日》作"推十干得病日法",可见仅以天干为纲的发病占文就包括了 3 种之多。此件具体释文见上述。

S.6216 此件首尾均缺,主要存 3 部分内容:

一是男女年立法（拟）。以十二为差,先述年龄,次述男女年立所

在之地支,如"年九、廿一、卅三、卌五、五十七、六十九、八十一、九十三,男立戌,女立子"。目前仅存7组,完整应为12组。该法提出"凡主年立辰、戌、丑、未者,皆是衰年"。该年立法与P.2856《发病书》之"推年立法"不同,倒和P.2856《发病书》中的"推人行年命算法"相近,只不过后者强调各行年的命算数,而前者着重突出各年龄段的年立所在。

二是推初得病日鬼法(拟)。仅存一组占文:"□日病者,鬼名天贼,四头一足如行,是人手沉重,五脏不通,水肿……死。其形厌之,大吉。鬼去千里外,急急如律令。"其后有一厌禳符,符下绘制一鬼形,随后言说:"病者作此符吞,及门户上,鬼见形名,即去千里。"此组占文与P.2856《发病书》之"推初得病日鬼法"基本相近,但两者的厌禳符不同,同时后者无鬼形的绘制。

三是有关病者症状、病源等的占文。内容与P.2856《发病书》之"推得病日法"相近。

从内容构成来看,此件性质当属《发病书》无疑,但与P.2856《发病书》的内容编排有所不同。

S.6196《推五行日得病法等》(拟) 此件首尾均缺,残损严重,无篇目标题,存有木火水等推五行日得病法与推十二月得病法,其行文与P.4732V+P.3402V《推十干病法、推得病时法、推十二祇得病法、推五行日得病法》(拟)相近,"推五行日得病法"较之P.4732V+P.3402V,其厌病符似更完整。

Дх.01258、01259、01289、02977、03162、03165、03929 + Дх.6761**《天牢鬼镜图并推得病日法》** 此件由多个残片组成,原为一本较为完整的册子装,《俄藏敦煌文献》定名为《天宇鬼镜图并推得病日法》,不确,"宇"当作"牢","宇"为"牢"之俗写,《敦煌占卜文书与唐五代占卜研究》定名《天牢鬼镜图并推得病日法》为是。黄正建《关于〈俄藏敦煌文献〉第11至17册中占卜文书的缀合与定名等问题》提出Дх.01258、01259、01289、02977、03162、03165、03929可与Дх.6761可缀合,极具见地。缀合后的内容包括了天牢鬼镜图、推得病日法、推十二祇得病法、游年八卦宜忌诗等四部分内容,因为是册页装,因此,有关"亥日病者"

的一叶为正面,而"推得病日法"应为此叶背面,紧随其后,《俄藏敦煌文献》误将两者位置前后颠倒。由此亦可进一步推知,"诗曰"部分似应排在最后,大概作为全书总结之用。具体释文如下:

天牢鬼镜图并推得日法 张师天撰

(上缺)系无罪,病者自差。

(上缺)者,囚系速出,□□

(上缺)病者速差。

(上缺)内者,囚系难出,诉讼(下缺)

(上缺)者(?)速(?)差。

(上缺)第三牢内者,囚系有罪,争讼(下缺)

病者忧重。

(中缺)

子日病者,不死,何以知之,神后,南[斗]

之孙,注人命,故知不死。病者(下缺)

手足烦疼,从(下缺)

人来□□□□□(下缺)

(上缺)□生(下缺)

(中缺)

(上缺)□人□(下缺)

头痛及□□心腹(下缺)

谢之吉。巳日小差,未(下缺)

死在酉日,知之,男轻女重。

寅日病者,不死,何以知之,寅者[功]

曹,天上□(五?)官,注人寿命,故知不死。病

者呕逆,乍寒乍热,祟在丈人□

午日小差,申日大差,生死在戌,[男]

重女轻,解之大吉。

卯日(下缺)

(中缺)

辰日病（下缺）

天罡，天上□吏，主人命，故知大□

病者头痛腹胀满，祟在□□

丈人，解谢之，吉。申日小差，戌日大

差，生死在子日，男女俱从外得。

巳日病者，不死，何以知之，巳者

□乙，天上南斗之子，注主人命，故知不

死。病者头痛，饮食不下，祟在

司命公土（土公），解谢之吉。酉日小差 □（亥？）

日大差。生死在丑（下缺）

午日病者，（下缺）

光，天上都（下缺）

病者头痛（下缺）

下，祟在丈人（下缺）

大差，生死在寅日（下缺）

未日病者，小厄，何以知之，未者□□

天上娇女，主侍人命，故知小厄，病

者头痛，乍寒乍热，祟在丈人

注鬼，解谢之吉。亥日小差，丑日

（以下为 Дх.6761）

大差，生死在卯。女重男轻。

申日病者，不死，何以知之？申者 传

送，天上主薄，注人命，故之（知）不死。病

者头痛，手足心腹。祟在丈人、山□

解之吉。子日小降，寅日大差。

生死在辰。女轻男重。

酉日病者，□困，何以知之？酉者从

魁，天上□□注收人命，故知小困。

病者头痛、四支（肢）寒热，祟在丈人、

外鬼,解谢之吉。丑日小降,卯日大差,
生死在巳日,男轻女重。

戌日病者,大困,何以知之? 天魁,
天上北君,注犯人命,文案,故知大
困。病者头痛、腰背上气。祟

(以下为 Дх.01258、01259、01289、02977、03162、03165、03829)

在天神北君,求谢之吉,寅日小降,
辰日大差,生死在子日,女轻男重。

亥日病者,小厄,何以知之,征明,天□
南斗之孙,注侍人命,故知不死,病
者头痛,手足寒热,乍减乍加,祟
在丈人、北君,求谢之吉,卯日小降,巳
日大差,死生在未日,男重女轻。

推得病日法。

建日病者,犯东方土公丈人,索食祀
祭不了,有龙蛇为怪,家亲所为。
解之吉,七日差。除日病者,客死鬼
为祟,来去有时,耗人财物,令人□
讼,急须安宅解之吉,五日差。满日
病者,断后不葬鬼与人为祟,病者
寒热,解送之吉,七日小降,十日大差。

平日病者,西南有造作,犯触神树、
不葬鬼为之。急谢之。五日小降,七日大差。

定日病者,大神并司命鬼为祟,病
者心肠胀满,须谢饲(祀)之吉,七日小降,
十日大差。执日病者,有大神及宿
愿不赛,丈人将新死鬼为祟,解
送之吉,七日小降,十日大差。破日病者,

156

犯触家废灶,土公丈人欲得□

并星死鬼为之,解送之吉,五日小降,

七日大差。危日病者,犯触□

南树神,丈人嗔责,遣客死鬼为祟,

解谢送吉,七日小降,十日大差。

诗曰:

衰气五鬼有飞灾,不宜买六□□

来,更忌吊丧并动土,定应□

病损钱财。

绝命、祸害百不宜,迎师问病及□

医,若往此□衰厄病,

(上缺)困死无后(下缺)

(上缺)方婚姻移□□□(下缺)

财并六畜,孳生万陪(倍?)定(下缺)

天医之方宜服药,求师疗病□□

恶,针灸一切往其方,先圣□

经定不错。

黄帝曰,凡人灾并(病)之方名曰(下缺)

往来其地,必见死亡。

S.1468《推十二时得病轻重法等》(拟) 文书首尾均缺,中间部位开始抄"十二钱卜法"。此件所存内容有3部分:

(1)推十二时得病日轻重法(拟)。此件中的十二时,即是由地支表示的十二日,如:

戊日病者,鬼姓清,名仲卿,石人家宅,西北下崖孔中,如无崖(下缺)

即以三口一鬼在其处,去舍三十丈,为德思头清木黄手,拔炎精火,常(下缺)

欲烧人屋舍,其鬼病人,欲染五家,此是时五病人,令人妄语,其老(下缺)

禁人家亲,遣吉。又曰,病是内刀兵之鬼,居三年草中,他□□来在(下缺)

门欲食神,又骑马者,人苦腰背病,□□□重心□恍惚,口干重□(下缺)

趁大吉。

并强调"已前十二时中得病日,推勘轻重,即知吉凶。"

(2)推十二时得病日厌病法(拟)。此组卜辞着重介绍如何对十二日得病者进行厌禳治疗,如,"寅日得病者,须死人骨一枚,大豆三升,生铁十斤,取亥上土四升,作泥置申上,去舍七十步,亦七步,即差"。

(3)推十二时得病日男女轻重法(拟)。此组卜辞意在描述男女在十二日得病的病症轻重,如"子日病,女重男轻"。

Дх.04253《推得病日法》(拟)　此件为一残片,正背面书写,仅存20余字,释文如下:

正面

(前缺)

(上缺)知之,丑者(下缺)

(上缺)故知不死。(下缺)

(上缺)崇在北君(下缺)

(上缺)大(下缺)

(后缺)

背面

(前缺)

(上缺)外得之,□(下缺)

(上缺)谢之吉,死在申(下缺)

(后缺)

就其仅存的文字来看,比较接近于 P. 2856《发病书》之"推得病日法"。此件文书学界过去未曾注意和整理。

9 梦书

　　敦煌写本解梦书是敦煌占卜类文献中最重要的一种,对于研究中国古代梦的迷信、敦煌古代民俗及社会学的研究都有很高的价值。从目前公布的资料看,总共有 17 个卷号,分别收藏于法国国家图书馆、英国国家图书馆、英国印度事务部图书馆和俄罗斯圣彼得堡东方特藏。关于这部分文书先后有戴仁(Jean-Pierre Drège)、黄正建、菅原信海、高国藩、刘文英、姚伟钧等都进行程度不同的研究与刊布,对敦煌写本解梦书的全面整理研究起了很大的推动作用,功绩卓著。

　　关于敦煌写本解梦书整理、研究、刊布,首推法国的戴仁先生,早在1981 年日内瓦出版的《敦煌学论文集》中发表了他关于敦煌写本解梦书的研究成果《敦煌写本中的解梦书》("Clefs des songes de Touen-huang")一文,分别在解梦书目录、P. 3908 写本译注、文书诠释等方面进行了研究,第一次向学术界介绍了敦煌写本解梦书的全面情况。特别是对 P. 3908 的研究校释代表了目前的最高水平,其功至巨。迟到1993 年 12 月耿昇先生才将其翻译为中文,收录在《法国学者敦煌学论文选萃》中,由中华书局出版。[1] 而在此之前,国内学者很少了解这一研究成果。

　　日本学者菅原信海于 1984 年发表了他关于敦煌写本解梦书的研究成果《敦煌本〈解梦书〉について》,后于池田温先生编《敦煌汉文文献》一书中撰写了《占筮书》一章,其中专门介绍敦煌写本解梦书,列出

---

〔1〕戴仁(Jean-Pierre Drége)《敦煌写本中的解梦书》,原载日内瓦 1981 年出版的《敦煌学论文集》第 2 卷 ("Clefs des songes de Touen-houang". *Nouvelles Contributions aux etudes de Touen-Houang*. 1981, pp. 205 – 250)。参〔法〕谢和耐、苏远鸣等著,耿昇译《法国学者敦煌学论文选萃》,中华书局,1993 年,第 312 – 349 页。

敦煌写本中的 S. 620、S. 2222、S. 2222V、S. 5900、P. 2829、P. 3105V、P. 3102、P. 3281V、P. 3685、P. 3908 等,并重点对 P. 3281《周公解梦书》、S. 620《解梦书》、P. 3908《新集周公解梦书》及 P. 3105《解梦书·别解梦书》做了介绍,指出 P. 3685 与 P. 3281、S. 2222 为同一解梦书残卷;P. 2829 与 S. 2222 为同种残卷;P. 3908 与 5900 为同一解梦书残卷。但是菅原信海认为 S. 620 与 S. 2222 前后相接,唯篇名称呼稍异,是错误的。[1]

国内最早对敦煌写本解梦书进行研究的是黄正建先生,他于 1986 年发表了《唐代占卜之一——梦占》一文,向学术界介绍敦煌写本解梦书的情况:"敦煌卷子发现,我们始看到较长篇幅的《解梦书》。敦煌文书中共有《解梦书》残卷七件,其中最长的 S. 620 长达 159 行、4600 余字。……共有 300 余条。七件文书中有两件题《解梦书》,作者逸;一件题《周公解梦书》,但这里的周公恐为后人托名。从格式看,七件文书完全相同,但分类篇章各异,怀疑是民间流传的《解梦书》的不同版本。其中有几件文书避'治'讳,知为唐高宗以后的抄本。"又曰:"七件文书涉及的门类,粗略统计有三十余门,如:日月、地理、器服、财物、舍室、市、四时、冢墓、棺椁、水、火、飞鸟、龙蛇、六畜、龟鳖、林木、言语、沐浴、桥道门户、船车游行、文武职官、鬼魅、五谷、斗伤、刑罚、佛法仙等等。"并根据敦煌写本解梦书的格式与类书中引《解梦书》不相符合,认为类书所引解梦书是《占梦书》,而敦煌写本解梦书属《解梦书》。唐代占卜中最多的是梦占,一是做梦灵活,二是梦占简单。唐代占梦者有三类:一类是挂牌营业的专业占者;第二类是善占者,虽非专门占梦,但占梦多准,有一定名气;第三类是亲故部下等熟人。占梦特点:一是许多梦有政治目的,二是占梦事例中占比例最大的是升官、及第二事,三是占梦事例反映当时的时代特点,可以帮助理解唐代社会制度等。占梦

---

[1]〔日〕菅原信海《敦煌本〈解梦书〉について》,牧尾良海博士颂寿纪念论集《中国の佛教·思想と科学》,1984 年;《占筮书》第 7 部分,载《讲座敦煌》(5)《敦煌汉文文献》,1992 年,第 450 - 451 页。

结果以"吉占"为多,反映了中国人"乐感文化"的文化心理结构。[1]
尽管黄正建先生的介绍和研究存在很大的不足,有一定的错误,但毕竟
是国内第一位从事敦煌写本解梦书研究的人。当时中国刚刚对外开
放,学术研究领域禁忌很多,黄正建先生是第一位研究敦煌写本解梦书
的专家,他的研究具有开创之功,介绍了敦煌文书中的 7 个卷号解梦
书。他又于 2001 年出版了《敦煌占卜文书与唐五代占卜研究》,其中
第 3 章《敦煌占卜文书的类型及其与传世典籍的比较》(中)专门介绍
了敦煌写本解梦书的情况。[2]

其次是高国藩先生,于 1988 年发表了《敦煌写本〈解梦书〉初探》
一文[3],后又出版了《敦煌民俗学》《敦煌古俗与民俗流变》两部著
作[4],用了整节的篇幅来讲述敦煌写本解梦书,并对之做了有益的探
讨,特别是对 P. 3908 号《新集周公解梦书》的校录刊布,对研究敦煌写
本解梦书与中国古代梦的研究影响甚大。后来姚伟钧先生所著《神秘
的占梦》一书,就是利用高国藩先生刊布的 P. 3908 号文书撰成的。[5]

对敦煌写本解梦书进行全面整理研究的是刘文英先生,他于 1989
年出版的《梦的迷信与梦的探索》中大量引用敦煌写本解梦书资料,并
在书后附录三中全文刊布 P. 3908《新集周公解梦书》。在该书的上编
五"占梦书的流传"之(四)"现存的几种占梦之书"一节,把敦煌写本
解梦书分做梦书残卷、解梦书残卷、周公解梦书残卷、新集周公解梦书
完本、解梦书乙类残卷等五类,这是目前比较系统的分类。[6] 他又于
1990 年出版《中国古代的梦书》,对英、法藏敦煌汉文写本解梦书做了

〔1〕黄正建《唐代占卜之一——梦占》,载《敦煌学辑刊》1986 年第 2 期(总第 10 期),第145 -
147 页。

〔2〕黄正建《敦煌占卜文书与唐五代占卜研究》,学苑出版社,2001 年,第 62 - 71 页。

〔3〕高国藩《敦煌写本〈解梦书〉初探》,载《民间调查与研究》,河北人民出版社,1988 年,第
453 - 454 页。

〔4〕高国藩《敦煌古俗与民俗流变》第 7 章《敦煌〈解梦书〉与梦的解释》,河海大学出版社,
1989 年,第 240 - 290 页。《敦煌民俗学》第 17 章,上海文艺出版社,1989 年,第 298 - 312 页。

〔5〕姚伟钧《神秘的占梦》,广西人民出版社,1991 年。

〔6〕刘文英《梦的迷信与梦的探索》,中国社会科学出版社,1989 年。

全面的、系统的分类辑录、校注和研究。[1] 由于刘文英先生的辑校,使学术界对敦煌写本解梦书有了一个比较全面整体的了解和认识,方便了学术研究。

介绍敦煌写本解梦书最全面的是《敦煌学大辞典》"解梦书"条:"解梦书:又名《周公解梦书》《新集周公解梦书》。占梦吉凶书。S. 620、2222、5900,P. 2829、3105、3281(3)、3571、3685、3908、3990 背,Дx. 1327、2844,Fragment 58(756)(IOL. C. 118A、B、C)。均为残卷,长短各异。其中几件讳'治'字,为唐高宗以后写本,诸本格式相同,但分类篇章略异。据写本可知,完本至少有二十九篇,内容涉及天文、地理、器服、财物、舍宅、冢墓、山水、林木、鸟兽、虫鱼,举凡社会生活和自然界,无所不包。占辞极为简略,如'梦见墓林茂盛,富','梦见拔草,忧官事','梦见日月照,富贵'等,仅 S. 620 就有三百余条,有些条目与传世神话故事内容相同,知其原有所本。中国传世占梦类著作仅存明代三种,敦煌本《解梦书》是现知最古老的占梦著作,对研究古代解梦书及心理学有一定价值。"[2]应当说谈不上对敦煌写本解梦书的研究。

法国国家图书馆、英国国家图书馆、印度事务部图书馆、俄罗斯科学院彼得堡分所东方特藏等中共有 17 卷号的解梦书残卷,这就是 P. 3105、P. 2829、P. 3571V、P. 3281、P. 3685、P. 3908、P. 3990、S. 620、S. 2222、S. 2222V、S. 5900、Fragment 58、P. T. 55、S. 2072、Дx. 1327、Дx. 2844、Дx. 100787 等,其中 S. 2222 正背两面抄两种解梦书,这样一来,共 15 个卷号 16 篇文书。这些敦煌写本解梦书从其内容形式上可以分为 8 类,即《解梦书一卷残卷》、《先贤周公解梦书一卷并序残卷》(《别解梦书残卷》)、《周公解梦书残卷》、《新集周公解梦书》、《解梦书残卷》、《占梦书残卷》、《佚类书·梦占》、《藏文写本解梦书》等。

---

[1]刘文英《中国古代的梦书》,中华书局,1990 年。

[2]季羡林主编《敦煌学大辞典·算学·天文历法·医学·占卜类》,上海辞书出版社,1998 年,第 620 - 621 页。

9.1 《先贤周公解梦书一卷并序残卷》

敦煌写本《先贤周公解梦书一卷并序残卷》，共有两个卷号，即 P. 3105和英国印度事务部图书馆 Fragment 58（756）（IOL. C. 118）。

敦煌写本 P. 3105[1] 首尾俱残，存 19 行。王重民《敦煌遗书总目索引·伯希和劫经录》称："3105：（1）解梦书（有□□部第二之后半、日月部第三）；（2）别解梦书一卷（仅存天部第一五行，背衍鸡状一件）。"[2]刘文英先生认为这卷解梦书是《隋书·经籍志》所著录之《梦书》残卷，我们撰写敦煌本梦书时采用刘文英定名。《敦煌遗书总目索引新编·伯希和劫经录》记载："P. 3105a 梦书。说明：有□□部第二之后半、日月部第三（全）。原拟题'解梦书'，现依刘文英定名。P. 3105b又别解梦书一卷（原题）。说明：仅存天部第一中的 5 行。P. 3105V衙内汉唐衍鸡状。"[3]戴仁认为这是包括两种解梦书的残卷："在第一种中，其开头部分已残缺，第三部（日月部）中提及，其中把一些完全不属于这一类的梦也纳入其中了。在叫作《又别解梦书》的第二种解梦书一卷中，仅存第一部《天部》。"[4]原卷前后残缺，审其占辞内容，日月部第三前应为地部第二内容，子目残缺。日月部第三内容之后又脱抄"棺墓部第四""草木部第五"子目。"又别解梦书一卷"天部第一实际上是此卷解梦书的书名及第一部分子目内容。关于这一点刘文英先生早有论述："敦煌遗书伯 3105 号，原件前部残缺无题，作者不详。后部题款曰：'又别解梦书一卷，天部第一'。考其子目及占辞内容，两部实为一书，并彼此相接。"并认为此卷解梦书亦《隋书·经籍

〔1〕P. 3105，图版参上海古籍出版社、法国国家图书馆编《法藏敦煌西域文献》第 21 册，上海古籍出版社，2002 年，第 316 页；黄永武编《敦煌宝藏》第 126 册，台湾新文丰出版公司，1986 年，第 315 页。

〔2〕王重民《敦煌遗书总目索引》，中华书局，1983 年，第 279 页。

〔3〕敦煌研究院编《敦煌遗书总目索引新编》，中华书局，2000 年，第 267 页。

〔4〕戴仁《敦煌写本中的解梦书》，参耿昇译《法国学者敦煌学论文选萃》，中华书局 1993 年 12 月，第 313 页。原文参 Jean-Pierre Drège, "Clefs des songes de Touen-houang", *Nou-velles Contributions aux etudes de Touen-houang*, 1981, pp205 – 250。

志》所著录之《解梦书》残卷,故拟定为《梦书》。[1] 然刘文英先生论说有误,本卷解梦书中题款为"又别解梦书一卷",刘文英未注意到,本卷原名应作《别解梦书》,是另外一种解梦书残卷。黄正建先生认为:"刘书和郑书都将本卷定名为梦书残卷,但从卷子的内容中明确写有'解梦书'看,还是定名为'解梦书'为好(下述内容大致相同的卷子也是以《解梦书》为名的),所谓'又别',就是'另一种(解梦书)'的意思。而且,从内容看,'又别'之前的部分多与 S.2222《周公解梦书》同,之后部分则不同,可知这之后的部分确是'另一种'《解梦书》。"[2]原卷前后残缺,从抄本乌丝栏看,前 8 行为一部分,第 9 至 19 行为第二部分,中间有拼接痕迹,但是两部分为一人抄写字体,由此得知这卷解梦书是由某个梦书拼接而成。

(前缺)

[1]梦见益田宅,有喜事。梦见堂阴土,大丧。梦见地动,使有迁移。

[2]梦见身落地,失官位,忧凶。梦见火从地出,必得病。梦见大石者,益财。

[3]梦见地劈,忧母损。梦见土在心腹上,失子孙。梦见买地,大吉,富贵。

[4]梦见居高者,富贵。梦见上山,所求皆得。

[5]　　　　日月部第三

[6]梦见日月斗,大败。梦见日月行,大赦。梦见服日月,贵;又云生贵子。

[7]梦见日初出,名位昇。梦见日月,吉,亦得财。梦见日月光照身,大吉。

[8]梦见负日月,豪贵;有恩赦。梦见映日月,贵人,大吉。梦见日,所求皆吉。

〔1〕刘文英《中国古代的梦书·〈梦书〉残卷》,中华书局,1990 年,第 24 页。
〔2〕黄正建《敦煌占卜文书与唐五代占卜研究》,学苑出版社,2001 年,第 67 页。

………………〔1〕

[9]梦见拔草,忧官事。梦见墓中棺出,故事。梦见墓开,大吉。

[10]梦见棺木,得官,吉。梦见棺中死人,得财。梦见桑木在堂上,忧官事。

[11]梦见棺冢,明,吉;暗者,凶。梦见坐高楼山岩石,所[求]皆得。梦见墓林茂盛,富。

[12]梦见门中生草树,富贵。梦见果树及食(舍),大吉。梦见伐树,所求皆得。

[13]梦见林中,大吉利。梦见枣树繁赤,赤(亦)口舌事。

[14]又别解梦书一卷　天部第一

[15]梦见天门及亲天者,其人且贵,长命。梦见天上有人下来者,大吉。梦见天者,患祸消除。

[16]梦见天门者,有喜事。梦见天开者,必有军事。梦见上天者,大吉,生贵子。

[17]梦见炎天,必为国兵。梦见天音雨,身患。梦见天地大小者,军事起,不吉。

[18]梦见天白色者,祸患除。梦见雨浮图,所求者不成。梦见云青,富;赤白者,凶。

[19]梦见雨落,春夏,吉;秋冬,凶。梦见天列者,大吉利。梦见北斗,有忧。

(后缺)

关于敦煌写本 P.3105 的抄写时间,从背面文书看,由两片文书粘连而成,第一片为《衙内汉唐衍鸡状》,第二片没有文字,状文记载:"衙内汉唐衍鸡:右衍鸡身充庄上造作,经今八载,衣粮并总不得。今有债负少多,且暮逼迫放存济,伏乞令公阿郎鸿慈溥照,念见衍鸡弱奴,债负繁多,特赐恩泽,允充债主,休(后缺)。"〔2〕从令公阿郎的称呼看属于归义军时期的作品无疑,归义军节度使称令公阿郎者有曹议金(928—931—935)、曹元

---

〔1〕表示前后内容不能顺连。下同。

〔2〕《法藏敦煌文献》第 21 册,第 316 页。

忠（956—960—974）、曹延恭（976）、曹延禄（984—995—1002）等[1]，由此得知状文写于五代宋初，因此抄写于正面的解梦书残卷也在这个时期，当是五代宋初归义军时期的作品。

敦煌写本 Fragment 58（756）（IOL. C. 118）**号** 收藏于英国印度事务部图书馆，《英藏敦煌文献》（非佛教部分）第 14 册收有影印件。此卷卷首完整而末尾未抄完。卷前杂写及卷首题"先贤周公解梦书一卷并序"，《英藏敦煌文献》并以此为名。揆其正文内容，共存两部分，即序文及天部第一，地部第二有目无文。共 36 行。为三人连抄及交错抄写而成：1–9 行、22–25 行；10–21 行；26–36 行。其中 10–21 行抄写字体粗恶，当是初入校门之稚童学字习作，错误很多，难以句读。26–36 行抄写字体典雅规范，非常漂亮。其余介于二者之间，当是唐五代敦煌地区学生练字老师示范的教学遗物。原卷上部有剪裁痕迹，部分字体残留其半或全残缺，当是 10 世纪中期，三界寺知藏僧张道真收集来用于修补他在敦煌各寺院征集来的古坏经文所致[2]，是知《先贤周公解梦书》是流入寺院的而不是寺院特意收藏的。

为了便于对《先贤周公解梦书一卷并序残卷》面貌有一个全面了解，现将原卷释录如下：

[1] 先贤周公解梦书一卷并序

[2] 盖闻解梦者，二气已分，三才列位，

[3] 五行头缘，天地交泰。阳为日，阴为月，

[4] □乾三思，坤将三母，始六合之内，有

[5] □建君立臣事，莫不因梦而成

[6] 高贵者也。凡龟卜梦兆，并是神

[7] □吉凶，然后依经占之。吉凶若恶，消

[8] 息可知。相梦所作，心同龟兆，是以

[9] 检书知之，各辩吉凶。凡欲说梦，

[10] 相 惠信者，可即 对之叙说。何者？

〔1〕荣新江《归义军史研究》，上海古籍出版社，1996 年，第 107 页、121 页、132 页。
〔2〕郑炳林《伯 2641 号背莫高窟修功德记撰写人探微》，载《敦煌学辑刊》1991 年第 2 期，第 43–56 页。

［11］值诸梦相,皆有神在傍前,□

［12］对即吉。原(怨)嗔即不吉。万不失

［13］一。故书曰:梦相皆有消息,化□

［14］经法,三日不说,必有消息之理,

［15］对说消息,咸已吉耳。善恶

［16］梦无要徵,后世之人,宜当慎之。

［17］梦善即向姓朋人前说之,梦

［18］若恶,即减(缄)口勿说之。经三日说

［19］明之,神明欢喜,即为除灭

［20］灾祸及成福。人好自疑,勿为

［21］恶行,事当灭刹(杀)。故书曰:妖祥

［22］不胜善政,怪梦不胜善行。是

［23］以智人君子恒在。《梦书》一卷,传示

［24］子孙,遗说之耳。

［25］天部第一

［26］梦见天门观天者,其人贵且长命。梦见

［27］［天］上有人下来,大吉。梦见天者,患祸消除。

［28］梦见天门,有喜事。梦见天开破者,必有军

［29］事。梦见上天者,大吉利,生贵子。梦见炎天,

［30］必为国兵。梦见天音(阴)雨,身患。梦见天地大

［31］小者,军事起,不吉。梦见天白色者,祸患除。

［32］梦见雨浮图,所见求者不成。梦见云青,军,赤

［33］白者,凶。梦见雨路(落),春夏吉,秋冬凶。梦见

［34］天开,大富贵。梦见陶星,大吉。梦见怀,忧

［35］帝王。梦见天上草木落,得财。梦见天气

［36］黑者覆地,忧病。地部第二〔1〕

Fragment 58(756)(IOL. C. 118)《先贤周公解梦书》序文内容与

---

〔1〕录文参郑炳林《敦煌本梦书》,甘肃文化出版社,1995 年,第 122 – 124 页;《敦煌写本梦书概述》,载《敦煌学辑刊》1995 年第 2 期,第 9 – 30 页。史睿《郑炳林、羊萍〈敦煌本梦书〉》,载《敦煌吐鲁番研究》第 3 卷,北京大学出版社,1997 年,第 414 – 418 页。

·欧·亚·历·史·文·化·文·库·

P.3908《新集周公解梦书》序文及厌禳恶梦章第廿三的内容相近,基本思想一致。序文称"诸梦相皆有神在傍前……梦善即向始闻人前说之;梦若恶即减口勿说之,经三日说诵之,神明欢喜,即为除灭灾祸及成福",劝人"勿为恶行"。神在傍前,有类周宣占梦思想,《三国志·魏书·方技传》记载周宣重言不重梦,"此神灵动君使言,故与真梦无异也"。"夫梦者意耳,苟以形言,便占吉凶。"同此卷"凡龟卜梦兆并是神示吉凶"。《太平御览》卷397《人事部三八·叙梦》引《解梦书》:"梦者,象也,精气动也。魂魄离身,神来往也,阴阳感成,吉凶验也。梦者,语其人预见过失,如其贤者,知之自改革也。梦者,告也,告其形也,目无所见,耳无所闻,鼻不喘嗅,口不言也。魂出游,身独在,心所思念,忘身也。受天神戒,还告人也。受戒不精,忘神言也。"其基本思想梦是魂出游身独在及受天神戒,与此卷神在傍前一致。P.3908《新集周公解梦书》序文称:"夫人生在世,以四大立形,禀五常以养性,三魂从后,六魄于先。梦是神游,依附仿佛。"即指此。关于厌禳恶梦方法,特别是做恶梦勿与人说和经三日始说之法,与 P.3908 号廿二章记载完全一样:"夫人恶梦三日不说化为珍宝……凡人夜得恶梦,早起且莫向人说,虔净其心。"表明这些解梦书在撰写过程中互相参照过。

戴仁认为 P.3105 的第二部分完全相当于 Fragment 58 残卷第一节的文书,因此戴仁将此卷与 P.3105 分为一类。[1] 如若将两卷文书细加比较,仍有很大差异。两卷文书相同之点主要在天部占辞条目大部分相同。在 Fragment 58 天部收有占辞 18 条,前 13 条与 P.3105 基本相同,差异主要在部分字异同,如"梦见天门观天者,其人贵且长命",P.3105 把"观"误作"亲"。"梦见天开破者,必有军事",P.3105 无"破"字。

"梦见上天者,大吉利,生贵子",P.3105 无"利"字。"梦见雨浮图,所见求不成",P.3105 无"见"字。"梦见云青,军;赤白者,凶",P.3105"军"作"富"。"梦见雨路,春夏吉,秋冬凶",P.3105"路"作"落"。"梦见天开者,大富贵",P.3105 作"列","富贵"作"吉利"。其余四条占辞 P.3105 皆不载:

> 梦见陶星,大吉。梦见怀,忧帝王。梦见天上草木落,得财。梦

---

〔1〕戴仁《敦煌写本中的解梦书》,参见《法国学者敦煌学论文选萃》第315页。

见天气黑者覆地，

　　忧病。

　　而 P.3105 最后一条占辞 Fragment 58 亦不载：

　　梦见北斗，有忧。

　　二者最大的差异是在名称和序文上。Fragment 58 原卷题署《先贤周公解梦书一卷并序》，而 P.3105 号天部前题署"又别解梦书一卷"，二者卷数相同。如果说《先贤周公解梦书一卷并序》又称之为"别解梦书一卷"还能讲得通，Fragment 58 多余几条占辞是 P.3105 残缺所致不载，P.3105 不抄录解梦书序文亦是同样原因。

　　关于 Fragment 58《先贤周公解梦书》的抄写年代，从文书抄写特征及流入寺院的背景看，应是晚唐五代归义军时期的作品。至于《先贤周公解梦书》的撰写年代，从序文解梦的基本思想看，与周宣的占梦方法相接近，又从天部第一有崇拜佛教的思想"梦见雨浮图，所见求者不成"，由是推知，此卷解梦书应是东汉佛教传入中国以后的产物。周宣等撰《古梦书》一卷，卷数虽与本卷相同，然周宣无称先贤周公之例，疑魏晋隋唐间人伪托周公所撰。

9.2　《解梦书一卷残卷》

　　《凡解梦书一卷残卷》共有 S.2222V、P.2829、Дх.1327、Дх.2844 四个卷号[1]，王重民《敦煌遗书总目索引·伯希和劫经录》记载："2829 解梦书残卷。仅存十五行。"《斯坦因劫经录》记载："2222（2）解梦书一卷。"[2]《敦煌遗书总目索引新编》记载："S.2222V 凡解梦书一卷（首题）。说明：

---

　　〔1〕P.2829 图版参《法藏敦煌西域文献》第 19 册，上海古籍出版社，2001 年，第 16－17 页；黄永武编《敦煌宝藏》，台湾新文丰出版公司，1986 年，第 124 册，第 377 页。S.2222 背图版参中国社会科学院历史研究所、中国敦煌吐鲁番学会敦煌古文献编辑委员会、英国国家图书馆、伦敦大学亚非学院编《英藏敦煌文献（汉文佛经以外部分）》第 4 卷，四川人民出版社，1991 年，第 48 页；黄永武编《敦煌宝藏》第 17 册，第 341 页。Дх.1327、Дх.2844，俄罗斯科学院东方研究所圣彼得堡分所、俄罗斯科学出版社东方文学部、上海古籍出版社编《俄藏敦煌文献》第 8 册，上海古籍出版社，1997 年，第 92－93 页。

　　〔2〕王重民《敦煌遗书总目索引》，第 273 页、第 154 页。

仅存十六行。""P.2829 解梦书（首题）。说明:仅存十五行。"[1]戴仁先生
研究认为:"P.2829 和 S.2222V 文书很相似,仅在末尾处具有某些歧异
处。第一卷文书的许多残缺段落可以由第二卷文书进行补充。列宁格勒
的两卷残损严重的写本也可以互相补充,它们均出自同一抄件。它们所
介绍的实际上是与 P.2829 和 S.2222V 相似的文书,只不过是稍微长一
些。"[2]S.2222V 首题"凡解梦书一卷",中间有"人间事章"四字,把解梦
书分为前后两部分,首尾完整。P.2829,抄写于《相妇人背痣图》的正面,
首部完整而下部、末尾残缺;首题"解梦书",中部"人间事章"仅存"人间"
二字。刘文英先生辑录亦称:"伯 2829 原题《解梦书》,斯 2222(2)原题为
《解梦书》一卷,两个卷子均为同一梦书的抄本,正文残缺很多。此书曾见
于《隋志》,后即亡佚。原为二卷,作者阙名。"[3]故定名为《解梦书》。二
者大体相同,差异并不明显。

　　我们将其中有差异的占辞部分比较,大约有:

　　第一,占辞条目文字差异。除两卷梦书题署外,P.2829"梦见饮酒,天
雨欲下",而 S.2222V 作"梦见饮氾酒欢,雨下"。若"氾"是衍字,那么
"欢"字当不是衍字。欢可作欢乐、高兴解,梦见饮酒达到极尽兴时才预兆
要下雨。与 P.2829 程度上有差异。P.2829"梦见大盤石,大吉",S.2222V
无"盤"字。

　　第二,脱文脱字。主要是 P.2829 有而 S.2222V 脱抄。P.2829"梦
见发乱,凶。梦见不乱,吉""梦见抱儿,男吉,女凶""梦见陷厕中,贵;
污衣,富"等条,S.2222V 脱漏。唯 S.2222V"梦见吏将入狱,得财"一
条,P.2829 脱漏。脱字增字,S.2222V"梦见食肉,忧县官事",此条占
辞前为"梦见食熟肉,大吉",显然"肉"前脱字。P.2829"肉"前有"生"
字,又无"槃(县)"字。P.2829"梦见山上有仓屋,大吉",S.2222V 脱
"上有"二字。

　　第三,错抄文字。这种错误主要发生在 S.2222V 中,像"富贵"往

〔1〕敦煌研究院编《敦煌遗书总目索引新编》,第 68 页、第 256 页。
〔2〕戴仁《敦煌写本中的解梦书》,参见《法国学者敦煌学论文选萃》,第 315 页。
〔3〕刘文英《中国古代的梦书·〈解梦书〉残卷》,第 27 页。

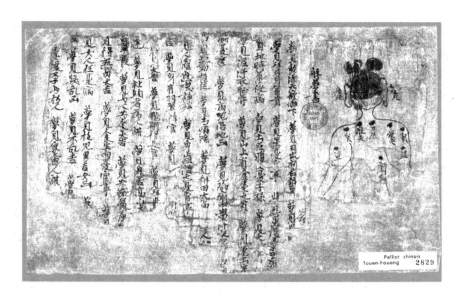

图 9 - 1　P. 2829 解梦书残卷

往抄写作"官贵","星落"抄写作"星路","仓屋"抄写作"苍屋","落地"抄写作"洛地","露齿"抄写作"露远","吏"抄写作"史","耻辱"抄写作"耻辰"等。而 P. 2829 中基本不存在这种问题。这些众多错误文字,使占辞原文义转,以至于使人难以弄清其中的真正含义。S. 2222 V "梦见从种",其义不明,我们从 P. 2829 得知原文应当是"梦见地动,徙移"。S. 2222 V 脱漏、抄错、抄倒,使得原文变得生涩,根本无法解释。P. 2829 "梦见土,病除";病除,S. 2222 V 作"痛登",亦是同样。又 S. 2222 V "梦见女人住,忧病",义亦不可解,参照 P. 2829 得知 S. 2222 V 误把"狂"抄作"住"了。

　　第四,条目顺序颠倒。这虽然不是太大的问题,足以说明 S. 2222 V 抄写者态度极不严肃,敷衍了事,学识不高,或是学生糊弄老师的抄本。

　　从内容上看,《解梦书一卷残卷》大部分占辞条目是抄录其他解梦书的天、地、人事章而来,故其成文时间只能在《周公解梦书》等之后,是敦煌当地阴阳卜师为了防备急需从《周公解梦书》等梦书中抄录有关条目而成。

　　Дх. 1327 + Дх. 2844　俄藏敦煌写本 Дх. 1327、Дх. 2844 两卷解梦

书残卷内容以前鲜为人知,仅据戴仁《敦煌写本中的解梦书》得知两卷解梦书可以互相补充,出自同一抄本。Дx.1327 解梦书残卷首尾及上下端俱残,无标题,共残存 10 行。文中保存有"人间事章"子目,占辞条目皆与 P.2829、S.2222V 相同,只有少部分文字稍异。如"梦见星,忧事",S.2222V 相同,而 P.2829 作"忧官事";"梦见运土宅内,吉,大富",吉、大富,S.2222V 作"者,大吉";"梦见陷厕中粪污衣,富","梦见登山望平地……",粪,P.2829作"贵",后一条残缺,S.2222V 无此两条占辞。"人间事章齿白条"有"忧官事",S.2222V 作"大忧",P.2829 作"大忧官事"。特别是 S.2222V 有"梦见儿女政眼,悲泣",P.2829 残缺,刘文英先生校"政眼"作"眨眼",我们据 Дx.1327 得知乃"改服"形近致误。

为了对俄藏敦煌写本解梦书残卷之间关系进行探讨,我们有必要将两卷文书释录。Дx.1327 释文如下:

（前缺）

[1] ⬚⬚⬚⬚⬚⬚ 梦见日初出名位至。

[2] ⬚⬚⬚⬚⬚⬚ 梦见□□□ 富贵。梦见星忧事。梦见星

[3] ⬚⬚⬚⬚⬚⬚ 梦见土在腹上忧子孙。梦见大盤石大吉

[4] ⬚⬚⬚⬚⬚⬚ 见山上仓屋大贵。梦见运土宅内吉大富

[5] ⬚⬚⬚⬚⬚⬚ 见陷厕中汙衣富。梦见登山望平地□

[6] ⬚⬚⬚⬚⬚⬚ 耕地大富。人间事章 梦见市上煞人

[7] ⬚⬚⬚⬚⬚⬚ 忧官事。梦见齿白富贵。梦见兄弟相

[8] ⬚⬚⬚⬚⬚⬚ 飞翔得长官。梦见拜贵人吉利。梦见父母亡

[9] ⬚⬚⬚⬚⬚⬚ 梦见身居高山大富。梦见儿女改服,悲泣

[10] ⬚⬚⬚⬚⬚⬚ ［梦见失履忧奴］婢走。［梦见拜官吏有］庆

贺吉

（后缺）[1]

而 Дx.2844 号原卷末尾及上下端俱残。卷首行保存有卷名标题:"解梦书一卷",共残存解梦书 22 行。第 14 行以前的占辞条目虽然与

---

[1]图版参《俄藏敦煌文献》第 8 册,第 92 页。

Дх.1327不相重复。但是却与 P.2829、S2222V 基本一致,这样就确定了 Дх.2844 与之是同一种解梦书的不同抄本。另外 Дх.1327 从抄写字体上和内容衔接上看,是一个写本分裂所致。为了说明问题,我们将 Дх.2844 释录如下:

[1]　　　解梦书一卷。汉。　　　　　　　　梦见 _____

[2]梦见日月照富贵。梦见乘龙上天大吉。梦 _____

[3]□ 官事及病。梦见天黑气贯地时气役病 _____

[4]梦见身入土上安稳。梦见泥汙衣耻辰。梦 _____

[5]梦见堂陷,忧丧。梦见病儿落地凶。梦 _____

[6]梦见移地动徒。梦见土病除。梦见 _____

[7]□□□ 见人露齿笑诤讼。梦见牙齿落大忧 _____

[8]□□□□□ 翼得官。梦见官大吉。梦 _____

[9]□□□□□□□ 人皆达。梦见社头为人谋 _____

[10] □□□□□ 食 大 吉。梦 见 梳 头 百 事 散。梦 见
_____

[11]□□□□□ 肉大吉。梦见食生肉忧县官 _____

[12]□□□□ 狂忧病。梦见抱儿男吉女凶 _____

[13]梦见发乱凶。梦见史将入狱得财。梦 _____

[14]梦见宴会人谋。梦见僧尼所作不成 _____

[15]梦见芟瓜忧病。梦见怕怖事不决 _____

[16]有外情。梦见玉女大吉。　哀乐事[章] _____

[17]梦见得财被人嗔春忧。梦见众 _____

[18]歌舞口舌哭泣。梦见鼓声乐欢吉 _____

[19]行好妇。梦见破镜诤讼分明事 _____

[20] _____ □ 慢富贵。梦见著大□ _____

[22] _____ 诤讼。梦见共妻饮,大 _____

[23] _____ □□。梦见□□ _____

173

（后缺）[1]

根据 P.2829、S.2222V 记载解梦书内容，并参照 Дх.1327、Дх.2844 残卷抄写字体和原卷保存状况，这两个卷号完全可以相互拼接起来。S.2222V 内容为：

凡解梦书一卷

梦见氾饮酒欢，雨下。梦见日初出，名位至。梦见日月照，官（富）贵。梦见乘龙上[天]，大吉。梦见拜日月，官（富）贵。梦见星，忧（官）事。梦见星路（落），忧官事及病。梦见天[上]黑气贯地，时气役（疾疫）病。梦见土在腹上，忧子孙。梦见大石，大吉。梦见身入土上，大吉。梦见泥污衣，耻辰（辱）。梦见山[上有]苍（仓）屋，大吉。梦见运土宅内者，大吉。梦见堂陷，忧官。梦见病儿洛（落）地，凶。梦见[地动]，口种（徙移）。梦见土，痛蹬（病除）。梦见耕地，大吉。

人间事章

梦见市上煞人，大吉。梦见人露远（齿）笑，诤讼。梦见牙齿洛（落），大忧。梦见齿白，官（富）贵。梦见兄弟相打，和合。梦见身有翼，得官。梦见官，大吉。梦见飞翔，得长官。梦见拜贵人，吉利。梦见父母亡，大吉。梦见叩头向人，货远。梦见社头者，为人谋。梦见身居高山，大吉。梦见儿女政眼（改服），悲泣。梦见与人共食，大吉。梦见梳头，百事散。梦见失靴履，忧奴仆走。梦见拜官史（吏），有庆贺，吉。梦见得熟肉，大吉。梦见食[生]肉，忧县官事。[2]

根据 S.2222V《凡解梦书一卷》内容，我们将这两卷俄藏敦煌写本解梦书拼接如下：

[1]　　　解梦书一卷。汉。　　　　　　梦见[饮酒天欲雨下]。

梦见日初出名位至。

---

〔1〕图版参《俄藏敦煌文献》第8册，第93页。
〔2〕图版参《英藏敦煌文献（汉文佛经以外部分）》第4卷，第48页。

［2］梦见日月照富贵。梦见乘龙上天大吉。梦
见□□□富贵。梦见星忧事。梦见星

［3］□官事及病。梦见天黑气贯地时气役病。
梦见土在腹上忧子孙。梦见大盤石大吉。

［4］梦见身入土上安稳。梦见泥汙衣恥辰。梦
见山上仓屋大贵。梦见运土宅内吉大富。

［5］梦见堂陷，忧丧。梦见病儿落地凶。梦
见陷厕中粪汙衣富。梦见登山望平地□

［6］梦见移地动徒。梦见土病除。梦见
耕地大富。人间事章梦见市上煞人

［7］［大吉。梦见］人露齿笑诤讼。梦见牙齿落大
忧官事。梦见齿白富贵。梦见兄弟相

［8］［打和合。梦见身有］翼得官。梦见官大吉。梦［见］
飞翔得长官。梦见拜贵人吉利。

梦见父母亡

［9］［大吉。梦见叩头向］人皆达。梦见社头为人谋。
梦见身居高山大富。梦见儿女改服，悲泣。

［10］［梦见与人共］食大吉。梦见梳头百事散。梦见［失履忧
奴］婢走。［梦见拜官吏有］庆贺

图 9 - 2　Дх.1327 解梦书残卷　　　　图 9 - 3　Дх.2844 解梦书残卷

经过拼接之后,第1行至第10行基本上首尾完整,内容衔接,没有多少残缺。P.2829"梦见宴会,人谋"条之后残缺,因此无法证实S.2222V是否抄写完毕。刘文英先生对此也未做任何论断。由Дx.2844可证S.2222V未抄完,在"人间事章"之后还有"哀乐事章""分明事章"等,在第16行末尾"梦见玉女,大吉"条后,残存"哀乐"二字,事字残存其半,以下到"分明事章"前都是哀乐占辞内容,说明此二字乃子目标题。从残存情况看,这部解梦书分章较细,每章包含的占辞条目很丰富。

关于《解梦书一卷残卷》的撰写时间,从Дx.2844标题下面有"汉"字,或是撰写人名前所署之年代,又从"梦见僧尼,所为不成"看,其时代较早,当是东汉佛教初传中国时的反映。条目中提到玉女,玉女是敦煌都河水神,又有玉女泉,在甘泉水与都河水交汇处,敦煌文献中有敦煌甘咏之一的玉女泉咏记载其事。[1]玉女,当是晚唐五代敦煌人改编后留下的痕迹。

9.3 《周公解梦书》残卷

敦煌写本《周公解梦书》残卷共有P.3281、P.3685、S.2222三个卷号。[2]关于敦煌写本《周公解梦书》诸卷的定名,S.2222,王重民《敦煌遗书总目索引·斯坦因劫经录》记载:"2222解梦书(拟)。说明:计存:天文章第一,地理章第二,杂事章第三,哀乐章第四,器服章第五,财物章第六,化伤章第七,舍宅章第八,市章第九,四时章第十,冢墓章第十一,林木章第十二,水章第十三,禽兽章第十四,杂事章第十五,鬼鳖

---

〔1〕郑炳林《敦煌地理文书汇辑校注》,甘肃教育出版社,1989年,第138-140页。郑炳林《唐末五代敦煌都河水系研究》,载《历史地理》第13辑,上海人民出版社,1995年,第31-38页。

〔2〕P.3281V图版参《法藏敦煌西域文献》第23册,上海古籍出版社,2002年,第36页;黄永武编《敦煌宝藏》,台湾新文丰出版公司,1986年,第127册,第299页。S.2222图版参《英藏敦煌文献(汉文佛经以外部分)》第4卷,第47-48页;黄永武编《敦煌宝藏》,台湾新文丰出版公司,1986年,第17册,第340-341页。P.3685图版参《法藏敦煌西域文献》第26册,上海古籍出版社,2002年,第310页;黄永武编《敦煌宝藏》,台湾新文丰出版公司,1986年,第130册,第19页。

章第十六,语言章第十七。"〔1〕《敦煌遗书总目索引新编》记载:"P. 2222 周公解梦书",说明文字基本与王重民相同。〔2〕 P. 3281,王重民《敦煌遗书总目索引·伯希和劫经录》记载:"3281 卜筮书(甚长每节以干支起端而称姓某字某不详书名)。背 1. 宅经,无书题及撰人。2. 马通达状三件。3. 周公解梦书(第一二章被裱糊纸掩盖,次为'杂事章第三,哀乐章第四,器服章第五,财物章第六')。"〔3〕《敦煌遗书总目索引新编·斯坦因劫经录》记载:"P. 3281Vd 周公解梦书一卷(首题)。说明:第一、二章被裱糊纸掩盖,次为杂事章第三,哀乐章第四,器服章第五,财物章第六。"〔4〕关于敦煌写本 P. 3685,王重民《敦煌遗书总目索引·伯希和劫经录》记载:"3685 解梦书。存□市章第九、四时章第十、冢墓章第十一、林木章第十二、水章第十三。又论语白文数行。背为星占书。"〔5〕《敦煌遗书总目索引新编·伯希和劫经录》记载:"P. 3685 周公解梦书。说明:存□市章第九、四时章第十、冢墓章第十一、林木章第十二、水章第十三。据戴仁研究,此件与 P. 3281 可以缀合。"〔6〕

《周公解梦书》,《宋史·艺文志》有著录,共 3 卷。而 P. 3281 卷首题"周公解梦书一卷",序文以下存《天事章第一》《地理章第二》《杂事章第三》《哀乐章第四》《器服章第五》及《财物章第六》,《化伤章第七》仅存篇名,以下残缺。S. 2222 卷首残缺书题,序论、《天事章第一》《地理章第二》部分共 16 行上半行残缺。一至六章与 P. 3281 相同,《化务章第七》之后又有《舍宅章第八》《市章第九》《四时章第十》《冢墓章第十一》《林木章第十二》《水章第十三》《禽兽章第十四》《杂事六畜章第十五》《龟鳖章第十六》,《言语章第十七》仅存篇名。S. 2222 虽残缺首题书名,但序文及一至七章的子目和各章占辞条目内容文字,完全相同,由是得知 S. 2222 与 P. 3281 相同,都是《周公解梦书》抄本残卷。

---

〔1〕王重民《敦煌遗书总目索引》,第 153 - 154 页。
〔2〕敦煌研究院编《敦煌遗书总目索引新编》,第 68 页。
〔3〕王重民《敦煌遗书总目索引》,第 283 页。
〔4〕敦煌研究院编《敦煌遗书总目索引新编》,第 275 页。
〔5〕王重民《敦煌遗书总目索引》,第 292 页。
〔6〕敦煌研究院编《敦煌遗书总目索引新编》,第 292 页。

·欧·亚·历·史·文·化·文·库·

P.3685 首尾残缺,残存《舍宅章第八》《市章第九》《四时章第十》《冢墓章第十一》《林木章第十二》《水章第十三》等,其中舍宅章子目残缺。前部 11 行下半行残缺,亦不存书名。以其子目排列顺序及各章占辞内容文字看,它与 S.2222 亦属同一种解梦书抄本残卷。

关于敦煌写本《周公解梦书》诸残卷间的关系,刘文英先生的辑录研究中确定 P.2281、S.2222、P.3685 都是《周公解梦书》残卷,主要根据是"三者章次相同者占辞亦完全相同,由此可证同为一书"[1] 戴仁先生认为 S.2222"正面载有一篇 71 行的文书,其首尾均残,在导言之后的共包括 1—17 章,已残损的两章未提及,这几章与 P.3281 和 P.3685 很相似"[2] 而晚于此的日本学者菅原信海在其《占筮书·解梦书》中虽然认为 P.3281 与 S.2222 有对应关系,但未注意到 P.3685 与 P.3281、S.2222 为同一种解梦书抄本的关系。[3] 另外,据戴仁先生研究,P.3281 与 P.3685 为同一写本分裂所致,二者可以相拼接:"两卷伯希和编号的文书出自同一写本,又由 S.2222 正面的文书所补充。""P.3281 这是共有 38 行的一卷未完文书,叫作《周公解梦书》一卷,于导言之后包括 1—6 章,《天事》《地理》《杂事》《哀乐》《器服》和《财物》,第七章仅存标题《化伤》。""P.3685,这是一种 21 行的未完残卷,与 P.3281 出自同一写本,经过一段很短的中断后紧接此文。"[4]明确指出了 P.3281 与 P.3685 的拼接关系。黄正建先生也肯定 P.3281、P.3685 之间的拼接关系与对这三卷的定名。[5]

为了对 P.3281 与 P.3685 之间的拼接关系有一个正确的了解,我们将它们之间残缺的文字情况以及根据 S.2222 补正文字情况论述如后。P.3281 残缺部分为《器服章第五》《财物章第六》《化伤章第七》三

---

〔1〕刘文英《中国古代的梦书·历代梦书考证》,第 8 页。
〔2〕戴仁《敦煌写本中的解梦书》,参见《法国学者敦煌学论文选萃》,第 314 页。
〔3〕〔日〕菅原信海《占筮书》第 7 部分是解梦书,载《讲座敦煌》(5)《敦煌汉文文献》,日本大东出版社,1992 年,第 450-451 页。又参菅原信海《敦煌本〈解梦书〉について》,牧尾良海博士颂寿纪念论集《中国の宗教·思想と科学》所收,1984 年刊。
〔4〕戴仁《敦煌写本中的解梦书》,参见《法国学者敦煌学论文选萃》,第 314 页。
〔5〕黄正建《敦煌占卜文书与唐五代占卜研究》,第 64-65 页。

部分：

器服章第五

梦见死人者戈堂,得财。梦见食犬肉,诤讼。梦见妻饮酒肉,吉。梦见拔刀行,有利益。梦见饮酒肉,天雨。梦见自势,利。梦见绳索,长命。梦见着孝衣,有官。梦见照镜,明吉,暗凶。梦见向镜笑,为人欺。梦见夫妻相拜,应别离。梦见把笏,得奴信。梦见哀泣,有庆贺事。梦见刀剑,得钱财。梦见自笏,贵族求婚。梦见起高楼,位至三公。梦见身死,长命。梦见着 ☐☐☐☐☐☐

梦见妻带刀子,有子。梦见机,长命。梦见大醉 ☐☐☐☐☐☐

财物章第六　梦见得有 ☐☐☐☐☐☐

梦见财(得)针,大吉。梦见得钗规 ☐☐☐☐☐☐

事。化伤章[七] ☐☐☐☐☐☐

（残缺）[1]

而 P.3685 前缺主要是《舍宅章第八》《市章第九》《四时章第十》和《冢墓章第十一》共 4 部分 11 行的下半部分：

（前缺）

[1]见益田宅有喜事梦见乘舩水涨大 ☐☐☐☐☐☐

[2]见乘车上城富贵梦见将病人车内身死。☐☐☐☐☐☐

[3]梦见新架屋益口梦见上厕临官 ☐☐☐☐☐☐

[4]见上屋望者大吉梦见舍屋大吉梦见 ☐☐☐☐☐☐

[5]新有贵子梦见屋中牛马凶梦见门户大 ☐☐☐☐☐☐

[6]市章第九梦见戈☐高楼上贵梦见桥上 ☐☐☐☐☐☐

[7]翻事重梦见身入市富贵梦见渡桥梁大吉 ☐☐☐☐☐☐

[8]梦见市中坐得官梦见先祖入市生贵子梦见春 ☐☐☐☐☐☐

[9]谷麦埵得财四时章第十梦见使 ☐☐☐☐☐☐

[10]草忧官事冢墓章第十一梦见 ☐☐☐☐☐☐

[11]墓中棺出故事梦见棺木得官吉梦见棺中 ☐☐☐☐☐☐

---

[1]图版参《法藏敦煌西域文献》第23册,第36页。

[12]大吉梦见桑木在堂上忧官事梦见棺冢明吉暗凶[1]

（后略）

这两卷残缺文字以及他们之间残缺部分内容都可以由 S.2222 补正：

（前略）

[1]梦见起高楼位至三公梦见身死长命梦见着［皂衣讼得理］

[2]梦见妻带刀子有子梦见机长命梦见大醉［忧病梦见牛肉吉猪肉忧病］

[3]财物章第六　梦见得有［布绢百事进益梦见罗纨忧官事梦见坐席客欲来梦见与他钱吉达梦见与他钱被他嗔吉］

[4]梦见得针大吉梦见得钗规［事不成梦见被褥得钱财梦见线有婚事］

[5]事化伤章第［七梦见发落忧愁梦见得病有喜梦见腰血出迁进吉］

…………

[1]梦见隐处生疮富贵梦见吐出病除差梦见污衫衣得财梦见与人斗诤

[2]得财梦见裸身无衣大吉梦见被救名位梦见被伤见血吉梦见着枷镣

[3]得荫吉梦见被煞得他力梦见被系缚大吉舍宅章第八梦见乘船渡水得财梦

…………

[1]见益田宅有喜事梦见乘舡水涨大［吉梦见乘车行得官位梦］

[2]见乘车上城富贵梦见将病人车内身死［梦见门户开妇人与他人通］

[3]梦见新架屋益口梦见上厕临官［禄梦见起大屋富贵梦］

[4]见上屋四望者大吉梦见舍屋大吉梦见［屋角大吉梦见谢

---

〔1〕图版参《法藏敦煌西域文献》第26册，第310页。

灶遇除梦见宅]

〔5〕新有贵子梦见屋中牛马凶梦见门户大[吉]

〔6〕市章第九梦见戈囗 高楼上贵梦见桥上[叫,诉得理梦见耕田]

〔7〕翻事重梦见身入市富贵梦见渡桥梁大吉[梦见作驴道仕牵远]

〔8〕梦见市中坐得官梦见先祖入市生贵子梦见春[夏寒冷大吉梦见]

〔9〕谷麦墟得财四时章第十梦见使[人入田宅富贵梦见拔]

〔10〕草忧官事冢墓章第十一梦见[作冢椁大吉梦见]

〔11〕墓中棺出故事梦见棺木得官吉梦见棺中[死人得财梦见墓门开]

〔12〕大吉梦见桑木在堂上忧官事梦见棺冢明吉暗凶

通过对比分析,我们认为 P.3281、P.3685《周公解梦书》残卷抄本不能直接拼接,中间大约残缺 3 行左右。其次这部《周公解梦书》抄本与 S.2222《周公解梦书》抄本不完全一致,脱漏占辞条目比较多,像 P.3281 残缺部分第 3 行、P.3685 第 4 行等,特别是 P.3281 脱漏了将近整整一行的内容。

我们通过对原卷形式、字体及背面文书内容的分析也证实了戴仁判断正确无误。首先是两卷解梦书抄本字体一致,只要把两卷解梦书放在一起稍加对照,不难看出两卷解梦书出自一人手笔,特别是常见的"梦见""富贵""大吉""凶""有喜事""章第"等字以及解梦书行文抄写特点等都可以证实。其次是解梦书另一面内容相同,P.3685 与 P.3281 俱抄写于内容相同的占筮书另一面上。这部占筮书由于王重民、黄永武等先生定名不一致,故长期以来很少有人注意这两占卷筮书的拼接关系。P.3281 另一面,王重民称之为"占筮书"(甚长,每节以干支起端而称姓某字某,不详书名)[1],黄永武名之为《六十甲子五行本

---

〔1〕王重民《敦煌遗书总目索引·伯希和劫经录》,中华书局,1983 年,第 283 页。

命元辰历》(拟)[1]。P. 3685 另一面,王重民认为是《星占书》[2],黄永武名之为《推五姓占法》[3]。当我们把这两卷占筮文书放置在一起比较时,我们就会毫无疑问地发现两卷占筮文书也出自同一人手笔。其次文书记述内容也一致。P. 3281 正面文书每节开端先书甲子姓某字某及月建、平、满、危等,按五音定姓法,何音之姓用之吉,何音之姓用之凶,行文注释用双行小字。从每节开头就可以看出 P. 3281 形式与 P. 3685 一致。P. 3281 曰:"壬寅姓丘字孟卿。正月建,二月闭,三月开,四月收,五月成,六月危,七月破,八月执,九月定,十月平,十一月满,十二月除。金商是白虎,宫羽二姓造举百事大富贵,宜子孙。商角徵三姓用之凶,见大官吉,见长史吉,受职拜谒奏表上书吉。"其余癸卯、甲辰、乙巳、丙午、丁未、戊申、己酉、庚戌、辛亥、壬子、癸丑、甲寅、乙卯、丙辰、丁巳、戊午、己未、庚申等干支,其行文格式基本一致,特别是"造举"以下文字相同。P. 3685 仅残存庚子、辛丑两部分内容,而庚子前半残,犹能看出"……奏表上书合允,娶妻嫁子","辛丑姓卫字公卿,正月闭,二月开,三月收,四月成,[五月危,六月破,七月执,八月定,]九月平,十月满,十一除,十二月建。土宫是勾陈,商徵二姓造举百事大富贵,宜子孙……"[4]由是可证 P. 3685 与 P. 3281 占筮书是一种文书同一人抄本,后分裂为二。从甲子排列看,P. 3685 占筮书庚子、辛丑后边正好接 P. 3281 首部,揆其内容,中间残缺仅 3 行文字。P. 3281《周公解梦书》残卷末尾是化伤章七,有子目而缺正文。P. 3685 舍宅章第八有文字无章目名称。从 S. 2222 得知 P. 3685 舍宅章仅残缺子目及一句占辞,P. 3281 化伤章子目名行下残缺两句占辞,中间残缺化伤七句占辞约占两行,与另一面占筮书残缺文字量大体相同。由是得知,P. 3281 与 P. 3685 是一卷文书分裂所致,二者之间可以互相拼接。

---

〔1〕黄永武《敦煌遗书最新目录·巴黎所藏敦煌汉文卷子目录》,台湾新文丰出版公司,1985年,第714页。

〔2〕《敦煌遗书总目索引·伯希和劫经录》,第292页。

〔3〕《敦煌遗书最新目录·巴黎所藏敦煌汉文卷子目录》,第373页。

〔4〕图版参黄永武主编《敦煌宝藏》第130册,第18页。

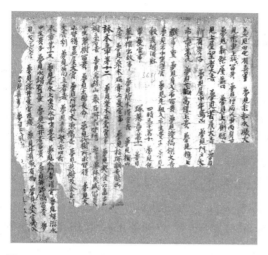

图 9 - 4　P.3685 周公解梦书残卷局部　　　　图 9 - 5　　P.3281 周公
　　　　　　　　　　　　　　　　　　　　　　　　解梦书残卷局部

关于 P.3281、P.3685《周公解梦书》的抄写时间。此卷解梦书同一面前面还抄有《部落使阎英达状》《宅厅梁屋法》《押衙马通达状三件》。这三件文书应与《周公解梦书》为同时期抄本,对于判定《周公解梦书》的年代作用甚大。只有确定了这些文书的年代,就可以推断出《周公解梦书》抄写的大致年代。这三篇文书,《宅厅梁屋法》末尾未抄完,无撰写人姓名,就其抄写文字形式来说,与《周公解梦书》相近,疑出一人之手。

《部落使阎英达状》曰:"部落使阎英达状上:右昨寻问所义委知好恶,缘是人俗,亦取(中缺)尚书,请从析决。正月　　　日阎英达状上。"[1]上有杂写"正月十五日马□□□"。尚书指张议潮,851—858年称号尚书。阎英达任部落使约在 856 年以前。据 P.3410《崇恩析产遗嘱》后署名中有"表弟大将阎英达"[2],文中又提到梁僧政、尚书、翟僧统等,梁僧政即 P.4660《故沙州释门赐紫梁僧政邈真赞》之梁僧政,

---

〔1〕图版参《法藏敦煌西域文献》第 23 册,第 32 页。

〔2〕郑炳林《〈索崇恩和尚修功德记〉考释》,载《敦煌研究》1993 年第 2 期,第 54 - 64 页。人大复印资料《魏晋南北朝隋唐史》1993 年第 8 期,第 55 - 64 页。

据撰写题记"大唐大中十二年（858）岁次戊寅二月癸巳朔十四日丙午毕功记"当卒于858年[1]，P.3410写于858年以前。那么阎英达出任大将的时间在858年之前，其任部落使的时间下限最迟不会晚于857年[2]。由此可证P.3281《部落使阎英达状》约作于851至856年之间。荣新江先生认为状文年代约在大中五年前后[3]，与事实基本吻合。《资治通鉴》卷249《考异》引实录记载大中五年部落使阎英达与张议潮、安景旻一起遣使入朝。其部落使之名又见于S.1164《回向文》、P.2255《幢幡文》、P.3209《祈愿文》、S.4504《发愿文》等，P.2854《释门文范》中提及大唐大中皇帝，河西节度使吏部尚书、副使安公及部落使等，这些都证实了阎英达是大中五年前后任部落使的。

《押衙马通达状》："押衙马通达：右通达自小伏事司空，微薄文字，并是司空教视奖训及赐言誓，先随司空到京，遣来凉州，却送家累，拟欲入京，便被卢尚书隔勒不放。及尚书死后，拟随慕容神让入京，又被凉州麴中丞约勒不达，愚意思甘，伏缘大夫共司空一般，贼寇之中潘死远投乡井，只欲伏事大夫，尽其忠节。近被阎中丞立有搅乱差揭，且先不曾共他关连，例亦不合得管，通达若遣填镇瓜州，实将有屈。昨闻司空出来，通达口承匍匐到灵州已来迎候司空，却归使主。伏望大夫仁明详察，乞放瓜州。伏请处分。"第二件："押衙马通达：右奉差充瓜州判官者，通达自小伏事司空及赐言誓提奖，瓜州不合例管。今蒙大夫亲字制置，不敢辞退。伏缘通达为国征行，久在边塞，累遭贼寇，备历辛勤。同行征人，十不残一。今岁伏承大夫威感，馨身捐命，得达家乡，父母亡殁，活道破落，男女细累，衣食无求，纵有兄弟并总□□自救，一十余年，不得相见，乍到不经时月，便被分离，实将苦屈，准内地例，刺史合与判官鞍马装束，并不支给。伏望大夫仁慈哀察，特赐矜恤裁下。伏请处分。"第三件："押衙马通达：右通达先为国征行，久在边塞。今岁伏蒙

---

[1]P.4660《梁僧政邈真赞》，见郑炳林《敦煌碑铭赞辑释》，甘肃教育出版社，1992年，第198页。

[2]P.4660《阎英达邈真赞并序》，见《敦煌碑铭赞辑释》，第160－165页。

[3]荣新江《沙州归义军历任节度使称号研究》，载《敦煌学》（台北）1992年第19期，第15－67页。

大夫感感,得达家乡。不经时月,便奉差守瓜州,此亦为沙州城隍拓边。今有亡僧宋犬犬绝户舍窄小一驱,伏望大夫仁恩,特赐居住,已后不令亲眷诸人愢护侵夺,伏请处分。"唐耕耦认为:"从其内容考察,此件属归义军张氏时期。"[1] 状文中提到司空,是咸通二年(861)到咸通八年(867)张议潮的称号。[2] 状中记载随司空到京,当指张议潮于咸通八年入朝事,故此状文当写于咸通八年或稍后。三件状文是上给大夫的,这位大夫当指张淮深,张淮深任大夫的时间据《张淮深碑》记载,大中五年张议潭入朝,张淮深"承父之任,充沙州刺史,左骁卫大将军",不久便加御史中丞,"河西创复,犹杂蕃浑,言音不同,羌龙温末,雷威慑伏,训以华风,咸会驯良,充俗一变,加授左散骑常侍,兼御史大夫"[3]。张议潮入朝后,张淮深代主归义军事,不久加授户部尚书,充河西节度。从碑文记载顺序看,咸通二年收复凉州后到张议潮咸通八年入朝稍后一段时间,张淮深官衔为左散骑常侍兼御史大夫,正是张议潮称司空阶段。状文第一件提到的阎中丞、第二件状文提到的瓜州刺史皆指瓜州刺史阎英达。由 P.4660《阎英达邈真赞并序》得知阎英达官衔为银青光禄大夫检校国子祭酒使持节兼御史中丞赐紫金鱼袋上柱国,其任瓜州刺史据考应在咸通二年收复凉州之后到咸通八年左右,乾符三年卒于任。[4] 阎英达任瓜州刺史的前期,即张议潮称司空、张淮深称大夫阶段。《押衙马通达状》文记载的这些人物的活动也证实了此状写于咸通八年张议潮入朝之后不久。虽三件状文反映的时间有前后差异,但总体来说,相距不会太远。

既然《部落使阎英达状》《押衙马通达状》写于大中五年到咸通八年左右,那么与之连抄的《周公解梦书》的抄写时间亦应在这个阶段,

〔1〕唐耕耦、陆宏基《敦煌社会经济文献真迹释录》第4辑,全国图书馆文献缩微复制中心,1990年,第375-376页。
〔2〕荣新江《沙州归义军历任节度使称号研究》,载《敦煌学》(台北)1992年第19期,第15-67页。
〔3〕荣新江《敦煌写本〈敕河西节度兵部尚书张公德政之碑〉校考》,载《周一良先生八十生日纪念论文集》,中国社会科学出版社,1993年,第206-216页。
〔4〕郑炳林《敦煌碑铭赞三篇证误与考释》,载《敦煌学辑刊》1992年1-2期,第96-103页。

是归义军节度使张议潮在任或稍后时期的作品。

敦煌写本 S.2222《周公解梦书》残卷,其抄写特点与卷背《解梦书》相同。与 P.3281、P.3685《周公解梦书》比较,错误甚多,占辞条目脱、错、衍字比比皆是。P.3281 序文首句"尧梦见身上生毛,六十日得天子";S.2222 脱"上"字又误"六"作"七"。P.3281"孝武帝梦见乘龙上天,身披羽衣……";衣,S.2222 误作"夜"。P.3281 哀乐章"梦见打鼓,有喜";S.2222 脱"喜"字。P.3685 市章"梦见先祖入市,生贵子";先祖、生,S.2222 作"光□祖""得"四字。S.2222 正确而 P.3281、P.3685 错的也有:S.2222 杂事章"梦见弹琴,有声";P.3281 脱"琴"字。S.2222 财物章"梦见得针,大吉";得,P.3281 误作"财"字。S.2222 冢墓章"梦见桑木在堂上,忧官事";堂,P.3685 误作"尝"。更值得注意的是二者有许多共同之点,像两卷解梦书都把"得"字写作"□"。特别是两种抄本错的地方一致,这些错误表现在:占辞中的错字错句一样,如 P.3281 序文曰:"吴武列皇服吴昌门,生武王帝"。S.2222 除"服"作"明"外,完全相同。刘文英校作"吴武烈皇梦肠绕吴闻门为武烈王帝",以为"吴武烈皇为三国时东吴孙坚,死后被吴大帝孙权追尊为武烈皇帝"。[1] 又曰:"吴武烈皇,指孙坚,死后由其子孙权追尊。梦、绕二字原脱。服,'肠'之误。昌,当作'闻'。"[2] 刘文英校注有误。此条实源于《吴书》,见载于《三国志·吴书·孙破虏讨逆传》裴松之注:"坚世仕吴,家于富春,葬于城东,冢上数有光怪,云气五色,上属于天,曼延数里,众皆往观视。父老相谓曰:'是非凡气,孙氏其兴矣!'及母怀妊坚,梦肠出绕吴昌门,寤而惧之,以告邻母,邻母曰:'安知非吉徵也。'坚生,容貌不凡,性阔达,好奇节。"[3]孙权称帝,追谥孙坚为武烈皇帝。《周公解梦书》当据此而来。由此得知,此条应作"吴武烈皇母梦肠绕吴昌门,生武烈皇帝"。敦煌两抄本俱误。P.3281 和 S.2222 地理章有"梦见土身入,安稳",据P.2829、S.2222V"土身入"当作"身入土"。又

---

〔1〕《中国古代的梦书》,第 8 页。

〔2〕《中国古代的梦书·〈周公解梦书〉残卷》,第 29 页。

〔3〕《三国志》卷 46。

杂事章"梦见足下农（浓）上，大吉，富贵"，农（浓）上，应作"脓出"。"梦见白头，益年寿"之"寿"字，S.2222 及 P.3281 杂事章俱误作"受"。又两卷有"梦见食生肉熟肉吉"，据 P.2829、S.2222V"生肉"后脱一"凶"字。敦煌写本《周公解梦书》抄本的这些抄写错误说明了一个问题，虽然 S.2222 与 P.3281 之间无承袭关系，但两者都源自于同一写本，故出现互为错对现象及共同错误的现象。由此得知，S.2222 与 P.3281、P.3685 抄写时间相距不远。

关于《周公解梦书》的撰写时间问题。《论语·述而篇》曰："子曰：甚矣，吾衰也。久矣，吾不复梦见周公。"周公，一般指周初姬旦。《周公解梦书》仅见载于《宋史·艺之志》，《汉书·艺文志》《隋书·经籍志》《新唐书·艺文志》及《旧唐书·艺文志》皆不记载，这说明《周公解梦书》出现的时间较晚，当是魏晋南北朝到隋唐这一时期的作品。

《周公解梦书》序文起于尧、舜"尧梦见身上毛生，六十日得天子。舜梦见眉长发白，六十日得天子"，历述汤、文王、武王、汉高祖、光武帝，末尾迄"列（烈）皇后梦见日入怀中，生长仙恒（沙桓）王。吴武列（烈）皇［母梦］服（肠）［绕］吴昌门，生武［烈］王（皇）帝"。关于孙坚母梦见肠绕吴昌门生坚事源出《吴书》，我们已做了解释。至于烈皇后梦见日入怀中生长沙桓王事，《太平御览》卷4引《搜神记》记载："孙坚妻怀权，梦月入怀。告坚曰：'妾昔怀策，梦日入怀，今又梦月。'坚曰：'子孙兴矣。'"又据《三国志·吴书·孙破虏讨逆传》记载："权既称尊号，谥坚曰武烈皇帝。"孙策死后，"权称尊号，追谥策曰长沙桓王，封子绍为吴侯，后改封为上虞侯"。《吴主传》："黄龙元年春，公卿百司皆劝孙权正尊号。夏四月，夏口、武昌并言黄龙、凤凰见。丙申，即皇帝位，是日大赦，改年。追尊父破虏将军坚为武烈皇帝，母吴氏为武烈皇后，兄讨逆将军策为长沙桓王。初，兴平中，吴中童谣曰：'黄金车，班兰耳，阊昌门，出天子。'"由是得知"长仙恒王"乃"长沙桓王"之误。此两条说明《周公解梦书》的成书年代在三国后期或更晚。

三国时有著名占梦家周宣，曾撰有解梦书流传于世。敦煌写本《周公解梦书》是否就是周宣所撰？周宣事见《三国志·魏书·方技传》:"周宣字孔和,乐安人,为郡吏。"从传中记载的第一件占梦事时间看,是在东汉末年黄巾军起义被镇压时,后又为东平刘桢、魏文帝等占梦。"宣之叙梦,凡此类也,十中八九,世以比建平之相矣。其余效故不次列。明帝末卒。"[1]故知周宣卒于魏明帝太和年间(227—233),传中记载周宣占梦较成熟的阶段正是三国分立、孙权称帝时。从时间上说,周宣著解梦书,可以收集到吴建国后的内容及采用当时的制度。这只是其中一个方面。但是从区域来说,是不可能的。周宣活动的范围主要是在曹魏辖区,当的是曹魏官吏,接触最多的是魏文帝。而记载孙坚母梦见肠绕吴昌门的是韦昭的《吴书》。《三国志·吴书·韦曜传》韦曜本名昭,史为晋讳改曜:"韦曜字弘嗣,吴郡云阳人也。少好学,能属文,从丞相掾,除西安令,还为尚书郎,迁太子中庶子。"孙亮即位,为太史令"撰《吴书》,华覈、薛莹等皆与参同"。"孙皓即位,封高陵亭侯,迁中书仆射,职省,为侍中,常领左国史。……又皓欲为父和作纪,曜执以和不登帝位,宜名为传。如是非一,渐见责怒。曜益忧惧,自陈衰老,求去侍、史二官,乞欲成所造书,以从业别有所付,皓终不听。"后孙皓下韦昭于狱,韦昭冀以所撰《吴书》上闻求免,而皓更怪其书之垢,故又以诘昭,华覈连上疏救韦昭:"'又《吴书》虽已有头角,叙赞未述。……今《吴书》当垂千载,编次诸史,后之才士论次善恶,非得良才如曜者,实不可使阙不朽之书。如臣顽蔽,诚非其人。曜年已七十,余数无几,乞赦其一等之罪,为终身徒,使成书业,永足传示,垂之百世。谨通进表,叩头百下。'诰不许,遂诛曜,徙其家零陵。"[2]《吴书》成书当在孙皓时,其流传当在韦昭被杀之后。故知韦昭著《吴书》时周宣可能已死,《吴书》流传时已在周宣死后50余年。又孙坚妻梦日月入怀生策、权事,见载于晋干宝的《搜神记》,比起《吴书》来,成书时间更晚。且《周公解梦书》记载内容不及魏而多述吴,作为魏臣的周宣来说,是最忌讳的。故《周公解梦书》不是周宣所撰。同时序文中也未含周宣叙

---

〔1〕《三国志》卷29。
〔2〕《三国志》卷65。

梦的基本思想,即心想言语为主的神感效应,而不拘泥于实际做梦与否。

《周公解梦书》既非周公姬旦所著,亦非周宣所撰,当是后人假托周公之名而撰写的解梦书。刘文英先生认为:"周公为托名,或曰指周宣,亦非。周宣在历史从无尊称'周公'之例。而且他生活在曹魏地盘,其时曹操已被魏文帝曹丕追尊为魏武帝,不可能记述历代帝王之梦至孙坚而不提曹操。由于序言只讲到三国东吴孙坚为止,而对隋唐皇帝无涉,其书底本可能是《隋志》所见某一梦书,后经增删而新拟书名。其原作者必生活在东吴地区。《三国志·吴书·赵达传》注引《吴录》'宋寿占梦,十不失一'。此书作者疑即宋寿。虽至《宋志》才有著录,实际成书很早。"[1]刘文英先生的考证有一定道理,但对解梦书中存在的许多问题未做解释。像子目标题不明确,S. 2222"杂事章第十五",审其占辞条目内容参以其他各卷解梦书,应是"六畜"章,且该解梦书第三章为杂事章,此处不应当重复,显然是经过编辑留下来的痕迹。此外编撰态度不严肃。"梦见弹琴,有声"不归哀乐章而入人事杂事章;"梦见兀(羊)群,得官"不入六畜章而入人事杂事章。哀乐章共11条占辞,其中6条占辞与哀乐无关,当是混入部分:梦见上床坐,吉;梦见弓矢,得人力(二见);梦见运土出行,家事不安;梦见牵弓矢射,求皆得;梦见着新衣者,宜官。以及人事杂事章中"梦见箭未到,得财",都应归入本解梦书之器服、财物或地理章更合适。器服章中"梦见哭泣,有庆贺事""梦见起高楼,位至三公""梦见大醉,忧病;梦见牛肉,吉;猪肉,忧病",显得不伦不类,应分别归入哀乐、舍宅和饭食等章,亦属混入本章的占辞。舍宅章收有车船方面的占辞内容,市章记载桥道方面的占辞内容。"梦见春夏寒冷,大吉"不入四时章而入市章。四时章仅有两条与之无关的占辞。冢墓章混入林木章的内容:"梦见桑木在堂上,忧官事";林木章混入地理章的内容:"梦见坐高楼山岩石,所求皆得";水章混入舍宅章、火章等内容:"梦见中庭者,见喜事","梦见大风

---

〔1〕《中国古代的梦书·历代梦书考证》,第8页。

坏屋,迁徙事",“梦见把火夜行,必光显”,“梦见将火照人,奸事露”。几乎每个章中都不同程度地混入了许多与之不相干的占辞内容,这不是某个抄写者一时疏忽所致,两种抄本又相同,起码说明了他们所本的解梦书原形就是这样的。这种粗枝大叶、敷衍了事的解梦书不会出自一个有很高文字修养的专业占梦家之手,故我们认为敦煌写本《周公解梦书》当出自敦煌文士之手,抄录原《周公解梦书》的有关条目进行必要的改造加工而成的一种新的解梦书,旨在应急、实用,故选择占辞条目力图少而简洁,在条目分类上不注意其严密性。因其占辞条目多抄自《周公解梦书》,或由《周公解梦书》删改而成。仍名之为《周公解梦书》。

9.4 《新集周公解梦书》

敦煌写本《新集周公解梦书》共有两个卷号:S.5900 和 P.3908。[1]

敦煌写本 P.3908 首尾俱全,而 S.5900 仅残存序文及《天文章第一》。S.5900 首尾残缺,第一行解梦书名仅存“新集周公□□书”。其中书字残存左半边,是知 S.5900 乃《新集周公解梦书》的残抄本。关于 S.5900 定名,王重民《敦煌遗书总目索引·斯坦因劫经录》称:“5900 梦书。说明:残存序言及天□ 章第一,凡十余条。”[2]《敦煌遗书总目索引新编·斯坦因劫经录》记载:“P.5900 新集周公解梦书。说明:存十八行,残存序言及天子章第一,凡十余条。”[3] 戴仁曰:“S.5900。1 卷 18 行文书的开头部分,其标题已残缺;《……新集周……》。其开头部分写于出自一本册子的 1 页正反面,文中仅仅提到第 1 章《天

---

〔1〕S.5900 图版参中国社会科学院历史研究所、中国敦煌吐鲁番学会敦煌古文献编辑委员会、英国国家图书馆、伦敦大学亚非学院《英藏敦煌文献(汉文佛经以外部分)》第 4 卷,四川人民出版社,1994 年,第 205 页;黄永武编《敦煌宝藏》,台湾新文丰出版公司,1986 年,第 44 册,第 550 页。P.3908 图版参黄永武《敦煌宝藏》第 131 册,第 553 – 561 页。

〔2〕王重民《敦煌遗书总目索引》,第 231 页。

〔3〕敦煌研究院编《敦煌遗书总目索引新编》,第 185 页。

子（文）》。"[1]刘文英亦曰："斯5900缺题，仅存残序和第一章13条。"[2]菅原信海亦指出S.5900号是《新集周公解梦书》的残抄本。[3]从文书抄写形式及字体看，此卷解梦书是册子装《新集周公解梦书》的第一页，装订部分残损，两面抄写，从这种装订方式看，应当是晚唐五代归义军时期的抄本。册子装抄本，据戴仁先生研究："由纸张的特点提供的断代因素说明了这些册子不会早于吐蕃占领敦煌时代，叶子的大小并非始终都很容易估计，因为它们大部分情况下都是出自裁剪不规则的叶子。纸张的厚度及网纹的间隔完全与在吐蕃占领时期或在归义军节度使统治时代制造的纸张相吻合。"[4]"经折完全如同册子一样，它们在敦煌特藏中都是供个人使用的手册，主要是在吐蕃影响下流传的。"[5]由戴仁先生的研究成果来推断S.5900的抄写年代也应当在吐蕃占领敦煌以后的归义军时期。从字体上看，抄写粗恶幼稚，当系蒙童之作，或知识水准较低的卜师抄写。与P.3908相比，此卷错误甚多。像序文中"稟土常"，土，乃"五"之误；"无事恩之作梦"，恩，乃"思"字之误；"余甘章"应作"廿余章"；"天上"乃"上天"之误；"王长命""王得财"之"王"字乃"主"字之误。

敦煌写本P.3908，王重民曰："新集周公解梦书一卷（有序，存第一至廿三章，后有般若婆罗蜜心经）。"[6]黄永武《敦煌遗书最新目录》："伯3908号，新集周公解梦书一卷（附心经一卷）"[7]《敦煌遗书总目索引新编·伯希和劫经录》记载："P.3908a新集周公解梦书一卷（原题）。说明：有序，存第一至廿二章。"[8]戴仁曰："P.3908。这是由23

---

〔1〕戴仁《敦煌写本中的解梦书》，参见《法国学者敦煌学论文选萃》，第314页。

〔2〕《中国古代的梦书·历代梦书考证》，第11页。

〔3〕《占筮书》第7部分解梦书。载《讲座敦煌》（5）《敦煌汉文文献》，日本大东出版社，1992年，第450—451页。

〔4〕戴仁《敦煌的经折装写本》（"Cles Accordeons de Dun-huang"），参见《法国学者敦煌学论文选萃》，第580页。

〔5〕戴仁《敦煌的经折装写本》（"Cles Accordeons de Dun-huang"），参见《法国学者敦煌学论文选萃》，第586—587页。

〔6〕《敦煌遗书总目索引·伯希和劫经录》，第297页。

〔7〕《敦煌遗书最新目录·巴黎所藏敦煌汉文卷子目录》，第748页。

〔8〕敦煌研究院编《敦煌遗书总目索引新编》，第304页。

· 欧·亚·历·史·文·化·文·库·

章组成的 1 卷完整的解梦书。"〔1〕"该文书写于一本由两两粘贴在一起的 10 页组成的册子卷中。继解梦书之后是《般若波罗蜜多心经》写本,在封面页的外封面上是丙寅年(906 或 966)的一篇契约草稿。"〔2〕卷首末无撰写人题记。关于本卷《新集周公解梦书》撰写时间问题,刘文英先生曰:"书名既曰'新集',序言又说'今纂录《周公解梦书》廿余章,成书时间肯定在《周公解梦书》之后。从其思想特点推测,其书似出于唐代。序言开宗明义曰:'夫人生在世,记(以)四大立形,禀五常之(以)养性,三魂从后,六魄于先,梦是神游,依附仿佛。''四大'为佛教概念,'五常'为儒家概念,'三魂六魄'则属道家概念。这是揉(糅)合三家理论,共同用以论梦。正文《佛道音乐章第八》有占辞曰'梦见僧尼,百事不和',似对佛教稍有诋毁。而书末附禳恶符,则更具有道教色彩。唐代为李氏天下,而李氏自命为老子李耳的后裔。除武则天统治时期外,李氏一向把道教抬到第一的地位,但佛教的影响始终很大,而儒学则作为封建制度的思想基础。因此,此书的思想特点恰和唐代的文化背景相合。撰者尚无任何线索。"〔3〕刘文英先生推断《新集周公解梦书》成书在《周公解梦书》之后的唐代,是在唐代前期还是后期?高国藩先生:"须了解这样一个事实,即它是敦煌唐人的手写本,因而敦煌《解梦书》形成的时间相当晚,从总体而言,它产生于中古时代,因而解梦条款处处都打上了封建文化的烙印,所以,内容中原始宗教和儒佛道的思想都有,了解了它产生的时代,这也就不足为奇了。"〔4〕只说它是敦煌唐人写成的,也没有指出它成书于唐前期还是后期。从解梦书册叶装这种方式我们认为应是吐蕃统治敦煌以后的归义军时期的作品。

我们认为《新集周公解梦书》是归义军时敦煌唐人写的,除了册子装形式外,还可以从其他方面找出相应的证据来。

---

〔1〕《敦煌写本中的解梦书》,参见《法国学者敦煌学论文选萃》,第 314 页。

〔2〕《敦煌写本中的解梦书》,参见《法国学者敦煌学论文选萃》,第 312 – 349 页。

〔3〕《中国古代的梦书·历代梦书考证》,第 12 页。

〔4〕《敦煌古俗与民俗流变》第 7 章《敦煌本解梦书与梦的解释》第 1 节《什么是梦以及解梦的流变史》,河海大学出版社,1989 年,第 246 页。

图 9 - 6　P.3908 新集周公解梦书局部

　　由敦煌文书缩微胶卷看，P.3908 解梦书卷首题"新集周公解梦书一卷"，尾题"周公备急解梦书一卷"，由"备急"二字看，它是敦煌当地卜师们携之于身以备急需之用，备急必从当地需要出发，故在选择入书占辞内容时，须简要精到，查时方便。亦由卷首书名中有"新集"二字得知它是归义军时期的作品。

　　P.3908 卷首页有杂写："白面谷面麨了，厨田麦拾伍硕。康家……厨田。""□□（开蒙）要训一卷，坤。"卷末尾杂写有"丙寅年正月一〔日〕立契慈惠乡张百子欠少人户，遂雇赤心乡百姓索和信造作一周年，断作雇价每月一斗，麦粟各半，春衣一对，衫□""丙寅年"等。康家，又见载于 S.4703《丁亥年六月七日买菜人名目》等，是晚唐五代敦煌人对居住敦煌的粟特人康姓村庄的通称，其名多见载于五代宋初的敦煌官府、寺院及私家各种籍帐中。[1] 抄写文字字体与《新集周公解梦书》基本一致,那么,《新集周公解梦书》的抄写年代是在曹氏归义军时期的五代宋初。又卷末尾杂抄残契的丙寅年,归义军时期的丙寅年有二,即公元 906 年和公元 966 年,残契的年代毫无疑问是指 966 年。残契字体亦与解梦书字体相近,故二者相去年代不会太远,很可能是同时抄写。

从《新集周公解梦书》的抄写形式看,也应当是晚唐五代归义军时期的作品。黄正建先生称《新集周公解梦书》类有 3 件,即 P.3908、S.5900 和 S.5900V:"P.3908。册子装,30 页,每页 7 至 8 行不等。首尾全。首写'新集周公解梦书一卷',存序言和 23 章。……最后写'周公备急解梦书一卷'。此件文书是敦煌'梦书'文书中最完备的一种。其占卜形式有二。'十二支日得梦章'之前,用'梦见某某,[则]某某'形式,如'梦见上天者,生贵子'。'十二支得梦章'以下三章,用'某某日梦者(或某某日得梦),[则]某某'形式,如'子日梦者,主失脱;东家口舌'、'子时得梦,大吉昌'。最后二章,一言造成作恶梦的各种禁忌,一言厌攘恶梦的方法(用符咒)。……S.5900 + S.5900V。是册子装中一页的正、背面,各存 9 行,前后相接。"[2] 册子装是晚唐五代时期的装订方法,因此《新集周公解梦书》不仅仅抄写于此时,而且也是这个时期的作品。

至于《新集周公解梦书》的成书年代,虽无明确记载,然从 S.5900 和 P.3908 两卷敦煌写本的抄写时间都是曹氏归义军时期的五代宋初看,其成书的年代应在唐五代归义军时,由敦煌当地文人学士辑录各种解梦书及吸收当地民俗习惯编纂而成。归义军收复敦煌后,在文化事业上面临的最大问题是典籍匮乏,中原传来的既不能满足当地需要,又

---

[1]郑炳林《晚唐五代敦煌村庄聚落辑考》,载《2000 年敦煌学国际学术研讨会文集——纪念敦煌藏经洞发现暨敦煌学百年》(历史文化上),甘肃人民出版社,2002 年,第 122－162 页;《晚唐五代敦煌地区胡姓居民与聚落》,提交 2004 年 4 月在北京图书馆举行的《粟特人在中国——历史、考古、语言研究新进展》(Sogdians in China—New researches in history, archaeology and philology)国际学术研讨会。

[2]黄正建《敦煌占卜文书与唐五代占卜研究》,第 63－64 页。

与当地风俗习惯存在着一定差异。同时为了教授生徒,当时敦煌文士中出现了一股编书热。一种冠以"新集",一种加以"略出"。前者敦煌文书中保存的有《新集天下姓望氏族谱一卷并序》(P.3191)、《新集吉凶书仪》(P.2556、P.2646、P.3246、P.3249、P.3691)、《新集书仪》(P.3716、P.4699)、《新集文辞九经钞》(S.5754、P.2557等)、《新集文词教林》(P.2612)、《新集两亲家接客值日时景仪》(P.2042)、《新集时用要字》(S.610)、《新集备急灸经》(P.2675)、《新集杂别纸》(P.4092)、《新集诸家九族尊卑书仪》(P.3502)、《新集严父教》(S.4307等)。张敖编撰《新集诸家九族尊卑书仪》是因前纸数繁多,故"微举宏纲,修□轻重,临时剪截……略为书况","使童蒙易会,一揽无遗"[1]。编撰《新集吉凶书仪》是因唐前后数十家著述"纸墨颇繁","所以综其旧仪,较量轻重,裁成一绝……今採其要,编其吉凶录两卷,使童蒙易晓,一揽无遗,故曰纂要书仪"[2]。张敖是晚唐(归义军张氏时)河西节度判官试太常寺协律郎。其余诸书虽未署撰写人名,从序文看,撰写目的方式基本一样,且书名前都冠以"新集"二字。后者有归义军节度判官权掌书记张球编撰的《略出籝金》(P.2537)等和佚名氏编《略出本春秋后语》(P.2569)。前者采辑同类书新编成书,后者对一种典籍省简而成。《新集周公解梦书》是当时新编诸书中的一种,为剪裁纂录其他解梦书而成,是知其撰集于晚唐张氏归义军时期。

P.3908《新集周公解梦书》写本虽然是完本,就其中抄写错误来说,仍然很多,特别是脱字、误字较多。误字以形近致误最多。脱失文字方面,像天文章"梦见崩者,年大荒",据S.5900得崩前脱"天"字。地理章"梦见地者,主移转",据P.3281《周公解梦书》、P.3105《解梦书》等得知地后脱"动"字。"梦见身入者,大吉",据P.3281身后脱"土"字。饭食章"梦见食猪者,主口舌;梦见食犬者,死亡",猪、犬后皆脱"肉"字。"梦见百味者,大吉",百前脱"食"字。龙蛇章"梦见上屋,

[1]《敦煌社会经济文献真迹释录》第5辑,第300页。
[2]《敦煌社会经济文献真迹释录》第5辑,第312页。

大凶",上前夺"龙(或蛇)"字;"梦见鳖者,主百吉但",百后夺"事"字,"但"为衍字。舟车桥市谷章"梦见车无轮辐,败","梦见市中得者,大吉";"梦见麻豆麦者,酒食",原卷败、者、酒字前夺"事""谷""得"字。生死疾病章"梦见与死同食,吉",由 S.620 食会沐浴篇之"梦见共死人食,有忧事,一云大吉"条占辞得知死后夺"人"字。关于错字误字,"凶"字多作"亡",地理章"梦见土在身,大亡"。由 P.2829、P.3281"梦见土在腹上,忧子孙";P.3105"梦见(土在)心腹上,失子孙"。"大亡"一辞解梦书中多不用,亡、凶草体形近致误。山林草木章"梦见草木茂盛,宅王",按"王"乃为误字,非"亡"亦"旺",然两义相反。此卷冢墓章亦有"梦见墓林茂盛,家王",家王与宅王义同。由此卷冢墓章之"梦见冢上生树者,大吉",S.2222、P.3685 林木章,P.3105 棺墓部有"梦见墓林茂盛,富贵",草木茂盛与墓林茂盛预兆家境兴旺,从"富贵""大吉"之梦兆证实"王"乃"旺"之误。水火章有"梦见井佛者,合大富","梦见遂贼行,合大吉","梦见彼打趁者,大凶",佛、遂、彼乃沸、随、被三字音近致误。人身梳镜章"梦见牙齿生者,大王"王乃"旺"字音同致误。"梦见入狱吃仗,并吉","仗"乃"杖"字音同形近误。庄园田宅章"梦见移电,主再婚;梦见电下流水,大吉"电与"灶"字繁体形近致误。衣服章"梦见衣服砂,忧妻病;梦见戴睛者,主官位",衣服砂、戴睛梦象不清楚,疑为"破""帻"两字形近致误。六畜禽兽章"梦见章鹿,主得官",章,乃"獐"字之误。刀剑弓弩章之"梦见狡剑行者,大富","挟"字形近致误。十二支日得梦章有"亥日梦者,官史,疾病事",史乃"事"字音同致误。恶梦为无禁忌章"左绳缚荨是其四"之"左"乃"作"字之误,"井电相见是十一""将刀安电上是十八"之"电"乃"灶"字之误。"捕地席冷地卧者,不祥"之"捕"乃是"铺"字之误。

总括此卷误字错字基本是形近致误、音同致误。其余情况甚少。

《新集周公解梦书》分为天、地理、山林草木、水火盗贼、官禄兄弟、人身梳镜、饭食、佛道音乐、庄园田宅、衣服、六畜禽兽、龙蛇、刀剑弓弩、楼阁家具钱帛、舟车桥市谷、生死疾病、冢墓棺才凶具、十二支日得梦、十二时得梦、建除满日得梦、恶梦为无禁忌等、厌攘恶梦等 23 章。内容分类比《周公解梦书》要严肃得多。刘文英也说："此书章次、文字相当整齐。"[1]但仍然避免不了占辞条目混杂等方面的问题。像官禄兄弟章"梦见身成肥瘦,大凶"条占辞放在这个章中实在有些勉强。人身梳镜章占辞内容太庞杂,而且往往与其他章节内容冲突。特别是"梦见绳索者,主长命"当入家具章,"梦见马者,主大凶"应入六畜章,"梦见身病者,忧事"应入生死疾病章,归入此章有些门不对户,显得不伦不类。庄园田宅章"梦见图画者,有亲姻",亦属归类不当。龙蛇章包括飞鸟、飞虫、龟鳖鱼等内容,内容与子目不太吻合。舟车桥市谷章"梦见登山垄者,主官贵,梦见从高坠地,大凶",应归入地理章。比起《周公解梦书》来说,其错误少得多。是知作者在撰述过程中不是草草了事,内容分类还是比较严肃的。另外就是章目与占辞内容存在一定距离,互相矛盾,分章归类不当。据章目内容凡与土有关的都归入地理类,但却在山林草木章中把山的内容提了出来。这样一来,与土有关的山垄既可归之地理章,又可归之于山林草木章,一条占辞就有两个章目可归入。又如《庄园田宅章第九》与《楼阁家具钱帛章第十五》,庄园田宅章中包括了屋宅及相关的门、灶、厕等,但在楼阁家具钱帛章的楼店、楼阁、房屋等又与庄宅有关。此卷解梦书一项子目容纳了许多内容,尤其表现在官禄兄弟、人身梳镜、龙蛇、舟车桥市谷等章,其与辞内容都包揽了章目以外的内容,这些占辞内容大都在章目上反映不出来,且解梦书中没有为这些占辞另立章目。官禄兄弟章中圣人、帝王、尊长、贵人、官、君王、戴冠、佩印、把笏、父子、兄弟等方面的内容,亦很难另立章目。人身梳镜章除梳镜和与自身有关的头发、牙齿等内容以及混入部分占辞条目外,还有枷锁、入狱吃杖等内容,舟车桥市谷章除章目标明的内容外,还包括了道路方面的内容:"梦见从险道行者,吉;梦见路上屎尿,大得财",此卷解梦书未为道路专门立章目,故把道路方面的两条内容附之相关的桥之下,桥包含了桥道。

---

〔1〕《中国古代的梦书·历代梦书考证》,第12页。

9.5 《解梦书残卷》

敦煌写本 P.3571V《解梦书残卷》 前残及上半行残,残存 20 行下半行,末尾未写完。书写十分潦草,极难辨认。王重民《敦煌遗书总索引·伯希和劫经录》记载:"3571 关于佛教之论文。背为星占书(原卷横断,故正面存七十行上半行,背存者为下半行)。"[1]《敦煌遗书总目索引新编·斯坦因劫经录》仅仅指出了"P.3571 佛名经"[2],都未为此卷解梦书定名,黄永武定名为《占梦书》,在其编撰之《敦煌遗书最新目录·巴黎所藏敦煌汉文卷子目录》曰:"伯 3571 佛家破妖伪说。伯 3571 背面占梦书、占日书。"[3]由原卷抄本看,P.3571 背面内容分两部分,第一部分是解梦书,未抄完,仅存解梦理论、十二支日得梦吉凶及天地章部分内容;第二部分是占卜书,前有"镇宿"二字,或即书名,审其内容为日月食占,其中有许多关于佛教、祆教等方面的内容,当是由敦煌文士编写的敦煌地方行用的占书。抄写文字与解梦书相同而稍趋工整,皆为裱装正面文书而粘贴于其背面的。此卷解梦书以前无人辑录校注。黄正建称:"P.3571V。首残,后为占日食等(参'占候'类)。本段存 20 行(仅余下半段),字比较草。先似是序文,讲辩梦吉凶的方法,亦有'三日外解之,大吉'的说法。然后是十二支日占梦,如'丑日梦者,三日内得横财',最后是天地章中的部分内容。"[4]戴仁先生仅在其《敦煌写本中的解梦书》一文中为注释 P.3908《新集周公解梦书》中的"十二支日得梦章第十九"而引用了一部分此卷内容。然以此卷解梦书之解梦理论、十二支日得梦吉凶及天地章部分内容与《新集周公解梦书》相比较,不难发现,此卷是独立于敦煌写本其他解梦书之外的又一种解梦书。

---

〔1〕《敦煌遗书总目索引》,第 290 页。

〔2〕敦煌研究院编《敦煌遗书总目索引新编》,第 109 页。

〔3〕《敦煌遗书最新目录》,第 730 页。

〔4〕黄正建《敦煌占卜书与唐五代占卜研究》,学苑出版社,2001 年,第 70 页。

（前缺）

[1] ＿＿＿＿＿ 已辨吉凶。凡是□梦,先观前

[2] ＿＿＿＿＿ □。若狂奸谄佞之人,或多凶乱

[3] ＿＿＿＿＿ 占法。梦想神在其傍安人,战神

[4] ＿＿＿＿＿ 已如梦想,亦有自消灭化法。

[5] ＿＿＿＿＿ 旦于宅书之吉。其梦是吉,占法

[6] ＿＿＿＿＿ 仍三日外解之,大吉。凡梦一更

[7] ＿＿＿＿＿ □梦者,明日凶。后夜日(四)更梦者,明日

[8] ＿＿＿＿＿ □敕二回,再梦百日已来夜。

[9] ＿＿＿＿＿ 酒肉。丑日梦者,三日内得横财。

[10] ＿＿＿＿＿ 梦者,有口舌,凶。辰日梦者,有病,病

[11] ＿＿＿＿＿ 日梦者,所求皆得。未日梦者,有远[行]。

[12] ＿＿＿＿＿ □如平平。戌日梦者,□官事散,吉。

[13] ＿＿＿＿＿ □敕二。梦见祀事者,大富贵,吉。

[14] ＿＿＿＿＿ 日,一光明,大富贵。[梦]见日初出者,大富
[贵]。

[15] ＿＿＿＿＿ 二暗,家有病。[梦]见大雨者,得酒肉。

[16] ＿＿＿＿＿ 流星,住宅不安。[梦]见大风者,行人好。

[17] ＿＿＿＿＿ 落雪,大吉利。[梦]见在虚空中住,大吉。

[18] ＿＿＿＿＿ 之事。[梦]见地侧倾者,大吉。[梦]见登高

[19] ＿＿＿＿＿ 大凶。[梦]见运土入宅,大富贵。[梦]□见

[20] ＿＿＿＿＿ 大吉利。[1]

敦煌写本诸解梦书中仅《新集周公解梦书》与本卷解梦书有十二
支日得梦占吉凶,但梦兆吉凶相去甚远或互相矛盾:

十二支得梦日	P.3571V	P.3908
子日梦者	酒肉	主失脱,东家口舌

〔1〕图版参《法藏敦煌西域文献》第 25 册,上海古籍出版社,2002 年,第 354 页。黄永武编
《敦煌宝藏》第 129 册,台湾新文丰出版公司,1986 年,第 131 页。

丑日梦	三日内得横财	主财入宅及喜悦
寅日梦	残缺	得酒肉,远行
卯日梦	有口舌,凶	主外客至,忌官事
辰日梦	有病	酒肉事,得外财
巳日梦	残缺	东家小儿病
午日梦	所求皆得	远行到,人生□吉
未日梦	有远行	主酒肉,喜乐,吉
申日梦	残缺	主官事
酉日梦	□如平平	主酒食之事至
戌日梦	官事散,吉	远行至得外财
亥日梦	残缺	官事疾病事

从比较中得知,相同梦兆的占辞几乎没有,相近的梦兆仅有丑日得梦,P. 3571 V 的占断辞是"三日内得横财",P. 3908 为"主财入宅及喜悦"。大部分梦兆占辞不相同或相反。像辰日得梦,P. 3571 V 作"有病",当是凶兆,而 P. 3908 作"酒肉事,得外财",应当是吉兆。子日得梦,P. 3571 V 作"酒肉"是吉兆,而 P. 3908 作"主失脱东家口舌"是个凶兆。这些都说明 P. 3571 V 与 P. 3908 是源自于不同的两个解梦书。

关于这一点,我们还可以从 P. 3571 V 有关天地部分占辞与其他解梦书的比较中看出:"梦见日初出,大富贵",P. 3105 作"名位升",S. 2222 背、P. 2829 作"名位至",唯《周公解梦书》(P. 3281)作"富贵"。名位至和名位升虽与大富贵不同,但并不相违背。

"梦见大雨者,得酒肉",P. 3105"梦见天阴雨,身有患","梦见雨落,春夏吉,秋冬凶"。唯《新集周公解梦书》有"梦见雷雨者,得酒肉",雷雨,即大雨。敦煌写本解梦书中亦有饮酒肉的梦象预兆是天下雨:P. 2829、S. 2222 背"梦见饮酒,天雨欲下",S. 2222《周公解梦书》"梦见饮酒肉,天雨",是知下雨与酒肉可以互为梦象、梦兆,梦见下雨可以得酒肉,反之梦见饮酒肉就要下雨。

"梦见流星,住宅不安",P. 3281、S. 2222《周公解梦书》同,P. 3908无"住"字。

"梦见大风者,得人好""梦见在虚空中住,大吉"其他解梦书俱无此占辞。

"梦见地侧倾,大吉",P. 2829、S. 2222 背"梦见堂陷,忧官",P. 3281"梦见堂中地陷,忧官","梦见地陷,忧母死"。P. 3908"梦见地陷者,宅不安"。倾,义同"陷"。敦煌写本其余解梦书的占辞皆为凶兆,而此卷解梦书的占辞为吉兆,与之正好相反。

"梦见运土入宅,大富贵",P. 2829、P. 3908 作"大吉",P. 3281 作"梦见运土堂中,大吉利",基本相同。

"梦见祀事者,大富贵,吉",其余解梦书无此条占辞,唯 S. 620《占梦书》有近似占辞以资参考:"梦见社宫,必得好妇,大吉""梦见家有相祀,福至""梦见神庙,必富贵。"

从以上占辞条目比较中可以看出,此卷占辞条目有些与《周公解梦书》同,有些条目与《新集周公解梦书》同,还有的两书俱无。更有甚者与之相反。这就说明了他们之间没有撰写上的渊源关系,这是一种新的解梦书。

关于此卷解梦书的抄写时间,从与之相连抄的《占卜书》推测,当是归义军时期的抄本。

9.6 《占梦书》残卷

敦煌写本《占梦书》残卷,仅有 3 个卷号,即 S. 620、P. 3990 和 Дx. 10787。3 卷均前后残缺,无撰写人署名及书名。关于这 3 卷占梦书,其中两卷刘文英先生《中国古代的梦书》一书中有辑校录文,然录文错误甚多,有些地方不可卒读。

敦煌写本 S. 620[1]　王重民《敦煌遗书总目索引·斯坦因劫经录》定名为《解梦书》,背面有七言绝句一首。[2]　黄永武《敦煌遗书最

---

〔1〕图版参《英藏敦煌文献(汉文佛经以外部分)》第 2 卷,四川人民出版社 1990 年,第106 – 109 页。黄永武编《敦煌宝藏》第 5 册,台湾新文丰出版公司,1986 年,第 185 – 139 页。
〔2〕王重民《敦煌遗书总目索引》,第 122 页。

新目录》定名同。S.620 背面七言绝一首因墨迹甚淡,从缩微胶卷及《敦煌宝藏》都看不清楚,故不可释读,又有杂写一行"有好恶梦者必览而□□□□",并有修补过的痕迹。起于 23 篇,止于 43 篇,共 158 行。残存屋宅、水、火、桥道门户、飞鸟、鱼鳖、猪羊、龙蛇、六畜、船车游行死腾、野禽兽、飞虫、冢墓棺椁、文武职官、食会沐浴、鬼魅军旅污辱、农植五谷、佛法仙、斩煞害斗伤、捕禁刑罚、饭食等篇。其中屋宅篇有文无目,捕禁刑罚篇文多残缺,饭食篇有目而无文。从篇目分类及其占辞量来看,此卷残存的相当于原解梦书的 1/3 左右。与其他解梦书比较,此卷解梦书分目最详细,每类篇目下占辞最多最全,占辞条目归类上也非常严肃。

关于此卷定名,王、黄以为《解梦书》,刘文英先生以为:"敦煌遗书斯 620,残缺无题,作者阙名,编者拟题为《解梦书》。经与其他梦书比较,伯 2829 和斯 2222(2)原俱有题为《解梦书》,而斯 620 与它们迥然不同,亦与《周公解梦书》和《新集周公解梦书》不同。为便于区别,现改拟题为《占梦书》。此书在形式上有一个显著的特点,就是篇幅极其浩大。在敦煌现存的各种梦书抄本中,此书章次子目最多,占辞条目最多,残卷从'水篇第廿四'开始……一直到'饭食篇第四十三',全书似还没有结束。据粗略统计,残卷占辞共有 430 多条。篇目如此细碎,占辞如此繁多,显然吸收了其他许多梦书的内容。斯 620 在思想上,对佛道兼收并蓄,没有抑扬,这种特点,同宋代的文化背景相合。《宋志》有王升缩《占梦书》十卷,斯 620 或即其残卷,有待进一步考证。"[1]刘文英把 S.620 解梦书定名为王升缩《占梦书》的原因有三,一是防止与 P.2829 等混同;二是篇幅浩大,篇次子目及占辞条目最多,吸收了其他许多解梦书内容;三是佛道并蓄没有抑扬,同宋代文化背景相合。

刘文英拟定为王升缩《占梦书》残卷仍有一些问题。其一,关于王升缩其人的时代问题,《宋史·艺文志五》五行类记载的解梦书有"卢重玄《梦书》四卷。柳璨《梦隽》一卷。《周公解梦书》三卷。王升缩

〔1〕《中国古代的梦书·历代梦书考证》,第 12－13 页。

（或无缩字）《占梦书》十卷。陈襄《校定梦书》四卷"，并未注明王升缩是宋初或更晚些时候的人，归义军时期（或藏经洞封闭年代）与宋代交错仅70余年（960—1030），若王升缩属宋中后期，其书收藏于敦煌藏经洞将是不可能的。其二，王升缩的《占梦书》10卷，部头浩大，而敦煌写本《占梦书》廿三至四十三篇才六千余字，与P.3908比较，囊括了该解梦书的主要内容，若加上前面残缺的廿二篇内容，实际上《占梦书》的主体内容都有了。就是第四十三篇以后再残缺，残缺量也不会超过此卷现存的篇幅量。在《占梦书》1/3量中没有分卷，就是分卷号部分残缺，此卷《占梦书》原本也不会超出3卷，这样从分卷上就否定了此卷《占梦书》是王升缩《占梦书》10卷残卷。其三，毫无疑问，此卷解梦书是敦煌诸解梦书中篇幅浩大、篇次子目及占辞条目最多的解梦书，那么这些占辞条目是否吸收了其他解梦书的内容，关于这一点我们通过比较也是否定的。

S.620与各种类书中收录诸解梦书比较，差异甚大，就是与现存的敦煌写本解梦书比较，大部分内容不合或相异。P.3908有"梦见僧尼，百事不合"，S.2222占断辞作"所为不成"，这就是说无论梦见僧或是尼，都是不吉利的事情，预兆要做的事不会成功。但此卷佛法仙篇占辞把僧与尼分开，"梦见师僧，诸佛守护，吉；梦见尼，所为不成"，梦见僧是吉利的预兆，尼是不吉利的预兆。又梦见神庙，P.3908作"先人求食"，此卷作"必富贵"。梦见马，P.3908作"主大凶"，是个凶兆；而此卷作"吉，乘行，大富"，是个吉兆。此卷梦见乘马除黑马预示财散、白马预兆有丧事，其余乘黄马、紫马、青马皆为吉兆。唯白马预兆丧事一条又见于S.2222六畜杂事章中。从此卷有关马的20条占辞比较看，仅白马一条占辞与《周公解梦书》相同，另一条与《新集周公解梦书》相反外，其余皆不见于其他解梦书。饭食方面，P.3908梦见食猪犬肉分别预兆为主口舌与死亡，S.2222作忧官事与争论，此卷作县官事起，虽然占辞不一样，但都不是好兆。又像梦见与人共食，P.2829作"大吉"，S.620作"集会"，虽然用语不一样，都是好兆。在梦见牛方面，除"梦见牛出门，奸事散"S.620与S.2222相同外，其余条目皆有差异。梦见羊

·欧·亚·历·史·文·化·文·库·

方面的内容,S.620"梦见骑羊,得奴婢,一云好妇"比起 S.2222"有好妇"内容更丰富。梦见驴方面,S.620"梦见乘驴,有钱至",S.2222 作"被人误",P.3908 作"有口舌"与之相去甚远。梦见犬方面,除"梦见犬子,有喜乐事""梦见捉犬,客来"两条大致相同外,其余都不相同。像犬咬人,P.3908 作"贵客来",S.620 作"事解",亦甚异。梦见虎,除 P.3908 作"加官禄"、S.620 作"身得兴官"相近外,其余条目均不见于其他解梦书。梦见獐鹿,P.3908 作"主得官",S.620 作"皆吉,在官,得印绶"。关于兔、猴占辞其余各解梦书俱不载。在关于梦见龙的占辞 S.620 与 P.3908 等均无重合现象。在梦见蛇方面,S.620"梦见蛇在怀中,有男女",S.2222 作"有贵子",两条占辞相同。梦见蛇咬人,S.620 作"妻必子",P.3908 作"母衰";梦见蛇上床,S.620 作"吉",P.3908 作"主死事",一吉一凶,梦兆相反。梦见龟,S.620 作"万人敬爱",P.3908 作"口舌",亦一吉一凶。P.3908 仅有"梦见鱼者,尽不祥"一条,而 S.620 梦见鱼翻天、大鱼、干鱼、钓鱼为凶兆外,其余占辞十一条半都是吉兆。梦见水流,P.3908 作"主诉讼",S.620 作"所诉得理",前者凶而后者吉。唯"梦见入水中戏者,吉"条 P.3908 与 S.620 相同,梦见赤水,S.2222 作"有官事",S.620 作"吉,入宅中,官事起",唯"入赤水"才预兆有官事。梦见妇人溺水中,S.620 作"忧子女,生贵子",P.3908 作"生贵子"。梦见大水,S.620 作"大富贵",P.3908 作"主婚姻"。从比较水方面梦的占梦辞来看,大部分不相同,少部分梦象相同而梦兆占辞不相同,只有两三条相同,但 S.620 较其他解梦书更详细。梦见把火夜行,P.3908 作"大通达",S.620 作"身必光荣",其义相近。此外关于火占辞相近的有 P.3908"梦见火烧屋者,父母病",S.620"梦见火烧门户,灾祸必至","梦见风火坏屋,凶,或迁徙",但不相同的占辞占了绝大部分。从这些比较中我们可以看出,S.620《占梦书》与其他解梦书占辞内容差异非常大,一部分吉凶相反,一部分详简不一,还有一些互无联系,只有少数个别占辞条目相近或相同。显然以此来推断 S.620《占梦书》吸收了其他许多解梦书的内容的说法是不合适的,以此来确定此为王升缩的《占梦书》十卷残抄本也很难成立。

《敦煌遗书总目索引新编》也定名为《占梦书》:"S. 620 占梦书。按:中有子目:木篇第廿四、火篇第廿五、桥道篇第廿六、飞鸟篇第廿七、鳌篇第廿八、猪羊篇第廿九、龙蛇篇第卅、六畜篇第卅一、人篇第卅二、野禽兽篇第卅三、杂虫篇第卅四、□墓棺椁篇第卅五、文武职官第卅六、食会沐浴第卅七、鬼魅军枪污辱第卅八、梦见农植五谷第篇第卅九、佛法仙篇第四十、梦见君子行斩杀害斗伤篇第四十一、外鬼求食捕禁形(刑)罚第四十二、饮食篇第四十三。"[1]尽管按语有一些语句错误,但是将其定名为《占梦书》显然是受到刘文英和我们的《敦煌本梦书》的影响。

至于 S. 620《占梦书》残卷属于哪种解梦书,我们原先撰写《敦煌本梦书》时采用刘文英先生的定名,后来史睿先生书评中指出其误:"《敦煌本梦书》的分类大致是正确的,但将 S. 620、P. 3990、P. 3571V 三件文书都定名为《占梦书》,笔者认为不妥。S. 620 和 P. 3990 与前面定名为《解梦书》的几种梦书没有差别,且残卷中并无占梦内容,不知作者何以名之为《占梦书》?"[2]在中国古代占梦与解梦含义相同,定名为《占梦书》亦无大错。至于它的原名,还有待以后进一步研究。

敦煌写本 P. 3990[3] 王重民《敦煌遗书总目索引·伯希和劫经录》记载:"3990 新集文词九经抄。背为解梦书,内有子目'船车游行死腾篇第二十九'。"[4]该卷首尾残缺,残存 23 行,中有"游行死腾篇第廿九"子目,与 S. 620 相对照,是知为同一占梦书抄本,唯六畜篇第廿八有文无目。其占辞条目与 S. 620 相同,唯少数占辞条目文字稍异,可以互相校正。S. 620"梦见乘驴,有贱至",该卷作"梦见青驴骡,有财至",刘文英先生误以为是不同的两条占辞[5],实际是互误所致,"青"与"乘"音近致误,"财"与"钱"义同,"贱"乃"钱"字之误。P. 3990"梦见犬吐,

〔1〕敦煌研究院编《敦煌遗书总目索引新编》,中华书局,2000 年,第 21 – 22 页。
〔2〕史睿《郑炳林、羊萍〈敦煌本梦书〉》,载《敦煌吐鲁番研究》第 3 卷,北京大学出版社,1997年,第 414 – 419 页。
〔3〕图版参黄永武主编《敦煌宝藏》第 132 册,第 446 页。
〔4〕王重民《敦煌遗书总目索引》第 299 页。
〔5〕《中国古代的解梦书·〈占梦书〉残卷》,《六畜篇第卅一》录文及注,第 58 – 59 页。

家贵得食",梦象明了而占断之辞不可解,S. 620"梦见犬坐,家鬼得食",由是得知 P. 3990"贵"乃"鬼"音同致误,S. 620"坐"乃"吐"字形近致误。P. 3990"梦见牛,宜蚕","梦见黑牛,失物覆得"。由 S. 620 得知前者应作"梦见黄牛,宜田蚕",后者占辞中"覆"应作"复"。S. 620"梦见男女同船行"条占辞脱占断辞,由 P. 3990 得知是"移徙"。S. 620"梦见乘船升日月,位帝事",位帝事,不可解。由 P. 3990 得知"位帝事"乃"帝王位事"之误。P. 3900"梦见乘船行,家欲安隐",由 S. 620 证实"隐"乃"稳"字之误。"梦见从高向下,吏失任,凶",由 S. 620 得知"高"后脱"处"字,"任"为"位"字之误。因此,P. 3990 对校勘 S. 620 作用甚大。

Дх. 10787　　Дх. 10787 俄藏敦煌写本占梦书残卷,在《俄藏敦煌文献》第 15 册出版以前很少有人注意[1],法国的戴仁、日本的管原信海及中国学者黄正建、刘文英等的梦书写本研究也很少论及。[2]　1995年,我对敦煌写本解梦书进行整理和研究时,当时所接触的敦煌文书主要是英藏敦煌文献 6980 以前的部分、法藏敦煌文献,共有解梦书写本12 个卷号,分别是 S. 5900《新集周公解梦书》、S. 620《占梦书》、S. 2222《解梦书》、S. 2222《周公解梦书》、S. 2072《佚类书·占梦》、P. 3908《新集周公解梦书一卷》、P. 3281《周公解梦书》、P. 3685《周公解梦书》、P. 3105《别解梦书》、P. 2829《周公解梦书》、P. 3990《占梦书》、P. 3571V《解梦书》等。后来从郝春文先生手中得到了英国印度事务部图书馆藏 Fragment 58 号《先贤周公解梦书一卷并序》写本复印件,又请敦煌

<hr>

[1]《俄藏敦煌文献》第 15 册,上海人民出版社,2000 年,第 48 页。

[2]戴仁《敦煌写本中的解梦书》("Drège Clefs des songes de Teuen-huang"),原载日内瓦1981 年出版的《敦煌学论文集》第 2 卷。参〔法〕谢和耐、苏鸣远等著,耿昇译《法国学者敦煌学论文选萃》,中华书局,1993 年 12 月,第 312 - 349 页(*Nouvelles Contributions aux etudes de Touen-huang*,1981,pp. 205 - 250)。黄正建《唐代占卜之一——梦占》,载《敦煌学辑刊》1986 年第 2 期(总第 10 期),第 145 - 147 页。高国藩《敦煌古俗与民俗流变》第七章《敦煌〈解梦书〉与梦的解释》,河海大学出版社,1989 年 12 月,第 240 - 290 页。姚伟钧《神秘的占梦》,广西人民出版社,1991 年。刘文英《中国古代的梦书》,中华书局,1990 年;《梦的迷信与梦的探索——中国古代宗教、哲学和科学的一个侧面》,中国社会科学出版社,1989 年。管原信海《占筮书》,载《讲座敦煌》(5)《敦煌汉文文献》,大东出版社,1992 年,第 450 - 451 页。

研究院李正宇先生访问俄罗斯东方研究所时抄来了俄藏 Дх.1327《解梦书》和 Дх.2844《解梦书》写本残卷，当时接触的只有 16 个敦煌解梦书写本。[1] 对于俄藏敦煌写本的了解只限于孟列夫的《俄藏敦煌汉文写卷序录》的记载，而孟列夫的《俄藏敦煌汉文写卷》记载了 Дх.1327 和 Дх.2844 并称为《圆梦者》外[2]，对于其他解梦书没有任何记载，因此这卷解梦书的保存情况我们无从得知。上海古籍出版社出版了《俄藏敦煌文献》第 15 册收录了这卷敦煌写本解梦书残卷，编号 Дх.10787，残存了两片，正面和背面皆书写梦书占辞，内容衔接，但是首尾残缺，没有题记和题名。

图 9-7　Дх.10787-2　　　　图 9-8　Дх.10787-1

〔1〕郑炳林《敦煌本梦书》，甘肃文化出版社，1995 年。郑炳林《敦煌写本解梦书概述》，载《敦煌学辑刊》1995 年第 2 期，第 9-30 页。郑炳林《敦煌文献中的解梦书和相面书》，国家图书馆善本特藏部敦煌吐鲁番资料中心编《敦煌与丝绸文化学术讲座》第一辑，北京图书馆出版社，2003 年，第 153-174 页。

〔2〕孟列夫（L. N. Mensikov）主编《苏联科学院亚洲民族研究所藏敦煌汉文写本注记目录》（ Opisanie Kitaiskikh rukopisei Dunkhuanskogo fonda Instituta Narodov Azii ）Ⅰ—Ⅱ，1963-1964 年。俄文原名为 Под редакцией Л. Н. Меньшикова：《ОПИСАНИЕ КИТАЙСКИХ РУКОПИСЕЙ ДУНЬХУАНСКОГО ФОНДА НАРОДОВ АЗИИ》。袁席篦、陈华平译《俄藏敦煌汉文写卷叙录》上册，上海古籍出版社，1999 年，第 625-626 页。

·欧·亚·历·史·文·化·文·库·

为了研究的方便,现将文书内容释录如下:

(前缺)

[1]梦见[着]黄衣,有喜事。梦见冠帻飞落者,去冠(官)。梦见妇丑者,大吉。

[2]梦见串(穿)衣冠,有爵禄。梦见带(戴)冠佩者,大富贵。梦见衣冠,有爵禄。

[3]梦见新丧衣,事吉。梦见履怀(坏),家妻有外心。梦见履,生贵子孙,亦得官。

[4]梦见著(着)皮衣,大吉。梦见厕中粪污衣,得财,吉。梦见泥涂衣,被辱,凶。

[5]梦见脓污衣,有禄。梦见油污衣,有耻辱。梦见衣被及,文书事。

[6]刀剑弓箭篇第十三:梦见刀剑,得财吉。梦见刀自伤,有任(刃)乃利。梦见

[7]带剑,必有子,吉。梦见大刀,得财吉。梦见把刀行,口舌[散]。梦见与人刀

…………

[8]心开或喜事。梦见有客,悬官。梦见捕人在,悬官事。梦见沐浴,

[9]吉。梦见病沐浴,不吉。梦见身入市,富贵。梦见身有羽翼,仔(升)

[10]官,亦高贵。梦见高飞,忧远行。梦见身黄,德(得)病凶。梦见跑

[11]拜,喜事庆。梦见怀妊,忧病。梦见光明照身,大吉。梦见力更,富贵,

[12]得财。梦见路(露)齿笑,诤讼。梦见高飞,忧远行,[一]云凶,[一]云吉。梦见与人

[13]相击,大吉。梦见男子阴云,大吉。梦见解与人交,喜辱事。梦见

[14]自身碎,忧凶。梦见他辱受他拜,大吉。梦见被人辱,得横财。梦见

··········

[15]出行,忧病。梦见人来,外妇欲录系缚鸣解。梦见诸治病人,

[16]大吉。梦见吏人录,有神事,云佶命。梦见为吏所召不

[17]从,忧凶。梦见白衣使,忧丧,不吉。梦见得少人跑,拜。梦见妇人

[18]肥,气。梦见为所召者,神青。梦见画人形,被人奸欺。梦见矛人,

[19]忧凶,亦不吉。梦见身生毛,富贵。梦见至(虫)来附身,富贵。梦见

[20]妇人裸形,益宅。梦见身命(长),长命。梦见腹中有土,必病。梦见腹中

[21]出经潦,千里石。梦见腹中,得贵人力,或敕。梦见水中浮戏,吉。

··········

[22]梦见衣获财,妇有外意。梦见失靴履,忧奴婢走。梦见衣带结,事

[23]未散。梦见血污衣,得财。梦见衣服裳,解口舌。梦见青衣,得官。

[24]梦见失被,忧子孙。梦见五色斑黄衣,有喜贺事。梦见投掖,生贵子。

[25]梦见白者,微吉,梦见著新衣者,大吉。梦见着新裁幞头,死亡,梦见

[26]著新巾子,吉;破巾子,凶。梦见逢衣者,忧小儿。梦见孝衣带麻者,得官。

[27]梦见著大帽,得官。梦见新袜,吉;若破,凶。梦见持刀剑,得财,吉。

[28]梦见著赤衣,忧口舌。梦见得锦,诉颂(讼)得理。梦见鞋履,和合。[1]

（后缺）

从我们对这卷敦煌写本解梦书的释文内容看,有很多问题：

第一,出版中排列照片的顺序有错乱,即第一片与第二片之间内容衔接不上,第三片与第四片之间内容衔接不上,而第二片与第三片之间内容衔接,表明第二片与第三片为一页的正背两面图版,而其余第四与第一片为正背两面图版。又根据这两片内容,第一片前半部分内容与第四片内容一致,显然第四片图版与第一片图版内容衔接,顺序当是第四片图版在前,第一片图版为第四片图版之背面：

[22]梦见衣获财,妇有外意。梦见失靴履,忧奴婢走。梦见衣带结,事

[23]未散。梦见血污衣,得财。梦见衣服裳,解口舌。梦见青衣,得官。

[24]梦见失被,忧子孙。梦见五色斑黄衣,有喜贺事。梦见投掖,生贵子。

[25]梦见白者,微吉,梦见著新衣者,大吉。梦见著新裁襆头,死亡,梦见

[26]著新巾子,吉;破巾子,凶。梦见逢衣者,忧小儿。梦见孝衣带麻者,得官。

[27]梦见著大帽,得官。梦见新袜,吉;若破,凶。梦见持刀剑,得财,吉。

[28]梦见著赤衣,忧口舌。梦见得锦,诉颂(讼)得理。梦见鞋履,和合。

…………

[1]梦见[着]黄衣,有喜事。梦见冠帻飞落者,去冠(官)。

---

〔1〕图版参俄罗斯科学院东方研究所圣彼得堡分所、俄罗斯科学出版社东方文学部、上海古籍出版社编《俄藏敦煌文献》第15册,上海古籍出版社,2000年,第48页。录文参郑炳林《俄藏敦煌文献 Дх.10787〈解梦书〉札记》,载《敦煌学辑刊》2003年第2期,第1—8页。

梦见妇丑者,大吉。

[2]梦见串(穿)衣冠,有爵禄。梦见带(戴)冠佩者,大富贵。梦见衣冠,有爵禄。

[3]梦见新丧衣,事吉。梦见履怀(坏),家妻有外心。梦见履,生贵子孙,亦得官。

[4]梦见著皮衣,大吉。梦见厕中粪污衣,得财,吉。梦见泥涂衣,被辱,凶。

[5]梦见脓污衣,有禄。梦见油污衣,有耻辱。梦见衣被及,文书事。

[6]刀剑弓箭篇第十三:梦见刀剑,得财吉。梦见刀自伤,有任(刃)乃利。梦见

[7]带剑,必有子,吉。梦见大刀,得财吉。梦见把刀行,口舌[散]。梦见与人刀

第二,这4片解梦书残卷中共有3部分内容,与其他梦书比较主要是衣服篇、刀剑弓箭篇和人间事篇。从对这卷敦煌文书的辑录看,这卷敦煌写本解梦书的内容有些凌乱,显然是杂抄而成,定名有些困难。在第六行有"刀剑弓箭篇第十三",以下所记载的内容只有6条占辞与刀箭弓箭有关:

梦见刀剑,得财吉。梦见刀自伤,有任乃利。梦见带剑,必有子,吉。梦见大刀,得财吉。梦见把刀行,口舌[散]。梦见与人刀……

而敦煌文书P.3908《新集周公解梦书一卷》的内容与这卷文书从篇名到内容都有些相似或接近:

刀剑弓弩章第十三:梦见被刀伤者,失财。梦见把刀自刺,得财。梦见磨刀者,有大利。梦见把刀行者,口舌散。梦见与人刀剑,失利。梦见刀相斫者,亲事。梦见被刀煞,得长命。梦见把刀箭行,身贵。梦见弓弦断,事不就。梦见身被射,得人力。梦见挟

211

剑行者,大富。梦见军阵者,远行。[1]

两相比较,有一些区别:一是 P.3908 作章而 Дx.10787 作篇;二是占辞内容不同或者相互矛盾,如 Дx.10787"梦见刀自伤有任乃利"条,"任"应作"刃",这一条在 P.3908 中作"梦见把刀自刺得财",得财与得利意思相同。Дx.10787"梦见把刀行,口舌"条在 P.3908 中作"梦见把刀行者,口舌散",意思完全相反,是 Дx.10787 夺字还是两者源于不同的抄本,还有待进一步研究。Дx.10787"梦见与人刀……",P.3908除了刀字后有"剑"字外,占辞的结果是"失利"。Дx.10787 的其余三条占辞内容不见于 P.3908,而 P.3908 中有九条不见于 Дx.10787《解梦书》,就是互见的这三条占辞中就有一条内容接近。毫无疑问这两卷《解梦书》除了篇章排列数目一致外,别的没有任何相同的地方。所以,可以肯定,俄藏敦煌文书 Дx.10787《解梦书》与 P.3908《新集周公解梦书》根本不是一个东西,或者二者之间没有源流上的关系。从篇目排列以及占辞数量规模看,Дx.10787 解梦书应当与 S.620、P.3990等占梦书是属于一类梦书,所以我们将其定名为《占梦书残卷》。

第三,从 Дx.10787 册叶装的形式看,这卷文书的抄写时间应当是五代宋初。根据专家研究的成果,册叶装形式的出现,经研究认为应当是五代宋初。我们从 Дx.10787 解梦书的内容分析,这卷文书成书的年代不知是何时,但是在敦煌的流传过程中经过一定的改编加工,词条分类有些错乱,如《衣服篇第十二》中有"梦见持刀剑,得财,吉",就应当归入《刀剑弓箭篇第十三》,像这类情况还很多,只是没有这样明显而已。那么俄藏敦煌写本解梦书 Дx.10787 与其他敦煌写本解梦书的关系如何?为了解决这个问题,我们对俄藏敦煌写本解梦书 Дx.10787 的每个占辞与敦煌写本的其他解梦书做一些对照,较其异同,纠其源流,力图对这件俄藏敦煌写本解梦书做一些溯根正源的工作。

衣服篇没有篇名,保存占辞有 36 条,其中 2 条属于刀剑弓箭篇第十三占辞混入之外,其他解梦书不见记载的占辞有 17 条:梦见衣,获

---

[1] P.3908《新集周公解梦书一卷》,录文参郑炳林《敦煌本梦书》,第 6-24 页。

财,妇有外意。梦见衣带结,事未散。梦见着新裁襆头,死亡。梦见衣,获财,妇有外意。梦见五色斑黄衣,有喜贺事。梦见新丧衣,事吉。梦见着皮衣,大吉。梦见冠帻飞落者,去冠(官)。梦见缝衣者,忧小儿。梦见履怀(坏),家妻有外心。梦见履,生贵子孙,亦得官。梦见失被,忧子孙。梦见衣被,及文书事。梦见血污衣,得财。梦见泥涂衣,被辱,凶。梦见脓污衣,有禄。梦见油污衣,有耻辱。与其他解梦书相同的占辞有10条:梦见失靴履,忧奴婢走(S.2222V作"奴仆")。梦见衣服裳解,口舌(P.3908衣服章无"服"字)。梦见着青衣者,得官(P.3908衣服章)。梦见着黄衣者,有喜事(P.3908衣服章作"大喜")。梦见[着]白[衣]者,徵吉(P.3908衣服章梦兆作"主大吉")。梦见孝衣带麻者,得官(P.3281、S.2222器服章梦兆作"有官",又无"带麻"二字)。梦见着新巾子,吉;破巾子,凶(P.3908衣服章文字稍异而内容一致)。梦见破巾子,凶;新,吉。梦见新袜,吉;若破,凶(P.3908衣服章破后有"者"字)。梦见鞋履,和合(P.3908衣服章梦兆作"百事和合")。梦见厕中粪污衣,得财,吉(P.2829、S.2222V有"梦见陷厕中,贵;污衣,富"。P.3281、S.2222地理章、S.620鬼魅军旅污辱篇作"梦见陷厕污衣,得财";"梦见粪首、粪污衣,得财"。P.3908人身梳镜章作"梦见尿屎污衣,大吉")。内容接近的占辞有5条:梦见著赤衣,忧口舌(P.3908衣服章有"梦见着绯衣者,官事"与之接近)。梦见串(穿)衣冠,有爵禄。梦见带(戴)冠佩者,大富贵。梦见衣冠,有爵禄。梦见着大帽,得官(与这4条占辞内容接近的占辞有P3908衣服章"梦见戴帻者,主官位""梦见裁襆头,死亡"和官禄兄弟章"梦见戴冠帽者,大贵")。内容既接近又相反者有2条:梦见着新衣者,大吉(P.3908衣服章梦见着新衣者的梦兆是"疾病",而P.3281、S.2222哀乐章梦见着新衣者的梦兆是"宜官",与之接近)。梦见得锦,诉讼得理。P.3908楼阁家具钱帛章"梦见锦绣,忧官事";S.2222财物章"梦见罗纨,忧官事"与之接近,都是吉利梦兆的有:P.3908楼阁家具钱帛章"梦见绫绢帛,主大吉""梦见丝绵者,主长命";S.2222财物章"梦见丝绵,得财""梦见布绢,百事尽益"。其他解梦书有而Дx.10787缺载的占辞根据我们粗略统计有:

梦见着绿衣者,妻有娠(P.3908衣服章)。梦见着皂衣,讼得理(P.3281、S.2222器服章)。梦见着女人衣者,大凶(P.3908衣服章)。梦见着衣服者,大吉(P.3908衣服章)。梦见衣服破者,忧妻病(P.3908衣服章)。梦见腰带者,有官事(P.3908衣服章)。梦见被幞等,有喜事(P.3908衣服章)。梦见被褥,得钱财(S.2222财物章)。梦见线,有婚事(S.2222背)。梦见得针,大吉(S.2222背)。至于这些占辞属于Дx.10787残缺还是原卷没有记载,因为文书残缺我们不得而知。从中我们得到一些认识,就是Дx.10787与之关系不是很密切。从这些与其他解梦书有关系的占辞看,占辞主要取自P.3908衣服章、人身梳镜章、官禄兄弟章、楼阁家具钱帛章,S.2222地理章、化伤章和财物章,P.3281、S.2222器服章,以及S.620鬼魅军旅污辱篇等。把Дx.10787衣服篇与其他解梦书比较看,应当说本卷的归类更为合理贴切,比如"梦见陷厕污衣得财""梦见污衣衫得财"S.2222归为地理类和化伤类就很不合适。特别是"梦见着孝衣有官"P.3281和S.2222都归入器服章更是不伦不类、张冠李戴了。而这些占辞中除有1条与S.620接近外,很少有接近、相同或者相反现象,表明他们之间关系密切,属于一种解梦书的不同抄本而已。

其次,俄藏敦煌写本解梦书Дx.10787《刀剑弓箭篇第十三》,从篇名上来说,P.3908作《刀剑弓弩章第十三》,但是衣服章却作为第十章。P.3281、S.2222由于后半部残缺没有相应的篇章,特别是十二、十三章分别是林木、水章,表明Дx.10787与P.3281、S.2222没有关联和渊源关系。就分类名称来说,Дx.10787应当与S.620和P.3990一致,所以我们推测此卷解梦书应当是S.620和P.3990解梦书的不同时期的抄本。

俄藏敦煌写本解梦书Дx.10787关于刀剑弓箭篇的占辞内容却不多,应当说与刀剑有关的占辞仅有2行6条,加上混入衣服篇中的2条,共有8条占辞:梦见刀剑,得财吉(S.2222器服章作"得钱财");梦见刀自伤,有任,乃利(P.3908刀剑弓弩章作梦见把刀自刺得财);梦见带剑,必有子,吉。梦见大刀,得财吉。梦见把刀行,口舌(P.3908刀剑

214

弓弩章梦兆作"口舌散"，口舌后夺"散"字。）；梦见与人刀［剑，□□］
（P.3908 刀剑弓弩章作梦见与人刀剑失财）；梦见持刀剑，得财，吉。与
之相近内容的占辞分别见于 S.2222 器服章、P.3908 刀剑弓弩章和 S.
620 斩杀害斗篇等。从最后一条占辞"梦见与人刀剑"的梦兆根据 P.
3908 是失财，不是"心开或喜事"，根本连接不上，二者之间没有连接关
系。

　　俄藏敦煌写本解梦书 Дx.10787 共有占辞 44 条，其中不见于其他
解梦书的有 37 条：梦见身更，富贵，得财；梦见身自碎，忧凶；梦见身有
翼，升官，亦高官；梦见高飞，忧远行；梦见高飞，［一］云吉，［一］云凶；
梦见身生毛，富贵；梦见出行，忧病；梦见身黄，得病，凶；梦见跑拜，喜事
庆；梦见怀妊，忧病；梦见腹中出经漪，千里石；梦见腹中，得贵人力，或
救；梦见身长，长命；梦见被人辱，得横财；梦见有客，悬官；梦见捕人在，
悬官事；梦见病沐浴，不吉；梦见路（露）齿笑，诤讼；梦见男子阴云，大
吉；梦见解与人交，喜辱事；梦见自身碎，忧凶；梦见他辱受他拜，大吉；
梦见被人辱，得横财；梦见人来外妇，欲录系缚鸣解；梦见诸治病人，大
吉；梦见吏人录，有神事，云佸命；梦见为吏所召不从，忧凶；梦见白衣
使，忧丧，不吉；梦见得少人跑，拜；梦见妇人肥，气；梦见为所召者，神
青；梦见画人形，被人奸欺；梦见矛人，忧凶，亦不吉；梦见身生毛，富贵；
梦见至（虫）来附身，富贵；梦见妇人裸形，益宅；梦见腹中，得贵人力，
或救。Дx.10787 与其他解梦书内容相同的有 4 条：梦见［日月］光照
身，大吉（P.3105 日月部、P.3908 天文章、P.3281 与 S.2222 天事章、P.
2829 与 S.2222 背梦兆作大贵或者富贵）；梦见沐浴，吉（S.620 归为食
会沐浴篇，而 P.3908 归为人身梳镜章。S.620 食会沐浴篇卅九记载内
容包括沐浴疾病饮食等，关于沐浴有 4 条："梦见沐浴，妻病解除，吉。
……梦见涂水沐浴，大吉，富贵。梦见浴者，忧愁疾病除，喜事。梦见水
沐浴，大吉。"P.3908 人身梳镜章有"梦见沐浴者，百事吉"，沐浴的梦
象是吉利的征兆）；梦见身入市，富贵（S.2222 和 P.3685 均有相同的占
辞并归入市章第九，另外还有 2 条"梦见市中坐，得官；梦见先祖入市，

生贵子"[1]与之接近,足见梦见入市是一种吉利的梦象);梦见水中浮戏,吉(S.620"梦见拍浮水中者,酒肉"与之接近。能有酒肉吃,当然是吉利的事情。相同的占辞有 P.3908、S.620 水篇作"梦见水中戏者,大吉")。与其他解梦书内容接近的占辞有 3 条:"梦见怀妊,忧病"(怀妊,当指妻怀妊,疑怀妊前夺"妻"字,P.3908 夫妻花粉章有"梦见妻有妊,大凶";S.2222 背面有"梦见妻怀孕,与移人")"梦见与人相击,大吉"(这里使用反占,P.3908 官禄兄弟章、S.620 斩杀害斗伤篇记载兄弟相打是象征和合与吉利。S.2222 化伤章记载梦见与人斗净的梦象表示得财。S.620 斩杀害斗伤篇记载梦见以力相伤有喜事及梦见被杀或者被人伤、杀人、刺人与被人刺等从反象来讲都是吉利的征兆);梦见腹中有土,必病(相同的占辞不见记载,内容接近的占辞都是土在腹上,如 P.3281、S.2222"梦见土在腹上,忧子孙";P.3105"梦见土在心腹上,失子孙";P.3908"梦见土在身,大凶",完全相同的占辞没有)。这些占辞主要取自于其他解梦书的食会沐浴篇(S.620)、人身梳镜章(P.3908)、市章(P.3685、S.2222)、杂事章(S.2222)、日月部或者天文章天事章(P.3105、P.3908、P.3685、S.2222)、官禄兄弟章(P.3908)、化伤章(S.2222)、斩杀害斗伤篇(S.620)、地理章(P.3105、P.3908)、水篇(S.620)等中。值得我们注意的是,这些占辞见载于 S.620 的食会沐浴篇和水篇中有 2 条,足见 Дх.10787 与 S.620 之间不仅仅只是单纯的抄写时间的不同,可能还存在改编上的差异。

俄藏敦煌写本 Дх.10787《占梦书》写本收录占辞共 80 条,从我们将其与其他解梦书比较,可以得出这样几点认识:第一,从解梦内容来说与其他解梦书不完全一致,主要表现在与其他解梦书完全相同的梦象占辞占 1/3 弱,内容接近的梦象占辞约占 1/3,梦象占辞相反或者不见记载的占 1/3 强。就是说与其他敦煌写本梦书大异而小同,是证俄藏 Дх.10787《占梦书》是独立于其他解梦书之外的一种新的解梦书。第二,占辞分类与其解梦书也不一致,就是此卷同类解梦占辞,在其他

---

[1]P.3685《周公解梦书残卷》,录文参《敦煌本梦书》,第 107 – 114 页。

解梦书中并不在同一类中。衣服类中有些在其他解梦书中有衣服,也有不在衣服章中,如器服章、官禄兄弟章、地理章、鬼魅军旅污辱篇等,有的是其他解梦书分类不合理,也有的是此卷分类有问题。第三,抄写不仔细认真,错字误字很多,夺失文字的地方也很多。甚至很多将其他类的明显与本类毫无联系的占辞误入本类。

尽管此卷存在很多问题,但是对研究晚唐五代敦煌地区古代民俗及其社会都有重要的价值,特别是此卷很多占辞是其他解梦书所没有的占辞,对于补充其他解梦书记载的不足和纠正其他解梦书的失误价值很高。

9.7　P.T.55 藏文写本《解梦书》

P.T.55　收集于《敦煌古藏文写本选集》的第一辑中。写本前后俱残,残存208行,并附一图。前13行有残缺。从总体看,P.T.55内容可以分为三部分:第1行至180行为占卜书,题为《十二支缘生相》;第181行至189行为佛教单词;第190行至208行即为解梦书。关于P.T.55藏文写本,国内外迄今为止无详文研究,在拉露和今枝由郎的题记中也只做了简略的介绍。关于P.T.55第三部分的解梦书,戴仁、菅原信海、高国藩、刘文英等先生均未提及,故这是一卷鲜为人知的敦煌写本解梦书,也是吐蕃文书中仅存的一件解梦书残卷。通过这件吐蕃文解梦书,可以了解吐蕃人梦占的大致情况及方法。

吐蕃人占卜有着较早的历史传统,《旧唐书·吐蕃传》记载吐蕃赞普与其臣一年一小盟时刑羊狗"令巫者告于天地山川日月星辰之神","多事羱羝之神,人信巫觋"[1]《新唐书·吐蕃传》记载"其俗,重鬼右巫,事羱羝为大神,喜浮图法,习咒诅,国之政事,必以桑门参决"。"赞普与其臣岁一小盟,用羊、犬、猴为牲,三岁一大盟,夜肴诸坛,用人、马、牛、间为牲,凡牲必折足裂肠。陈于前,使巫告神曰:'渝盟者有

---

[1]《旧唐书》卷196上。

217

如牲。'"〔1〕是知吐蕃风俗盛行占卜。在敦煌写本吐蕃文文书中,除了此卷的《十二支缘生相》外,还有灵龟占等大量占卜文书,都说明吐蕃占卜之风盛行。

吐蕃占领敦煌后,吐蕃占卜术影响到敦煌,吐蕃占卜书在敦煌官府、民间及佛教寺院中广为流传,P. T. 55 当是传入敦煌的吐蕃占卜书中的一件。至于敦煌吐蕃文占卜书传入敦煌的渠道,我们认为,其一是吐蕃官吏戍士带入敦煌的。吐蕃占卜风俗的信奉者首先是吐蕃人,吐蕃攻陷敦煌后,在瓜州置节度使衙,在敦煌置乞律本、节儿、都督、监军、部落使、监使等官吏,除都督、部落使等汉人可以出任外,其余皆由吐蕃人担任。因此,在敦煌任职的吐蕃官吏人数很多。乞律本是吐蕃在敦煌设立的一个临时性行政长官。节儿则是吐蕃平常驻沙州的行政长官,地位相当于唐代沙州刺史,敦煌文书中有数十卷号释门杂文、书仪及吐蕃文文书记载到节儿。S. 1438《书仪》:"新差节儿到沙州,百姓具安","某誓众前行,拟救节儿蕃使,及至子城南下,其节儿等民纵火烧舍,伏剑自裁,投身火中,化为灰烬"。敦煌吐蕃文文书 Fr. 80 记载:"沙州城保之汉人居民向我政权反抗,杀害吐蕃贵族,任职七年的都督、节儿也死在沙州。"监军则是吐蕃在沙州的军事统帅。因此,与之同驻守敦煌还有许多吐蕃人。其次驻守瓜州使衙的吐蕃官员,时常还派人到沙州寺院施舍,都反映了敦煌有许多吐蕃官员活动。有官员、将领,必然在敦煌驻守有许多吐蕃军队。这样,吐蕃占卜有信仰民众、传播基础,同时还有大量从事占卜的人——卜师,P. 4640《归义军布纸破历》记载有退浑卜师,当时退浑与吐蕃已无严格区分,时常互代,退浑卜师即吐蕃卜师,归义军时是这样,吐蕃时更是这样,故吐蕃占卜书在敦煌的流传是必然的。其二,敦煌吐蕃文占卜书是吐蕃与敦煌之间佛教文化交流的产物(副产品)。P. T. 55 第二部分为佛教单词,说明此卷解梦书传入敦煌与佛教特别是蕃汉大德高僧的活动有关。吐蕃的禅宗就

---

〔1〕《新唐书》卷 216 上。

是敦煌名僧摩诃衍及其弟子从敦煌传入的[1]，当时著名的藏汉佛经翻译家法成和尚亦受到吐蕃赞普的征招，尊为国师。[2] 法成的弟子唐悟真、曹法镜、康恒安等都是藏汉佛经兼通的敦煌名僧。唐悟真撰《敕归义军节度兵部尚书张公德政之碑》背面就有蕃汉对照常用单词[3]，北图新876号《咸通六年灵图寺点检吴和尚经论目录》记载都僧政法镜、知藏恒安负责此事，经论多是藏文。[4] 吐蕃统治敦煌时，在敦煌寺院内住有许多吐蕃高僧，敦煌释门杂文等经常记载到的蕃大德就是指这些人。如果说敦煌文书中保留的吐蕃文法制文书与吐蕃官吏有关的话，那么其中保存大量吐蕃文佛经当与蕃大德关系密切。因此，丝毫不排除P.T.55是这些蕃大德带入敦煌随身使用的占卜书。P.2555《大蕃敕尚书尚乞律心儿》记载尚乞律心儿"黄金布地，白璧邀工，进直道以事君，倾真心而向佛。爰乃卜宅敦煌古郡，州城内建圣光寺一所"。尚乞律心儿为建圣光寺而占卜，是用吐蕃占卜法还是汉族占卜法，因无明文记载，目前还无法肯定。但有一点是肯定的，尚乞律心儿在敦煌是信占卜的，作为一位吐蕃上层贵族官员如此，那么一般吐蕃民众信仰占卜之风一定很盛。

从敦煌吐蕃文解梦书的内容看，不像汉文解梦书那样直截了当。但从其基本思想看，就是凡人做好梦得好运，宏运来临，吉祥；相反做了恶梦是凶兆，对自己有害；以及判定好梦的方法和厌禳恶梦的方法。这些厌禳恶梦的做法与P.3908《新集周公解梦书》第廿三章厌禳恶有关系，区别在于怎样厌禳。尽管此卷解梦书只有18行，我们还是可以通

〔1〕木村隆德《摩诃衍之后的吐蕃禅宗》，载《敦煌译丛》，甘肃人民出版社，1985年，第221-230页。

〔2〕P.2913《大唐敦煌译经三藏吴和尚邈真赞》、P.4660《译经三藏吴和尚邈真赞》，见郑炳林《敦煌碑铭赞辑释》，甘肃教育出版社，1992年，第188、311页。上山大峻《大蕃国大德法师沙门法成研究》，载《东方学报》1967年3月第38卷和1968年3月第39卷。吴其昱《大蕃大德三藏法师法成传考》，载《讲座敦煌》(7)《敦煌与中国佛教》上。

〔3〕P.2762正面抄《敕河西节度兵部尚书张公德政之碑》残段，背面有《吐蕃华文对译字书》，内容：南、北、东、西、河西一道……特蕃、胡、退浑、回鹘、汉天子、回鹘王、土番天子、退浑王、龙王、龙。皆归义军时河西少数民族，说明悟真懂藏文。

〔4〕参郑炳林《北京图书馆藏〈吴和尚经论目录〉有关问题研究》，载《敦煌学与中国史研究论集》，甘肃人民出版社，2001年，第125-134页。

·欧·亚·历·史·文·化·文·库·

过它来了解吐蕃解梦的基本情况：解梦思想和方法。由于这是唯一留下来的中世纪的一卷吐蕃解梦书，故它是打开吐蕃人解梦之谜的钥匙，因此它的价值越显得高。为了对敦煌吐蕃文解梦书有一个完整的认识，现将190至208行吐蕃文解梦书汉译文附之于后：

［190］做好梦此后人获好运。梦无法判定吉凶时，

［191］背向东升的太阳洗脸，先点上神香，向太阳等一一致礼，

［192］神嘱咐后，安乐、得食。昨晚若做好梦

［193］天、神吉祥，宏运来临，贤者

［194］初显。若做恶梦，在屋内洗脸

［195］挑一小木棍，向仪轨行礼三次，喊"嗦"，并祈祷：以前的恶梦

［196］对我无害。你将木棍折成很多段，抛入火中，恶梦

［197］便如此被烧焦，不会再来。祈祷完毕，木棍被火焚烧，

［198］恶梦便同木棍一样，不会再现。然后将下面的三个硬土块

［199］取出，在自己的头上绕三次，把硬土块再放入水中搓揉，祈祷：昨晚的恶梦

［200］对我无害，此硬土块有害（恶梦）如同硬土块一样不会再来，

［201］对我无害。土块里有肾相抗的熏树，如果你得到

［202］熏树的余烬——昨日的恶梦的话，便对自己无害，［恶梦］不再滞留了。如果滞留

［203］的话，在三次之间，西边熏树的余烬会有火苗。用手将净土

［204］取出，这样就会忘记一个个恶梦，变害为利了。做极恶的梦

［205］可得此言。傍晚若做梦，春梦不利。初冬，

［206］清晨做梦，睡醒后身体未动时想，想起所做的

[207]梦;若已动身体时想,[就会]忘记所做的梦。损害的话,会有梦魇,

[208]称颂的话,则福运来临。[1]

敦煌吐蕃文解梦书主体内容是做了恶梦如何厌禳,反映了梦象对吐蕃人生活的影响。这是吐蕃人生活在恶劣环境对恶梦惧怕而又无能为力所做的一种心理安慰。

---

〔1〕对 P.T.55 敦煌藏文写本《解梦书》汉译的是中国藏学研究中心《中国藏学》编辑部黄维忠先生。

10 相书

敦煌写本相书,是保存于敦煌莫高窟石室中的各种相书的总称,这些相书共有 12 个卷号,大都抄写于唐五代时期,是了解隋唐五代时期相术发展情况的基本材料。从目前公布的敦煌写卷的情况看,12 个卷号的敦煌写本相书分别收藏于英法两国的图书馆。英法各藏有 6 个卷号,英藏的是 S. 3395、S. 5969、S. 5976、S. 9987B1V、Ch. 87、Ch. 00209[1],法藏的是 P. 2572、P. 2797、P. 2829V、P. 3390、P. 3492V、P. 3589V[2]。英藏的 6 个卷号中,编号为"S."的 4 个写卷,原藏于大英博物馆,后归英国国家图书馆收藏;编号为"Ch."的 2 个写卷,Ch. 00209 藏于大英博物馆,编入斯坦因所获敦煌绢纸艺术品目录;Ch. 87 原藏于印度事务部图书馆,后收入英国国家图书馆,因与藏文的民间神话传说同抄一卷[3],所以又有一个藏文编号 IOL Tib J 511(B)。法藏的 6 个卷号,均藏在法国国家图书馆。

最早对敦煌相书有所分类的,是法国学者侯锦郎。在发表于 1979 年的《敦煌写本中的唐代相书》一文中,他将自己所知的 9 个卷号的敦煌写本相书分别归结为 3 部著作,即"许负和其他 12 位著名相士"所

---

〔1〕其中,S. 3395 前段抄医方,后段抄相书,《敦煌遗书总目索引新编》分别录作 S. 3395a 和 S. 3395b。历来的相书研究者在提到此卷所抄相书时,均直接称 S. 3395,本书亦沿用这一习惯称呼,没有在卷号末尾标出"b"。《敦煌遗书总目索引新编》,中华书局,2000 年,105 页。

〔2〕其中的 P. 2829V,实际上正背两面各有一幅人体背痣图,学者在提到它时,多称 P. 2829V,如《敦煌学大辞典》"相书"条(上海辞书出版社,1998,第 621 页)、黄正建《敦煌占卜文书与唐五代占卜研究》(学苑出版社,2001 年,第 57 - 60 页);也有称 P. 2829 的,如侯锦郎《敦煌写本中的唐代相书》(《法国学者敦煌学论文选萃》,耿昇译,中华书局,1993 年,第 351 - 352 页)。本书服从大多数学者的意见,亦称 P. 2829V。

〔3〕Ch. 87 前面所抄藏文的内容,据黄维忠先生考察,是"藏族早期的神话传说,说的是传说中关于吐蕃王朝成立以前的各部落小邦的历史"。

撰的"一部叫作《相书》的著作""根据黑子相面"的著作,以及"根据容色进行相面"的相书。第一种包括 P.2572、P.2797、P.3589V、S.3395、S.5969 和藏文写本第 511 号(也就是 Ch.87),第二种包括 P.2829、P.3492V1、S.5976,第三种是 P.3390。侯氏并没有明确地说自己是在进行分类,也没有就此进行更进一步的研究,但他的这种划分实际上已经是一种分类研究了。可以看出,他所依据的标准,一是相书形式,即书名、作者署名及占辞形式;二是相书的内容与所用相法。侯氏的分类,大致体现了敦煌写本相书的基本状况,对后来研究者的影响很大。侯氏之后,对敦煌相书的分类研究大体上都是循着这种思路进行的。

　　1998 年出版的《敦煌学大辞典》用了 3 个词条来解释敦煌相书中的 11 个卷号,3 个词条均称"相书",将性质大体相类的不同残卷分别归并为 3 部相书,其一是 P.3390,二是 P.2829V、P.3492V、S.5976,三是 P.3589V、P.2572、P.2797、S.3395、S.5969、S.9987C1V 和 S.T.511。这种归并实际上表明了《敦煌学大辞典》对当时所见相书的分类。

　　而明确对敦煌写本相书进行分类,并按类加以研究概述的,是黄正建的《敦煌占卜文书与唐五代占卜研究》一书。在该书的第三章《敦煌占卜文书的类型及其与传世典籍的比较(一)》中,黄正建将敦煌相书的 12 个卷号,分作 3 种类型,并指出了它们各自的特点。他的分类如下:

　　(1)许负系统相书,共 2 类 4 种 7 件文书:甲类 Ch.87、P.3589V、S.5969;P.2572;P.2797;乙类 S.3395、S.9987B1V。

　　(2)黡子图(黑子图),共 4 件,分 3 种:Ch.00209、S.5976;P.2829V;P.3492V。

　　(3)面色图,1 件:P.3390。[1]

　　黄正建的分类研究相当细致,他不仅将 12 件相书分成了 3 大系统,并且比较了各件相书之间的异同,在每一系统的内部又进行了更细密的划分。他这样划分,所依据的理由与侯锦郎大体相同,即从相书的

---

[1]黄正建《敦煌占卜文书与唐五代占卜研究》,学苑出版社,2001 年,第 57-61 页。

外部形式和内容性质两方面来判断其所属。黄氏的划分研究得到了充分的认可，代表了目前学术界对敦煌写本相书的普遍看法。

目前有关敦煌写本相书最系统的研究，当推郑炳林、王晶波相继完成的《敦煌写本相书校录研究》《敦煌写本相书研究》[1]，这两部著作不仅对敦煌本相书做了全面的释录整理，而且从文化史视角对此类文献予以深入探究。本书的研究主要参考了以上两部著作。

Ch.87**《相书一部》** 此件单面抄写，首全尾残，存93行。书名作《相书一部》，下题“汉朝许负等一十三人撰”，后列出许负、李陵、东方朔、管公明、陶侃、耿恭、朱云、黔娄先生、张良、鹿先生、神农、李固、张禹等13人之名。并云：“许负相书及身面诸文簏合卅六篇，许负撰，并序。”所存篇目，包括序文在内，共计28篇。依次为：序、躯貌、五官、六府、面、发、额、眉、眼、鼻、耳颊、鼻人中、唇、口、齿、舌、声、颐颔、项玉枕、背、心胁、奶脐、玉茎大起、膝、踝脚、行步、臂手、额文。

此件相书原与一段藏文历史传说抄在同一写卷上，藏文编号为IOL Tib J 511，原卷全长192cm，高29.5cm，Ch.87为原印度事务部图书馆编号，长期以来一直未引起注意。王重民的《敦煌古籍叙录》中也未提起此件相书写本。最早提到它的是法国学者侯锦郎，他在《敦煌写本中的唐代相书》一文中提到印度事务部图书馆所藏的敦煌相书写卷，并注明了它的藏文写本编号。但侯氏的文章直至1993年才被译为汉文。侯氏虽提到此卷相书，但他并未对此进行研究。[2] 而其他学者一直未对此件相书加以注意，众多研究学者在谈到敦煌相书时，也未及此，如《敦煌学大辞典》中漏收此件，黄永武编《敦煌古籍叙录新编》、日本学者菅原信海《占筮书》、高国藩《敦煌民俗资料导读》《敦煌古俗与民俗流变》及陈祚龙等人均未提起这个卷号的相书写本，直至黄正建的《敦煌占卜文书与唐五代占卜》一书，才对此件相书进行了介绍研

〔1〕参见郑炳林、王晶波《敦煌写本相书校录研究》，民族出版社，2004年；王晶波《敦煌写本相书研究》，民族出版社，2010年。

〔2〕侯锦郎《敦煌写本中的唐代相书》，见《法国学者敦煌学论文选萃》，耿昇译，中华书局，1993年。

究,列为敦煌许负系统相书中的第一类A种。

此书题汉朝许负等13人撰,但其后所列的13人中,汉朝以后的有管公明、陶侃2人。管公明即管辂,三国魏人,《三国志》有传。陶侃,东晋人,《晋书》有传。可见此书成书的时代至少也应当在晋以后。在13名作者中,除许负为汉代有史的相士,管辂为三国著名术士以外,李固、张禹与相术有一些渊源,其余9人均未从事过相术活动,仅有不多的一些与相术有关的记载。可见其书称"一十三人撰"确实是伪托的。倒是P.3589、A.5969称"许负等一十三人集"更为准确。王重民在谈到P.3589、P.2572(A)、P.2797时,认为这些书"自古传行民间,久失撰人姓氏(或出于众人之手,原无撰人姓氏)。尊许负者便题许负相法,尊袁天纲者或谓为袁天纲相书;更多托古人,以炫其名贵,如此敦煌相之东方朔、管公明,张彦远著录本之'黄帝樊薛等是也'"[1],对于这个问题讲得很清楚。

序中称全书共有36篇,本卷所存仅28篇[2]。书中首先将人身体中与相术有关的头面、躯干、四肢划分为若干部位,根据这些部位来确定篇目,从形态、声音、气色等方面,分别记载这些部位及生于其上的黑痣、纹理所代表的贵贱穷通、吉凶祸福等。所用语言简洁,提到的相术术语与传世相书相比,要少得多,某些命相的说法与后世有着较大差距。与其他4种许负系统相书相比,Ch.87的内容与P.3589、S.5969及P.2797的前半部更为接近,而与P.2572(A)有些微的差异。从篇名上看,Ch.87、P.2797、P.3589、S.5969均直接称部位名,如《额部第七》《眼部第九》等,P.2572(A)则称《相额部第七》《相眼部第九》等;内容上,以Ch.87为代表的前4种许负系统相书的内容要稍微详细一些,有些说法也有不同。如"眼部",Ch.87作:"凡人眼黑白分明,贵。眼中有人光或如星电,长命。眼开一寸分明,富贵。眼竖黑,男恶性,女妨夫。如豺狼眼者,贱恶,不可近。眼如虎眼,为将帅。眼如龙精凤目,

---

〔1〕王重民《敦煌古籍叙录》子部。
〔2〕经与其他4种许负系统相书的对勘拼合,一共可得35篇。

富贵。似像眼者,贵。眼爱盗视,奸滑人。蜂目者,侍臣。眼视左右后盼,贱人也。"

P. 3589 作:"凡人眼黑白分明,贵。眼中有人光如星电,长命。眼开一寸分明,富贵。眼竖,男恶性,女人妨夫。如豺狼眼者,贱恶,不可近。眼如虎狼,为将军。眼如龙精凤目,富贵。似像眼者,贵。眼爱盗视,奸。为人蜂目者,奸臣。眼视左右后盼,贱人也。"

P. 2572(A)作:"凡人眼黑白分明,贵。眼中有童子人光,或如星电,长寿。眼阔一寸分明,富贵。眼竖黑如虎狼眼,为将帅。如□眼,妇人好淫,男子奸猾。眼视左右盼者,必作贼。"

可见,流传于敦煌的许负相书并不只有一种底本,Ch. 87 所代表的一种是流传最广的一种,除去抄写过程中的个别字句外,它与 P. 3589、S. 5969 及 P. 2797 的前半部基本相同,它们的底本是一致的。而 P. 2572(A)所用的则是另一底本。

Ch. 87 所保留下来的篇目在敦煌许负系统相书中不是最多的,但它抄写清晰工整,内容连贯准确,可以校正其他抄本中的讹误。从内容上看,此书的成书时代在唐以前是没有问题的。抄录的时代,从与藏文历史传说同抄一卷的情况来看,当在唐中期吐蕃统治敦煌以后。

P. 3589V《相书一卷》 此件抄于法藏敦煌写卷 3589 号的背面,首全尾残,存 75 行,以及 3 幅面部图、2 幅全身图、3 幅手部图。书前题《相书一卷》,下有小字云:"汉朝许负等一十三人集",并列许负等 12 人姓名,经与 Ch. 87 对照,缺者为李固,大约为抄写遗漏所致。所存篇目,从序至《耳颊第十一》《心胁第廿一》至《脚掌文第卅》,共 21 篇,缺鼻人中至项玉枕部的 8 篇,以及额文部 1 篇,共计 9 篇。所存篇目没有完全依照目次顺序排列,而显得有些杂乱,并有错讹。如列为八、九、十的眉、眼、鼻三篇排在五(面)、六(发)两篇之间,《背第廿》讹作《背第廿六》,排在廿五、廿六的踝脚、行步之间,以至于有两个"廿六",《心胁第廿一》与《玉大茎第廿三》则先后排在廿七之后、廿九之前。这样的排列显得相当杂乱,给人一种眉目不清的感觉。

由书前所题"许负"之名和篇中内容,我们可以判定此卷相书属于敦煌许负相书系统。研究者也都持同样的观点。王重民《敦煌古籍叙录》中最早对它进行了研究[1]，其后陈祚龙、侯锦郎、高国藩、菅原信海、黄正建等人均提及或介绍过此卷相书，但均无专门研究。经与其他4种许负相书比较，我们发现，P.3589V所存内容，与Ch.87、S.5969及P.2797的前半部较为接近，而与P.2572有着一定的差异。此书较为独特的一点，即与其他所有许负系统相书均不相同的是，它在文中插绘了8幅相图。从照片上所反映的情况来看，相图应当是在抄录文字之前绘上去的，因为文字的安排都根据图的位置而确定，尽量写在图周围的空处，偶尔也有因所留空间不够而侵入图中的情况。图中所绘为男子形象，梳双丫髻。面部图3幅，面形长阔，眉眼长，鼻长口棱耳大，突出了耳朵长大厚软的特征，此外在面部的口角、额、颊等处还分别标有"宜客"等黑痣类占辞并绘有纹理图案形状。全身图分正背2幅，突出的特征是手臂极长，下垂过膝。3幅手相图仅1幅保存完整，手指长而尖。这些相图的绘制，从手法来说，并不熟练，笔触粗大，线条中有许多描过的痕迹，人体比例亦有明显的失衡，如耳部、手臂及双腿都不够对称，大小长短不一。但就对相法的表现而言，这些相图做得十分有效。图中尽量突出了"好相"的特征，如额部宽阔，眉目长，鼻大而长，口角棱起，以及手长指尖，等等，尤其引人注目的是对双耳与手臂的表现，耳大而长，上高过眉，下垂至嘴角一线，手臂更是夸张地垂过了膝盖，而达到小腿中部。这些相图，应当是当时流行的相术观念的真实反映，但与文中所记载的占辞内容却有着很大差距甚至矛盾。

《耳颊第十一》云："女人左颊高妨父，右颊高妨母，煞五夫。耳轮郭成就如刀环，富贵。耳门门狭，长命。耳如骨者，长命。耳孔中毛出，长二寸者，富贵。耳㷱无骨者，短命。耳轮郭不成，贱。耳后黑子，妇人产死。"

《臂手第廿七》："凡人手长，上有毛，多筋脉，短命。人臂欲得无节骨闰泽，富。十指有三约，坐乐。十指密，富。十指无节润泽，富。手紫

---

[1]王重民《敦煌古籍叙录》子部。

色,富。手如绵囊,富。掌欲得厚,富。掌中薄者,贱。手掌中如口孙血,富。十指尖如锥,贵。腕前理文,煞夫,三里文三夫。"

两篇中都没有提及图中所绘耳长大、手过膝及其代表命禄的内容。而在传世相书及文献记载中,这样的内容十分常见。文字与相图的差异,我们认为是时代的推移造成的。敦煌许负系统相书成书于唐代以前,书成之后长期流传,没有相士对它进行过修订补充。在它流传的过程中,实际的相术内容已经有了很大发展,并吸收了来自西方的佛教"相好"观念中的许多内容,如耳长大、手过膝,即是佛教的内容。但许负相书本身并没有根据相术发展而及时修改,抄录相书或使用相书的人的观念已随时代而改变了,接受了新的内容,所以在抄录相书时虽然按原书移录了文字,但绘制相图时却按自己的理解突出了他心目中"好相"的种种特征,使得相图中人物的双耳与手臂都超出了正常比例,而成为我们现在所见到的样子。

关于此卷相书的抄写年代,邓文宽在研究正面所抄的玄像诗时,将玄像诗的年代推定为唐初或唐前,而抄写时代,则估计"可能在隋唐时代"。[1] 由于相书抄写在 P.3589 的背面,所以不会早于玄像诗的年代。另外从相图所表现的相学观念来看,它的抄写时代也不应早于唐初。

S.5969《相书一卷》 该卷相书上下部及其后部俱残,保存有 31 行的中部,从内容上看,是许负相书的序第一到耳颊第十;从残存文字记载相书篇第顺序看,与 Ch.87 许负相书完全一致,可以肯定是同一相书的不同抄本,只是在抄写中脱失文字所形成的差异。特别是此卷脱失文字比较多。

P.2572《相书一部》 抄写于法藏敦煌写卷 P.2572 的前半部,首残尾全,存 184 行,末有尾题,称《相书一部》。由于其卷后接抄有另一相书[2],为区别起见,我们称此部相书为 P.2572(A),称另一相书为

---

〔1〕邓文宽《敦煌天文历法文献辑校》,江苏古籍出版社,1996 年,第 52 页。

〔2〕两部相书中间夹抄有五行之名、历日及习字杂写等内容 8 行,这些内容均与上题《相书一部》的相书及后面无题相书的内容无关,故此不论。

P.2572（B）[1]。此部相书残卷所存内容,从《相躯貌部第二》至《相人面气色第卅五》,共 34 篇。在敦煌许负系统相书中,P.2572（A）保存下来的篇目是最多的。敦煌许负系统相书的篇目共有 36 篇,Ch.87 存 28 篇,P.3589V 存 22 篇,P.2797 存 19 篇,S.5969 残存 11 篇,而在 P.2572（A）中,虽然篇首的序已残去,但它保存了从《相躯貌部第二》至《相人面气色第卅五》的内容,保存下来的篇目足有 34 篇! 经过与其他许负系统相书的拼合,使我们能够看到的许负系统相书的篇目达到了 35 个。它的存在,为我们了解唐代所通行的许负系统相书提供了宝贵的资料。P.2572（A）的篇目名称、排列次序在第 28 篇之前,大多与其他 4 种许负系统相书相同,但自第 28 篇开始,篇目名称及内容都有了不同。从第 28 篇至第 35 篇,P.2572（A）依次作《相毫毛》《相人面郭三亭》《相男子》《相女人九恶》《相额文》《相手掌文》《相脚足下文》《相人面色气》,而 Ch.87、P.2797、P.3589V 则依次作《额文第廿八》《手掌文第廿九》《脚掌文第卅》,32 至 34 的篇目,P.2797 与 P.2572（A）相同。P.2572（A）前半部的文字内容与其他 4 种相比,基本相同,但也有些微的差异。而后半部的内容则不同于其他许负相书。如"人面郭三亭""男子六恶""女人九恶"以及"面部气色"等,这些内容虽然我们在其他敦煌许负系统相书中找不到,但在传世典籍的记载中却可见到,并与之有着不少相似的地方。可见,P.2572（A）《相书一部》属于敦煌许负系统相书是没有问题的,但它与 Ch.87、P.2797、P.3589V、S.5969 等其他 4 种许负系统相书所用的底本不同。黄正建根据 P.2572 两部相书中间夹抄的历日中出现的"景寅""景子"等,判定 P.2572 的底本当属唐代;又据其中的"丙午""丙申"等字样,认为是五代时所抄。这一看法是正确的。另从抄写字体及其相关文书的关系上看,也应当是这一时期的抄本。

　　P.2797《相书一部》（拟）　　此件单面抄写,首残尾全,存 120 行。首部残损严重,断裂处由下边撕去 15 行左右的一段,仅余上半部,中间

---

〔1〕其内容见 P.2572（B）《相法》。

又有一条横向缺口。所存篇目,由残文来看,可辨别的有齿(仅存 3 字)、舌、声、颐颔、项枕、背、心胁、奶脐、玉茎大起、膝、踝脚、行部、臂手、额、手掌文、脚掌文、额文、手掌文、脚足下文,其次序从《齿第十五》到《相脚足下文第卅四》,计 19 篇。这些篇目及内容与 Ch.87、P.2572、P.3589 等许负相书基本相同。P.2797 在抄写与内容方面有两点应加以注意。其一,在《脚掌文第卅》之后,中间空一行,接抄相"额文"的内容,没有注明篇次,笔迹与前面不同,抄写格式亦与前面不同。前面的内容为一人所抄,每篇相连,不单另起行,有关纹理的记载也是如此,字迹稍显潦草;《脚掌文第卅》之后接抄的部分,为另一人所抄,每个纹相单独起行,后面的两个篇题亦另起,字迹相对工整一些。其二,《脚掌文第卅》之前的文字,与其他许负相书比较,与 Ch.87、P.3589 更为接近,而稍异于 P.2572。黄正建估计此卷"可能为杂抄或后来杂贴成的一份卷子"[1]。由于以上两点,我们将之单列为一小类,以与 Ch.87、P.3589V、S.5969 及 P.2572 等相书区别。此卷背面抄写有《己酉年历日》,邓文宽先生研究认为,这个"己酉年"就是大和三年[2],即公元 829 年,正是吐蕃占领敦煌时期。因此正面抄写的相书当在此前,与之时间不会很远,很可能也是吐蕃占领敦煌时期抄写的作品。此外从两者抄写的字体特点上来看,也基本一致,表明也是同一个人所抄写。

P.2829《相书》(拟)　　此卷号共存有两幅人体背部图,一幅绘在正面,一幅绘在背面。正、背面两图绘制形象相似,占辞笔迹亦同,当为一人所绘。正面所绘人体背部图为腰以上部分,手臂存腕以上部分。没有标题、作者及内容方面的说明。共标出黑痣所在位置 10 处,分布在左右耳后、肩后及两臂。黑痣皆有占辞解说。所绘人体从背部看不出性别,但根据图中所注占辞皆属女子命运,可知为妇人。图左抄《解梦书》16 行,后及下部残。背面绘人体背部图亦为腰以上部分,有标题,作《妇人背卅六》。共标出黑痣所在位置 10 处,分布在肩后、两臂及腰

---

〔1〕黄正建《敦煌占卜文书与唐五代占卜》第 3 章《敦煌占卜文书的类型及其与传世典籍的比较》(中),学苑出版社 2001 年,第 59 页。

〔2〕邓文宽《敦煌天文历法文献辑校》,江苏古籍出版社,1996 年,第 137 页。

部,其中腰部 4 颗黑痣未加解说。根据图中所注占辞看,"文笔""多艺"都是男子才有的命相,与标题所云"妇人背"的说法不相符合,不当为"妇人背",而应当是男子背,正面所绘才是妇人背。

　　S.3395 + S.9987BIV《相书》(拟)　　S.3395 相书写卷,前后及上下均残,104 行,其中完整的仅有 7 行;S.9987B1V 仅存 12 断行,全部不满 70 字,可与 S.3395 的最后 12 行拼合。拼合后的写卷仍不完整,没有书题、作者及卷数等内容,所存篇目从残文来看,从《总述第二》(拟)到《相人面及身上毫毛十六》,共有 15 篇。此件相书残卷,所有的研究者都归于许负相书系统。《敦煌写本相书校录研究》经比较研究,认为这件相书在篇目名称、排列次序、内容解说方面均与许负相书有着较大差距,不能归入一类中。理由如下:(1)篇目名称、排列次序不同。此卷相书的篇目依次为《总述第二》(拟)、《占额第三》、《眉部第四》、《眼部第五》、《耳部第六》、《鼻部第七》、《人中部第八》、《唇部第九》、《口部第十》、《齿部第十一》、《舌部第十二》、《项部第十三》、《胸臆部第十四》、《臂部第十五》、《相人面及身上毫毛十六》。而以 Ch.87、P.2572 为代表的许负系统相书的篇目编排大致为:序、躯貌、五官、六府、面、发、额、眉、眼、鼻、耳颊、鼻人中、唇、口、齿、舌、声、颐颔、项玉枕、背、心胁、奶脐、玉茎、膝、脚踝、行步、手臂、毫毛、人面郭三亭、男子、女人、额文、手掌文、脚掌文、人面色气。虽然 S.3395 +9987B1V 保存下来的篇目没有许负相书多,但就所存部分而言两者已有较大不同,没有躯貌、五官六府等综述内容,没有为颊、发、颐颔等部位专设篇章。(2)内容不同。此卷相书中出现了许多许负相书中所未见过的内容,如五星六曜、五行形相、五岳四渎等内容,并吸收了佛教"相好"中所宣扬的大耳长臂之相。相近篇目的内容也都较许负相书解说更加详细,有些说法有着较大差距。综合 S.3395 +9987B1V 与敦煌许负系统相书在篇目、内容以及语言形式等方面的差异,可以肯定,此卷相书与许负相书不属于同一系统。鉴于书中还出现有"许负曰""经曰""袁应曰"的字样,可以认为,此卷相书是在许负等传统相书的基础上,汇录当时的各种相书及流行相法,重新编纂而成的一部新的相书。

Ch.00209 + S.5976《**男女身面黡子图**》(拟) 此卷为中国传统相术中的相痣图,为两个卷号的残片拼合而成。此图前段及上下均有残损,无标题、作者,以及其他的文字说明。共存有男子面部图、男子全身正面图、女子面部图、男子全身背面图、女子全身正面图、女子全身背面图6幅。图中用圆黑点标注出黑子所在位置,旁边有简略的文字注解(占辞),以说明此痣所代表的吉凶命运。此件相图中,男子面部图大部已残,仅余右耳及面颊鼻准以下部分,标出黑子54颗,所标位置,大体按照与面部十三部位平行横列的位置排列,如年上、准头、口正(或称水星)、承浆、地阁一线横列八位、十位不等。每颗黑痣,又都有各自的占辞解说。男子正面全身图标出黑子60颗,背面全身图标出21颗(胫至足部残),合起来共有81颗黑子。这一数字,较传世相书的记载要丰富许多。经过拼全后的女子相痣图要更完整一些,面部图共注出天中、印堂、年上、人中、口正(水星)、承浆一线及左右耳部黑子57颗。女子正面全身图、背面全身图分别标出黑子29颗与16颗,合计45颗。这些记载是传世相书无法相比的,因为在传世相书中根本就没有女子身体图,同样也没有占辞解说。这件相图保存了唐代相术中有关男女头面及身体黑子的位置及解说,因而十分珍贵。

P.3492V《**身面黡子图**》(拟) 此件存93行(另有7行抄写历日,与此卷内容无干,故未算在内),前后均残,无书名、卷数、作者等。所存主要部分题"身部图三 正面图、伏人图、侧人图",分正面、背面和侧面叙述人身体各个部位之名称,及其所在黑子代表的命运。《身部图》之前有尚5行残文,述头面部黑子及其命相,可能是"头面图"的内容。鉴于此相书的主干部分称为《身部图》,遵从文献整理的一般原则,所拟其书名亦当称"图",可暂称此相书残卷为《身面黡子图》。此卷相书对头面部黑子的记载,包括了眉、眼、耳、颊、口等部位。对身体黑子的记载,为残存相书的主干部分,称《身部图》,分正面、背面和侧面三个角度进行。首句即云:"人身前后两畔总有七十四部",谓人身体前面及侧面划分为74个部位。记述由颈部开始,其次为胸乳、腹脐、股、膝、足,逐渐由上往下,共提到50多个身体部位名称,有些名称在传世相书中没有记载。所述着重在身体部位名称、位置及黑子所代表的命运贵贱吉凶,同时也涉及某些部位的形态、颜色。从内容上看,此卷相书对身体部位及黑子的记载,较传世相书要丰富许多,真实反映了唐代相黑子类图书的繁盛面貌。P.3492 正面是唐朝散大夫太常卿博士吕才《诸杂推五姓阴阳等宅图经》和《唐光启四年戊申岁具注历日》,后者倒抄;背面此卷相书中间亦夹抄有《唐光启四年戊申岁具注历补记》,这都表明这卷相书抄写于晚唐五代敦煌归义军时期。

P.3390《相面书》(拟) 此件首残尾全,共存有大小 11 幅相图和相关的文字占辞解说。无书名、作者等内容。《敦煌遗书总目索引》笼统地称之为《相书》,注明有图,并云:"内有子目题为《九州色发面图看吉凶法》。背有张安信邈真赞,天福十年孔明亮撰。"[1]此卷相书的内容以相面部气色为主,图文配合,分 5 个部分记载了唐代相术中有关气色的内容。它们分别是:(1)面部十二支图。残存的面部图在右额角及眉侧部位,标有"未""申"等字样,由此可知是以十二支来划分面部,大概是按每日各个时辰面部气色的不同来判断吉凶。(2)面部十二月分布图。此图从额上天中起,沿面部中线直下,分别标出一至十二月的名称,其中额部至人中为正月至九月,口部未标,唇下至地阁,标十至十二月。图前有 4 行残文,可能是此图之名称及相关内容、作用的解说,但已残损不全。此幅相图是根据面部十二月的分布,观察每月面部所发气色,对应其月在面部图中所处位置,来判断那个月的吉凶祸福。(3)面部九州分布图。图中将面部划分为 9 部分,每一部分属于一个州。九州的分布如下:天中——阳(扬)州,鼻——中豫州,下颏——冀州,左额角——徐州,右额角——荆州,左颧颊——青州,右颧颊——凉(梁)州,左腮——兖州,右腮——雍州。图前有 5 行说明文字,说明此图是根据面部九州的分布,看每一部分所发气色如何,来判断前往该地是吉是凶,宜与不宜。(4)相色发面图看吉凶厄法。这一部分共有 8

---

[1]商务印书馆《敦煌遗书总目索引》对卷中子目的识读有误,"九州"当为"相",作"相色发面图看吉凶厄法",中华书局,1983 年。

幅较小的面部图,分别用来标注各个部位所发气色如何,旁有占辞解说,用细线把图中所标部位及气色连接起来。这一部分主要是根据面部十三部位的划分,来判断每一部分所发气色兆示的吉凶命运。除相图及其解说外,还有 28 行文字占辞,没有相图以做参照,所记内容也与此相关,互有补充。松本荣一、侯锦郎对此均有研究。(5)候病人法。这一部分抄在写卷的最后,仅有 6 行。从五脏、五行、五色的相配,来判定病人所得何病,有何症状,将死于何日。等等。从整个残存写本看,此卷相书的内容皆以面部为主要对象,通过对面部的不同划分,来观察这些部位所发气色,并判断其所兆示的吉凶祸福。可以确定,第四部分的“相色发面图看吉凶厄法”是此卷相书的主干部分,因此也有不少研究者直接称此相书为《相色发面图看吉凶厄法》。我们认为,称为《面部气色图》更能代表整卷相书的内容特点。

11　婚嫁占

　　《唐六典》卷14介绍的9项"阴阳杂占"中，"嫁娶"位处首位，足见婚嫁占是古代婚姻社会的重要环节和构成。黄正建《敦煌占卜文书与唐五代占卜研究》曾对敦煌汉文婚嫁占书进行过统计介绍[1]，并对唐五代时期的占婚嫁现象开展研究，为了解敦煌婚嫁占书的流行提供了背景认识[2]。陈于柱、张福慧整理释录了敦煌藏文本《婚嫁占法抄》，探讨了此件藏文写卷的年代及使用群体问题，扩展了学界对敦煌婚嫁占书的整体认识。[3] 敦煌遗书中关涉婚嫁占的文献较为丰富，既有汉文，亦有藏文，是了解和研究中古汉、藏族群婚嫁占卜文献及婚姻社会史的重要一手资料，主要包括了Дx.00098V、S.4282、S.6333、S.6878V、P.4680V + ?　+ Дx.10786V、S.2729、P.3288、P.2905，其中S.6878V为藏文写卷，P.4680V与Дx.10786V则同出一卷。

　　Дx.00098V《嫁娶图法》　此件首尾残缺，上端亦残损严重，正面为《太公家教》，背面即此件，前面有数行小字，但已漫漶不清，约中间位置存3行文字，首题"嫁娶图法"，当是此件书写之正式名称。具体释文如下：

嫁娶图法

　　☐☐☐☐☐☐｜生，夫妇大吉，☐财多

　　☐☐☐☐☐☐｜凡夫是火，女六（？）（下缺）

---

　　〔1〕参见黄正建《敦煌占卜文书与唐五代占卜研究》，学苑出版社，2001年，第146–160页。
　　〔2〕参见黄正建《敦煌占婚嫁文书与唐五代的占婚嫁》，见项楚、郑阿财主编《新世纪敦煌学论集》，巴蜀书社，2003年，第282–284页。
　　〔3〕参见陈于柱、张福慧《敦煌藏文本S.6878V〈婚嫁占法抄〉研究》，见《唐研究》，北京大学出版社，2012年，第443–460页。

·欧·亚·历·史·文·化·文·库·

（后缺）

此件虽然所存文字不多,但却是敦煌遗书中仅有的几件保存标题的婚嫁占写本之一。

S.4282《婚嫁图》 此件由多个残片组成,《英藏敦煌文献》第 6 册曾将第二张残片与第三张残片进行缀合,但从 IDP 公布的图版来看,两残片之间无论是从残卷拼接还是文义来看,都无法直接缀合。现释文如下:

（前缺）

婚嫁图

⬚⬚⬚⬚⬚⬚⬚ 土木,夫妻下克上,阴阳不顺,事 ⬚⬚⬚⬚

（中缺）

⬚⬚⬚⬚⬚⬚⬚ □背法

⬚⬚⬚⬚⬚⬚⬚ 五角六张,恒相□ ⬚⬚⬚⬚

（中缺）

⬚⬚⬚⬚⬚⬚⬚ □着火灾非命殡 ⬚⬚⬚⬚

⬚⬚⬚⬚⬚⬚⬚ 亦不好,女强男弱,事颠

⬚⬚⬚⬚⬚⬚⬚ 牵缠,煎烧忧愁,从生

⬚⬚⬚⬚⬚⬚⬚ 刑□身早亡,往往隔□ ⬚⬚⬚⬚

⬚⬚⬚⬚⬚⬚⬚ 木土夫妻艮为亲不 ⬚⬚⬚⬚

⬚⬚⬚⬚⬚⬚⬚ □频,子孙口舌,终身不 ⬚⬚⬚⬚

（中缺）

⬚⬚⬚⬚⬚⬚⬚ 为十七宫,逢顺者吉,值背者凶。

⬚⬚⬚⬚⬚⬚⬚ 害四煞侯角,又交勾六害,冲被（破）相刑,

⬚⬚⬚⬚⬚⬚⬚ □须慎之,从四俭、八开、四(八)通、同命

⬚⬚⬚⬚⬚⬚⬚ □□合天地□□□纵有少多相克,能不

⬚⬚⬚⬚⬚⬚⬚ 不得同龙,子酉同龙,子为龙头,酉为

龙尾。丑戌同龙,丑为龙头,戌为龙尾。 亥申 同龙,亥为龙头,申为龙尾。午卯同龙,午为龙头,卯为龙尾。未辰同龙,未为龙头,

辰为龙尾。巳寅同龙,巳为龙头,寅为龙尾。

右件名六龙同,并不得为夫妻,必□为恶□□□□吉。

子勾卯,卯交酉,酉破午。寅勾巳,巳交亥,亥破申。丑勾辰(戌),辰(戌)交戌(辰),戌(辰)破未。

[辰勾未,未]交丑,丑破戌。未勾戌(辰),戌(辰)交辰(戌),辰(戌)破丑。申勾亥,亥交巳,巳破寅。戌勾丑,丑交未,未破辰。

卯勾午(子),午(子)交子(午),子(午)破酉。亥勾寅(申),寅(申)交卯(寅),卯(寅)破子(巳)。

八象夫妻,两相刑乏,少子孙,家不成,贫穷冻饿,贼□盗,妇被贼劫,

夫兵死。如此婚对,世弃,名天勾交,是六恶□□夫妻相贼薄终日

□竞无衰欢乐,衰祸□□□□着,不如不婚,慎勿 □□□□

推十七宫吉凶图[1]

甲勾癸,禁正月子。□勾丙,禁。丁勾庚,[禁]八月子。庚勾丁,禁。

未勾□,禁六月子。□勾戌,禁九月子。壬勾申,禁十月子。寅勾辰,

禁三月子。亥勾□,禁十二月子。右此推天勾地禁。乙岁生

---

〔1〕图中地支、天干间有5条朱笔画线,但比较模糊。

·欧·亚·历·史·文·化·文·库·

忌

四月,丙岁忌 ☐☐☐ 忌七月八月,壬戌忌九月,辛岁忌

十月。右子勾 ☐☐☐ ☐中当死大凶,忌之吉。

六破,子破巳,丑破辰, ☐☐☐☐ 破申,午破亥,未破戌,

余 ☐☐☐☐

夫遭市死妇长☐衣尧食不充,无盈少乏,子 ☐☐☐

怕独居作贼,窃家被诛,六冲夫妇 ☐☐☐☐

府上下相克害,害其躯。

(后缺)

黄正建《敦煌占卜文书与唐五代占卜研究》曾将此件涉及占法归纳为3项,但从释文来看,远不止3项,具体包括了:

(1)夫妻五行之吉凶。主要体现在第一、三张残片文字中,从文意来看,基本依据夫妻各自的五行属性来推演彼此婚配(此件文书称作"婚对")吉凶。

(2)四煞、侯角、交勾、六害、冲破、四俭、八开、四(八)通等宜忌。敦煌本S.P.6《乾符四年(877)具注历日》存托名"吕才"的婚嫁占书,黄正建先生将其定名为《吕才嫁娶图》,该图保存的图文与《纂图增新群书类要事林广记》相近,后者称之为"合婚九吉""合婚九凶",分别

是:天德合、枝德合、三合、六合、四检[1]、八开、八通、同属、地带;六害、冲破、岁星、勾绞、四绝、四败[2]、惆怅、隔角、三刑。此件上述残存 8 项宜忌,除"四煞"尚不明了外,其他均为"合婚九吉"与"合婚九凶"之所属,其中"侯角",疑即是"隔角"。"合婚九吉""合婚九凶"在唐宋时代及敦煌地区较为流行,除汉文本,敦煌藏文写卷中亦存有同类书写,对此详见后文。

(3)六龙同。此项占法从字面来看,主要规定了十二地支的"龙头""龙尾"所属,彼此不宜合婚。其规则实际与古代勾绞法及胞胎月法相近,只不过名称不同罢了。《纂图增新群书类要事林广记》、S. P. 6《乾符四年(877)具注历日》之《吕才嫁娶图》"勾绞"条为:"子酉、丑戌、寅巳、卯午、辰未、申亥"。S. 612V《推五音建除法、推十二禽兽法等》(拟):"推胞胎月法:正七月生男,不娶四十月生女。二八月生男,不娶五十一月生女。三九月生男,不娶六十二月生女。四十月生男,不娶正七月生女。五十一月生男,不娶二八月生女。"《协纪辨方书》卷 36 "男女合婚大利月"作:

生命	寅申	卯酉	辰戌	巳亥	子午	丑未
胞胎相冲	四月	五月	六月	七月	二月	三月
	十月	十一月	十二月	正月	八月	九月

右名穿胎煞,犯之多产厄。若遇生气、天医、福德,即不忌。如寅、申年生男不娶四、十月女,卯、酉年生女不嫁五、十一月男。余仿此。

以上情况表明相同的禁忌规则在古代术数文化中时常会被冠以不同的名号,并运用在不同的占卜事项中。

(4)八象夫妻。所谓"八象夫妻"似指前面"子勾卯,卯交酉,酉破午"等九组禁忌,该禁忌似乎仍是"勾绞"之说的扩大,《旧唐书》卷 79 吕才叙《禄命》云:"案《春秋》,鲁桓公六年七月,鲁庄公生。今检《长

---

[1]S. P. 6《干符四年(877)具注历日》与此件文书又作"四俭"。

[2]"四败",S. P. 6《干符四年(877)具注历日》对应作"四极"。

· 欧 · 亚 · 历 · 史 · 文 · 化 · 文 · 库 ·

历》，庄公生当乙亥之岁，建申之月。以此推之，庄公乃当禄之空亡。依禄命书，法合贫贱，又犯勾绞六害，背驿马三刑，当此三者，并无官爵。"

《重校正地理新书》卷 15 引《岁杀历》将勾、交当作两凶煞：

太岁　子　丑　寅　卯　辰　巳　午　未　申　酉　戌　亥

勾　　卯　戌　巳　子　未　寅　酉　辰　亥　午　丑　申

绞　　酉　辰　亥　午　丑　申　卯　戌　巳　子　未　寅

《三命通会·论勾绞》："勾者，牵连之义；绞者，羁绊之名，二煞尝相对冲，亦犹亡劫。阳男阴女，命前三辰为勾；命后一三辰为绞；阴男阳女，命前三辰为绞，命后三辰为勾。假令甲子阳命人，卯为勾，酉为绞；乙丑阴命人，辰为绞，戌为勾之例。"S.4282 下文有关"八象夫妻"勾、交的书写，其规则与《三命通会》基本相同，只不过错讹较多。但三个地支关系的最后一项"破"，虽同样有规律性，但具体来源仍待考证。

（5）推十七宫吉凶图。大概包括了标题下的两幅图文，第一幅圆形图，中间书"天勾大禁"，当为此图之名称，图外围依次标明天干地支，并将部分用朱笔勾连，大概是对图下卜文的示范和说明。"天勾大禁"的特色在于将天干也纳入占法之中，利用天干、地支与生月的组合，推求男女婚配的禁忌。

第二幅图亦是圆形图，外围仅标注十二地支，图中书"六凶冲，亦名四绝"，分别有墨笔和朱笔勾连若干地支，其对应关系即图前卜文"子破巳，丑破辰，□□□□破申，午破亥，未破戌"中的地支"六破"。该图的完整表述亦见于 S.6333《天勾大禁图等》（拟）：

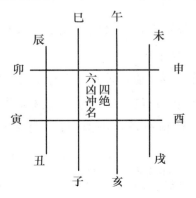

由 S. 6333 可知 S. 4282《婚嫁图》之“六破”的残缺卜文当为“寅破酉,卯”,而此则占法亦有多个名称,即“六破”“四绝”或“六凶冲”。其中“丑辰”“寅酉”“卯申”“未戌”,即是《纂图增新群书类要事林广记》、S. P. 6《乾符四年(877)具注历日》之《吕才嫁娶图》中的“四绝”。所以 S. 4282《婚嫁图》至少记载了 5 则以上的占法,其内容与范围也超出了 S. P. 6《乾符四年(877)具注历日》所载录的《吕才嫁娶图》,当属又一部内容丰富、图文并茂的婚嫁占书。

S. 6333**《天勾大禁图等》(拟)** 此件情况业已在敦煌禄命书的叙录中介绍,在此不赘。但需要注意的是,S. 6333 的抄写时代在中和四年(884)之后,与 S. P. 6《乾符四年(877)具注历日 · 吕才嫁娶图》时代接近。

S. 6878V**《婚嫁占法抄》(拟)** 此件为藏文写卷,早在 20 世纪 80 年代,陈庆英先生即已对 S. 6878V 进行过整体介绍,准确地将其甄别为占卜书,并释读了部分文字。[1] 陈文虽是题解式的,但对后继研究却起到指引门径的重要作用。遗憾的是,陈庆英先生的这一重要贡献在过去 30 多年中始终未能引起学界足够重视。而 S. 6878V 所存多种占法,均有别于敦煌藏文占卜文献中目前已知的羊肩胛骨卜、骰卜、乌鸣占、金钱卜、梦占、十二因缘占、十二时人命相属法、五姓占等。此件首缺尾全,卷轴装,由多纸粘连而成,其中前四纸的天头、地脚均有残损。文书正面为汉文《大般若波罗蜜多经》卷第五百卌,背面藏文书写始于第五纸,应是在文书残破以后利用其背面完整之处抄写的。S. 6878V 藏文文字约 37 行,中间有图 12 幅,前后笔迹一致,完整保存了 3 种性质不同的占法——出行占、婚嫁占及失物占,其中出行占、失物占均有明确标题“lma du 'jug cing mci ba' i/chos grangs bzang ngan blta-ba' ”(出行择日吉凶法)与“gser gyi ru sbal mo ste/bros ba dang rlag bt-sal ba' ”(金龟择吉占走失法)。笔者曾对此件藏文释文做过全面整理

〔1〕参见陈庆英《〈斯坦因劫经录〉、〈伯希和劫经录〉所收汉文写卷中夹存的藏文写卷调查》,载《敦煌学辑刊》第 2 集,1981 年,第 114 - 116 页。

和研究,认为该写卷当为归义军时期的作品,《婚嫁占法抄》属于其第二部分内容。[1] 婚嫁占在 S.6878V 中篇幅最长,起第 17 行、讫第 31 行,由 9 组图文构成,包括此件文献的图三至图十一,所存内容均以占卜男女婚配吉凶为中心,以图系文,涉及 9 项占法或吉凶宜忌。

(1)图三,为长方形表格,并均分 7 列,第 7 列空白,前 6 列上下对称书写部分十二生肖。图后占文:"男女婚配法,不可乱序,则吉。"生肖具体对应如下:

鼠　猪　狗　鸡　猴　羊
鼠　猪　兔　龙　蛇　马

图中生肖排布规则性不强,比较令人费解。笔者推测该图的原图很可能是如前两列那样,即十二生肖各自对应相同生肖。敦煌本 S.P. 6《乾符四年(877)具注历日·吕才嫁娶图》之"同属婚姻"条记载:"同属相取,福禄自随,相生即吉,相克不宜。"[2] 所谓"同属相取",意即生肖相同男女可互为婚配。《纂图增新群书类要事林广记》已集"合婚九吉"之一有"同属":"如子见子,丑见丑,它仿此。"[3] S.6878V 图三前 2 列及卜辞文意均符合"同属婚姻",但为何其后出现变化仍不得而知,因此图三是否就是"同属"占法,尚有待进一步落实。

(2)图四,分内外两层,圆圈中用长线均分 6 组,每组又用短线均分 2 组空当,十二生肖顺次填写于每个空当中。圈中标明"lo 'di bzhin nang mthun thad kar sbyor"(生肖依此对直相配),图后占文一句,强调按照该婚配法则吉。所谓"对直相配",笔者的理解是指生肖在图中左、右平行的婚配关系,即:鼠—牛、猪—虎、狗—兔、鸡—龙、猴—蛇、羊—马。周知,十二生肖与十二地支有固定的对应关系,如果将图四婚配图转换成地支来表示的话,该图即是 S.P.6《乾符四年(977)具注历日·吕才嫁娶图》中的"支合"。《吕才嫁娶图》之"支合"图有两幅,第

〔1〕参见陈于柱、张福慧《敦煌藏文本 S.6878V〈婚嫁占法抄〉研究》,载《唐研究》,北京大学出版社,2012 年,第 443–460 页。

〔2〕邓文宽《敦煌本〈唐乾符四年丁酉岁(877 年)具注历日〉"杂占"补录》,载段文杰、茂木雅博主编《敦煌学与中国史研究论集》,甘肃人民出版社,2001 年,第 135 页。

〔3〕陈元靓《事林广记》,中华书局,1999 年,第 159 页。

一幅卜文虽言"支合",但实是"支德"(详见后文);第二幅同样分内外两层圆圈,圈内书"吉"字,外圈十二地支虽不是按照自然顺序排列,但用曲线勾连的地支关系与S.6878V图四完全相同。图下占辞曰:"支合,夫妻命合天亲,二男五女,多足金银。"所谓"支合",隋萧吉《五行大义》"论合"载:"支合者,日月行次之所合者。"具体为:寅与亥合,卯与戌合,辰与酉合,巳与申合,午与未合,子与丑合。敦煌藏文本S.6878V图四与《吕才嫁娶图》均贴合《五行大义》关于"支合"的规定。《纂图增新群书类要事林广记》己集"合婚九吉"对此婚配法则称作"六合"。

(3)图五,圆形图,图中四条直线纵横交错,呈"井"字形,牛、虎、蛇、龙、羊、猴、犬、猪8个生肖逐次书写在"井"字形的8个边角线上。该图中央文字与图七中央的文字,从字面来看文意相近,似均可释读为"四富"。图后卜文:"男女依照此婚配,有子五男二女。"笔者按,根据卜文文意,图五8个生肖的婚配关系应是趋吉的。S.P.6《乾符四年(877)具注历日·吕才嫁娶图》中由8个生肖构成,同时又标明吉利的图形有3个,即"四检""八通""八开",据笔者考察,S.6878V图六、图七可分别比定为"八开"与"四检"(详见后文),那么图五理应是"八通"。《吕才嫁娶图》与《纂图增新群书类要事林广记》"八通"的地支关系是丑—申、寅—未、巳—戌、辰—亥,转换成生肖之后,虽与图五相符,但图五的图形标示却体现不出"八通"之关系,相反更贴近《吕才嫁娶图》与《纂图增新群书类要事林广记》己集"合婚九凶"之"隔角"[1]。所以,笔者推测图五存在两种可能:一种是抄者原本试图抄绘"八通"图,然生肖排布有误,从而成了"隔角";一种是抄者本意即是抄绘"隔角",而误将"八通"卜文置于图下。不过从《吕才嫁娶图》与《纂图增新群书类要事林广记》对"隔角"均无具体卜文来看,笔者更倾向于第一种可能。

(4)图六,其图形结构与图五完全契合,只不过在"井"字形八个边

---

[1]《吕才嫁娶图》与《纂图增新群书类要事林广记》有关"隔角"的规定是:丑寅、辰巳、未申、戌亥,S.6878V图五的生肖标示与此较匹配。

角线上书写的生肖依次是虎、牛、猪、狗、猴、羊、蛇、龙。图后卜文:"男女依照此婚配,富裕安康。"根据图中央文字"四等边相配吉"的提示,图六意指四条纵横直线两端生肖相互匹配为吉,即:虎—狗、牛—蛇、猪—羊、猴—龙。这一关系转化成地支后,即是《吕才嫁娶图》《纂图增新群书类要事林广记》中"八开"的图文,前者亦有占辞"八开为婚,五男□□,奴婢不□,金玉满堂。"因此图六可以确定是"八开"。

(5)图七,圆形图,圈内均匀分布八个生肖,用曲线两两相勾连,形成四对生肖关系:牛—猪、狗—猴、羊—蛇、龙—虎。图后卜文:"男女依照此婚配,守财。"《吕才嫁娶图》之"四检",圆形图,中间书"吉"字,图中地支的勾连关系与 S.6878V 图七相同,图下卜文曰:"四检□□,命合□□,夫妻□□,男□□□。"《纂图增新群书类要事林广记》已集"合婚九吉"之"四检",有关地支关系的表述亦和图七相符。图七借此可以确定为"四检"。

(6)图八,十二生肖按照鼠、牛、虎、兔、蛇、龙、羊、马、猴、鸡、狗、猪的顺序排布在圆圈内,生肖间用曲线相连,似做两两勾连状。图后卜文称:"男女依此婚配,世代富裕稳固。"笔者按,S.P.6《乾符四年(877)具注历日·吕才嫁娶图》有一幅圆形图,图下占辞仅存"车吉"两字,其结构组成如图 11-1。邓文宽先生曾对此图做过复原工作,但误将丑与亥、寅与辰、巳与未、申与戌勾连在一起。因卜文残损,此图名称不得而知。不过《纂图增新群书类要事林广记》已集"合婚九吉"之"地带"与该图表达的文意一致,其规定是:"子戌　寅午　辰申　丑卯　巳酉未亥"。从《吕才嫁娶图》来判断,这一配属关系实则为"子戌寅、丑卯巳、辰午申、未酉亥",即每三个地支为一组,《纂图增新群书类要事林广记》误分成 6 组了。因此不排除此图在《吕才嫁娶图》中亦称作"地带"的可能。S.6878V 图八与《吕才嫁娶图》之"地带"极为相近,只不过图中曲线的勾连走向未能明确交叉,以致造成看似两两相连的情形。另外,图八中"蛇、龙、羊、马"的顺序,其实应为"龙、蛇、马、羊",如此方能形成十二生肖的自然排序。以上推论如若不误,S.6878V 图八应该即是《吕才嫁娶图》和《纂图增新群书类要事林广记》中的"地带"。

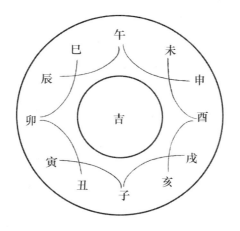

图 11-1 《吕才嫁娶图·地带图》

（7）图九,圆形图,由三道竖线、两道横线交叉分布其中,将其空间分成12个格档。中间两个格挡之一书写蛇、马,其余10个生肖名称依次抄在周围格档中。图后卜文与图八相近,亦属吉祥之婚配。笔者按,关于此图的使用情况,图中无任何文字提示,极易令人产生望"图"兴叹之感。实则不然。S.P.6《乾符四年（877）具注历日·吕才嫁娶图》第一幅"支合"图,双层圆圈,中央写"吉"字,两圈之间用曲线勾连6组地支,即:子—巳、丑—午、卯—申、午—亥、寅—酉、丑—申。图下占辞云:"支合相取,命会天星,百年并老,夫贵妻贞。"图中地支的匹配规则,在中国古代术数文化中被称作"支德"。《五行大义》"论德"言:"支德者,子德在巳,丑德在午,寅德在未,卯德在申,辰德在酉,巳德在戌,午德在亥,未德在子,申德在丑,酉德在寅,戌德在卯,亥德在辰。此皆以其夫生助之所也。"《协纪辨方书》卷3"岁枝德"的图文与《五行大义》文意相符。可见"支德"的完整构成应是子巳、丑午、寅未、卯申、辰酉、巳戌、午亥、未子、申丑、酉寅、戌卯、亥辰,共12对。《吕才嫁娶图》第一幅"支合"图实则是"支德"之一,S.P.6《乾符四年（877）具注历日》应少绘制一幅或未绘制完整,而题作"支合",当系"支德"之笔误。关于"支德"的匹配原则,《协纪辨方书》引曹震圭语:"枝德者,从太岁向前五合之辰也。"简言之,每一地支与向前数第五个地支,两者即构成"支德"。敦煌藏文本S.6878V图九正是"支德"的另一表述方式。

·欧·亚·历·史·文·化·文·库·

图九将蛇(巳)、马(午)置于图中央,主要起到一种标志起始的作用,即鼠(子)向前五合之辰就是蛇(巳),接下来牛(丑)的支德是马(午),然后依次类推,从而形成 12 对匹配地支的依次循环,这一循环完全符合"支德"原则。可以确定,图九所表达的正是"支德"之意。《纂图增新群书类要事林广记》己集"合婚九吉"对"枝德"的规定亦不完整,且讹误较多。

(8)图十,圆圈内五条直线交叉,将整图分成 10 部分,并依次书写木男、木女、火男、火女、土男、土女、金男、金女、水男、水女。据图后卜文,男女遵照此图婚配亦为吉。敦煌汉文本占婚嫁文书中,确有利用男、女五行生克关系以卜婚姻吉凶的记录,如前文述及 S.2729V 中的《夫妻相法》载:"夫木女火,六百万石;夫木女土,凶;夫木女金,病凶;夫土女火,九千万石;夫水女土,大凶;夫水女木,生七人,千万[石],大吉;夫木女木,大凶;夫火女土,生□人,千万[石],大吉。"S.4282 中的《婚嫁图》亦载:"土、木夫妻,下克上,阴阳不顺□(下缺)。"不过 S.6878V 图十中的所谓"木男""木女"等 10 个名称,并不是五行之意,而是具有吐蕃民族特色的"十天干"[1]。如此,图十展示的其实是一种利用天干进行婚配择吉的占法。同类占法在 S.P.6《乾符四年(877)具注历日·吕才嫁娶图》《纂图增新群书类要事林广记》己集"合婚九吉"中,分别被称作"干合"与"天德合"。前者双层圆圈,中央书"吉"字,两圈之间用曲线勾连五组天干:甲—己、乙—庚、丙—辛、戊—癸、丁—壬。图下卜文:"干合为婚,五男二女,夫妻久长,法居印受(绶)。"后者的天干配属与前者同。S.6878V 图十如果转换成汉族天干来看的话,其交叉对称的关系正是"干合"。《五行大义》"论合"言:"干合者,己为甲妻,故甲与己合;辛为丙妻,故丙与辛合;癸为戊妻,故癸与戊合;乙为庚妻,故乙与庚合;丁为壬妻,故丁与壬合。""干合"婚配法,表达了古代汉族术数文化中干支"各象天地,而自相配合,有夫妇之道"的文化寓意。

---

[1] 参见陈于柱、张福慧《敦煌藏文本 S.6878V〈婚嫁占法抄〉研究》,第 451、452 页。

(9)图十一,呈花瓣状,鼠至猪十二生肖均匀分布在图形周围,并形成鼠—马、牛—羊、虎—猴、兔—鸡、龙—狗、蛇—猪的对称关系。图上端有吉凶说辞"'di man cad myi 'byor ba'o"(以下皆不吉)。图下卜文一句,指明此图为"六冲"。笔者按,图十一生肖间的"六冲"关系,亦见于敦煌藏文本禄命书 P. T. 127《推十二时人命相属法》,如"鼠与马相不合""虎猴不合""兔鸡不合""龙年与狗年不合""蛇猪不合"等[1]。《五行大义》"论冲破":"冲破者,以其气相格对也。冲气为轻,破气为重。……支冲破者,子午冲破,丑未冲破,寅申冲破,卯酉冲破,辰戌冲破,巳亥冲破。"S. P. 6《乾符四年(877)具注历日·吕才嫁娶图》《纂图增新群书类要事林广记》己集"合婚九凶"均载有"冲破",其六对地支(生肖)关系及吉凶指向与图十一完全相符,只不过前两者均是有文无图。所以 S. 6878V 图十一应是"冲破"禁忌的一种图像化表达。

上述 9 图,除图三、图五尚须进一步落实是否就是"同属"及"八通"外,其余七图均可与 S. P. 6《乾符四年(877)具注历日·吕才嫁娶图》中的"支合""八开""四检""地带""支德""干合""冲破"相比定。《吕才嫁娶图》和《纂图增新群书类要事林广记》有关婚配的宜忌包括了"九吉""九凶",也就是后者所谓的"合婚九吉"与"合婚九凶",S. 6878V 图三至图十一没有出"九吉"或"九凶"者。S. 6878V 之外的敦煌西域藏文占卜文献,除 P. T. 127《推十二时人命相属法》涉及"冲破"禁忌外,其余均未见载上述婚嫁占法。基本可以确定,敦煌藏文本 S. 6878V 婚嫁占相关图文当改编自汉文本《吕才嫁娶图》,只不过未必就是直接取自 S. P. 6《乾符四年(877)具注历日》中的《吕才嫁娶图》。S. 6878V《婚嫁占法抄》所涉及图式之释文依次如下:

---

[1]罗秉芬、刘英华《敦煌本十二生肖命相文书藏汉文比较研究》,载《安多研究》第 2 辑,民族出版社,2006 年,第 4–18 页。

བྱི་བ 鼠	ཕག 猪	ཁྱི 狗	བྱ 鸡	སྤྲེལ 猴	ལུག 羊	
བྱི་བ 鼠	ཕག 猪	ཡོས་བུ 兔	འབྲུག 龙	སྦྲུལ 蛇	ར 马	

生肖依此对直相配

四富

248

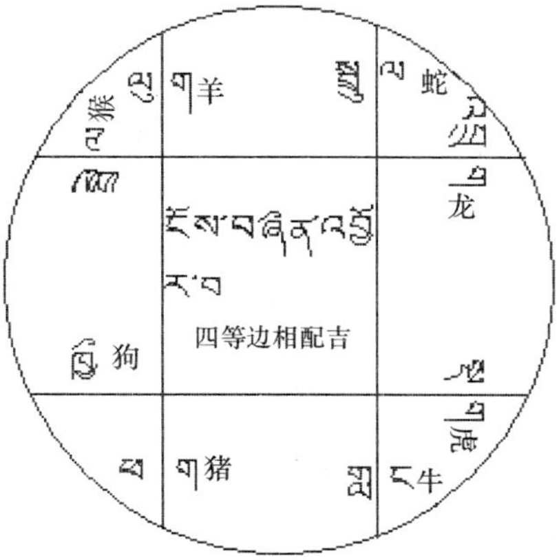
羊
蛇
猴
龙
四等边相配吉
狗
虎
猪
牛

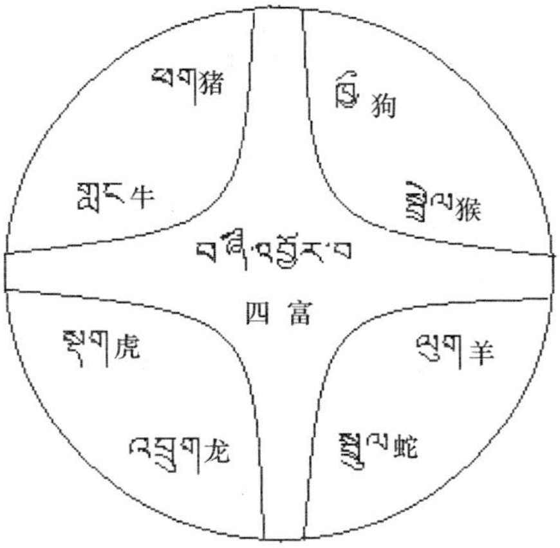
猪
狗
牛
猴
四富
虎
羊
龙
蛇

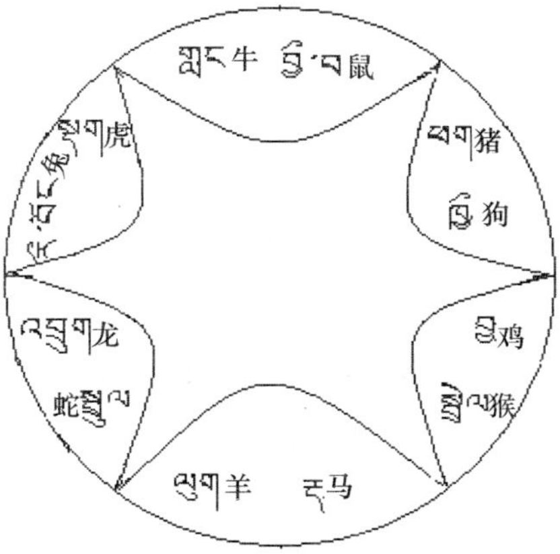
牛
鼠
虎
兔
猪
狗
龙
鸡
蛇
猴
羊
马

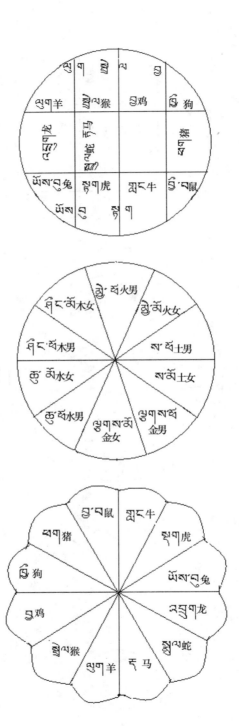

P.4680V＋？＋Дx.10786V《**推五帝、五行嫁娶法**》(拟)　此件涉及 2 个卷号,即 P.4680V 与 Дx.10786V,包括 3 件残片。前者 P.4680 正背面书写,由两张并不连贯的残片组成,正面为《六十甲子历》[1],背面仅有一张残片书写文字,其书写顺序与正面相反,存 15 行,前 10 行主述六十甲子的五帝归属及五帝间的婚配吉凶,如"庚申、辛酉,木,青帝子。……青帝取赤帝为夫妇,五男四女大富贵"。在古代术数文化中,六十甲子可纳音于五行之中[2],从而具有不同的五行属性,所以该占法很可能是利用男女出生时甲子的五行属性,通过五行与五帝的比附关系,并借助五行之间的生、克之说,对男女婚配进行吉凶推卜。后5 行言说不同的五行夫妇之吉凶,如"金火夫妇不自如,男女返(反)叛为囚徒",然并不完整。后者 Дx.10786v 为一残片,双面书写,正面亦是《六十甲子历》,其笔迹与 P.4680 正面相同,背面同样以与正面相反的顺序书写,残存"黑帝取黑帝""黄帝取黄帝"以及"金木夫妇""两金夫妇""木水夫妇""两木夫妇"等占辞,笔迹亦与 P.4680 背面相同,其完整卜文或按照五帝顺序逐次占断,果若此,当有 30 组占辞。Дx.10786V 似为 P.4680V 之下端,Дx.10786 则是 P.4680 之上端部分,但两者不能直接缀合。《敦煌占卜文书与唐五代占卜研究》未收录 Дx.10786。

S.2729《**推四方神头胁日嫁娶法、夫妻相法等**》(拟)　关于该卷的整体情况,笔者已在前述"天文占"中介绍。写本涉及婚嫁占的部分位处写卷卷末位置,首题"凡欲嫁娶者皆用阴阳日时大吉利",所谓"阴阳日时"在卷中主要指朱雀日、白虎头日等时间名称。据笔者研究,此类时间名称又称作"四方神头胁日"或"四神日",包括了朱雀日、白虎头日、白虎胁日、白虎足日、玄武日、青龙头日、青龙胁日、青龙足日等 8 组,并分别对应着 1 个月的 30 日。[3] 此件主要包括了 3 则占法:一是

---

〔1〕参见黄正建《敦煌占卜文书与唐五代占卜研究》,第 148 页。

〔2〕参见陈于柱《区域社会史视野下的敦煌禄命书研究》,民族出版社,2012 年,第 318、319 页。

〔3〕参见陈于柱、张福慧《敦煌藏文本 S.6878V〈出行择日吉凶法〉考释》,载《首都师范大学学报》2012 年第 6 期,第 18 页。

规定嫁娶之事在"四方神头胁日"中的吉凶宜忌,如"朱雀日嫁娶者,不出其年,必破夫家,三人死,遭火,逢县官事",这与前面几件写卷主述男女婚对的情况有着根本区别,更具有择时的特色。二是"四方神头胁日"生子吉凶。如"白虎头日生子,宜父母兄弟,为吏,禄食其力,男女大富贵"。此后介绍了"四方神头胁日"具体的对应时间。三是"夫妻相法",如"夫木女火,六百万石。夫木女土,凶。夫木女金,病凶",其占法虽与前述 P.4680V +? + Дx.10786V《推五帝、五行嫁娶法》相同,但行文表述却更为简洁,尤其是有明确标题,可知类似"夫妻相法"的婚嫁占法在当时较为多样。此件尾题"大蕃国庚辰年(800)五月廿三日沙州□",据此可推卷中的 3 则占法应在吐蕃统治敦煌之前即已流行,并在吐蕃管辖下的敦煌继续传播和使用。此件具有将婚嫁择日与男女婚对相组合的特点。

P.3288《推四方神头胁日嫁娶法等》(拟) 此件与 S.2729 属于同类文书,出自相同底本,有关婚嫁占的部分,起"凡欲嫁娶者皆用阴阳日时大吉利",讫"白虎足日生子,富贵,大宜田作,更贾道富女",相当于 S.2729《推四方神头胁日嫁娶法、夫妻相法等》之前两则占法。此件背面有归义军时期相关记录,其正面时代或在吐蕃时期或之后的归义军时代。

P.2905《男女合婚大利月、推择日法、数周堂法等》(拟) 此件为册子装,全卷由婚嫁占文和《五兆经法要决卅三》构成,其中婚嫁占文起一则表格,讫"取吉多而用也",涉及多则占法。卷段之表格并不完整,横列"妨姑嫜""妨女父母""妨女婿""妨女身",其下竖列 6 组月份,每组月份以 6 为差。《敦煌占卜文书与唐五代占卜研究》研究指出该表与后世"嫁娶大利月法"相近,但项目与顺序有所不同。笔者按,所谓"嫁娶大利月法",其正确名称当指清《协纪辨方书》卷 36 之"男女合婚大利月":

女命	子午	丑未	寅申	卯酉	辰戌	巳亥
大利月	六十二	五十一	二八	正七	四	

十一　　　三九

　　妨媒氏首子　　正七　　　四十　　　　三九　　　　六十二

五十一　　　二八

　　妨翁姑　　　二八　　　三九　　　　四十　　　　五十一

六十二　　　正七

　　妨女父母　　三九　　　二八　　　五十一　　　四十　　　　正

七　　　　六十二

　　妨夫主　　　四十　　　正七　　　六十二　　　三九

二八　　　五十一

　　妨女身　　　五十一　　六十二　　正七　　　　二八

三九　　　　四十

　　P. 2905 所存其禁忌事项及顺序其实与"男女合婚大利月"完全一致，黄正建先生认为"妨姑嫜"为后世所无，实误，因为"姑嫜"即是"翁姑"，均是指公婆。两者在大利月的各组月份排列上略有差异。所以此则占法可以冠名为"男女合婚大利月"，主要以"女命"为主占卜男女婚配的月份禁忌。

　　此件"男女合婚大利月"之后为"推择日法第八"，包括了两组婚嫁择日法，一组是以"建除"日为时间顺序，如"建日嫁娶吉，一云自如"等，行文较为简单明了，最后强调"右件好恶，明审看之"。另一组是将1个月30日分成6组，以6为差，分别冠以"太阳日""太阴日""天父日""天母日""天帝日""天王日"等名号，各名号则具有固定的嫁娶吉凶之占辞，如"每月一日、七日、十三日、十九日、二十五日，此是太阳日，嫁娶，子孙官迁"，卜辞后亦强调"右件事宜明好，看之吉凶矣"。

　　此件最后一件占法为"数周堂法"。首行言其占卜规则："凡数周堂法，大月从户右行，小月从寮左[行]，到用日止。"其后上端有相当空白，当为绘制"周堂图"而备，因未知原因而缺绘。其下卜辞：

　　值公，妨公。值姑，妨姑嫜。

　　值户，大吉。值寮，妨夫。

　　值灶，大吉。值路阳，大吉。

253

值爵,富贵高迁。值富,资财百陪(倍)。

据此可知原图之 8 个周堂之名称当分别为:公、姑、户、寮、灶、路阳、爵、富。黄正建先生业已指出此组名称与后世不同。笔者按,敦煌遗书 S. P. 6《乾符四年(877)具注历日》载有"周堂"之图文,亦与此件有着明显不同。首先是占卜规则,S. P. 6 称"周堂用日,凡大月从妇顺数,小月从夫逆行"。不同于此件以"户"和"寮"作为大小月的起始位置。其次是周堂名称,S. P. 6 圆形图中分布着夫、姑、堂、翁、灶、厨、妇。笔者颇怀疑此件中的"富"当为"妇"的讹字,"寮"有小窗之意,但"路阳"尚不清楚其具体指代。最后是两者的卜辞不同,S. P. 6 言"值堂、厨、灶,余者皆不吉",此件则是值户、灶、路阳、爵、富皆吉。这些差异说明此件与 S. P. 6《乾符四年(877)具注历日》的"数周堂法"当出自不同的底本,由此来看,"数周堂法"在唐五代时期至少存在两个或两个以上版本。

此件最后存结语:"吕才云,有(右)件婚礼、年命、择月日等,同一也。但取三从二,逆则可用之,苦无妨碍。若觅总吉百年,不遇一件,师亦不能为之,主人便入疑惑。审而详之,取吉多而用之。"《敦煌占卜文书与唐五代占卜研究》据文中引有"吕才",推断此段结语当作于初唐以后。而从此件的册子装来看,当抄写于晚唐五代的归义军时期。

12　乌鸣占

　　敦煌遗书中的乌鸣占书,保存有汉、藏两种语言形式,亦是学术界关注较早的一类文本。自 20 世纪初以来,国外学者巴考、劳费尔、茅甘,中国学者王尧、陈践、杨士宏、黄正建、陈楠、房继荣、赵贞等,均对敦煌汉、藏文乌鸣占书予以专门研究。目前业已刊布和释读的敦煌本乌鸣占书,有汉文本 P. 3479、P. 3988、P. 3888、Дх. 6133 四件和藏文本 P. T. 1045 一件,另有多件藏文本图版尚未刊布。

　　P. 3479《乌占习要事法》　此件仅存一纸,首缺尾全,中间下端亦残破。所存内容先后分为以下四部分:

　　(1)首行书"(上缺)占临决,凡所人 ▢▢▢▢▢ 来处刑候吉凶法",其下双行小字"若看八方上下数之,看时(下缺)"。P. 3479 首行之后为一表格,该表格横排 10 个时辰,从"东方曙"至"黄昏时",竖排"东方""东南方""南方""西南方""西方""西北方""北方""东北方""上 方 "等 9 个方向。横排时辰与竖排方位构成的时空坐标被划分为 90 个独立的空格,每一空格中书写各个时空里乌鸣所预示的征应与吉凶情况,如日出时—西南方对应的卜辞为"神祇拥护"、日中时—南方对应的卜辞是"暴风雨至"。在该表的上方两端各绘制鸟形图像,或即是"乌"。

　　(2)表格之后为依照十二地支日顺序记述的乌鸣吉凶占辞,并涉及 12 个不同的位置,如"未日鸣树上^{忧口}"_{舌事}"戌日鸣东屋上^{鬼来}_{索食}"等等。

　　(3)此后又从东、南、西、四角等方向来乌鸣吉凶占:

　　　　凡东方来鸣^{有使}_来;

　　　　从南方来鸣^{有酒}_{食事};

　　　　从西方来鸣^{有忧}_事;

　　　　从[四]角来^{有不安}_{之事}。

255

·欧·亚·历·史·文·化·文·库·

《敦煌占卜文书与唐五代占卜研究》认为是以四方为序,误。此件与 P.3988 均无"北方",却言"四角",这一现象值得进一步研究。

（4）乌鸣坐十二地吉凶。以十二地支为序,言说十二地乌鸣的各类征应之事:

> 乌鸣坐子地^{酒肉事}。丑地^{官事}。寅地^{远人来}。卯地^{买卖}。辰地^{客至}。午地^{有文书事}。未地^{宅合事}。申地^{酒肉事}。酉地^{有忧事慎之吉}。戌地^{病患事}。亥地^{盗贼事}。

卷末书写:"右件乌占习要事法,审看用之,万不失一。看之法,若乌鸣在百步内,即占。百步外,不占。"以上四部分或即《乌占习要事法》的内容之一。

P.3988《乌占习要事法抄等》（拟）　此件首缺尾全。所存内容分为以下几部分:

（1）占卜表。该表构成与 P.3479《乌占习要事法》基本相同。

（2）占狐鸣坐十二地吉凶。需要注意此段占法与 P.3479 之"乌鸣坐十二地吉凶"不同,即主要关注"狐鸣"而非"乌鸣":

> 占孤（狐）鸣坐地。孤（狐）鸣子地,不出卅日,南家有死,见血光,子地厌之吉。鸣丑地,未出五十日,南家死者,又小女亡,埋虎刑吉。鸣寅地,不出十三日,东北家女人凶,虎头去寅地。鸣卯地,不出三十日,东家长子死,铁十斤玄立尺杆头,卯地吉。鸣辰地,不出十五日,西及北家口死,□丈杆头,向辰地吉。鸣巳地,不出三十日,西南家有死,猪头著巳地。鸣午地,不出三十日,东家死,舌火厌之吉。鸣未地,不出十日,东北家亡,斗讼见血,以羊头一枚玄未地。

文中"孤",当为"狐"之讹。P.3479 之"乌鸣坐十二地吉凶"主要以"某事"为征应,而"占狐鸣坐十二地吉凶"则更为具体,且多是凶丧之事,并提供相应的厌禳法。所以此段占法并不属于"乌鸣占"。茅甘《敦煌写本中的乌鸣占吉凶书》、黄正建《敦煌占卜文书与唐五代占卜研究》均未能注意和厘清该问题,陈楠《敦煌藏汉鸟卜文书比较研究》更错将此段占法视为乌鸣占。敦煌遗书中有关狐鸣占的文献除日本杏雨书屋藏卷外并不多见,所以该段占文,对于了解古代的狐鸣占及相关问题具有重要价值。

（3）十二地支日乌鸣占。此段与 P.3479《乌占习要事法》之（2）占法一致，只是占辞偶有不同。

（4）从东、南、西、四角等方向来乌鸣占。此段与 P.3479《乌占习要事法》之（3）相同。

（5）此后有 3 则关于类似乌群队所处位置鸣的占法：

乌无故群队集人舍上鸣者，不而去，大吉。主熟不止长来，凶。

乌从北方来鸣者，有人来欢喜相见。

乌来近人家舍上鸣，必有死亡，在下鸣，忧长子长妇。

上述书写未见于 P.3479《乌占习要事法》。

（6）9 个时辰乌鸣吉凶占：

日出鸣，大吉。旦鸣，君子恶人得食。食时鸣，有远人书信来。日中鸣，忧盗贼起。日昳鸣，忧病起。晡时鸣，有酒肉事。黄昏鸣，忧远行事。人定鸣，贼入界。夜半鸣，郡贼入界。

以上占文仅涉及 9 个时辰，且在 P.3479《乌占习要事法》中未见。

（7）乌鸣坐十二地吉凶。其占文与 P.3479《乌占习要事法》相同，但有关征应的书写没有采用双行小字形式。

此件卷末书"乌占临决，凡聚人鸣者，从来处刑候吉凶法。若看八方上下数，看时傍通吉"，此句为卷中乌鸣占表格之说明或介绍，本应如 P.3479《乌占习要事法》置于乌鸣占表格之前，然此件放在了卷末。

该卷占法与 P.3479《乌占习要事法》相比，有 4 项占法相一致，另有 3 项超出后者，尤其是"占狐鸣坐十二地吉凶"的阑入，显得尤为突兀。所以本书将此件定名为《乌占习要事法抄等》。

P.3888《行路占、军营占等乌鸣占法抄》（拟）　此件首缺尾全，起"物之事"，讫"咸通十一年岁（870）次庚寅二月廿八日记"。所存内容依次分为以下几部分：

（1）方位乌鸣占。仅存向东南鸣、西南方鸣、西北方鸣、西方鸣、北方鸣、东北方鸣等 6 个方位的占辞。其占辞与 P.3479《乌占习要事法》

· 欧 · 亚 · 历 · 史 · 文 · 化 · 文 · 库 ·

之从东、南、西、四角等方向来乌鸣吉凶占不同。

（2）第五行首题"行路占第五"，托名郯子、管辂，并依据乌鸣作声时的动作与位置对出行时之吉凶进行推断。如"郯子曰：凡欲出行，见乌若近耳，道看虽平安，所做不成。左边吉，右边凶"。

（3）"军营占第七"。亦托名郯子、子夏，言说乌鸣时各种动作对于军事的不同征应，如"欲谋出战，忽见乌于营中作声不止，如见食相呼唤者，兵出多死，当不战吉"。

此件篇目编排较混乱，在"行路占第五"与"军营占第七"之间未见第六之篇目，其内容与P.3479《乌占习要事法》、P.3988《乌占习要事法抄等》（拟）均不同，当是有异于后者的另一种乌鸣占法之汇抄。本书将其定名作《行路占、军营占等乌鸣占法抄》。

Дx.6133《祭乌法》 此件首尾均缺，赵贞认为《俄藏敦煌文献》公布的图版其粘贴次序有误，并对此件加以释读。[1] 但就目前图版来看，尚看不出此件是由4个残片构成，正确的排列顺序也还有待进一步落实。此件所存内容可分为两部分：

（1）占乌法。此则占法并不特意突出乌鸣，而是将乌的神态动作与乌鸣声音相结合，如"若见众乌于人家舍集，作喜声，合得财"。

（2）祭乌法。卷中明确标明"祭乌法"的有两处，并在第二处标题下方绘制一鸟形。第一处题作"祭乌之法"，该法主要介绍祭祀所用时间与物品。第二处题作"祭乌法"，起"郯子曰：占乌之法"，讫"子夏曰：乌之灵也，可以"，"灵"，赵贞《Дx.6133〈祭乌法〉残卷跋》释作"虚"，误。该法重点强调对乌的保护，如"纵见他捕获及欲煞伤者，必须殷勤救命，免致害"。

Дx.6133所存两则占法与前面三件均不同。

P.T.1045《乌鸣占》（拟）（古藏文） 此件是学术界尤其是藏学界关注较为集中的藏文占卜文献之一，首尾完整，卷首8行，藏学界认为系其下乌鸣占法表的序言：

---

〔1〕参见赵贞《Дx.6133〈祭乌法〉残卷跋》，载《敦煌研究》2012年第1期，第95-99页。

乌鸦本是人怙主，
尊神派遣到地方。
羌塘草原牦牛肉，
天神使者好祭享。
叫声传达尊神旨，
八面上空九方向。
三种叫声表神意，
祭品多玛快奉上，
神鸟乌鸦享用光，
如祭尊神一个样。
乌鸣并非尽前兆，
吉凶尚需辨征兆。
占卜大师具申通，
执行神意鸟帮忙。
祈福消灾有法术，
叫声之中吉凶藏。
六中羽毛六翅膀，
高高神境任飞翔。
耳聪目明多灵光，
了然天神在何方。
传达神意唯鸣唱，
虔诚相信莫彷徨。
八方上空九方向，
吼吼之声表吉祥；
嗒嗒之声应无恙。
喳喳之声有急事；
啅啅之声示财旺；

·欧·亚·历·史·文·化·文·库·

依乌依乌危难降。[1]

敦煌汉文本 P. 3479《乌占习要事法》、P. 3988《乌占习要事法抄等》(拟)因卷首残缺,尚不明了是否亦有类似序言,同时,Дx. 6133《祭乌法》虽有乌鸣恶声、喜声的占辞,然远不如 P. T. 1045 所载"咙咙之声""嗒嗒之声""喳喳之声""啅啅之声""依乌依乌"之具体。

序言之后为乌鸣占表格,此表的整体布局与汉文本几乎完全一致,只不过多出一行有关在 9 个方位上供施多玛仪轨的占辞:

东方占凶时,供施牛奶;

东南方占凶时,供施白芥子;

南方多占凶时,供施净水;

西南方占凶时,供施白芥子;

西方占凶时,供施肉;

西北方占凶时,供施花朵;

北方占凶时,供施安息香;

东北方占凶时,供施稻米;

天空上方占凶时,供施粟米。[2]

据文意,该仪轨的主要目的是为了在出现凶兆之时,通过供奉祭品"多玛"予以厌禳,以求转危为安。敦煌汉文本 Дx. 6133《祭乌法》亦有祭祀之说:"常以每月十六日,广与食饮饼物饲之,大吉。……焦贡曰:别法,当与建卯之月二日取大豆二升和煮作饭,又别煮牛乳生米少许,又安息香少许,散于豆饭上。"在祭品种类上,两者都有安息香、牛乳、稻米,然 P. T. 1045 中的"白芥子""鲜花""肉"则未见于汉文本。

乌鸣占表格中的占文,陈楠教授业已将其与汉文本进行了详细比较,在此不赘。

对于敦煌藏、汉文乌鸣占书的各自源流及关系问题,是学术界长期

[1]陈楠《敦煌藏汉乌卜文书比较研究》,载《敦煌吐鲁番研究》第 10 卷,上海古籍出版社,2007 年,第 348、349 页。

[2]陈楠《敦煌藏汉乌卜文书比较研究》,第 349 - 355 页。

关注的问题,但至今仍未得到令人信服的结论。笔者认为这一问题的解决,仍有待于将敦煌藏文本乌鸣占书的完整释读,并积极开展历史学与语言学的综合研究。

13　逆刺占

所谓"逆刺占",系指以预知求卜者的各方面情况,如问卜之意图、问卜者的家庭情况、问卜者的忧虑所在等为主要目的的一种特殊占法,可简称为"察人来情"。从这一指向出发,该占书的主要使用者当为古代社会的术士群体。善"逆刺"占法者最早出现在北朝时期,其占书则在《隋书·经籍志》《旧唐书·经籍志》《新唐书·艺文志》中常有著录,如《逆刺占一卷》《周易逆刺占灾十二卷》《逆刺三卷》《费氏周易逆刺占灾异十二卷》等,然此占书佚失已久。敦煌遗书中保存了多件《逆刺占》,包括北新 0836(BD14636)、北新 0872(BD14672)+ 0875(BD14675)、P.2859、P.2610、Дх.02637,至少涵括了 3 个版本,当是今天了解和研究"逆刺占"及古代中国术士阶层的重要一手资料。

北新 0836(BD14636)《逆刺占一卷》　向达先生最早对此件文书进行介绍和摹写[1],黄正建先生进一步将此件与敦煌遗书中的其他同类写本进行综合比较,整理出完整录文,做出大量校记,为学术界提供了完备的敦煌本《逆刺占》整理本,并指明了"逆刺占"未来研究需要着重解决的若干问题[2]。此件前端与《残历》粘连在一起,首尾完整,前部上端有残缺。首题"逆刺占一卷",黄正建《敦煌占卜文书与唐五代占卜研究》强调首题之下又朱笔书写"逆刺占十川纸"。然"十川纸"卜辞,据笔者观察,其"川"字形更接近"张"字,若不误,此句当是"逆刺占

---

〔1〕参见向达《敦煌余录》,见荣新江主编《向达先生敦煌遗墨》,中华书局,2010 年,第 62 - 90 页。

〔2〕参见黄正建《国家图书馆藏敦煌写本〈逆刺占〉札记》,见樊锦诗、荣新江、林世田主编《敦煌文献考古艺术综合研究——纪念向达先生诞辰 110 周年国际学术研讨会论文集》,中华书局,2011 年,第 514 - 534 页。

十张纸",这与李际宁先生的看法不谋而合[1]。

正式占文之前列有目录性文字,具体如下:

> 占问出法,占人卜呼声法,占日时法 ☐☐☐☐ 辰将上来法,占支位法,占十二时来法,☐☐☐人来吉凶法,占周公孔子傍通法,占十二月将在逆占来意法,占日卜法,占坐卜向法,占时来及人家有酒法,占十干时逢准则。

其中最后一则占法名称"占十干时逢准则"用朱笔书写。

卷中所存具体占法有:

（1）问出法。如"出南门必失火、口舌"。

（2）风雨卜。即根据风雨变幻的情况来预知问卜者的动向,如"凡人卜,忽有风雨从……舌忧有所求事。"

（3）占人卜呼声法。如"四呼,问兵革、口舌。五呼,造作、器土、葬埋事"。

（4）举头看日所在。此占法主要根据问卜人"举头看日所在"知其来意,如"日在东方,问婚妇人（妊）娠,论说财、口舌、失火之事"。

（5）看日时法。主要根据十二时的来向占断问卜者的占卜意向,如"寅时,从寅上来,忧女子财之事,妇人勾连,性多虚,家有酒"。

（6）从十二辰将上来占法。所谓"将",指六壬式法中的月将,此法依照十二地支日、十二月将与来者的对应关系进行占卜,如"丑日,丑为玄武人居玄武上坐者,为贼盗、亡遗、失物事"。

（7）客在支、干位坐法。此法似以了解问卜者的家庭情况为主要目的,分为干位占与支位占两部分,前者如"甲位坐者,家有老人,家口二人或三人",后者如"子地来坐者,家有九人或六人,忧病、远行、忧丈人、小口,祟在腥死鬼、社稷土公、水官,家当见向四足及水火怪,厌,吉"。

（8）占十二辰来法。此法以占病为主要目的,如"子时来占病,苦腹胀热,丈人所作,坐祠不赛,病者不死"。

---

〔1〕参见黄正建《国家图书馆藏敦煌写本〈逆刺占〉札记》,第521页。

（9）十二日占盗法。此占法以求失物为主，如"子日坎地来，是男子，黄色，姓刘，口七人或十人，物藏在井中，求可得"。

（10）占八卦人来卜。此法将十二时与八卦相配合，其中八卦主要用以标示方向，如"亥时（乾卦）乾来卜者，占忧家欲求娶，若相告言净金刀剑"。

（11）举足法。根据问卜者举足动作的来向与举足左右先后进行占卜，如"西北（乾卦）乾上来卜者，先举左足，忧官，右足，婚和女事"，共有与八卦对应的八个方向。

（12）举手法。此则占法与前一则相似，只不过改用"举手"作为占断的依据。

"举足"与"举手"前书有"右件此京房逆剌人来卜者，初坐时若候之，即知善恶"。

（13）周公孔子占法。此法由图与占辞两部分构成，图式是以十二时为横向排布，十二月为纵向列表，在坐标中依次标示"一""二""三"，从而构成十二月中、十二时及三个数字的一个时间坐标。其下之卜辞即依照三个数字依次记述其具体内容，如"凡时下得一，占家口忧患不死，占远行人平安未至"，"时下得二，注官事和了、不成。占家忧小口凶"，"时下得三，注作官事得甚好"。所涉及事项较多。

（14）逆占。"逆占"二字书于上则占法之后的纸张天头，或为逆剌占在当时的又一名称。根据以十二地支为代表的十二地进行占卜，如"占子地来坐者，主落隐藏盗贼，有求官喜庆，有弊匿阴私之事"。

（15）推十二月将所在逆占来意法。此法似利用式法中的十二将来确定问卜者的方位及来向，以进行占断其具体来意，如"午上坐者，午为青龙，向太（天）后，为有妇女阴察来往之事"。

（16）占日卜法。此法以式法十二神与十二地支的配合占断来者的意图，如"丑为玄武，有人在玄武上坐者，为有盗贼之事"。

（17）占坐卜向法。此法以式法中的十二神分别标示问卜者的居向与坐向进行逆剌占，如"有人居申朱雀上，坐向寅太常，为有衣裳、财物、喜之事"，这里"申朱雀""寅太常"即分别代表了问卜者的不同居向、坐向。《敦煌占卜文书与唐五代占卜研究》认为此法与前述"从十二辰将上来占法"大致相同,不确。

(18)占左右手足举法。该法虽题作"占左右手足举法",然仅最后一则占文涉及"左右手"问题,其他七则卜文多以"足"为观察对象,其占法虽与(11)"举足法"较为接近,然占辞不同。如同样以"乾"卦为例,此处卜文为"乾西北方来,左足先举者,欲求妇女;右足先举,忧财好女阴书皆须之事",(11)"举足法"则是"举左足,忧官,右足,婚和女事"。这表明《逆刺占》中的同类占法往往会有着不同的版本。

(19)占时来卜及人家有酒法。将十二时(时间)与八卦(方位)相配合,占断来者所忧虑之事及人性等事项。如"卯时震来卜者,忧争田宅,有非欲作男子病,占人意性为人善少语。占人家有酒食,方求觅事"。

(20)十干之中时逢事意准则法。此占法以时逢天干六甲、六乙、六丙、六丁、六戊、六己、六庚、六辛、六壬、六癸为纲进行占断,如"时逢六丙,合主酒食、贵人聚集会客之事"。所谓"六甲"等,疑为用于纪日之六十甲子。

以上各占法多用朱笔做分段符号,其名称与卷首所序目录亦多符合。此件尾题"逆刺占一卷 于时天复贰载岁(902)在壬戌四月丁丑朔七日河西敦煌郡州学上足子弟翟再温记",又书"再温,奉达也"。翟奉达为归义军历法大家,主持过敦煌具注历日的编订工作。此件文书不仅是敦煌本《逆刺占》最为完整者,而且提供了了解和研究唐宋之际地方州学教育实况的重要资料,因此具有较高的多元学术价值。

P.2859《逆刺占一卷》 此件抄在《五兆要诀略一卷》之后,前面有朱笔书写"已前了,亦是弁均写",首题"逆刺占一卷"。《敦煌占卜文书与唐五代占卜研究》研究认为其内容与北新0836《逆刺占一卷》完全相同,肯定两者用的是同一个底本。此件确与北新0836《逆刺占一卷》在篇目编排与内容构成上均极为接近,但亦有不少差异,一是此件无北新0836之目录;二是后者类似序言的部分,其书写顺序并不相同,如北新0836《逆刺占一卷》言"凡月四日、七日、廿日、子日,已上四日,无神,不卜。凡占法皆则其初,久而无验,若客不信,须主人问之,听其答语,便恻也",此件则作"凡占法皆则其物,久而无验,若客不信,须主人问之,听答语,便恻也。凡月四日、七日、廿日、子日,已上四日,无神,不卜",两组语言顺序明显前后有别。所以笔者颇怀疑两件写卷虽出自同一底本,但具体的抄写者或已根据自身理解做了相应的改编。此件尾题"天复肆载(904)岁在甲子浃锺润三月十二日,吕弁均书写也",其中"浃锺"两字又用朱笔改为他字。在卜文与尾题之间有朱笔抄"州学阴阳子弟吕弁均本是一一细录勘了也",疑是在整件占文抄完后加以校勘之记录。由于此件前部分完整,故可了解和补足北新0836《逆刺占一卷》的残缺之处,黄正建《国家图书馆藏敦煌写本〈逆刺占〉札记》对此已做校补。

P.2610《逆刺占》(拟)　此件首尾完整,前为"候风法",后为"五音候风法",前后笔迹相同,当为一人抄写。现存"推十二月将所在逆占来意法""占日卜法""占坐卜法""左右手举法""占时来卜""占人家有酒"等内容,具体其篇目构成及卜文书写与北新0836《逆刺占一卷》、P.2859《逆刺占一卷》基本一致。将《逆刺占》与占候法粘连在一起,此现象颇令人费解。

北新0872(BD14672)+0875(BD14675)《逆刺占》(拟)　《敦煌占卜文书与唐五代占卜研究》最早提出北新0872(BD14672)与北新0875(BD14675)可缀合成一件文书。前者起"投托欲吉庆之事",讫"酉日为腾蛇,上坐者为有惊恐失火急速之事";后者起"戌日者为天一,有在天一上者□□有求官职位爵禄之事",讫"忌三月九月口舌"。从文意来看,前者尾部与后者前段恰可相衔接。缀合后的文书前后均缺,中间亦有部分残缺,从《国家图书馆藏敦煌文献》刊布的图版来看,多有段落符号,然整篇未见篇目名称,所存内容近似北新0836《逆刺占一卷》之从十二辰将上来法、推十二月将所在逆占来意法、占坐卜向法、占左右手足举法、占时来卜及人家有酒法,不过具体占辞彼此相差较大,尤其是北新0836《逆刺占一卷》中的"占时来卜及人家有酒法",在此件中直接以八卦为序,省去了十二时的配合,其占辞亦各不同,所以《敦煌占卜文书与唐五代占卜研究》将此则占法拟名为"占八卦人来卜法"。此件虽属《逆刺占》无疑,但与北新0836《逆刺占一卷》应来自不同的底本,为研究《逆刺占》提供了新的版本材料。

Дх.02637《十二逆刺预占来人吉凶法》(拟) 此件最早由黄正建先生揭出,首全尾缺,天头、地脚亦残缺,占辞部分文字有删除符号。释文如下:

> 凡用十二逆刺预占来人吉凶之意,太一式(下缺)
>
> 雷公式^{行兵之事},六壬式^{世间切之事}。逆刺者,京房之所作(下缺)
>
> 一则殊于卜箸,二乃异於龜书,察人來情,考(下缺)
>
> □□有诸卜问,如视掌中,卜彼吉凶,若霜(下缺)
>
> (上缺)云兴龙雨,嘴动风生,善恶随
>
> □影响相应,博物君子,□无冗马同□□□文流
>
> (上缺)不朽云示。
>
> 寅日旦治大吉,暮治小吉。一腾蛇,惊恐;二朱雀,口舌
>
> (上缺)斗讼。五青龙,有吉庆。
>
> (上缺)妇女。二太阴,阴私。三玄武盗贼。
>
> (上缺)五白虎,死□□□耗。
>
> (上缺)治太冲。六(下缺)
>
> (后缺)

此件占法虽同样运用了式法,但与北新0836、北新0872(BD14672)+0875(BD14675)均不同,故此件当为目前所知第三种版本的《逆刺占》。

14 走失占

在面临财产物品丢失时,通过推卜以探知盗者、藏地以及能否追索回来等情况,这种关注"走失"的占法在古代中国社会有着久远的历史和传统。早在睡虎地秦简《日书》中就有"盗者"篇,《隋书·经籍志》曾著录《京君明推偷盗书一卷》,但有关走失占的专门书籍至今均已亡佚。敦煌遗书中保存了 8 件有关走失占的写卷,分别是 P. 3602V、Дx. 01236、S. 6878V、P. 4711、P. 4996、P. 4761、北新 0884(BD14684)与上图 017(812388),其中 S. 6878V 为古藏文写本,包括了神龟推走失法、推仙人逐盗法、失物官、推十二日失物法、推十二时失物法、六十甲子日失物占、用或占贼法、十干日失物法等多种占法。所以敦煌本走失占文献是研究中古时期汉藏走失占书、占卜文化以及社会生活史的珍贵资料。

P. 3602V《神龟推走失法等》(拟) 此件首缺尾全,正面为《庄子释文》,背面抄写三类不同占法:走失占、禄命书、宅经,其中走失占涉及卷端两幅图式及占文。第一幅上图下文,图式残存左半部分,接近于九宫图的样式,图的周边空格中依次书写"地""人""时""音""星",所存占文如下:

(前缺)

天(?)日□(下缺)

得之,出即不得。人日失,人□□□□

来□求得之。时日失,□时得,庭□

不得。音日失,保来得消息求之□

星日失,□□吏(?)□之,将来可求之□

日失,水草风(?)求之。州(?)日失,出三日得之,□

即不得。

揆其内容,该占法主要以"天""人""时""音""星"等日为序,逐次叙述各日失物的得与不得的各种情况。其中用以纪日的"地""人""时""音""星"等,笔者怀疑或即是《云笈七签》所载"天一、地二、人三、时四、音五、律六、星七、风八、州九",但将此9个名称用以标示时间,目前仅见于此件占书。该占法的具体名称因残缺尚不清楚。

第二幅图,以竖立的长方形为框架,由5个圆形自上而下依次排列,每个圆形又由两条短线与一条长线予以划分。图前题"神龟推走失法",但该标题究竟是第一幅图文的篇名还是第二幅图文的篇名,仍不能遽断,因为第二幅图在S.P.6《乾符四年(877)具注历日》中又被称作"周公五鼓缘(后缺)"。本卷图后占文称:

> 大月从头向下数之,至失日至,
>
> 小月从下向上数之,至失日至。
>
> 数值长画者,走失不可捉得。
>
> 数值罗城者,走失急捉得。
>
> 数值短画者,走失不捉自来。
>
> 万无一失。

S.P.6《乾符四年(877)具注历日》占文与之相近:

> 凡大月从上数至下,小月从下数至上,到失物日止。值圆画,急未得,迟不得。至长画失物,走者得脱。短画失物日亡者,不逐自来,走者不觅自至。唯在志心,万不失。

《敦煌占卜文书与唐五代占卜研究》业已指出"值圆画,急未得"之"未得",或应作"求"。从文意来看,确当校改为"求"或"可"。此件中的"罗城",古代指"外大城",在该则占文中用以指代圆形图的上下两圆弧,也就是S.P.6《乾符四年(877)具注历日》占文中的"圆画"。此件与S.P.6《乾符四年(877)具注历日》在占法上基本一致,即利用5幅圆形图的25条长画、短画、圆画,按照大、小月不同的起算规则,依次数至失物之日,然后依据相应占文占断出"不可捉得""急捉得""不捉自来"等3种结果。但也要注意此件与S.P.6《乾符四年(877)具注历日》的卜辞并不完全一致，如后者之"圆画"，在此件中被更形象地称作"罗城"。所以两者虽占法一致，但仍来自不同的底本。

Дх.01236《推神龟走失法、推仙人逐盗法等》（拟）　此件首尾均缺，写卷前部是一幅以式图为框架的六十甲子分布图，图后首题"推神龟走失法第二"，其后残存占文 7 行：

　　推神龟走失法第二

　　每月一日数至（下缺）

　　小月从尾逆（下缺）

　　耳日失，十字（下缺）

　　冢墓询得（下缺）

　　足日失者，神（下缺）

　　尾日失者，桥下□井灶，求之，得。

此件文书虽残，但其占法体系还是比较清楚，即先推出"走失日"在神龟的部位，然后再根据此部位的占辞求失物。卜辞上部留有相当空白，而据敦煌藏文本 S.6878V 来看，此处当是为绘制神龟而预留的空间（详见下文）。

S.6878V《金龟择吉占走失法》　敦煌藏文本 S.6878V 有关失物占的书写起第 28 行、讫第 37 行，包括卷中的最后一幅图。其结构内容由三部分组成：一是藏文标题"金龟择吉占走失法"及占卜方法。二是金龟图。三是吉凶卜辞。具体图式与藏、汉释文如下：

　　gser gyi(ru sbal)mo ste/bros ba dang rlag btsal ba'/

　　金龟择吉占走失法。

　　zla ba gang la bab kyang ste//chos zhag gcig nas bgrangs la/stor

　ba'i nyi ma ru sbal kyi tshigs gang bab pa dang/sbyang te gdab bo/

　　从每月一日起计算到丢失日，看对应龟所在的某一部位。

　　zla ba sum cu thub ni na/mgo nas gyas logsu bgrang/

　　大月从头的右侧开始算起。

　　zla ba sum cu myi thub ni na/mjug nas gyon logsu bskor te bgra'

　o//

小月从尾的左侧算起。

bzang ngan gyi tsigs ni ru sbal kyi mjug du bris so//

龟的尾部后写着吉凶卜辞。

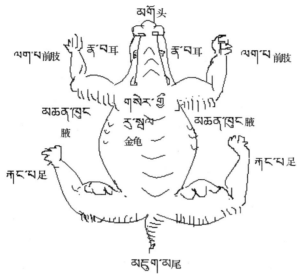

mgo 'i nyi ma la /stor na btso blag mkhan gyi 'khor du btsal na
rnyed//

头日失者,染色工匠附近寻而可得。

rna ba'i nyi ma la stor na/btsal te lam du phrad kyang/bdag gi
lag du thob la myi pha na no//

耳日失者,可自归但无利。

lag ba'vi ba'i nyi ma la stor na/ri mthon bo dang/grog mo dang
mchad khrod dung/btsan na rnyed//

前肢日失者,在高山,深谷,坟地寻而可得。

mchan khung gi nyi ma la stor na/gser magr dang rang tag dang
grong 'khor du btsal na rnyed//

腋日失者,在金匠,纺织工,村落附近寻而可得。

rkang ba'i nyi ma la stor na/rdz sno dang zhang lon dang tshong
drus su btsal na rnyed//

·欧·亚·历·史·文·化·文·库·

足日失者,陶器坊,田埂,集市寻而可得。

mjug ma'i nyi ma la stor na/grog mo phyogsu btsal na rnyed//

尾日失者,深沟处寻而可得。[1]

藏文本 S.6878V 中《金龟择吉占走失法》的占法与《推神龟走失法》完全一致,两者不仅均有大、小月两种起算方法,而且小月都是从龟尾开始算起;更重要的是,《金龟择吉占走失法》明确提及"耳日失",这说明敦煌汉、藏本龟占图文均涉及乌龟身体的 10 个部位;同时,就占辞叙述而言,两者也都是以推求失物所在地及能否得到为中心。因此敦煌藏文本《金龟择吉占走失法》与汉文本 Дx.01236《推神龟走失法》是同一性质的占书。

P.4711《走失图一本》 此件为册子装,仅存一叶,正面朱笔书写"走失图一本",旁书"龙天八部",背面为墨笔抄写"六十甲子纳音",前述 Дx.01236《推神龟走失法、推仙人逐盗法等》(拟)曾载有六十甲子分布图,两者或存在某种联系,或存有利用六十甲子或六十甲子纳音进行走失占的卜法。《法藏敦煌西域文献》将"六十甲子纳音"视作正面、"走失图一本"视作背面,误矣。《走失图一本》虽仅存题名,内容不详,但却是唯一一件明确标明走失占书名的敦煌文献。根据其册子装来判断,此件当抄写于唐后期五代宋初的归义军时期。

P.4996《失物官、推十二日与十二时失物法等》(拟) 写卷正面,邓文宽先生考订为"唐景福二年癸丑岁(893)具注历日"[2],正面文中有与背面相同墨迹书写的"乾宁三年丙辰润月廿二日比丘僧寿写书记",笔者认为背面的占卜书写即是"僧寿"在乾宁三年(896)所抄。背面即此件,首全尾缺,相继存有四部分内容。

(1)"失物官"图文。正方形图式,中间书写"失物官",其中"官"字,《敦煌占卜文书与唐五代占卜研究》释作"宫"。图式外围分布十二地支,每个地支通过画线引申出相应的占文,而这些占文亦多书写在方

---

〔1〕陈于柱、张福慧《敦煌藏文本 S.6878V〈婚嫁占法抄〉研究》,载《唐研究》第 18 卷,北京大学出版社,2012 年,第 443–460 页。

〔2〕参见邓文宽《敦煌天文历法文献辑校》,江苏古籍出版社,1996 年,第 280 页。

形框中,如"酉日亡,车南孤独老母家,张、陈藏"。其占法主要利用十二地支表示的十二日,直接言说各日失物所在方位及得与否。

(2)"失物官"图后空约6行,接叙十二日亡物占,需要注意的是,此组占法同样是以十二地支纪日,但具体卜辞与"失物官"不同,如此件子日占文曰:"子日亡者,东行藏在刘、杨,象健山林,笔为事,其人缺齿者,青黑色。旦亡可得,暮亡为人所觉,县官总日月期,卯日得。"《失物官》则作:"子日亡,东行藏树下作依以上□难得,春夏男子□之。"彼此差别较为明显。

(3)十二时失物占法(拟)。此组占文主要以十二地支标示十二时,逐日占断盗者的方位、长相及何日能得等情况,如"巳日盗者,男子、女子将东南家,在积薪中,头长腰稀(细),足有黑色,同产姓□藏在井中,若水草中,四日得知"。

(4)卷末位置书"午年九宫",存正月、四月、五月、八月、九月九宫图。"午年九宫"与失物占是否有联系,尚不得而知。

P.4761《推十二日失物法等》(拟)。此件仅有一纸,存占文4行:

子日失者,行在刘、阳家,象健山林,作笔为事。其人缺齿者,青黑色。是(旦)亡可得,暮亡为人所觉,县官物,日月期,卯日得。

丑日失,西南行,藏在宋家、李家,孤独共居,舍北有枯树木,若人取犬寄□牛。旦亡可得,墓(暮)失难期,丑日、未[日]得之。

卜辞与P.4996《失物官、推十二日与十二时失物法等》之"十二时失物占法"基本一致,两者应属同类占法。

北新0884(BD14684)《六十甲子日失物占、用或占贼法与推十二日失物法等》(拟) 此件首尾均缺,起"□辰日失者",迄"春夏可得,秋冬",中间存有"用或占贼法"之篇题。所存内容包括:

(1)《六十甲子日失物占》(拟)。依照六十甲子的顺序,依次言说各日失物的盗者及所在位置、能否得到等情况,如"丙戌日失,男子取,向北去。……丙辰日失,西北亲家藏之"。前面业已指出,Дх.01236《推神龟走失法、推仙人逐盗法等》(拟)载有六十甲子分布图,P.4711《走失图一本》背面抄写"六十甲子纳音",此件《六十甲子日失物占》

的发现,充分证实了中古社会确实存在利用六十甲子进行失物占的卜法,那么前两件文书见载的六十甲子及六十甲子纳音就很有可能即是这一占法的残存或另一种表达方式,那么与《推神龟走失法》《推仙人逐盗法》相接抄以及出现在《走失图一本》中等文本现象在此背景下也就释然了。

(2)用或占贼法。此组占法存有篇题"用或占贼法",占文如下:

甲乙日失,庚辛下藏;

丙丁日失,壬癸下藏;

戊己日失,老□下藏;

庚辛日失,丙丁下藏;

壬癸日失,戊己下藏,亦可四暮下藏。

□开钥者,盗贼难得,又春开在丑;

钥在巳,夏开在辰。

钥在申,秋开在未。

钥在亥,冬开在戌。

钥在寅。

又春狱在申,夏狱在亥,秋狱在寅,冬狱在巳。

已上四绝,亡者不脱。

"用或占贼法"似由两部分组成,一是十天干失物占法,主要侧重何日藏,值得注意的是上图017(812388)失物占文书中亦有十天干失物占法抄,但其占文与此件不同,内容更为丰富,如"甲乙日失,从北来,其人青黑色,西(面)有疵,姓徐、使、好、婴氏,藏肤中,□门户臂右。女子见,居草中,得。北女子来报之"。此组占法另一部分似乎是根据"钥"的位置进以推卜被盗开的时间。

(3)《十二日失物法》(拟)。仅存子至辰的失物占文,其卜辞与P.4996、P.4761基本相同。

上图017(812388)《推十二日、十二时与十干日失物法等》(拟)
此件刊布于《上海图书馆藏敦煌吐鲁番文献》第一册,首缺尾全,学界以往未曾注意,现释录如下:

□有大石,其身细长,青色,春(下缺)

午日失者,南行西出,藏在任、张家,有县官人□尊临大水,女子独世所□□□□可得,秋冬难得。庚子、丙子日得。

未日失,男子女子共取,其人□□□□足长头,此物藏西方亥地,难得。

申日失,男子取,为人长大,黄色□□□□中近东北求之,得。

酉日失,男子取□□□□藏在周、郑家,兄弟陈□□□□家酤卖,为人所觉,春夏可得,秋冬难□寅日得之。

戌日失,东行□□□□在尹、解家,近尊者,其人多口舌,为人所觉。旦失难得,暮失为人所觉。

亥日失,西行至夜,□□家事盗者□□春夏难得,秋冬可得,其物□台下,辰戌日的之,□不得,难得。

子时失,黑人外来内,有一东西遣两家,云中有□耳数,为人青色,口齿缺□上有厌为黑色,人姓王、孙,市中二女子言藏在灶中,求之。

丑时失,□男子姓杨,客人带数徒来已食器□可得,秋后外来,取之东北□□□□十里,其人鼻大、少发、高唇,姓(性)恶□□□□利善大吉,疵,姓马□□南村下薪中,二日不得,八日□□□□男子取之,外来及□□□□及开门,女子过门,墙近十步□□□□当囚狱争,为人大鼻,臂有疵,姓王、李、侯,各居仓色□□□□之。

卯时失者,家□近西不远,二家须更见,玄头□□□□齿黑色,鼻有疵,姓张、孟,或三日得之,女子言之藏在空□□□□蓬薪下,二人知之。

辰时失者,同产女子取之,即代将□□□□□上恶行,青黄色,故名。疵在投足,女子觉之始停。子长高□□□□灶里可得。

巳时失者,男子女子持,东南家柴积下,头长、腰种(肿)、足黑色,有黑色同产,姓孔,藏在井中,若水草中,四日得之。

午时失者,恶北家门,其人在唐客(?)持南去,人在乡里,为人

·欧·亚·历·史·文·化·文·库·

□草高中，安在此中，其人黑色，姓朱、王、徐，名当为奴，藏在木下，二日八日有女子道，得。

未时失，申时女子当来，去游戏，其人黄色，疵在头目，近家七里中□□□□姓王、赵、高、侯，名小如姬，得藏在井中□□间，一日二日得之。

酉时得之，同产弟持去，其人赤色，长头，马、董、高，藏在水草蒿鸡中，□床木上，二日六日得之。

戌日失者，为人长面目，人取持西北，近五家□十五步，其人得谤言忓。

亥时失者，北里人，有疵之人，□下贼取之，北去，此人无停，何人，四日出，其人东来，以食为名，女子道之，黑色长腰，齿，大腹，名人姓周、冲、段、袁，子衣廿日，所求楼藏。凡壤下八日得，女子起发来得之。

甲乙日失，从北来，其人青黑色，西（面）有疵，姓徐、使、好、婴氏，藏肤中，□门户臂右。女子见，居草中，得。北女子来报之。

丙子（丁）日失，得之，南方来，其人广面，瓮口善语笑，行（姓）赵、光、□氏，藏之在舍，在舍草下，自出，近暮后得之。

戊己日失，从南方来，家中教之，庭十里近者城郭，人得，将知之，姓张、盗、李之氏，藏之在水中，石下草木中得之。

庚辛日失，从西方来北来，其人白赤色面，手足有疵，姓张、孙、陈、名、李、匡、客，年十五取之。

壬癸日失者，从西南来，□西方来，其人青，善自言，姓为名孝氏朝云氏，其人齿疏，面有疵，藏在空窖、塚中，必有亲纤人见之，即索可得。不得野田中求之。

此件所存内容相继涵括了"十二日失物占法""十二时失物占法"与"十干日失物占法"等3组占文，其中前两组与 P.4996、P.4761、北新0884（BD14684）大体一致，当属同一类型的占法。《上海图书馆藏敦煌吐鲁番文献》将此件定名为《卜筮法》，虽点明了写卷的基本属性，但仍未进一步明确其走失占书的性质。《敦煌占卜文书与唐五代占卜研究》未收录此件。

　　以上四件写本均包括了"推十二日失物占法",亦不排除原本也都抄有"推十二时失物占法"的可能,但 P.4996 此前是"失物官"图文,北新 0884 此前则是"六十甲子日失物占"与"用或占贼法"。这一现象一方面表明十二日、十二时失物占法的流行,另一方面也说明了以上四件写本所依据的底本并不完全相同,或许因为十二地支、六十甲子、十天干均是可以用于纪日的同类标示符号,从而能够以各自独立的状态被编撰在一起,而此四件走失占书所展示出的占法当直接源自睡虎地秦简《日书》之"盗者"篇。这一点是与此前的 P.3602V《神龟推走失法等》、Дx.01236《推神龟走失法、推仙人逐盗法等》、S.6878V《金龟择吉占走失法》完全不同。

15 杂占

《汉书·艺文志》认为能够"纪百事之象、候善恶之征"的占法均属于杂占。敦煌遗书中属于杂占写卷的不少,大体可分为占怪书、藏文景教占卜书与粟特文景教占卜书三类,其中占怪书又可分《白泽精怪图》和《百怪图》。

15.1 占怪书

S.6261+? + P.2682《白泽精怪图》 敦煌本《白泽精怪图》是学术界关注较早且研究极为深入的一类文献,自20世纪以来,罗福苌、王重民、松本荣一、饶宗颐、黄正建、游自勇等学者,或刊布文献,或解题录校[1],极大地推进了《白泽精怪图》的整体研究。敦煌本《白泽精怪图》目前有两件写本:S.6261、P.2682,两件虽属一卷之裂,但不能完全缀合。前者首尾均缺,存6图、7则占文,每两组为一列,每组右边为占文、左边为对应之精怪图像,如"木廉,名曰札,状如菟,而尾青色,物类自然,非怪也",文中的"菟"与"兔"通,文字左边即绘制一上身兔状、尾巴怪异之图像。后者首缺尾全,由七纸连接装裱成卷,其中前四纸的占文均是图文并茂,与S.6261相同,存19组图文。第四纸与第五纸连接处有不同于前文的笔迹书写"□精怪有壹佰玖拾玖窠□",可知此前已抄录199组图文,对每个精怪则以"窠"作为计量单位。第五纸至第七纸仅有占文,不见图像,占文涉及领域亦较前面更为广泛,不仅有精怪,而且还包括了物怪、事怪、人怪等,如"子日釜鸣,妻内乱"即属于物怪,

---

〔1〕参见游自勇《敦煌本〈白泽精怪图〉校录——〈白泽精怪图〉研究之一》,载《敦煌吐鲁番研究》第12卷,2011年,第429–440页。

又如"血污门者,宾客为害,祭之则吉"则属事怪,再如"夫妇喜斗讼者,人虚也"即是人事之怪。此件尾题"已前三纸无像,道昕记,道僧并摄,俗姓范。白泽精怪图一卷,卅一纸成"。针对后三纸无像的现象,游自勇先生解释为:"在抄完199种精怪之后,由于纸张不够,所以变更抄写方式,只抄文字,不再绘图,形成了一份较为完整的精怪书图。当是整卷未必有书名。"[1]然通过上文考察,笔者认为后三纸之所以只抄文字,并非是因为纸张不够,而是由于抄写的内容已不再纯粹是精怪,还扩展到更多的生活怪异现象,甚至提供各种"转危为安"的厌禳之术,所以无法也不能绘制相应的精怪图像予以表达。从这一角度来看,此件《白泽精怪图》更像是各类占怪书的汇编。

P.3106 + ? + P.4793《**百怪图**》　此件由 P.3106 与 P.4793 组成。前者 P.3106,首尾均缺,仅存一纸,现存写卷与《礼记正义》相粘连,起"井、灶上有水火灾",迄"桃木长六寸,八枚,书",存有《占狗缩鼻为怪第廿六》《占音声怪第廿七》两则篇题,并用朱笔点勘。所存内容可分为以下部分:

(1)占犬噪为怪(拟)。此组占文残缺,多记录犬噪对应之征兆,如"犬噪向天,必家败",其中也有其他占文,如"犬自食其子,凶"。

(2)占狗缩鼻为怪第廿六。先是依照十二地支日逐次记述各日征兆,如"丑日,忧妇女丧"。接着言说犬的各种怪异动作之征兆,包括了尿人门户、生子似羊、犬粪坐席上。再有十天干日之占文,如"庚辛日,忧男子",但此组占文是针对犬的何种动作尚不明了。最后为厌怪法,并附有"狗怪符"。

(3)占音声怪第廿七。该篇主要占断音声之怪,认为"凡是音声之怪,兵死之鬼"。按照十二地支日记录各日音声之征兆,并提供各日厌禳之法。如"丑日声怪,忧财物,少子凶。厌用桃木长六寸,七枚,书天文符,着中,吉"。

此件背面有题记:"此百怪图于法则不能□肉。"此则题记极为重

---

〔1〕游自勇《敦煌本〈白泽精怪图〉校录——〈白泽精怪图〉研究之一》,第 433 页。

要,一是明确了正面书写的正式书名为《百怪图》,二是从题记言"不能□肉"来看,此件或为佛教徒或有佛教等宗教背景的人士所抄写。

后者 P.4793,现存一纸,残存上半部分,前两行为三幅天文符,主要对应着十干日,与日本杏雨书屋藏敦煌遗书羽 44《百怪图》的卷尾部分性质相同,可推该部分内容当为卷第卅一。其后篇题"厌釜鸣法第卅二",正与前面篇章数字可衔接,存厌口舌、疾病、妨子孙等。倒数第六行书"又十二辰符第(下缺)",疑此部分为整书第卅三,存子、丑、寅三组图文,但有残缺,每组是上图下文,如"子(图符),子日见怪,朝害父,昼害母□□□砂至天文符,奏户上(下缺)"。此件笔迹与 P.3106 相同,纸张亦有丝栏,尤其是朱笔点勘符号也是完全一致,故这两件写本当同出一卷,但不能直接缀合。学界以往未曾注意到这一点。

羽 44《百怪图》 此件收藏在日本杏雨书屋,近年由《敦煌秘笈》刊布其图版。日本学者岩本笃志在 2010 年复旦大学"中古时代的礼仪、宗教与制度学术研讨会"宣读论文《敦煌占怪书〈百怪图考〉——以杏雨书屋敦煌秘笈本和法国国立图书馆藏的关系为中心》,最早对此件文献进行了研究分析。此件首尾均缺,存"占鬼呼人第廿八""占狐鸣怪第廿九""占人家釜鸣第卅""占之第卅一"等篇题,同样有朱笔点勘符号。具体内容包括:

(1)为怪占(拟)。因残缺不明篇题,主要叙述十二地支日与十天干日为怪之应对方式,如"申日怪□□以用桃木长三寸,六枚,书天文符着户上,吉"。笔者曾一度怀疑此件与 P.3106《百怪图》同出一卷,然目前来看,不仅两者笔迹有别,而且在同样位置两者也未必能够衔接,如 P.3106《百怪图》之"占音声怪第廿七"的每条占文多以"某日声怪"为起始,而羽 44 此组占文虽同处"第廿七",但是以"某日怪"为起始。所以两者虽性质一致,但并非一卷之裂,而且羽 44 此组占文是否是"占音声怪"仍不能明确。

(2)占鬼呼人第廿八。以十二地支日为序,叙述各鬼呼人为怪之危害与应对之策,如"丑日呼人,北狱(岳?)使者来索食捉人,凶,用桐木长二寸一枚,书天文符户上,大吉"。

（3）占狐鸣怪第廿九。列数狐的各种异常动作及在十二地支日鸣叫之征兆和厌禳术。如"亥日鸣，不出三十日西家女子亡，官事，盗贼，见血，北家男子死。用桃木长三寸二枚，酱豉共三升，和金铁三斤，悬于丈五竿上，向之吉也"。

（4）占人家釜鸣第卅。此组占文包括了两部分，一是十二地支日釜鸣占法与厌禳法，如"申日鸣，中女离别"。二是占十二时釜鸣吉凶法，如"丑时鸣，九十日内家病，勿与女妇交通，凶"。

（5）占之第卅一。此篇题之前书"又法着十二日辰"。所存占法较为多样，有十二日占、十二时占及十天干占，其中十二时占未用地支，而是采用"平旦""夜半"等记录时辰，如"人定，亦吉。夜半，凶。鸡鸣，客事"。最后附有厌禳符。

Дх.06698＋？＋Дх.03876**《百怪图·十二辰符》**　此件由Дх.06698与Дх.03876组成。前者首尾均缺，下部分亦残缺，存寅、卯、辰三组图文，每组上图下文，行文方式与P.3106＋？＋P.4793《百怪图》之"十二辰符卅三"基本一致，只不过每组起始不再列十二地支名，如"（图符），卯日见怪，朝害子□□□不出九十日，必有（下缺）"。后者首尾与下端均缺，存未、申、酉、亥四组图文，书写格式、笔迹与Дх.06698完全相同，当是"十二辰符"的另外四组。笔者认为Дх.06698与Дх.03876亦属一卷之裂，中间残缺"巳日见怪"之图文。

综合以上，敦煌遗书中所仅存的诸件《百怪图》残卷虽不能够组成一个完本，但仍保存了《占犬噪为怪》《占狗缩鼻为怪第十六》《占音声怪第廿七》《占鬼呼人第廿八》《占狐鸣怪第廿九》《占人家釜鸣第卅》《十二日辰占之第卅一》《厌釜鸣法第卅二》《十二辰符第卅三》等连续相继的9则篇目，涉及犬、音声、鬼呼人、狐鸣、釜鸣等多个事项，而主要的厌禳法则为"天文符"。其篇章构成就目前来看，不应少于33篇，可以想见当时《百怪图》的整体部帙较为庞大。

·欧·亚·历·史·文·化·文·库·

15.2 藏文景教占卜书

P.T.351《藏文景教占卜书》 1971 年法国学者 A. 麦克唐纳夫人（Macdonald）首先注意到敦煌藏文本 P.T.351 的佛教占卜书性质，同时辨读出其中有"耶稣，救世主"的名字。[1] 1983 年，匈牙利学者乌瑞先生（G. Uray）用审音的方法考察了 P.T.351 中耶稣的名字，表示同意先前石泰安的看法，认为此名与敦煌出土景教经典《序听迷诗所经》所记的"移鼠迷师诃"的译音最为符合。[2] 1998 年，荣新江先生在《敦煌学大辞典》"古藏文佛教占卜书"条介绍了本件文书："敦煌写本 P.T.351，一篇具有佛教色彩的占卜书，但其中一个段落提到'夷数/移鼠迷师诃'（i shi myi shi ha）、上帝右手边的审判官和七重天等基督教专名或概念，从其对耶稣的译音来看，此段文字当来源于汉译景教文献，是吐蕃人经汉人介绍而信奉景教的明证，为研究景教流行于吐蕃地区的重要资料。"[3] 随后进以提出 P.T.351 中的 i shi myi shi ha 是随着吐蕃遣唐使臣从益州带回去的《历代法宝记》系统的禅宗说教而传入吐蕃的[4]。2006 年格桑央京将此件写本转译成汉文[5]：

[1]菩萨与佛陀亲口道出：

[2]牢固之卦词、信服之咒语、灵验之征兆。

[3]占卜时，要洗涤，十分清洁，虔诚无疑地供奉薰香、

[4]含花香水，准备齐全，占之方能

[5]灵验。

---

〔1〕参见 A. 麦克唐纳著，耿昇译、王尧校《敦煌吐蕃历史文书考释》，第 124 页。

〔2〕参见 G. Uray, "Tibet's Connection with Nestorianism and Manicheism in the 8th—10th Centuries", *Contributions on Tibetan Language, History and Culture*, Wien 1983, pp. 413 – 416. 汉译文为《景教和摩尼教在吐蕃》，王湘云译，载中国敦煌吐鲁番学会主编《国外敦煌吐鲁番文书研究选译》，甘肃人民出版社，1992 年，第 56 – 72 页。

〔3〕季羡林主编《敦煌学大辞典》，上海辞书出版社，1998 年，第 492 页。

〔4〕参见荣新江《历代法宝记中的末曼尼和弥师诃——兼谈吐蕃文献中的摩尼教和景教因素的来历》，载荣新江《中古中国与外来文明》，三联书店，2001 年，第 343 – 368 页。

〔5〕参见格桑央京《敦煌藏文 P.T.351 占卜文书解读》，载《敦煌学辑刊》2006 年第 1 期，第 22 – 29 页。

[6]此卦占卜何事皆先头迟缓,后立即所想

[7]事成并能到手。勿懒惰,

[8]用任何文武办法和任何悲惨手段都不畏惧,无顾忌地

[9]去做,卦,大吉。占卜"是"、"不是"为"是"。占卜"来"、"不来"为"来"。占卜"去"、"不去"为"不去"。

[10]占卦者想做一件事,多年

[11]来未成如关门一样难,但神会助汝

[12]所想事成且地位高。勿向任何人

[13]请教。卦,大吉,占卜"是"、"不是"为"不是"。占卜"来"、

[14]"不来"为"不来"。占卜"去"、"不去"为"去"。

[15]此卦为任何失物能觅。想到之怨敌全部踩在脚

[16]下,汝警惕并有顾忌,汝能常胜。神怜

[17]悯汝,常向神供奉薰香,神会助汝。

[18]卦,大吉。

[19]汝会有心神不宁之病痛、怨敌、口角,

[20]勿放逸行大仪规,有邪魔,放布施。

[21]汝想做一件事就去做。汝能常胜且做得很好。

[22]勿犹疑地完成。战胜心中所思

[23]之敌。亲人们也地位高,快乐。所想

[24]事成。无邪魔。卦,大吉。

[25]汝之卦若举例来说,如孕妇足月分娩。

[26]如厄疾病人转危为安。汝也从愁苦、

[27]不安的疾病解脱。圆满幸福。此卦极吉。

[28]汝想去何处就去何处。汝之仇敌自然失败。

[29]……相遇。自己获胜后心想事成。若向神行法事。

[30]上路事成。若卜问病人,痊愈。祈祷,灵验。

[31](此卦卜问)何事皆大吉。卜问"来"、"不来"为"来";卜问"是"、"不是"为"是";卜问"去"、"不去"为"去"。

·欧·亚·历·史·文·化·文·库·

[32]汝在四面路上点燃火堆。因为凶猛的狮子等

[33]野兽全部张口要吃你的样子,候在路

[34]上。若不听劝上路,遇见仇敌,牛群等

[35]全部散失。凶卦。

[36]汝之占卜举例来说,如一位主妇走到一条鱼

[37]旁,恐怖而畏惧,但神灵关照

[38]引导后能睁开眼。所想很好完成。

[39]神灵来助,卦,大吉。卜问"是"、"不是"为不是;卜问
"去"、"不去"为"不去"。卜问"来"、"不来"为"不来"。

[40]相助汝之神名为艾西米西哈,能与金刚手大势至

[41]作对。从开启的七重天门,成为神右侧之

[42]修瑜伽者。所思之事

[43]无顾忌、无畏惧、不害怕地去做。汝将获胜。无邪魔厉
鬼。

[44]此卦占卜何事皆大吉。

[45]汝今日想做一件事,若与一友人联合,心思不一,事

[46]不成。遇顽敌,会不安死去。满屋女魔。凶卦。

[47]汝待在原地勿去其他地方,(能从)病、魔

[48]解脱;会幸福;找到财宝变富。天神

[49]……在你上面关注,好事均成。卦,大吉。

[50]汝若想事情、婚姻顺利,向天神施礼献供奉,

[51]所想事成。听到心想诸敌失败、不宁。

[52]听到亲人、奴仆在远方

[53]之佳音。此卦卜何事皆吉。

[54]汝向天神施礼,献供奉,天神怜悯

[55]保佑汝,邪魔、厉鬼和怨敌,不宁消除,全部烦恼

[56]均不能侵入,此卦因天神恩情,卦,大吉。

[57]善男子,汝之心勿过份撒野,心情愉快。

[58]听从国王、大臣指令。(若不)听从经典所言及命令,

284

［59］会来不宁及烦恼。中卦。占卜"是"、"不是"为"是";占卜"去"、"不去"为"去";占卜"来"、"不来"为"不来"。

［60］汝想成亲或行商,事能成。

［61］无论说什么,若先敬神,神会相助。

［62］(心想)事成,将来会有子息。卦,大吉。

［63］汝虽想做一件事,但事不成。想无危险或出

［64］门,则遇怨敌。卜问病人虽不死但要长期治疗。

［65］卜问何事皆迟缓:难成。凶卦。

［66］汝之卦若举例来说,如小牛犊被鹞捉住后

［67］挣脱。天神保佑,像不发生任何危险

［68］从敌人处解脱;不会有任何不宁。会幸福,卦,大吉。

［69］汝此刻三心二意并忧苦伤心,不知如何是好

［70］思想要开朗,行为要放松。中卦。

［71］汝所想之事这样完成,若举例来说,象种子播

［72］后发芽。如打官司能赢。心中诸敌全

［73］败踩在脚下。心想事成。天神相助。卦,大吉。

［74］如同牛犊听见母牛呼唤挣断拴牧绳母子相会。善男子汝

［75］也现在离去,以后不会遇见怨敌、邪魔、厉鬼。心想事成。

［76］地位会升高。供奉天神,吉卦。无鬼。卜问"来"、"不来"为"来"。卜问"是"、"不是"为"不是"。

［77］若举例汝像什么:如同黄牛刚到家门,遇见要吃它的饿狮,

［78］后得解脱;汝被鬼、魔抓住而这样

［79］……能解脱,因有天神相助。所有不宁全部解脱,祭天神,吉卦。

［80］汝要清除罪恶! 祈祷,并供奉天神,行布施。

［81］当初若许诺向天神献供养,发愿后若不献

[82]所想事均不成,会不安宁。若想去作恶,高兴地

[83]去布施! 献供奉并占卜,此为极凶卦。

[84]汝不要畏惧,不要害怕。对方任何毒心

[85]也不能侵害。天神慈悲会保佑汝。

对写本中第40至42行的释读,A.麦克唐纳译作:"你的朋友,作为一个人,这是一尊被称为西米西恰的神。如果你代替他拉住了密迹金刚菩萨或吉祥释迦牟尼,天神就会打开具有七层天的天门,他用右手抓住了你的脖子,并把你带到那里去。你的一切愿望都会实现……你就会变成陈那(最胜),你不会再有魔鬼和障碍。所以此卦无论是指什么东西都一概是吉祥的。"[1]乌瑞译作:"人们,你们的朋友被命名为夷弥施诃(I'si myi shi ha,即耶稣基督),以他作为执金刚释迦牟尼(Vagrapani Sri Sakymuni),当七重天之门开启之时,作为瑜伽行者,你将会得到上帝右手边审判官的允许;你所想的,你要毫不羞怯地去做,不必畏惧,勇敢坚强。你将成为耆那(Jina,胜者)(你会有造化的)。那里不会有病魔和障碍。无论付出多大代价,这种命运都是非常值得的。"[2]景教因素存在于P.T.351《占卜书》中可以说确定无疑。

揆之P.T.351译文,从开头即称"菩萨与佛陀亲口道出"来看,《占卜书》的原创者当是佛教徒。那么其中的景教书写是由佛教徒加入,还是由景教徒加入的呢? 在景教与摩尼教一起被吐蕃政权视为国家宗教对立面的情形下[3],前者的可能性应该不大;更多可能是景教徒借用佛教占卜书,将耶稣比附于释迦牟尼,进而宣说耶稣基督护佑、拯救世人的威力。P.T.351《占卜书》的创制地点,究竟是在吐蕃本土还是在敦煌地区,殊难断定,陈践先生认为P.T.351《占卜书》反映了吐蕃占领沙州时期景教利用佛教词语试图向吐蕃传播[4],可备一说。无论如何,P.T.351《占卜书》在敦煌藏经洞的出现,似可表明该卜书曾使用于

[1]A.麦克唐纳著,耿昇译、王尧校《敦煌吐蕃历史文书考释》,第124页。

[2]《国外敦煌吐鲁番文书研究选译》,第66页。

[3]参见荣新江《中古中国与外来文明》,第357页。

[4]参见陈践《敦煌藏文Ch.9.Ⅱ.68号"金钱神课判词"解读》,第7页。

敦煌地区,而具体使用者应该是景教徒,否则其中的景教内容也就失去了保留的意义。P. T. 351《占卜书》的创制与普遍使用时段,陈践先生业已推断是吐蕃占领时期,笔者表示赞同,因为到归义军时期,随着吐蕃政治与宗教压力的消散,景教已完全没有必要再过多依附于佛教来宣传自己,而是以独立的姿态活跃在归义军时期的敦煌。所以,吐蕃时期的敦煌是存在景教活动的,只不过在吐蕃政权和当地佛教的强势压力下,只能更多地依附于佛教、借助敦煌社会各族群普遍信奉的占卜术数来表明自身的存在。

15.3 粟特文景教占卜书

Or. 8212(182)《粟特文景教占卜书》 景教在归义军时期的敦煌较为活跃,由哈密顿与辛姆斯-威廉姆斯(Sims Williams)刊布的敦煌粟特-突厥文 Or. 8212:86 号信札,表明了归义军敦煌地区的景教徒与高昌回鹘景教徒之间存在商业往来。[1] 此外,甘州等地的景教徒也频繁在敦煌地区活动,S. 1366《归义军衙内面油破历》记:"甘州来波斯僧月面七斗、油一升,牒密骨示月面七斗……二十六日支纳药波斯僧面一石,油三升。"[2] 这里的"波斯僧",学界目前已无疑义地认定为景教僧人。1976 辛姆斯-威廉姆斯刊布了一件敦煌藏经洞出土粟特语基督教占卜书,荣新江先生曾做简要介绍:

> 敦煌写本 Or. 8212(182)共八行,以上帝启示使徒西门为题材的基督教占卜预言文献。较残,已不知原貌,推测与中亚地区出土的突厥语、藏语、粟特语占卜文献相似。文书反映了基督教在敦煌的流行。[3]

辛姆斯-威廉姆斯先生的英译文如下:

---

〔1〕参见陈怀宇《高昌回鹘景教研究》,载《敦煌吐鲁番研究》第4卷,第193-195页。

〔2〕唐耕耦、陆宏基编《敦煌社会经济文献真迹释录》第3辑,全国图书馆文献缩微复制中心,1990年,第284-286页。

〔3〕季羡林主编《敦煌学大辞典》,上海辞书出版社,1998年,第507页。

... Thus says the Apostle Simon："You are like the cow（which had）strayed from the herd. A lion was lying in the road ，very hungry and thirsty. Thus he wished：'I shall eat her'；（but）God delivered the cow from the lion's mouth. So God will deliver you too from... things which has come upon you."[1]

笔者对上段的汉译大致为：

……（上帝）对门徒西门说："你就像一只从牧群中逃出的小牛。一只狮子正躺在路上，非常的饥饿，狮子想要把它吃掉。但是上帝把小牛从狮子口中解救了出来。上帝也一样会把你从……解救出来……这些对你是有帮助的。"

这不由让我们联想到前揭 P. T. 351《占卜书》中的类似书写："汝在四面路上点燃火堆。因为凶猛的狮子等野兽全部张口要吃你的样子，候在路上。若不听劝上路，遇见仇敌，牛群等全部散失。凶卦。……相助汝之神名为艾西米西哈（耶稣），能与金刚手大势至作对。从开启的七重天门，成为神右侧之修瑜伽者。所思之事无顾忌、无畏惧、不害怕地去做。汝将获胜。"两者的文脉极为相近，不排除 Or. 8212（182）与 P. T. 351 取自同一景教题材的可能。陈怀宇先生认为 Or. 8212（182）属于归义军时期敦煌景教徒活动的遗物[2]，是可信的。相对于 P. T. 351《占卜书》借佛教之名宣传景教的情形而言，Or. 8212（182）则直接展示了景教在此篇占卜书中的主导性地位，而这种情况发生于吐蕃统治时期的可能性甚微。

---

〔1〕Sims Williams，"The Sogdian Fragments of the British Library"，*Indo-Iranian Journal* 18，pp. 63 - 64. 本则材料承蒙日本京都大学山本孝子博士、兰州大学吴炯炯博士帮助查找，特致谢忱。

〔2〕参见陈怀宇《高昌回鹘景教研究》，载《敦煌吐鲁番研究》第 4 卷，北京大学出版社，1999年，第 193 页。

16　其他

　　敦煌遗书中尚有不少术数文献是多种占法的混抄,或是言说各类厌禳之术,涉及生理占、洗头沐浴占、十二因缘占、时日宜忌、七曜占、六十甲子占、出行占、护宅神历卷、厌禳述秘法等,本书将以上占法或厌禳书写归入"其他"类。

　　P. 2661V《占人手痒、目闰、耳鸣等及诸杂略得要抄子、推养犬之法等》　写卷正面抄《尔雅卷中》,尾题"张真乾元二年十月十四日略写"等文字。此件背面所存内容大致可分为三项:一是占人手痒、目闰、耳鸣等法;二是"诸杂略得要抄子一本";三是推养犬之法。

　　第一项首题"岁月日时州学上足子弟尹安仁书,占人手痒、目闰、耳鸣等在后也"。随后前 8 行书治带下病方、产子方等医方,第 8 行末尾始抄"左,远行;右,女妇口舌之事。^{右得横财事。}手养(痒),有远行事。面热,有外人口舌事。心动,女子心念及有酒肉事。足养(痒),有酒食事"。其下则十二地支的顺序,依次言说耳鸣、手掌痒、耳热、心动、面热、足痒、眼润等生理现象所预示的各类吉凶事项,如"酉时耳鸣^{左有口舌右远行。}耳热^{左有喜。}手掌养(痒)^{有口退捕之。}面热心动^{有缘之。}足养(痒)^{有好事。}眼润^{左有口食口右大吉。}",王晶波教授研究认为卷中"眼润"之"润"当是"瞤"之讹[1],其说可从。

　　第二项首题"诸杂略得要抄子一本",笔迹与前面生理占文完全一致,当为一人抄写。所存内容较为庞杂,在文书后半段有朱笔做分段符号,大致包括了如下内容:

　　(1)时日辟邪选择。如"正月取阳桃枝著户上,百鬼不入门。冬至日裁衣,令人无病。以破履埋庭中,令人宜仕,大吉。以正月悬古羊

―――――――――――

　　[1]参见王晶波《敦煌的身占文献与中古身占风俗》,载《敦煌学辑刊》2012 年 2 期。

头著户上,辟盗贼"。

（2）宅内安置宜忌。此项书写与《宅经》较为接近,多关涉宅内设施放置的吉凶宜忌以及镇宅法等,如"以石九斤埋酉地大吉利也。灶在司命上,令人大宜子孙。灶在明堂上,令人出贵,门户同。故灶安仓库,大吉,富贵也。灶在金匮上,令人横得财物,门户同"。还涉及库舍、马枥等设施的安置。

（3）入火、入水、入山、入兵、出行、渡河等辟邪法。此项着重介绍了进入各个特殊环境时如何转危为安的法术:

> 甲子字执明,欲入火,呼执明吉。甲戌字弘张,欲入火,大吉。甲申字孟张,欲入山,呼孟张。甲午字陵光,欲入兵众,呼陵光吉。甲辰字天禽。甲寅字盗兵,欲出行,呼盗兵吉。欲渡河,手中书土字吉。欲至病人家,手中作鬼字。欲入丧家,手中作刚字。欲入水,手中作土字大吉。欲入妇家,手中作合字大吉。欲入阵,手中作乾字大吉。欲至恶狗家,手中作捉虎,犬不齿人。

此段内容透露了时人在日常生活中对于渡河、征战、问病等具有危险性环境的恐惧和应对之策,以及满足个人欲望的媚道术。

（4）与疾病健康等有关的辟邪法。涉及去时气、百鬼、令小儿智慧聪明等,并旁及"令人妇孝顺""妇人不宜子"等方术。如"以五月上卯日取虎骨东向煮,取汁饮之,令人不病吉。……以瑕墓一枚□厕中,勿使人知之,令人妇孝顺,事姑章"。

（5）推作灶法等。此段抄写内容在事项上很是凌乱,涉及作灶、小儿出生汤洗、博戏得胜术等。

（6）起楼法及镇宅法等。如"起楼在亥上,盗贼不过门。……人家数有口舌,取三牲头埋门户,吉。……南家有取造,北家举水向之"。

（7）洗头、裁衣等时日宜忌:

> 凡洗头沐浴,子、丑、未、酉、亥,吉。常以八月□日取清酒和饭七口,令人不被贼,宜子孙。……春三月申,不裁衣。夏三月酉,裁衣凶。秋三月未,不裁衣。冬三月酉,凶。丁巳日裁衣,煞人,大凶。秋裁衣大忌申日,大吉。血忌日不裁衣。申日不裁衣,死亡

凶。凡入月六日、十六日、廿一日,不裁衣。

（8）种树宜忌。言说四方所适宜的种植树木及数量,如"南方枣九根,北方榆口根……依此法宜子孙,大吉利,富贵"。

（9）六神法。介绍了天公、日、月及北斗、太白、东方朔等六神的名字,认为"识之不兵死,女人识之不产亡"。

（10）洗浴去垢法等:

常以八月一日取东流水洗浴,去脔中垢,令人口口不老,冬不寒,夏不热,大验。正月八日、二月口口、四月四日、五月一日、六月六日、七月一日、八月廿五日、九月十二日、十月廿八日、十一月四日、十二月廿日,常以上件日用桑口灰洗口面,若能一周除万病,若能终身,聪明延年。

首句中的"脔",通"脐"。

（11）鼠远人家法、解鸟语等法。描述了如何让老鼠远离人家和获取了解鸟语的法术。

（12）镇宅法。此段内容与前面第六则比较相近,主要介绍如何令家宅不失火、无贼、宜蚕、子孙长寿的诸种巫术。

（13）去口臭等法:

人患口臭者,取正月一日取井口水,口孙着厕中。……治小儿夜啼,取井中草,着母背下,即口口。人面黑口鱼杏子人、鸡子口合和之,封上一宿,即差利。……小儿头上疮烧,口角骨作灰,和醋（?）口口之,差利。小儿夜惊,取牛口味着母乳头与饮,良利。

以上占文反映了当时民间社会在口腔保健、儿童疾病诊治等方面的措施和疗法。

（14）买卖、偿债等时日选择。此则重点描述了买牛、纳财、偿债、出粟等经济行为的最佳时间,如"常以壬戌日还债,终身大吉,不负他人债利"。

（15）推诸忌讳。涉及治田、种树、洗衣、裁衣等日常生活的时间禁忌与行为禁忌,尤其强调女性生理期间行为的危害,如"妇人产不满百日,不得为夫裁衣、浣衣,大凶"。

291

（16）种五谷、乘船远行等时间禁忌及宅内安置法。此则先解释种植、远行、作乐、服药等时间禁忌之缘由，如"师旷以辛卯日死，勿以此日作乐"，这段文字为学界了解中古诸种禁忌的来源提供了重要参考，具有较高的学术价值。其后规定了碓、门、屋梁、灶在宅内的安置宜忌，与《宅经》多相近。

（17）天干、地支、建除日禁忌。分别按照十天干、十二地支、十二建除的顺序，逐次言说各日的行为禁忌，如"丁不剃头""卯不穿井""开不治耳"，其中建除日禁忌主要涉及治疗身体的具体部位问题。需要注意的是，在该则占文的天头位置，有朱笔书写"三时忌讳经"诸字，而天干、地支、建除恰恰正是可以用以标示时间的三组文化符号，故可以肯定此则内容应出自当时名曰《三时忌讳经》的某部禁忌典籍。

（18）作宅吉凶法。主要言说宅内设施的安置、朝向、周边环境等，包括了"五逆、六不祥"等，亦属于《宅经》之内容。

（19）出行法。此则先言说"东行越木，南方越火，西方越金，北方越水"，后画五纵六横图，强调"人欲不择日"可画此图，然后"过而去物（勿）回头"。此后又介绍关于远行的四则禁忌，如"欲远行，初发家，东行避日出""远行避四绝""远行千里外勿三长三短""欲远行，东行持槐枝"等。

第三项用朱笔首题"推养犬之法"，仅存前11行的上端：

推六畜养犬之法

犬以甲乙日生▢▢▢之犬以丙丁日生子，名为当户，赤▢▢▢名为生当门，取黄者养之。犬▢▢▢养之。黄犬白尾，畜之令▢▢▢。黄犬两足白畜▢▢▢畜之宜子孙富贵。黄犬乌▢▢▢▢出公侯，令合家长命。▢▢▢▢大凶，不利。赤犬心下青，宜钱财▢▢▢▢▢富贵利。白犬黄▢▢▢▢子孙利。乌犬足白▢▢▢有相，大吉利。犬▢▢▢▢犬生六子（后缺）

就其残文来看，此项占法主要关涉根据出生时间选取相应颜色的犬、何种外形的犬有利于畜养者等内容。

综合以上，P.2661V《占人手痒、目𥆞、耳鸣等及诸杂略得要抄子、推养犬之法等》当是多种占法及时日宜忌之汇编，其中时日宜忌或选取了来自《三时忌讳经》等多种不同典籍的内容糅合而成。此件虽编排得较为凌乱，且脱文夺字现象比较严重，但其中的时日宜忌书写是目前所知敦煌占文文献中最为集中和完备者，对于研究中古时期的社会生活与日常禁忌均具有重要学术价值。

P.2621V《占耳鸣、耳热、心惊、面热、目润等法》　此件写卷正面《事森》，尾题"戊子年四月十日学郎员义写书故记"。写卷背面相继抄写不知名《书仪》、《子灵赋》、《贰师泉赋》、《渔父沧浪赋》、《占耳鸣、耳热、心惊、面热、目润等法》、杂写、契约文稿等。此件首行标题"占耳鸣、耳热、心惊、面热、目润等法"，与 P.2661V 标题"占人手痒、目𥆞、耳鸣等"略有不同，但其占文与 P.2661V 基本一致。此件文书的时间疑为归义军时期。

P.3398–2《推人十二时耳鸣、耳热、足痒、手掌痒等法》　此件所在的卷轴情况，在前面对同卷的《孔子卜法》与《推十二时人命相属法》介绍中业已说明，在此不赘。此件标题《推人十二时耳鸣、[耳]热、足痒、手掌痒等法》，与 P.2661V《占人手痒、目𥆞、耳鸣等》、P.2621V《占耳鸣、耳热、心惊、面热、目润等法》均不同，并强调"日同占"，虽占文的行为模式与后者一致，但具体占辞仍略有差异，以亥时为例，"亥时耳鸣_{左有客来，右有非财事。}耳热_{左有忧之事，行人请之。右有得横财事。}手痒_{左有远行之事。}面热_{有外人口舌。}心动_{有女子思念及有酒肉事。}足痒_{有酒食事。}目瞤_{左有远行事，右有妇人口舌之。}事。"，P.2661V 则作"亥时耳鸣_{左有火来，右有非财来。}耳热_{左悲忧，行人请之。右得横财人事。}手掌养（痒）_{有远行。}面热_{有外口舌。}心动_{女子念之及酒食。}足养（痒）_{有酒肉。}目润_{左远行，上酒肉来。右妇人口舌下欲事。}"，同时此件仅存子、丑、寅、卯、辰、巳、午、未、戌、亥等 10 组占文，脱申和酉两组。

Дх.01064、01699、017700、01701、01702、01703、01704《推皇太子洗头择吉日法》　此件所在写卷由多张残片组成，此件存第四至第八纸，首全尾缺，首题"推皇太子洗头择吉日法"，占文如下：

不遇（？）孝顺□□□□凡每□□□日洗□□□□廿日□□□□已上日吉。□别日及阴□□□洗□□□□□之。

又法：子日洗头，令人有好事及得财吉。丑日洗头，令人富贵，

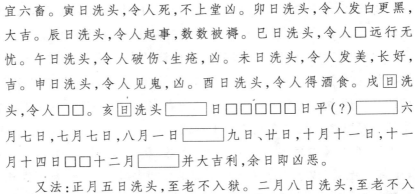

宜六畜。寅日洗头，令人死，不上堂凶。卯日洗头，令人发白更黑，大吉。辰日洗头，令人起事，数数被褥。巳日洗头，令人□远行无忧。午日洗头，令人破伤、生疮，凶。未日洗头，令人发美，长好，吉。申日洗头，令人见鬼，凶。酉日洗头，令人得酒食。戌日洗头，令人□□。亥日洗头□□□□日□□□□日平(?)□□□□六月七日，七月七日，八月一日□□□□九日、廿日，十月十一日；十一月十四日□□十二月□□□□并大吉利，余日即凶恶。

又法：正月五日洗头，至老不入狱。二月八日洗头，至老不入狱。三月廿六日、廿一日洗头，令人高迁。四月十二日洗头，令人□□□□廿日洗头，令人眼明。六月八日洗头，令人富贵长命。七月七日、廿一日洗头，令人不死□。八月廿一日洗头，令人大吉，贵。九月九日、十九日洗头，人颜色好。十月四日、十一日洗头，令□□□贵□□□洗头□□□洗头□□□□贵（下缺）

所存占文至少包括了3种占法，即每月中的某些日子洗头吉；十二地支日洗头吉或凶；十二月中哪些日子洗头吉利。前述P.2661V《占人手痒、目闰、耳鸣等及诸杂略得要抄子、推养犬之法等》中的"凡洗头沐浴，子、丑、未、酉、亥，吉"，似简编自此件中的第二种占法。黄正建《敦煌占卜文书与唐五代占卜研究》认为此件的时代可能较晚，根据此件的册子装来看，其说可从，似应属归义军时期作品。

S.9987B3《裁衣吉日》　此件仅存一残片，首全尾缺，首题"裁衣吉日"，旁小字注"约廿八宿日终而覆始"。其占文按月逐次介绍哪些日子裁衣吉利，如"正月三日、四日、七日、九日、十日、十五日、十六日□□□廿四日、廿四日、廿六日，已上日裁衣大吉"。此件残存正月、二月、三月部分占文。另，黄正建《敦煌占卜文书与唐五代占卜研究》注意到S.11362BV存有两行类似文字，其中一行言"八月二日、三日、十一日、十二日"，Дх.01064、01699、017700、01701、01702、01703、01704《推皇太子洗头择吉日法》载有八月一日、廿一日，未见此件之日期，故本书不将此件列入裁衣吉日占书之列。

P. T. 55《十二因缘占卜书》(古藏文)　　P. T. 55 现存 208 行,前残尾似完整,中间靠后部分附有一图,图前后文笔走势大体一致,因此全卷很可能为一人所写。就内容而言,写卷第 1 至 180 行即是十二因缘占卜书。1971 年法国学者 A. 麦克唐纳夫人(Macdonald)率先揭示了 P. T. 55 与佛教文献《十二缘生祥瑞经》的关系问题[1],20 世纪 90 年代,黄维忠、格桑央京先后将此件藏文写卷释读出来[2],为学界进一步了解和研究敦煌古藏文占卜文献做出了重要贡献。陈践教授将此件定名为《十二因缘占卜书》,并认为此件属于单纯的占卜书,存生卒品、寿元品、出行方向品、盗贼品、眼皮跳品、鸦鸣品、耳鸣品、上颚瘙痒品、打喷嚏品、脚痒品、房震品、外界征候品、意愿品等十三组占文。[3] 笔者研究认为此件的抄写时间应在太平兴国四年(979)或其后不久,很可能是由敦煌僧人在施护滞留敦煌时依其所译佛经《十二缘生祥瑞经》编写而成。[4] 关于此件对于研究五代宋时期印、中文化交流具有重要学术价值。

P. T. 127V《时日宜忌》(古藏文)　　此件藏文写卷最早由陈践教授释读出来[5],其功甚巨。根据其释文,所存内容系依照十二月逐次言说各月关于裁衣、婚姻、沐浴洗头、祭祀、镇宅厌禳、超度的吉日选择,如“春季正月初一,将虎头挂于外门之上,人能整年不病,吉。若联姻,初八、初十、十五为宜。若超度,初五、初七最佳。沐浴、洗头,初一、初二为宜,能长寿、富裕”。其书写与 P. 2661V 中的《诸杂略得要抄子》较为相近,但比后者要更为有条理,所以笔者颇怀疑此件藏文写卷很可能编译自某部汉文历书,是将历书中的各月吉凶选择汇编在一起的作品。

P. 2693《七星历日一卷并十二时》　　此件首尾完整,起首题“七曜

〔1〕A. 麦克唐纳《敦煌吐蕃历史文书考释》,青海人民出版社,1991 年,第 305 页。

〔2〕黄维忠《P. T. 55 号〈十二支缘生相〉初探》,载《贤者新宴》第 2 辑,北京出版社,1998 年,第 211 - 215 页;格桑央京《敦煌藏文写卷 P. T. 55 号译释》,载《藏学研究》第 9 辑,民族出版社,1998 年,第 248 - 271 页。

〔3〕郑炳林、黄维忠主编《敦煌吐蕃文献选辑》(文化卷),民族出版社,2011 年,第 130 - 132 页。

〔4〕郑炳林、陈于柱《敦煌古藏文 P. T. 55〈解梦书〉研究》,载《兰州学刊》2009 年 5 期。

〔5〕郑炳林、黄维忠主编《敦煌吐蕃文献选辑》(文化卷),第 161 - 164 页。

历日一卷",讫尾题"⿱匕七星历日一卷并十二时"。所存占文依蜜、莫、云汉、嘀、郁没斯、那颉、鸡换等七曜共分七组,每组占文包括各曜日吉凶宜忌、十二地支与十二名宫匹配下的吉凶卜辞,后者以蜜日下的寅为例如"寅这是一段中文版式双行合一,请在合适位置插入换行符称心:入此名宫,其人若求官者更长,所作事宜,所买奴婢等皆称心"。关于前者七曜日吉凶宜忌,黄正建先生业已指出或受到印度佛经《文殊师利菩萨及诸仙所说吉凶时日善恶宿曜经》(简称《宿曜经》)的影响,笔者亦同意此说,但后者的来源目前颇不明了,不排除取自其他汉地术数书的可能,尤其是尾题"⿱匕七星历日一卷并十二时"与首题不同,似乎透露出此件实为《七曜历日》与十二时占法相汇编的信息。所以本书认为此件当定名为"七星历日一卷并十二时"。

S.1396《七曜日占法抄》(拟)　此件首尾均缺,存约20行,前4行记述某曜日各个事项吉凶情况,包括出行、官事、入军阵、逢阵着何种颜色衣等。第5行至10行主述该曜日生人的吉凶。第10行还提出"若岁首得此日,宜须祭鸡缓天"。11至16行描述"此日曜直日,有日月变蚀,地动见星"情况下对本曜生人的影响与厌禳之法。17至20行则描述辰、未、亥时,有关奴婢六畜走失、兴易得利、求财求官等的情况。其整体结构更与P.2693《七星历日一卷并十二时》较为接近,似是后者的改编本,但却无后者中的"十二宫"之说。《英藏敦煌社会历史文献释录》第6卷整理释录了此件文书。

P.3081《七曜日占法七种》(拟)　此件卷轴装,首缺尾全,背面内容已在禄命书中有所介绍,在此不赘。正面所存占文用朱笔做段落符号,大致看可分为以下几组:

(1)七曜日及其吉凶寓意。现存嘀、郁没斯、那颉、鸡换四曜,如"鸡换者,土地,镇星也。婆罗老人也,教化乞索也。性多忧悲也。小道悭□□□□作望空也。此日宜为永空之事也,造冢墓、五谷入仓、买奴婢、调六□□□□此日平平,凡人用吉"。

(2)七曜日忌不堪用等。言说七曜各日不宜之事,如"蜜日不得吊死问病,出行往亡,殡葬斗竞,咒誓速见耻辱□"。《敦煌占卜文书与唐五代占卜研究》未注意到此组占文"七曜日忌不堪用等"之标题。

（3）七曜日得病望。如"蜜日得病,轻,八日内厄,宜服白药。于东方上取釜及药吉"。此组占文与敦煌本禄命书极为相近,如 P.3398 - 2《推十二时人命相属法》载"子生鼠相人,命属北方黑帝子,日料黍三石五斗一升,宜着黑衣,有病宜复（服）黑药,大厄子午之年,小厄五月十一月,不得吊死问病,不宜共午生人同财出入"。关于服药宜忌的言说,起源甚早,《抱朴子内篇·仙药》即载:"若本命属土,不宜服青色药;属金,不宜服赤色药;属木,不宜服白色药;属水,不宜服黄色药;属火,不宜服黑色药。以五行之义,木克土,土克水,水克火,火克金,金克木故也。"[1]将来自域外的七曜说与本土传统禁忌观念相结合,可以说具有鲜明的中西文化相融合的特色。

（4）七曜日失脱逃走禁等事。此组占文与失物占较为相似,主述各曜日失物之吉凶结果,但多出向各曜神祭祀乞求的言辞,如"蜜日失脱,自得。由恐再失逃者,自来。及恐更逃禁者,得人。……求日神吉"。

（5）七曜日生福禄刑推。详见禄命书部分。

（6）七曜日发兵动马法。此组占文具有军事占的性质,以鸡换日为例,"鸡换日,土直日,发兵宜从西北方向、东南方。动兵用午时吉。将宜黄衣、乘黄马、黄缨佛、黄旗,引前吉。祀北斗吉"。

（7）七曜日占出行及上官。论说各日出行、上官、兴易宜忌。

（8）七曜日占五月五日直。此组占文较为特殊,即主要占卜七曜与五月五日相直至吉凶,如"蜜日,五月五日得此直,一年之内万事丰熟,四时衣节",黄正建先生曾怀疑"五月五日"或为古印度某一风俗。其实"五月五日"实系中国古代流传较为久远的一则禁忌,王充《论衡·四讳》说当时"讳举正月、五月子,以为正月、五月子杀父与母",据称这种忌讳在战国时期已经出现,著名的孟尝君田文,就曾因为出生于

---

〔1〕王明《抱朴子内篇校释》,中华书局,1980年,第190页。

五月五日而被父亲弃而不举。[1] 但作为禁忌在 P.3081 中与七曜结合后,却具有了吉、凶两面性,而不再是原初的禁忌意义。其中的变化值得进一步研究。

此件中的吊死问病、占病、占失物、占出行、占禄命、五月五日占,均为古代中国较为传统的占法或禁忌,但此件巧妙地将域外七曜与之相融汇,并分编成 7 项各自独立之占文,似可窥七曜术在当时之流行。

P.3685 + ？ + P.3281《六十甲子历》(拟) 此件包括 P.3685、P.3281 两个卷号,P.3685 首尾均缺,起"奏表上书"、讫"宜子孙",存"辛丑"之下及此前"庚子"之下的部分占辞。P.3281 首尾均缺,起"祠祀神",讫"人神在□",存"辛丑"之下后半部分占辞及壬寅、癸卯、甲辰、乙巳、丙午、丁未、戊申、己酉、庚戌、辛亥、壬子、甲寅、乙卯、丙辰、丁巳、戊午、己未、庚申等 18 组卜文及癸丑部分占辞。两件写本其行文笔迹与书写内容均一致,当属一卷之裂,但不能直接缀合。此件卜文行文特点较为明确,即以六十甲子为纲,逐一言说每一甲子下的各项禁忌,涉及内容较为繁杂,以丁巳为例:

> 丁巳姓崔,字臣乡。正月[平],二月满,三月除,四月建,五月闭,六月开,七月收,八月成,九月危,十月破,十一月执,十二月定。
>
> 土官是勾陈。_{商、羽二姓造举百事大吉,富贵 宜子孙,官商角三姓用之凶。}见大官返殃,见长史凶。受职、拜谒,被刑。奏表、上书,吉_{一云结婚吉。}纳妇,母死。召女、遣女,凶。纳奴婢、牛马、猪、犬,吉。出财,吉_{是又反日 出财,吉。}祀天神、大神,吉_{一云失 火。}祀土公,煞牛马,祀灶,口舌。祀宅神、外神,凶。祀杂神、大神,吉。祀水神,凶。祠祀神不在,凶_{此日天开日祠 祀,吉。}寅辰时,神在家,厌百鬼_{鬼不出, 大凶。},解除,吉。病者自差_{丁亥卅四日差,一云辛酉五日差。巢在灶君、土公病之。宜使西 北乾地师解之言。丁巳日、酉日,小差。亥日,大差。生死在寅。}。治病可服药,合春春不良_{针灸治病,女子春忌,九月忌。 一云三月除,治病廛药,良吉。}。人神在胃管,丁神在两臂,己神在[□]_{不可针 灸其穴。}。

诸项禁忌涵盖了造作、拜官、婚嫁、纳财、祭祀、厌禳、发病、医疗等

---

[1]参见司马迁撰《史记》卷 75《孟尝君列传》,中华书局,1959 年,第 2351 页。又《史记索隐》引《风俗通》云:"俗说五月五日生子,男害父,女害母。"

日常生活的方方面面。笔者颇怀疑卷中六十甲子系指"年",因为只有在"年"这一时间单位下,方有各月之建除的规定。所以刘永明先生提出此类写卷与道教文献《六十甲子本命元辰历》有一定关系[1],其观点是值得跟进探讨的。黄正建《敦煌占卜文书与唐五代占卜研究》根据《隋书·经籍志》所载"《六十甲子历》八卷",将此类写卷拟名为《六十甲子历》。本书从之。

Дx. 10786 +？ + P. 4680《六十甲子历》(拟) 关于这两件写卷背面情况,已在前面"婚嫁占"中介绍,正面之 Дx. 10786 当是 P. 4680 上端部分,但两者不能直接缀合。Дx. 10786 前后均残,起"碾吉"、讫"九月□",存"丙戌"及前面"乙酉"部分占辞。P. 4680 存两纸,上部均残,起"□吉。亦不纳财"、讫"一云火神吉"。所存内容及行文与 P. 3685 +？ + P. 3281《六十甲子历》(拟)相近,疑 Дx. 10786 +？ + P. 4680 残存书写即是"丙戌""乙酉"两组卜文。

S. 6182《六十甲子历》(拟) 此件首尾均缺,起"未,姓石,字叔通"、讫"忌三月十一□",所存内容与 P. 3685 +？ + P. 3281《六十甲子历》(拟)之"丁未"之下占辞基本接近。

Дx. 04960《六十甲子历》(拟) 此件首尾均缺,下部亦残缺,仅存5 行文字,第 4 行写"辛卯姓即,字子良 $^{正月除,二月\square\square\square九}_{月执,十月(后缺)}$ ",其前面 3 行文字可推应是"庚寅"之占辞,整体行文当属《六十甲子历》(拟)。

Дx. 01295、02976、03515《六十甲子历》(拟) 此件图版见于《俄藏敦煌文献》第 8 册,由 3 残片组成,第一张残片残存 4 行文字,第二行书"治妇人",《俄藏敦煌文献》将此残片定名为"医书",似可从。第二张残片首尾及下端均残缺,起"木,角,是青龙"、讫"神在家一云神□",中间涉及拜官、婚嫁、祭祀等吉凶选择。第三张首尾及下端同样残缺,仅存两行文字,包括剃头、沐浴、入舍等宜忌。此件第二、第三张残片中的文字亦见于 P. 3685 +？ + P. 3281《六十甲子历》(拟),如后者载有"木,角,是青龙"等同类卜文,故 Дx. 01295、02976、03515 后两张残片应

---

〔1〕参见刘永明《敦煌本〈六十甲子历〉与道教》,载《敦煌学辑刊》2007 年 3 期。

系《六十甲子历》。《俄藏敦煌文献》定名为"具注历",不确。《敦煌占卜文书与唐五代占卜研究》未收录此件写本。

BD00490V《阴阳六十甲子》 敦煌遗书中有关"六十甲子纳音"的写卷较多,黄正建《敦煌占卜文书与唐五代占卜研究》统计了11件,即BD 00490 V、P. 2915、P. 3277 V 、P. 4711、S. 1815V、S. 3287、S. 3724V + S. 11451V、S. 5739V、S. 8350、Дx. 2899。郝春文先生对每件文献的卷轴情况进行了详细分析,并厘定清本、探究具体文化功能,指出 Дx. 2899 实际应为 Дx. 2898,相继发表了《〈六十甲子纳音〉及同类文书释文、说明和校记》[1]、《敦煌写本〈六十甲子纳音〉相关问题补说》[2],代表目前敦煌本六十甲子纳音的最高研究水平。以上六十甲子纳音各写本的卷轴情况,笔者不再一一介绍,具体情况可参看郝春文先生的两篇论文。这里要申说的是以下两点问题:

一是敦煌写本中的六十甲子纳音书写的定名。这一问题来自于BD 00490 V《阴阳六十甲子》,此件收于《国家图书馆藏敦煌遗书》第7册[3],正面为《大乘百法明门论开宗义决》,此件为卷背,起首题"阴阳六十甲子",讫"戊癸五"。存6项内容:

(1)学界习惯称作的"六十甲子纳音",即六十甲子所属之五音或者说五行,如"甲子乙丑金"等。

(2)"相生法",言五行相生之序,如"木生火"。

(3)"相克法",言五行相克之序,如"木克土"。

(4)"相刑法",记录十二地支的相刑关系,如"子刑卯""卯刑子"等。

(5)"十干""十二地支"。介绍十天干与十二地支的具体所指。

(6)"阴阳大数法",言说干、支所属之数字,这些数字很可能是九宫数,如"子午九""丁壬六"等。

---

〔1〕参见郝春文《〈六十甲子纳音〉及同类文书释文、说明和校记》,载《敦煌学辑刊》2011 年 4 期。

〔2〕参见郝春文《敦煌写本〈六十甲子纳音〉相关问题补说》,载《文史》2012 年 4 辑。

〔3〕图版参见《国家图书馆藏敦煌遗书》第 7 册,北京图书馆出版社,2005 年,第 319 页。

现知敦煌遗书中所谓的"六十甲子纳音"均无明确题名,此件虽然首题"阴阳六十甲子",但卷中第二、三、四、五项内容显然与题名无涉,故笔者怀疑"阴阳六十甲子"实是第一项的题名,换句话说,学界定名的"六十甲子纳音",其确切名称当是"阴阳六十甲子",或"阴阳六十甲子"至少是"六十甲子纳音"的另一名称。

二是学界此前统计的"六十甲子纳音"敦煌写本仍不够完备,除刘英华先生最早揭出的藏文本 P.T.127 中有"六十甲子纳音"书写外,汉文本中 P.2255V、P.3416 亦属于同类文献。

P.2255 正面为《老子道德经》,背面《敦煌遗书总目索引新编》定名《释子文范》,笔者按,此件背面抄写多通内容,其中"亡妣文"后即抄六行完整的"六十甲子纳音"。根据《释子文范》中有"赞普"及"节儿"等内容来看,此件疑属于吐蕃管辖时期。

P.3416 正面写卷首缺尾全,"六十甲子纳音"抄写在正面《千字文一卷》之前,起"戊子己丑"、讫"丙辰丁巳火",其墨迹比《千字文一卷》要淡,笔迹亦不同,两者应非一人所抄。《法藏敦煌西域文献》24 册将此件定名为《星占书》,不确。

P.3984V + 北大 D195V《五离、五合及杂忌日法等》(拟) 此件由 P.3984V、北大 D195V 缀合而成。前者背面起"甲子乙丑金"、讫"丙"字之右半边字形,后者背面起"甲辰乙巳火",其中"巳火"仅存文字左半边,讫"亥下婚嫁,必煞姑嫜,又不迎妇"。P.3984V 残存"丙"字的左半边恰是北大 D195V 第三行下端之"丙"字,北大 D195V"巳火"的文字右半边则存于 P.3984V 第 7 行之上端。两件文书若合符契。缀合后的文书存两部分内容:一是六十甲子纳音及五离、五合,"五离""五合",黄正建先生最早检出见于隋萧吉《五行大义》,然此件之内容超出《五行大义》所载,《五行大义》直接记录哪些甲子为五合、五离,未附纳音。二是各种忌日法,此则内容与 P.2661V 第 17 项虽然接近,但行文却明显不同,P.2661V 涵括了十天干、十二地支、十二建除三组时间,此则为"甲子乙丑丙寅丁卯戊辰巳庚午辛未壬申癸酉戊戌亥",且禁忌内容比 P.2661V 也更为丰富,如 P.2661V 作"丁不剃头",此件则作"丁不剃头,头多生疮,又不洗浴"。《敦煌占卜文书与唐五代占卜研究》虽然分别介绍了 P.3984V、北大 D195V 两件文书,但未注意到两件实则可以缀合为一卷。

S.5614《占周公八天出行择吉日法》 此件所处写卷的整体情况,已在前文介绍。此件书写抄写在写卷"占十二时卜法"之后,上部完整,下部残缺,存 7 行文字:

占周公八天出行择日吉凶法:每月一日、九日、十七

行日大吉,得财。三日、十一日、十九日、廿七日,是天财日,出

吉。十三日、五日、廿一日、廿九日,是[天]官日,小吉,恐□

廿三日,是天富日,出行、觅财、求官,四路□

天阳日,出行平安大吉,得官禄。十八日、二日、十□

尚折或逢贼劫剥。十四日、六日、廿二日,是天□

官事起,十六日、八日、廿四日,是[天]盗日,出行□

(后缺)[1]

同类书写 S.612《宋太平兴国三年戊寅岁(978)应天具注曆日》又称作《周公八天出行图》较为完整,卜文如下:

天门:一日、九日、十七日、廿五日,所求大吉。天贼:二日、十日、十八[日]、廿六[日],伤害,凶。天财:三日、十一[日]、十九[日]、廿七日,百事吉。天阳:四日、十二[日]、廿[日]、廿八日,出行平。天官:五日、十三[日]、廿一[日]、廿九[日],开通,吉。天阴:六日、十四[日]、廿二[日]、卅日,主水灾,凶。天富:七日、十五[日]、廿三日,求财,吉。天盗:八日、十六[日]、廿四日,主劫害,凶。

S.612 与 S.5614 彼此标题、卜辞虽略异,但无论是占卜方法还是

---

〔1〕图版参见《英藏敦煌文献(汉文佛经以外部分)》第 8 卷,四川人民出版社,1992 年,第 150 页。

吉凶指向,两者均一致,因此《周公八天出行图》与《占周公八天出行择日吉凶法》应属性质相同的占法。此类占法是以"八天"为核心,将一月三十日以八为差分别分配到"八天"之下,再利用"八天"的吉凶指明出行选择。

S.6878V《出行择日吉凶法》(古藏文) 值得注意的是,在敦煌藏文写卷 S.6878V 中亦有同类占法,有关出行占的书写起该件第 1 行、讫第 16 行,包括前 2 幅图。此件首题"lma-du-vjug-cing-mci-bvi/chos-grangs-bzang-ngan-blta-bav"(出行择日吉凶法),其下以图、文的形式,相继记录了两项有关出行择日的占法。其中图一,分内外两层,内圈逆时针依次书写天门、天贼、天财、天阳、天宫、天阴、天富、天盗,外圈为对应于内圈的 8 组数字,分别是:

天门:一、九、十、十七、二十五。

天贼:二、十、十八、二十六。

天财:三、十一、十九、二十七。

天阳:四、十二、二十八。

天宫:五、十三、二十、二十一。

天阴:六、十四、二十二、三十。

天富:七、十五、二十三。

天盗:八、十六、二十四。

图后卜文依照上述各天逐次叙述出行吉凶,如"天门之日,出行,吉祥圆满""天贼之日,出行遇损耗,不吉",其中天门、天财、天阳、天宫、天富为吉,天贼、天阴、天盗为凶。借此可知,图一中的数字,是指一月三十日。S.6878V 的行文逻辑与 S.612、S.5614 完全相同。其彼此差别主要表现在:S.6878V 没有明确标明或托名"周公",此外 S.612、S.5614 均有文无图,尤其是 S.612 虽题作"周公八天出行图",但亦未见图,不过 S.612"周公八天出行图"卜文右侧留有相当空白,应是为绘图而备,表明《周公八天出行图》本来是有图的,S.6878V 图一不排除即是根据《周公八天出行图》原图绘制的可能。据此类占法之规律,可推 S.6878V 图一"天门"下"十",当为衍文;"天宫"下"二十",应置于

"天阳"下"十二"之后。以上大概是书手笔误所致。陈庆英先生将"天贼""天财""天阳""天阴"分别释作"天节""天友""天相""天影",均不确。图二,分内外三层,中心圈内空白,第二层内依次书写朱雀、虎头、虎腋、虎足、青龙、龙头、龙腋、龙足,第三层为对应于第二层的 8 组时间数字,具体是:

> 朱雀:一、九、十七、二十五。
>
> 虎头:二、十、十八、二十六。
>
> 虎腋:三、十一、十九、二十七。
>
> 虎足:四、十二、二十、二十八。
>
> 青龙:五、十三、二十一、二十九。
>
> 龙头:六、十四、二十二、三十。
>
> 龙腋:七、十五、二十三。
>
> 龙足:八、十六、二十四。

图后占辞则按照上述顺序记述各日出行之福祸吉凶,如"朱雀之日,出行得财、逢友,大吉""虎头之日,为胜业出行吉,为私事出行凶"。图二所载时日名称,在敦煌汉文本《发病书》中被称作"四方神头胁日"。图一、图二虽分别以"八天""四方神头胁日"为叙述中心,但两项占法的占卜规则与目的是一致的,这或许正是 S.6878V 的编纂者以"出行择日吉凶法"为标题统摄两图的原因。S.6878V 之外的敦煌西域藏文占卜文献中,涉及出行择吉的占法不少,但均未见利用"八天"或"四方神头胁日"者,可以肯定 S.6878V 之《出行择日吉凶法》应是根据相应的汉文本编译而成,尤其是图一,很可能即改编自《周公八天出行图》。[1]

S.8350《推太岁游图法等占法抄》(拟)　此件黄正建先生有详细介绍:"前后上均残,存 23 行左右。内容大致是:前有六十甲子纳音、太岁以下出游、某月某日做某事益人(如十二月煮枸杞沐浴益人)等,然

---

[1]陈于柱、张福慧《敦煌藏文本 S.6878V〈出行择日吉凶法〉考释》,载《首都师范大学学报》2012 年 6 期。

后以月为纲,写各月生的男女的性情与禄命,残存二、四、六、八、十、十二月,但字迹甚乱,不易辨明。如:十月,男为人多猛高性有贵,父母得□财八十七□。女为人轻心信多虚少厄,资财奴婢□财,八十年。"[1]其中所谓"太岁以下出游",主要言说太岁出游与还回之时间段,如"庚子日西游,乙巳日还",与 P. 3594 中的《推太岁游图法》基本一致,只不过后者是用图式的形式表现出来。至于"各月生的男女的性情与禄命"之性质,《敦煌占卜文书与唐五代占卜研究》将其判定为禄命占法。笔者按,以月系人命运的禄命术在古代是存在的[2],但就 S. 8350 来看,其中的月份是否就是指男女出生之月尚难确定,此外,所谓"八十年"等意义也不明确,故本书未将 S. 8350 划入禄命书范畴,其具体性质尚有待深究。

P. 3358《护宅神历卷》 此件首尾完整,首题"护宅神历卷",存 16组符与占文,包括"管公明神符""董仲神符"等。金身佳《敦煌写本宅经葬书校注》将此件归入宅经类写本。敦煌写本宅经虽然常记录和绘制不同的镇宅符,但未见如此集中者,故笔者认为此件应为记录各类护宅、镇宅符箓之专书。

S. 5775《护宅神历卷》(拟) 此件正、背面书写与绘制,下端残缺,首缺尾全,卷首前四行为咒语,其后依次绘制"管公明神符""董重(仲)舒神符""树神"等十三组符与占文,其中"董重(仲)舒神符"在正背面各书一次,但彼此符的图像与占文不同。此件与 P. 3358《护宅神历卷》较为相似。敦煌遗书中两件《护宅神历卷》的发现,为研究中古社会的民俗文化尤其是符箓信仰提供了珍贵的一手资料。

P. 2610《攘女子妇人述秘法》 此件抄于 P. 2610 之"推动土及修

[1]黄正建《敦煌占卜文书与唐五代占卜研究》,学苑出版社,2001 年,第 130、131 页。
[2]如《医心方》"相子生月法第六"引《产经》云:"正月生,男妨兄弟,女儿吉。二月生,男贵,女妨公母。三月生,男贵有官,女贫无子。四月生,男临民,女为贵人妇。五月生,男不寿,女贫三嫁。六月生,男二千石,女富贵。七月生,男宜仕官三娶,女小贵三嫁。八月生,男不利官,女为贱。九月生,男贵当为师,女小贵三嫁。十月生,男宜为吏,女贵宜财。十一月生,男有官秩,女为贵。十二月生,男宜行禄秩,女得子力。"载丹波康赖著,高文铸等校注研究《医心方》,华夏出版社,1996 年,第 487 页。

造三五吉日""地镜中"两组占文之间,首全,尾部未抄完,起首题"攘女子妇人述秘法"、讫"凡欲令妇人爱",存"令夫爱""令夫爱敬""令夫爱敬""令夫爱""令妇人爱""令女爱""男子欲求女妇私通""男子欲令妇爱""男子欲求女私通""男子欲共妇人私通""令妇人爱""令妇人自来""令妇人爱"等13组卜文,主要言说男女之间的各种求爱法术或者说方法,其中供男性使用的有9组、供女性使用的有4组。刘乐贤先生释录整理了此件写本,并从古代媚道术的视角分析了此件的学术价值。[1]

Дх.00924《述秘法》(拟) 此件首尾均缺,上部亦残缺,所存内容较为繁杂,包括了"回女为男方""治妇人淫法""妇人倒生疗法""盗汗疗法""妇人产后腹中痛疗法""妇人腹中子死疗法"等内容,《俄藏敦煌文献》第7册将此件定名为"妇科秘方",然卷中亦有"回女为男方"等厌禳之术,故似属将医疗与巫术相混杂的某种方术书。

另,《敦煌占卜文书与唐五代占卜研究》将 P.3749 拟名为《述秘法》,但此件书写多属医书范畴,故本书不予收录。

---

〔1〕刘乐贤《敦煌写本中的媚道文献及相关问题》,载《敦煌吐鲁番研究》第6卷,北京大学出版社,2002年,第101-113页。

主要参考文献

专著

饶宗颐. 选堂集林·史林[M]. 香港:中华书局,1982:777-793.

商务印书馆. 敦煌遗书总目索引[M]. 北京:中华书局,1983.

王重民. 敦煌遗书论文集[M]. 北京:中华书局,1984:91-95.

何炳郁,何冠彪. 敦煌残卷占云气书研究[M]. 台北:艺文印书馆, 1985.

托马斯. 东北藏古代民间文学[M]. 李有义、王青山,译. 成都:四川民族出版社,1986:122-146.

黄永武. 敦煌古籍叙录新编[M]. 台北:台湾新文丰出版公司, 1986.

王尧,陈践. 敦煌吐蕃文书论文集[M]. 成都:四川民族出版社, 1988.

郑炳林. 敦煌地理文书汇辑校注[M]. 兰州:甘肃教育出版社, 1989:138-140.

刘文英. 梦的迷信与梦的探索[M]. 北京:中国社会科学出版社, 1989.

刘文英. 中国古代的梦书[M]. 北京:中华书局,1990.

高国藩. 敦煌民俗学[M]. 上海:上海文艺出版社,1989.

高国藩. 敦煌古俗与民俗流变[M]. 南京:河海大学出版社,1989.

唐耕耦,陆宏基. 敦煌社会经济文献真迹释录(3)[M]. 北京:全国图书馆文献缩微复制中心,1990:284-286.

唐耕耦,陆宏基. 敦煌社会经济文献真迹释录(4)[M]. 北京:全国图书馆文献缩微复制中心,1990:490.

江晓原.天学真原[M].沈阳:辽宁教育出版社,1991:340-353.

讲座敦煌[M].东京:大东出版社,1992.

郑炳林.敦煌碑铭赞辑释[M].兰州:甘肃教育出版社,1992.

李零.中国方术概观:选择卷[M].北京:人民中国出版社,1993.

谭蝉雪.敦煌婚姻文化[M].兰州:甘肃人民出版社,1993.

谢和耐,苏远鸣.法国学者敦煌学论文选萃[M].耿昇,译.北京:中华书局,1993:312-349.

荣新江.英国图书馆藏敦煌汉文非佛教文献残卷目录[M].台北:台湾新文丰出版公司,1994:134.

姜伯勤.敦煌吐鲁番文书与丝绸之路[M].北京:文物出版社,1994:59-63.

郑炳林,羊萍.敦煌本梦书[M].兰州:甘肃文化出版社,1995.

张传玺.中国历代契约汇编考释[M].北京:北京大学出版社,1995.

邓文宽.敦煌天文历法文献辑校[M].南京:江苏古籍出版社,1996.

荣新江.归义军史研究——唐宋时代敦煌历史考索[M].上海:上海古籍出版社,1996.

赵建雄.宅经校译[M].台北:云龙出版社,1996.

宁可,郝春文.敦煌社邑文书辑校[M].南京:江苏古籍出版社,1997:684.

黄正建.唐代衣食住行研究[M].北京:首都师范大学出版社,1998:148-151.

路易·巴赞.突厥历法研究[M].耿昇,译.北京:中华书局,1998:316-317.

马继兴,王淑民,陶广正,等.敦煌医药文献辑校[M].南京:江苏古籍出版社,1998.

杨富学.西域敦煌宗教论稿[M].兰州:甘肃文化出版社,1998:64-68.

王尧.法藏敦煌藏文文献解题目录[M].北京:民族出版社,1999.

邓文宽,马德.中国敦煌学百年文库:科技卷[M].兰州:甘肃文化出版社,1999:220-235.

孟列夫.俄藏敦煌汉文写卷叙录[M].上海古籍出版社,1999:625-626.

法国汉学(5)[M].北京:中华书局,2000.

周立升.两汉易学与道家思想[M].上海:上海文化出版社,2001:63.

黄正建.敦煌占卜文书与唐五代占卜研究[M].北京:学苑出版社,2001.

葛兆光.中国思想史[M].上海:复旦大学出版社,2001:113.

李零.中国方术考[M].北京:东方出版社,2001:90-109.

刘增贵.法制与礼俗——中央研究院第三届国际汉学会议论文集历史组[M].台北:史语所,2002:243-284.

Marc Kalinowski , Divination et société dans la Chine médiévale. Etude des manuscripts de Dunhuang de La Bibliothèdque nationale de France et du British Library [M]. Paris: Bibliothèdque nationale de France,2003.

王卡.敦煌道教文献研究——综述·目录·索引[M].北京:中国社会科学出版社,2004.

郑炳林,王晶波.敦煌写本相书校录研究[M].北京:民族出版社,2004.

赵益.古典术数文献述论稿.北京:中华书局,2005:77-81.

高田时雄.敦煌·民族·语言[M].钟翀,译:北京:中华书局,2005:352-353.

张弓.敦煌典籍与唐五代历史文化[M].北京:中国社会科学出版社,2006:856-858.

许建平.敦煌经籍叙录[M].北京:中华书局,2006:358.

甘肃省藏学研究所.安多研究(2)[M].北京:民族出版社,2006:

1 – 27.

余欣. 神道人心——唐宋之际敦煌民生宗教社会史研究 [M]. 北京:中华书局,2006.

陈于柱. 敦煌写本宅经校录研究 [M]. 北京:民族出版社,2007.

金身佳. 敦煌写本宅经葬书校注 [M]. 北京:民族出版社,2007.

麦克唐纳. 敦煌吐蕃历史文书考释 [M]. 耿昇,译. 西宁:青海人民出版社,2010:156 – 157.

王晶波. 敦煌写本相书研究 [M]. 北京:民族出版社,2010.

樊锦诗,荣新江,林世田. 敦煌文献·考古·艺术综合研究——纪念向达先生诞辰 110 周年国际学术研讨会论文集 [M]. 北京:中华书局,2011:514 – 534.

郑炳林,黄维忠. 敦煌吐蕃文献选辑:文化卷 [M]. 北京:民族出版社,2011.

王祥伟. 敦煌五兆卜法文献校录研究 [M]. 北京:民族出版社,2011.

陈于柱. 区域社会史视野下的敦煌禄命书研究 [M]. 北京:民族出版社,2012.

论文

陈庆英.《斯坦因劫经录》、《伯希和劫经录》所收汉文写卷中夹存的藏文写卷调查 [J]. 敦煌学辑刊,1981(2):114 – 116.

马世长. 敦煌县博物馆藏星图、占云气书残卷 [M]∥北京大学中国中古史研究中心. 敦煌吐鲁番文献研究论集. 北京:中华书局,1982:507.

王重民. 金山国坠事零拾 [M]∥王重民. 敦煌遗书论文集. 北京:中华书局,1984:91 – 95.

木村隆德. 摩诃衍之后的吐蕃禅宗 [M]∥敦煌译丛. 兰州:甘肃人民出版社,1985:221 – 230.

李正宇. 唐宋时代的敦煌学校 [J]. 敦煌研究,1986(1).

黄正建. 唐代占卜之一——梦占 [J]. 敦煌学辑刊,1986(2).

夏鼐.另一件敦煌星图写本——敦煌星图乙本[M]//中国社会科学院考古研究所.中国古代天文文物论集.北京:文物出版社,1989:211-222.

郑炳林.伯2641号背莫高窟修功德记撰写人探微[J].敦煌学辑刊,1991(2).

菅原信海.占筮书[M]//讲座敦煌(5),东京:大东出版社,1992:448-449.

刘乐贤.五行三合局与纳音说——读饶宗颐先生《秦简中的五行说与纳音说》[J].江汉考古,1992(1)1.

郑炳林.敦煌碑铭赞三篇证误与考释[J].敦煌学辑刊,1992(1、2).

G. Uray.景教和摩尼教在吐蕃[M]//中国敦煌吐鲁番学会.王湘云,译.国外敦煌吐鲁番文书研究选译.兰州:甘肃人民出版社,1992:56-57.

张铁山,赵永红.古代突厥文《占卜书》译释[J].喀什师院学报:哲学社会科学版,1993(2).

郑炳林.《索崇恩和尚修功德记》考释[J].敦煌研究,1993(2).

荣新江.敦煌写本《敕河西节度兵部尚书张公德政之碑》校考.[M]//周一良先生八十生日纪念论文集.北京:中国社会科学出版社,1993:206-216.

茅甘.敦煌写本中的"五姓堪舆法"[M]//谢和耐,苏远鸣著.耿昇,译.法国学者敦煌学论文选萃.中华书局,1993:249-255.

侯锦郎.敦煌写本中的唐代相书[M]//谢和耐,苏远鸣著.耿昇,译.法国学者敦煌学论文选萃.中华书局,1993:350-366.

郑炳林.敦煌写本梦书概述[J].敦煌学辑刊,1995(2).

郑炳林.唐末五代敦煌都河水系研究[M]//历史地理(13).上海:上海人民出版社,1995:31-38.

宫崎顺子.敦煌文书《宅经》初探[J].东方宗教.1995:41-70.

刘永明.S.2729背"悬象占"与蕃占时期的敦煌道教[J].敦煌学辑

刊,1997(1).

史睿.郑炳林、羊萍《敦煌本梦书》[M]∥敦煌吐鲁番研究(3).北京:北京大学出版社,1997:414-418.

Marc Kalinowski.法国战后对中国占卜的研究[J].世界汉学,1998(1).

黄维忠.P.T.55号《十二支缘生相》初探[M]∥贤者新宴(2).北京:北京出版社,1998:211-215.

格桑央京.敦煌藏文写卷P.T.55号译释[M]∥藏学研究(9).北京:民族出版社,1998:248-271.

高国藩.论敦煌唐人九曜算命术[M]∥第二届国际唐代学术会议论文集.台北:文津出版社,1993:775-804.

饶宗颐.敦煌本《立成孔子马坐卜占法》跋[J].敦煌学辑刊,1999(1).

黄正建.关于17件俄藏敦煌占卜文书的定名问题[J].敦煌研究,2000(4).

Marc Kalinowski.敦煌数占小考[M]∥法国汉学(5).北京:中华书局,2000:193.

荣新江.历代法宝记中的末曼尼和弥师诃——兼谈吐蕃文献中的摩尼教和景教因素的来历[M]∥荣新江.中古中国与外来文明.北京:三联书店,2001:343-368.

郑炳林.北京图书馆藏《吴和尚经论目录》有关问题研究[M]∥敦煌学与中国史研究论集.兰州:甘肃人民出版社,2001:125-134.

邓文宽.敦煌本《唐干符四年丁酉岁(877年)具注历日》"杂占"补录[M]∥段文杰,茂木雅博.敦煌学与中国史研究论集.兰州:甘肃人民出版社,2001:135.

余欣.法国敦煌学的新进展——《远东亚洲丛刊》"敦煌学新研"专号评介[J].敦煌学辑刊,2001(1).

黄正建.关于《俄藏敦煌文献》第11至17册中占卜文书的缀合与定名等问题[J].敦煌研究,2002(2).

陈万成.杜牧与星命[M]//唐研究(8).北京:北京大学出版社,2002:61-79.

郑炳林.敦煌文献中的解梦书和相面书[M]//国家图书馆善本特藏部敦煌吐鲁番资料中心.敦煌与丝绸文化学术讲座(1).北京:北京图书馆出版社,2003:153-174.

郑炳林.俄藏敦煌文献 Дx.10787 解梦书札记[J].敦煌学辑刊,2003(2).

黄正建.敦煌占婚嫁文书与唐五代的占婚嫁[M]//项楚,郑阿财.新世纪敦煌学论集.成都:巴蜀书社,2003:282-284.

王爱和.敦煌占卜文书研究[D].兰州大学博士研究生学位论文,2003.

赵贞.敦煌遗书中的唐代星占著作:《西秦五州占》[J].文献,2004(1).

Alain ARRAULT.简论中国古代历日中的廿八宿注历——以敦煌具注历日为中心[M]//敦煌吐鲁番研究(7).北京:中华书局,2004:413.

赵贞.敦煌占卜文书残卷零拾[M]//敦煌吐鲁番研究(8).北京:中华书局,2005:214.

倪宏鸣.古回鹘文献《占卜书》及其内涵[J].民族文学研究,2005(2).

赵贞."九曜行年"略说——以 P.3779 为中心[J].敦煌学辑刊,2005(3).

赵贞.敦煌文书中的"七星人命属法"释证——以 P.2675bis 为中心[J].敦煌研究,2006(2).

刘永明.敦煌道教的世俗化之路——敦煌《发病书》研究[J].敦煌学辑刊,2006(1).

邓文宽,刘乐贤.敦煌天文气象占写本概述[M]//敦煌吐鲁番研究(9).北京:中华书局,2006:414.

陈昊.汉唐间墓葬文书中的注病书写[M]//唐研究(12).北京:北

京大学出版社,2006:290.

罗秉芬,刘英华.敦煌本十二生肖命相文书藏汉文比较研究——透过十二生肖命相文书看汉藏文化的交融[M]//安多研究(2).北京:民族出版社,2006:1-27.

张志清,林世田.S.6349与P.4924易三备写卷缀合研究文献,2006(1).

张志清,林世田.S.6015《易三备》缀合与校录——敦煌本《易三备》研究之一[M]//敦煌吐鲁番研究(9).北京:中华书局,2006:389-401.

格桑央京.敦煌藏文P.T.351占卜文书解读[J].敦煌学辑刊.2006(1).

刘永明.唐五代宋初敦煌道教的世俗化研究[D].兰州大学博士后研究工作报告,2006.

刘永明.敦煌本《六十甲子历》与道教[J].敦煌学辑刊,2007(3).

刘瑞明.关于《推九曜行年容厄法》等敦煌写本研究之异议[J].敦煌研究,2007(2).

陈践.敦煌藏文Ch.9.Ⅱ.68号"金钱神课判词"解读[J].兰州大学学报:社会科学版,2007(3).

房继荣.英藏古藏文占卜文献述要[J].甘肃高师学报,2007(3).

陈楠.敦煌藏汉鸟卜文书比较研究[M]//敦煌吐鲁番研究(10),上海:上海古籍出版社,2007:348-349.

陈怀宇.高昌回鹘景教研究[M]//敦煌吐鲁番研究(4).上海:上海古籍出版社,2007:193-195.

陈于柱.游走在世俗和神圣之间——唐五代宋初敦煌命算信仰与佛道关系研究[J].敦煌学辑刊,2007(4).

张福慧,陈于柱.游走在巫、医之间——敦煌数术文献所见"天医"考论[J].宁夏社会科学,2008(2).

郑炳林,陈于柱.敦煌古藏文P.T.55《解梦书》研究[J].兰州学刊,2009(5).

陈于柱.敦煌藏文本禄命书 P.T.127《推十二人命相属法》的再研究[J].中国藏学,2009(1).

陈于柱.从上都到敦煌——敦煌写本禄命书 S.5553《三元九宫行年》研究[J].兰州大学学报:社会科学版,2009(5).

刘永明.日本杏雨书屋藏敦煌道教及相关文献研读札记[J].敦煌学辑刊,2010(3).

张福慧、陈于柱.敦煌古藏文、汉文本《十二钱卜法》比较研究[J].天水师范学院学报,2010(3).

郝春文.《六十甲子纳音》及同类文书释文、说明和校记.[J].敦煌学辑刊》2011(4).

黄正建.国家图书馆藏敦煌写本《逆刺占》札记[M]//樊锦诗,荣新江,林世田.敦煌文献·考古·艺术综合研究——纪念向达先生诞辰110周年国际学术研讨会论文集.北京:中华书局,2011:514-534.

游自勇.敦煌本《白泽精怪图》校录——《白泽精怪图》研究之一[M]//敦煌吐鲁番研究(12),2011:429-440.

陈于柱.唐宋之际敦煌苯教史事考索[J].宗教学研究,2011(1).

陈于柱.P.T.127《人姓归属五音经》与归义军时期敦煌吐蕃移民社会史研究[J].民族研究,2011(5).

陈于柱.武威西夏二号墓彩绘木板画"金鸡"、"玉犬"新考——兼论敦煌写本葬书[J].敦煌学辑刊,2011(3).

郝春文.敦煌写本《六十甲子纳音》相关问题补说[J].文史,2012(4).

陈于柱,张福慧.敦煌藏文本 S.6878V《婚嫁占法抄》研究[M]//唐研究.北京:北京大学出版社,2012:443-460.

陈于柱,张福慧.敦煌藏文本 S.6878V《出行择日吉凶法》考释[J].首都师范大学学报,2012(6).

陈践践.IOLTibJ749 号占卜文书解读[J].中国藏学,2012(1).

赵贞.Дx.6133《祭乌法》残卷跋[J].敦煌研究,2012(1).

王晶波.敦煌的身占文献与中古身占风俗[J].敦煌学辑刊,2012(2).

索　引

317

·欧·亚·历·史·文·化·文·库·

欧亚历史文化文库

已经出版

林悟殊著:《中古夷教华化丛考》	定价:66.00 元
赵俪生著:《弇兹集》	定价:69.00 元
华喆著:《阴山鸣镝——匈奴在北方草原上的兴衰》	定价:48.00 元
杨军编著:《走向陌生的地方——内陆欧亚移民史话》	定价:38.00 元
贺菊莲著:《天山家宴——西域饮食文化纵横谈》	定价:64.00 元
陈鹏著:《路途漫漫丝貂情——明清东北亚丝绸之路研究》	
	定价:62.00 元
王颋著:《内陆亚洲史地求索》	定价:83.00 元
〔日〕堀敏一著,韩昇、刘建英编译:《隋唐帝国与东亚》	定价:38.00 元
〔印度〕艾哈默得·辛哈著,周翔翼译,徐百永校:《入藏四年》	
	定价:35.00 元
〔意〕伯戴克著,张云译:《中部西藏与蒙古人	
——元代西藏历史》(增订本)	定价:38.00 元
陈高华著:《元朝史事新证》	定价:74.00 元
王永兴著:《唐代经营西北研究》	定价:94.00 元
王炳华著:《西域考古文存》	定价:108.00 元
李健才著:《东北亚史地论集》	定价:73.00 元
孟凡人著:《新疆考古论集》	定价:98.00 元
周伟洲著:《藏史论考》	定价:55.00 元
刘文锁著:《丝绸之路——内陆欧亚考古与历史》	定价:88.00 元
张博泉著:《甫白文存》	定价:62.00 元
孙玉良著:《史林遗痕》	定价:85.00 元
马健著:《匈奴葬仪的考古学探索》	定价:76.00 元
〔俄〕柯兹洛夫著,王希隆、丁淑琴译:	
《蒙古、安多和死城哈喇浩特》(完整版)	定价:82.00 元
乌云高娃著:《元朝与高丽关系研究》	定价:67.00 元
杨军著:《夫余史研究》	定价:40.00 元

梁俊艳著:《英国与中国西藏(1774—1904)》 定价:88.00 元

〔乌兹别克斯坦〕艾哈迈多夫著,陈远光译:

《16—18 世纪中亚历史地理文献》(修订版) 定价:85.00 元

成一农著:《空间与形态——三至七世纪中国历史城市地理研究》

定价:76.00 元

杨铭著:《唐代吐蕃与西北民族关系史研究》 定价:86.00 元

殷小平著:《元代也里可温考述》 定价:50.00 元

耿世民著:《西域文史论稿》 定价:100.00 元

殷晴著:《丝绸之路经济史研究》 定价:135.00 元(上、下册)

余大钧译:《北方民族史与蒙古史译文集》 定价:160.00 元(上、下册)

韩儒林著:《蒙元史与内陆亚洲史研究》 定价:58.00 元

〔美〕查尔斯·林霍尔姆著,张士东、杨军译:

《伊斯兰中东——传统与变迁》 定价:88.00 元

〔美〕J.G.马勒著,王欣译:《唐代塑像中的西域人》 定价:58.00 元

顾世宝著:《蒙元时代的蒙古族文学家》 定价:42.00 元

杨铭编:《国外敦煌学、藏学研究——翻译与评述》 定价:78.00 元

牛汝极等著:《新疆文化的现代化转向》 定价:76.00 元

周伟洲著:《西域史地论集》 定价:82.00 元

周晶著:《纷扰的雪山——20 世纪前半叶西藏社会生活研究》

定价:75.00 元

蓝琪著:《16—19 世纪中亚各国与俄国关系论述》 定价:58.00 元

许序雅著:《唐朝与中亚九姓胡关系史研究》 定价:65.00 元

汪受宽著:《骊靬梦断——古罗马军团东归伪史辨识》 定价:96.00 元

刘雪飞著:《上古欧洲斯基泰文化巡礼》 定价:32.00 元

〔俄〕Т.Б.巴尔采娃著,张良仁、李明华译:

《斯基泰时期的有色金属加工业——第聂伯河左岸森林草原带》

定价:44.00 元

叶德荣著:《汉晋胡汉佛教论稿》 定价:60.00 元

王颋著:《内陆亚洲史地求索(续)》 定价:86.00 元

尚永琪著:

《胡僧东来——汉唐时期的佛经翻译家和传播人》 定价:52.00 元

桂宝丽著:《可萨突厥》 定价:30.00 元

·欧·亚·历·史·文·化·文·库·

篠原典生著:《西天伽蓝记》　　　　　　　　　定价:48.00 元

〔德〕施林洛甫著,刘震、孟瑜译:

　《叙事和图画——欧洲和印度艺术中的情节展现》　定价:35.00 元

马小鹤著:《光明的使者——摩尼和摩尼教》　　定价:120.00 元

李鸣飞著:《蒙元时期的宗教变迁》　　　　　　定价:54.00 元

〔苏联〕伊·亚·兹拉特金著,马曼丽译:

　《准噶尔汗国史》(修订版)　　　　　　　　　定价:86.00 元

〔苏联〕巴托尔德著,张丽译:《中亚历史——巴托尔德文集

　第 2 卷第 1 册第 1 部分》　　　　　定价:200.00 元(上、下册)

〔俄〕格·尼·波塔宁著,〔苏联〕B.B.奥布鲁切夫编,吴吉康、吴立珺译:

　《蒙古纪行》　　　　　　　　　　　　　　　定价:96.00 元

张文德著:《朝贡与入附——明代西域人来华研究》　定价:52.00 元

张小贵著:《祆教史考论与述评》　　　　　　　定价:55.00 元

〔苏联〕K.A.阿奇舍夫、Г.A.库沙耶夫著,孙危译:

　《伊犁河流域塞人和乌孙的古代文明》　　　　定价:60.00 元

陈明著:《文本与语言——出土文献与早期佛经词汇研究》

　　　　　　　　　　　　　　　　　　　　　定价:78.00 元

李映洲著:《敦煌壁画艺术论》　　　定价:148.00 元(上、下册)

杜斗城著:《杜撰集》　　　　　　　　　　　　定价:108.00 元

芮传明著:《内陆欧亚风云录》　　　　　　　　定价:48.00 元

徐文堪著:《欧亚大陆语言及其研究说略》　　　定价:54.00 元

刘迎胜著:《小儿锦研究》(一、二、三)　　　　定价:300.00 元

郑炳林、陈于柱著:《敦煌占卜文献叙录》　　　定价:60.00 元

敬请期待

段海蓉著:《萨都剌传》

许全胜著:《黑鞑事略校注》

贾丛江著:《汉代西域汉人和汉文化》

王永兴著:《敦煌吐鲁番出土唐代军事文书考释》

薛宗正著:《汉唐西域史汇考》

徐文堪编:《梅维恒内陆欧亚研究文选》

李锦绣编:《20 世纪内陆欧亚历史文化研究论文选粹》

李锦绣、余太山编:《古代内陆欧亚史纲》

李锦绣著:《裴矩〈西域图记〉辑考》

李艳玲著:《田作畜牧
　　——公元前 2 世纪至公元 7 世纪前期西域绿洲农业研究》

许全胜、刘震编:《内陆欧亚历史语言论集——徐文堪先生古稀纪念》

张小贵编:《三夷教论集——林悟殊先生古稀纪念》

李鸣飞著:《横跨欧亚——中世纪旅行者眼中的世界》

杨林坤著:《西风万里交河道——明代西域丝路上的使者与商旅》

林悟殊著:《华化摩尼教补说》

王媛媛著:《摩尼教艺术及其华化考述》

李花子著:《长白山踏查记》

芮传明著:《摩尼教敦煌吐鲁番文书校注与译释研究》

马小鹤著:《霞浦文书研究》

〔德〕梅塔著,刘震译:《从弃绝到解脱》

郭物著:《欧亚游牧社会的重器——鍑》

王邦维著:《华梵问学集》

李锦绣著:《北阿富汗的巴克特里亚文献》

孙昊著:《辽代女真社会研究》

赵现海著:《长城时代的开启
　　——长城社会史视野下明中期榆林长城修筑研究》

华喆著:《帝国的背影——公元 14 世纪以后的蒙古》

杨建新著:《民族边疆论集》

王永兴著:《唐代土地制度研究——以敦煌吐鲁番田制文书为中心》

〔苏联〕伊·亚·兹拉特金等著,马曼丽、胡尚哲译:
　　《俄蒙关系档案文献集(1607—1654)》

〔俄〕柯兹洛夫著,丁淑琴译:《蒙古与喀木》

马曼丽著:《马曼丽内陆欧亚自选集》

韩中义著:《欧亚与西北研究辑》

刘迎胜著:《蒙元史考论》

尚永琪著:《古代欧亚草原上的马——在汉唐帝国视域内的考察》

石云涛著:《丝绸之路的起源》

青格力等著《内蒙古土默特金氏蒙古家族契约文书整理研究》

尚永琪著:《鸠摩罗什及其时代》

石云涛著:《魏晋南北朝时期的外来文明》

淘宝网邮购地址:http://lzup.taobao.com

323

·欧·亚·历·史·文·化·文·库·